Umweltökonomik

Bodo Sturm · Carla Vogt

Umweltökonomik

Eine anwendungsorientierte Einführung

3. Auflage

Bodo Sturm
Fakultät Wirtschaftswissenschaft
und Wirtschaftsingenieurwesen
HTWK Leipzig
Leipzig, Deutschland

Carla Vogt
Fachbereich Wirtschaft
Hochschule Bochum
Bochum, Deutschland

ISBN 978-3-662-68517-4   ISBN 978-3-662-68518-1 (eBook)
https://doi.org/10.1007/978-3-662-68518-1

Die Deutsche Nationalbibliothek verzeichnet diese Publikation in der Deutschen Nationalbibliografie; detaillierte bibliografische Daten sind im Internet über https://portal.dnb.de abrufbar.

© Der/die Herausgeber bzw. der/die Autor(en), exklusiv lizenziert an Springer-Verlag GmbH, DE, ein Teil von Springer Nature 2011, 2018, 2024

Das Werk einschließlich aller seiner Teile ist urheberrechtlich geschützt. Jede Verwertung, die nicht ausdrücklich vom Urheberrechtsgesetz zugelassen ist, bedarf der vorherigen Zustimmung des Verlags. Das gilt insbesondere für Vervielfältigungen, Bearbeitungen, Übersetzungen, Mikroverfilmungen und die Einspeicherung und Verarbeitung in elektronischen Systemen.

Die Wiedergabe von allgemein beschreibenden Bezeichnungen, Marken, Unternehmensnamen etc. in diesem Werk bedeutet nicht, dass diese frei durch jede Person benutzt werden dürfen. Die Berechtigung zur Benutzung unterliegt, auch ohne gesonderten Hinweis hierzu, den Regeln des Markenrechts. Die Rechte des/der jeweiligen Zeicheninhaber*in sind zu beachten.

Der Verlag, die Autor*innen und die Herausgeber*innen gehen davon aus, dass die Angaben und Informationen in diesem Werk zum Zeitpunkt der Veröffentlichung vollständig und korrekt sind. Weder der Verlag noch die Autor*innen oder die Herausgeber*innen übernehmen, ausdrücklich oder implizit, Gewähr für den Inhalt des Werkes, etwaige Fehler oder Äußerungen. Der Verlag bleibt im Hinblick auf geografische Zuordnungen und Gebietsbezeichnungen in veröffentlichten Karten und Institutionsadressen neutral.

Springer Gabler ist ein Imprint der eingetragenen Gesellschaft Springer-Verlag GmbH, DE und ist ein Teil von Springer Nature.
Die Anschrift der Gesellschaft ist: Heidelberger Platz 3, 14197 Berlin, Germany

Wenn Sie dieses Produkt entsorgen, geben Sie das Papier bitte zum Recycling.

Vorwort zur 1. Auflage

Die Botschaft dieses Buchs

Das Problem der Knappheit ist so alt wie die Menschheit. Trotz eines zunehmenden Wohlstands bleiben viele unserer Wünsche unerfüllt. Knappheit – das ist das Kernthema von Ökonomen, quasi deren Existenzberechtigung. Viele Menschen haben sich daran gewöhnt, dass Ökonomen in Unternehmen versuchen, der Knappheit von Produktionsfaktoren wie Arbeit und Kapital möglichst effizient zu begegnen, d.h., einen gegebenen Output zu möglichst geringen Kosten zu erreichen. Relativ neu ist aber, dass sich Ökonomen auch mit Umweltgütern wie sauberer Luft und Klimaschutz beschäftigen. Außer Frage steht zunächst, dass Umweltgüter den Menschen – regional oder global – erheblichen Nutzen stiften. Offensichtlich sind jedoch viele Umweltgüter in Gefahr. Schwefeldioxid-Emissionen aus Kohlekraftwerken führen zu Gesundheitsschäden und „saurem Regen". Die Nutzung fossiler Energieträger ist unweigerlich mit Kohlendioxid-Emissionen verbunden, die zur globalen Erwärmung beitragen und damit Klimaschäden verursachen. Warum aber mischen sich Ökonomen ein, wenn es um Umweltgüter geht? Die Antwort ist relativ einfach: Ökonomen können maßgeblich zu einem besseren Umweltschutz, d.h. zu mehr Umweltgütern, beitragen. Um dies zu verstehen, muss man sich zunächst klar machen, dass – auf Grund der allgegenwärtigen Knappheit von Ressourcen – Umweltschutz immer auch Kosten verursacht. Die Mittel, die für den Einsatz eines Schwefeldioxid-Filters in einem Kohlekraftwerk verwendet werden, stehen für einen alternativen Einsatz, z.B. für den Bau einer Schule oder einer Straße, nicht mehr zur Verfügung. Ein verbrauchsärmerer Dieselmotor mit weniger Kohlendioxid-Emissionen kostet mehr Geld, welches an anderer Stelle in unserem Haushaltsbudget fehlt. Das Gleiche gilt für die Nutzung von Solarstrom, der ein Vielfaches von konventionell erzeugtem Strom kostet. Ob wir es nun wollen oder nicht, Umweltschutz kostet uns also knappe Ressourcen. Genau an dieser Stelle wird es nun für Ökonomen interessant, denn deren Job besteht ja gerade darin, ein bestimmtes Ziel – in diesem Fall Umweltschutz – möglichst effizient, d.h. zu geringstmöglichen Kosten, zu erreichen. Ökonomen entwickeln also Instrumente, durch deren Einsatz Umweltschutz billiger wird oder – anders formuliert – bei gleichen Kosten mehr Umweltschutz erreicht werden kann. Das bedeutet auch: Ökologie und Ökonomik stehen nicht – wie gern behauptet wird – in Widerspruch zueinander. Das Gegenteil ist der Fall! Mit Hilfe der Ökonomik können wir mehr Umweltschutz erreichen, ohne uns weniger von unseren zahlreichen anderen Bedürfnissen erfüllen zu können.

Umweltökonomik bedeutet, nach Mitteln und Wegen zur möglichst effizienten Bereitstellung von Umweltgütern zu suchen. Dieses Buch liefert eine anwendungsorientierte Einführung in die moderne Umweltökonomik. Dabei ist zu betonen, dass praktisch keine Vorkenntnisse in Volkswirtschaftslehre nötig sind, um mit diesem Buch in die Umweltökonomik einzusteigen. Das Buch führt den Leser von den Grundlagen der Mikroökonomik und des umweltrelevanten Marktversagens über die Instrumente der Umweltpolitik – Steuern, Emissionshandel und Auflagen – hin zu aktuellen Forschungsfragen in der Umweltökonomik. Werfen wir einen kurzen Blick auf die Themen der einzelnen Kapitel.

Kapitel 1 liefert eine kurze Wiederholung der Grundlagen der Mikroökonomik. Die wichtigste Erkenntnis ist dabei, dass auf Wettbewerbsmärkten für private Güter die dezentrale Interaktion von Angebot und Nachfrage zu einem effizienten, wohlfahrtsmaximalen Ergebnis führt. Dieses Ergebnis tritt aber nur dann ein, wenn eine Reihe von Annahmen gültig ist. Eine aus Sicht der Umweltökonomik zentrale Annahme ist dabei, dass ein Akteur, der eine ökonomische Aktivität ausübt, tatsächlich auch mit den gesamten Kosten dieser Aktivität konfrontiert wird. Liegen hingegen die sozialen Kosten über den privaten Kosten der Aktivität – in diesem Fall spricht man von negativen externen Effekten – erreicht der Markt keine Effizienz. *Kapitel 2* ist diesem Marktversagen durch negative externe Effekte gewidmet. In einer Fallstudie in diesem Kapitel betrachten wir die externen Effekte des Straßenverkehrs in Deutschland.

Nachdem das Problem der externen Effekte als das entscheidende umweltrelevante Marktversagen identifiziert wurde, stellt sich natürlich sofort die Frage nach Lösungsmöglichkeiten. Wie lässt sich das Marktversagen heilen? *Kapitel 3* liefert mit dem Coase-Theorem eine ausgesprochen elegante Lösung. Der Staat muss nicht direkt in das Umweltproblem eingreifen, sondern nur für die Existenz und Durchsetzbarkeit von Eigentumsrechten an der betroffenen Ressource wie Luft oder Wasser sorgen. Coase zeigt, dass – unter Annahme vollständiger Information über Kosten und Nutzen der Beteiligten sowie der Abwesenheit von Transaktionskosten – Verhandlungen zwischen physischem Verursacher und Geschädigtem zu Effizienz führen. Bemerkenswerterweise ist dieses Resultat unabhängig davon, wer das Eigentumsrecht an der Ressource zunächst besitzt.

Kapitel 4 dient der genaueren Charakterisierung von Umweltgütern. Das zentrale Ergebnis ist dabei, dass bei Umweltgütern der Preismechanismus nicht anwendbar ist und somit auch der Markt nicht für ein effizientes Resultat sorgen kann. Unsere besondere Aufmerksamkeit gilt der Diskussion öffentlicher Güter, also von Gütern, für die das Ausschlussprinzip nicht anwendbar ist und die nicht rival in der Nutzung sind.

Märkte versagen bei der Bereitstellung öffentlicher Güter, da es für jeden Akteur individuell rational ist, nichts beizutragen und das Gut trotzdem zu nutzen. Aus Sicht der Gesellschaft ist es hingegen sinnvoll, das Gut bereitzustellen. Die Akteure stecken also in einem „sozialen Dilemma": Individuell rationales Verhalten führt zu einem aus sozialer Sicht nicht rationalen Resultat.

Kapitel 5 geht einen Schritt weiter als das Coase-Theorem, denn in der Praxis der Umweltpolitik kann man insbesondere auf Grund von Transaktionskosten nicht erwarten, dass Verhandlungen zu effizienten Ergebnissen führen. Die Politik muss also direkt in die Beziehung zwischen physischem Verursacher und Geschädigten eingreifen. In der umweltpolitischen Praxis haben sich drei Instrumente – Steuern, Emissionshandel und Auflagen – etabliert, die in diesem Kapitel ausführlich besprochen werden. Dabei betrachten wir sowohl die statische als auch die dynamische Perspektive. Für jedes Instrument wird mit einer Fallstudie gezeigt, mit welchen Problemen, aber auch Erfolgen die Anwendung in der Praxis verbunden ist. Kriterium zur Beurteilung von Staatseingriffen zur Bereitstellung von Umweltgütern ist dabei immer die Effizienz, d.h. die Minimierung der Gesamtkosten des Staatseingriffs.

Auf Grund der offensichtlichen Bedeutung in der wissenschaftlichen und politischen Diskussion stellt der Klimawandel einen Themenschwerpunkt unseres Buchs dar. Bei der Vorstellung des Stern-Review über die Ökonomik des Klimawandels, der 2006 von der britischen Regierung in Auftrag gegeben wurde, heisst es dazu *"The science tells us that GHG [greenhouse gas] emissions are an externality; in other words, our emissions affect the lives of others. When people do not pay for the consequences of their actions we have market failure. ... [climate change] is the greatest market failure the world has seen.".* In *Kapitel 6* werden sowohl die grundlegenden naturwissenschaftlichen Zusammenhänge als auch die verfügbaren Lösungsstrategien – Anpassung und Vermeidung – betrachtet. Im Anschluss daran stellen wir das Konzept der Kosten-Nutzen-Analyse in der Klimapolitik dar und präsentieren zentrale Resultate. Schließlich analysieren wir die Anreize in der internationalen Klimapolitik. Klimaschutz ist ein globales öffentliches Gut, d.h., die Akteure in der Klimapolitik stecken in einem sozialen Dilemma. Der Beitrag zum öffentlichen Gut, also das Inkaufnehmen von Kosten durch die Vermeidung von Treibhausgasemissionen, stellt die Akteure schlechter als die Alternative, nämlich nichts zu tun und von den Beiträgen anderer Akteure zu profitieren. Auf Grund dieser Freifahreranreize wird aus globaler Sicht zu wenig Klimaschutz betrieben. Die ökonomische Standardtheorie ist daher äußerst skeptisch, was die Erfolgschancen einer bindenden internationalen Vereinbarung in der Klimapolitik anbetrifft.

In *Kapitel 7* wird schließlich die empirische Evidenz zur Bereitstellung öffentlicher Güter – sowohl für Laborexperimente als auch für die reale Klimapolitik – dargestellt. Insbesondere in Laborexperimenten zu öffentlichen Gütern gibt es deutliche Hinweise darauf, dass Akteure bei der Bereitstellung öffentlicher Güter kooperieren und höhere Beiträge leisten als von der ökonomischen Standardtheorie prognostiziert. Es gibt also einen Widerspruch zwischen Theorie und Empirie. Abschließend präsentieren wir daher mit

Ungleichheitsaversion eine Erweiterung der ökonomischen Standardtheorie zur Erklärung von Kooperation und diskutieren die Bedeutung solcher Präferenzen für die Klimapolitik. Damit ist die Vorgehensweise oder – wenn man so will – die Botschaft dieses Buchs skizziert. Die Autoren möchten dieses Vorwort mit einer Danksagung schließen.

Viele Freunde und Kollegen haben uns beim Schreiben dieses Buchs unterstützt – sei es durch das kritische Lesen früherer Fassungen des Manuskripts oder durch Diskussionen über umweltökonomische Probleme. Ihnen sei an dieser Stelle ganz herzlich gedankt. Auch die Diskussionen über die Anwendung von umweltökonomischem Wissen in der Praxis während unserer Tätigkeit am Zentrum für Europäische Wirtschaftsforschung (ZEW) in Mannheim und der damit verbundene Lernprozess haben erheblich zum Zustandekommen dieses Buchs beigetragen. Unser Dank gilt daher auch den ehemaligen Kollegen am ZEW. Besonders möchten wir uns bei unserem gemeinsamen Doktorvater Joachim Weimann (Magdeburg) bedanken: Jochen, wir haben viel von Dir gelernt, Danke! Schließlich möchten wir Gudrun Hoppe (Speyer), Christiane Schroth (Mannheim) und Martin Sturm (Rostock) für das sorgfältige Korrekturlesen und ihre hilfreichen Kommentare zum Manuskript danken. Um die Domestizierung des Fehlerteufels haben sich außerdem Barbara Bölte und Katarzyna Knabe (beide Bochum) verdient gemacht. Alle verbleibenden Mängel und Fehler gehen natürlich auf unsere Rechnung.

Bodo Sturm
Carla Vogt

September 2010

Vorwort zur 3. Auflage

Seit der 1. Auflage unserer Einführung in die Umweltökonomik sind 14 Jahre vergangen. Das ist eine lange Zeit. Dennoch sind wir überzeugt, dass die Grundidee unseres Buchs aktueller denn je ist. Die Knappheitsprobleme in der Umwelt- und Klimapolitik treten immer deutlicher zu Tage, sei es durch spürbar höhere CO_2-Preise, die Diskussionen um das Verbot von Gas- und Ölheizungen oder die zunehmenden Kosten der Anpassung an den Klimawandel. Im Vergleich zur 1. Auflage ist das Grundgerüst unseres Buchs mit sieben Kapiteln daher unverändert, jedoch wurde der gesamte Text gründlich überarbeitet. Insbesondere sind zwei neue Fallstudien zu Dieselfahrverboten und Ratcheting in der internationalen Klimapolitik hinzugekommen und die verbliebenen Fallstudien wurden umfassend aktualisiert. Die Darstellung des DICE-Modells wurde leserfreundlicher gestaltet und gestattet es nun, dieses wichtige Klima-Ökonomie-Modell besser zu verstehen. Die Übungsaufgaben wurden erweitert und ermöglichen es nun, zu praktisch jedem Kapitel des Buchs das Erlernte direkt anzuwenden.

Der Klimawandel bleibt ein Themenschwerpunkt. Leider hat sich unsere Hypothese, dass man aus ökonomischer Sicht skeptisch sein muss, was den Erfolg internationaler Klimaverhandlungen anbetrifft, bestätigt. Im Jahr 2011, als dieses Buch in seiner 1. Auflage erschien und der Klimawandel schon lange ganz oben auf der Agenda der internationalen Politik stand, lag die globale CO_2-Konzentration noch bei 392 ppm. Heute, im Februar 2024, liegt diese Konzentration bei 425 ppm.[1]

Dennoch bleiben wir optimistisch und hoffen, dass wir mit unserem Buch einen kleinen Beitrag leisten können, mehr ökonomischen Sachverstand in die umweltpolitische Diskussion zu bringen.

Bodo Sturm
Carla Vogt

Februar 2024

---

[1] https://keelingcurve.ucsd.edu/

Inhaltsverzeichnis

1.	**Die ökonomische Sicht der Dinge**	**1**
1.1	Ein kurzes Repetitorium der Mikroökonomik	1
	1.1.1 Selbstregulierung von Märkten	1
	1.1.2 Effizienz von Wettbewerbsmärkten	8
1.2	Literatur	18
2.	**Marktversagen durch externe Effekte**	**19**
2.1	Externe Effekte: Eine erste Betrachtung	20
	2.1.1 Arten von externen Effekten	20
	2.1.2 Eine genauere Charakterisierung	21
2.2	Warum externe Effekte die Effizienz schädigen	22
2.3	Externe Effekte: Eine vertiefte Betrachtung	26
2.4	Fallstudie: Die externen Kosten des Straßenverkehrs	29
2.5	Literatur	43
3.	**Das Coase-Theorem**	**45**
3.1	Wann das Coase-Theorem funktioniert …	46
3.2	… und wann nicht: Die Grenzen des Coase-Theorems	50
3.3	Literatur	54
4.	**Die Charakteristika von Umweltgütern**	**55**
4.1	Eigenschaften von Gütern	55
	4.1.1 Private Güter	56
	4.1.2 Club-Güter	57
	4.1.3 Öffentliche Güter	57
	4.1.4 Common Pool Resources	63
4.2	Optimale Bereitstellung von Gütern	68
4.3	Literatur	70

5.	**Instrumente der Umweltpolitik**		**71**
5.1	Einführung		71
5.2	Pigou-Steuer		72
5.3	Fallstudie: Die Ökologische Steuerreform in der BRD		82
5.4	Emissionshandel		95
5.5	Fallstudie: Der EU-Emissionshandel		102
5.6	Auflagen		119
5.7	Fallstudie: Dieselfahrverbote		121
5.8	Vergleich der Instrumente in der statischen Analyse		126
5.9	Dynamische Anreizwirkung		126
	5.9.1	Sozialer Nutzen im Optimum	128
	5.9.2	Steuerlösung	133
	5.9.3	Emissionshandel	136
	5.9.4	Auflagen und Anreize zur Investition	139
	5.9.5	Fazit zur dynamischen Anreizwirkung	140
	5.9.6	Weitere Aspekte in der dynamischen Perspektive	140
5.10	Literatur		141
6.	**Der Klimawandel als globales Umweltproblem**		**143**
6.1	Charakteristika globaler Umweltprobleme		143
6.2	Einige Fakten zu Treibhauseffekt und Klimawandel		144
	6.2.1	Naturwissenschaftlicher Hintergrund	144
	6.2.2	Risiken durch den Klimawandel	151
	6.2.3	Chancen durch den Klimawandel	160
	6.2.4	Fazit	162
6.3	Strategien gegen den Klimawandel		162
	6.3.1	Vermeidung	162
	6.3.2	Anpassung	170
6.4	Klimawandel und Gerechtigkeit		175
6.5	Ökonomische Dimension I: Kosten und Nutzen von Klimaschutz aus der globalen Perspektive		177
	6.5.1	Optimaler Klimaschutz – Eine qualitative Analyse	177
	6.5.2	Optimaler Klimaschutz – Eine quantitative Analyse	181
6.6	Ökonomische Dimension II: Anreizprobleme der Klimapolitik		192
	6.6.1	Soziale Dilemmata	193
	6.6.2	Koalitionsmodelle	197
6.7	Literatur		199
6.8	Appendix: DICE – eine mathematische Darstellung		204

7.	**Empirische Evidenz zur Bereitstellung öffentlicher Güter** **211**
7.1	Feldevidenz: Das Kyoto-Protokoll – nur symbolische Politik? 212
	7.1.1 Das Kyoto-Protokoll: Bedeutung und wesentliche Inhalte 212
	7.1.2 Die Aufweichung des Kyoto-Protokolls 214
	7.1.3 Die politische Ökonomik des Klimaschutzes 219
	7.1.4 Das Paris-Abkommen 221
	7.1.5 Die Idee eines Klimaclubs 223
7.2	Experimentelle Evidenz: Öffentliche Güter und Kooperation 225
	7.2.1 Warum Ökonominnen Laborexperimente durchführen 225
	7.2.2 Laborexperimente zur Bereitstellung öffentlicher Güter 227
7.3	Fallstudie: Ratcheting in der internationalen Klimapolitik 233
7.4	Ein Erklärungsansatz für Kooperation: Die Theorie von Fehr und Schmidt 239
7.5	Kooperationsversagen: Eine alternative Deutung 244
7.6	Literatur 249
8.	**Übungsaufgaben** **253**
Stichwortverzeichnis **263**

Tabellenverzeichnis

Tab. 2.1 Externe Unfallkosten für die EU-28 32
Tab. 2.2 Externe Unfallgrenzkosten 33
Tab. 2.3 Luftverschmutzungskosten 35
Tab. 2.4 Totale Kosten der Luftverschmutzung für die EU-28 35
Tab. 2.5 Klimakosten des Verkehrs für die EU-28 36
Tab. 2.6 Lärmkosten des Verkehrs für die EU-28 38
Tab. 2.7 Externe Lärmgrenzkosten 39
Tab. 2.8 Kosten aus Zeitverlust im Verkehr für die EU-28 41
Tab. 2.9 Kosten der Zusatzlast im Verkehr für die EU-28 42
Tab. 2.10 Externe Grenzkosten von Staus 42
Tab. 4.1 Eigenschaften von Gütern 56
Tab. 5.1 Erhöhungssätze im Rahmen der Ökologischen Steuerreform 83
Tab. 5.2 Gesamtsteuerbelastung auf Energieträger 84
Tab. 5.3 Determinanten für den Preis im EU-Emissionshandel 111
Tab. 5.4 Fallunterscheidungen für die Investition in Vermeidungstechnologie ... 134
Tab. 6.1 DICE – Output, Klimaschäden und Vermeidungskosten in 2120 186
Tab. 7.1 Emissionsziele für 2008-2012 unter dem Kyoto-Protokoll 213
Tab. 7.2 Burden Sharing Agreement für die EU-15 214
Tab. 7.3 Effekte der Nachverhandlung des Kyoto-Protokolls 217
Tab. 7.4 Tatsächliche Emissionsentwicklung ausgewählter Länder 218
Tab. 7.5 Anordnungen im Experiment von Isaac und Walker (1988) 228
Tab. 7.6 Auszahlungsmatrix im symmetrischen öffentlichen-Gut-Spiel für $N = 2$ 241

Abbildungsverzeichnis

Abb. 1.1 Grundmodell von Angebot und Nachfrage 6
Abb. 1.2 Überschussangebot und Überschussnachfrage 7
Abb. 1.3 Konsumentenrente 10
Abb. 1.4 Produzentenrente 11
Abb. 1.5 Gesellschaftliche Wohlfahrt im Marktgleichgewicht 12
Abb. 1.6 Gesellschaftliche Wohlfahrt bei Überschussangebot 13
Abb. 1.7 Effekte einer Mengensteuer 16
Abb. 2.1 Gewinnmaximale Outputmenge 23
Abb. 2.2 Gesellschaftlich optimale Outputmenge für das Stahlunternehmen 24
Abb. 2.3 Gesellschaftlich optimale Lösung in der Stahlbranche 25
Abb. 2.4 Zeitverlust und Wohlfahrtsverlust durch Stau 40
Abb. 3.1 Grenzvermeidungskosten und Grenzschaden 48
Abb. 4.1 Gewinn von Akteurin 1 im öffentlichen-Gut-Spiel 62
Abb. 4.2 CPR-Produktionsfunktion 64
Abb. 4.3 CPR-Nutzung 67
Abb. 4.4 Optimale Bereitstellung rivaler und nicht rivaler Güter 69
Abb. 5.1 Soziales Optimum 74
Abb. 5.2 Individuelle Anpassung an die Pigou-Steuer 75
Abb. 5.3 Horizontale Aggregation von Grenzvermeidungskosten 76
Abb. 5.4 Wohlfahrtsverlust durch suboptimalen Steuersatz 79
Abb. 5.5 Gesellschaftlich optimale Lösung mit der Pigou-Steuer in der Stahlbranche 80
Abb. 5.6 Wohlfahrtseffekte der Pigou-Steuer 86
Abb. 5.7 Reduzierte Zusatzlasten auf dem Arbeitsmarkt 88
Abb. 5.8 Der effektive Verlauf des Stromsteuertarifs 2002 94
Abb. 5.9 Emissionshandel für zwei Unternehmen 99
Abb. 5.10 Preis- und Mengensteuerung bei unvollständiger Information 101
Abb. 5.11 Preise für Zertifikate im EU-Emissionshandel 113

Abb. 5.12	First- und second-best-Allokationen	127
Abb. 5.13	Sozialer Nutzen aus der Investition bei einem Unternehmen und linearen Schadenskosten	128
Abb. 5.14	Sozialer Nutzen aus der Investition bei einem Unternehmen und konvexen Schadenskosten	129
Abb. 5.15	Sozialer Nutzen aus der Investition bei zwei Unternehmen und linearen Schadenskosten	130
Abb. 5.16	Sozialer Nutzen aus der Investition bei zwei Unternehmen und konvexen Schadenskosten	131
Abb. 5.17	Sozialer Nutzen aus der Investition bei zwei Unternehmen und konvexen Schadenskosten	132
Abb. 5.18	Privater Nutzen aus der Investition bei einem Unternehmen und konvexen Schadenskosten sowie Steuersatzabsenkung	133
Abb. 5.19	Privater Nutzen aus der Investition bei einem Unternehmen im Emissionshandel und Angebotsreduzierung	137
Abb. 6.1	Globale CO_2-Emissionen seit 1850	146
Abb. 6.2	Keeling-Kurve	147
Abb. 6.3	Entwicklung der CO_2-Konzentration in den letzten zwei Jahrtausenden	147
Abb. 6.4	Globale Temperaturentwicklung seit 1850	148
Abb. 6.5	Verschiebung der Temperaturverteilung	156
Abb. 6.6	Rebound-Effekt – Zerlegung in Substitutions- und Einkommenseffekt	167
Abb. 6.7	Anteile an den gesamten CO_2-Emissionen von 1850 bis 2013	176
Abb. 6.8	Verletzlichkeit durch den Klimawandel und Anpassungsfähigkeit	177
Abb. 6.9	Vermeidung, Anpassung und Residualkosten	179
Abb. 6.10	Komparative Statik für Anpassung und Vermeidung	181
Abb. 6.11	Ökonomiemodul in DICE	184
Abb. 6.12	Klimamodul in DICE	185
Abb. 6.13	DICE – Schäden in Prozent des Outputs	186
Abb. 6.14	DICE – Emissionsvermeidungsrate	188
Abb. 6.15	DICE – CO_2-Preis	188
Abb. 6.16	DICE – CO_2-Konzentration	189
Abb. 6.17	DICE – Temperaturveränderung ggü. vorindustriellem Niveau	190
Abb. 6.18	Beitrag zum Klimaschutz im Beispiel mit $N = 10$ und $\gamma = 10$	196
Abb. 6.19	Gewinne einer Koalitionärin im Beispiel mit $N = 10$ und $\gamma = 10$	199
Abb. 7.1	Beiträge zum öffentlichen Gut in Isaac und Walker (1988)	229
Abb. 7.2	Mittlere Kooperationsrate pro Versuchsanordnung	238

1 Die ökonomische Sicht der Dinge

Worin besteht eigentlich aus wirtschaftswissenschaftlicher Sicht „das Umweltproblem"? Zum sogenannten Umweltproblem melden sich ganz unterschiedliche wissenschaftliche Disziplinen zu Wort. So liegt einigermaßen auf der Hand, dass Ökologie und Biologie etwas zu den Folgen von Umweltzerstörung zu sagen haben, wenn es um die Beeinträchtigung der Funktionsweise von Ökosystemen etwa geht oder sogar deren kompletter Verlust droht. Ziemlich einleuchtend ist auch, dass andere naturwissenschaftliche Disziplinen wie etwa die Klimatologie als Teildisziplin der Physik sich aufgerufen fühlen, sich zum Problem des Klimawandels zu äußern. Aber warum fühlen sich Wirtschaftswissenschaftlerinnen aufgerufen, sich zum Umweltproblem zu äußern? Was berechtigt Ökonominnen, sich zum Umweltproblem zu Wort zu melden?

1.1 Ein kurzes Repetitorium der Mikroökonomik

1.1.1 Selbstregulierung von Märkten

Um diese Frage zu beantworten, müssen wir zunächst etwas klarer herausarbeiten, worin aus wirtschaftswissenschaftlicher Sicht eigentlich der Kern des Umweltproblems besteht. Die Wirtschaftswissenschaft kann allgemein verstanden werden als die wissenschaftliche Disziplin, die sich mit der Bewirtschaftung knapper Ressourcen beschäftigt. *Knappheit* – dieses Phänomen ist offensichtlich der Grundtatbestand, mit dem sich die Ökonomik beschäftigt. Dabei ist es zunächst einmal unerheblich, ob wir die Betriebs- oder die Volkswirtschaftslehre betrachten: Ein einigendes Merkmal beider wirtschaftswissenschaftlicher Teildisziplinen ist die Beschäftigung mit der Knappheit als einem unausweichlichen Charakteristikum menschlichen Handelns. Ganz gleich, ob es darum geht, die knappen Ressourcen eines einzelnen Betriebs möglichst sinnvoll einzusetzen oder die Ressourcen einer gesamten Volkswirtschaft, die Knappheit der Ressourcen ist das zentrale Problem, mit dem sich Betriebs- und Volkswirtinnen konfrontiert sehen.

Grob gesagt besteht die Aufgabe der Wirtschaftswissenschaft also darin, Lösungen für das Problem knapper Ressourcen anzubieten. Die Kernfrage der Ökonomik lautet: Wie sind knappe Ressourcen am besten einzusetzen? Um diese Frage zu beantworten, muss man ein Kriterium definieren, anhand dessen Ressourcenallokationen beurteilt werden sollen. Die Ökonomik hat sich darauf verständigt, Allokationen nach dem Kriterium der *Effizienz* zu beurteilen. Eine zentrale Forderung von Wirtschaftswissenschaftlerinnen ist, dass Ressourcen möglichst effizient eingesetzt werden sollten. Diese Forderung nach Effizienz schlägt sich in zwei elementaren Prinzipien nieder, die Studierenden der Wirtschaftswissenschaft bereits in den ersten Vorlesungen unvermeidlich über den Weg laufen, dem *Maximumprinzip* und dem *Minimumprinzip*. Es gibt zwei Möglichkeiten, den Begriff wirtschaftlicher Effizienz näher zu charakterisieren. Erstens: Wir können den Ressourceneinsatz fixieren. Dann ist Effizienz erreicht, wenn mit dem gegebenen Ressourceneinsatz ein maximaler Output erreicht wird. Dabei kann es sich beispielsweise um den Unternehmensgewinn handeln, der bei gegebenem Bestand an Produktionsfaktoren (Arbeit, Kapital, Material usw.) ein Maximum annimmt oder etwa die gesellschaftliche Wohlfahrt, die maximal werden soll, gegeben ein gesamtwirtschaftlicher Bestand an Produktionsmitteln. Zweitens: Wir können die Zielgröße fixieren. In diesem Fall verlangt das Kriterium der Effizienz, den Ressourceneinsatz zu minimieren. Ein bestimmtes Ziel – auf betriebswirtschaftlicher Ebene etwa ein bestimmter Unternehmensoutput – ist dann mit einem minimalen Mitteleinsatz zu erreichen.

Insbesondere in der Formulierung als Minimumprinzip wird deutlich, dass die Forderung nach Effizienz eine sinnvolle ist: Wenn Ressourcen knapp sind, dann sollten sie möglichst sparsam eingesetzt werden. Oder noch anders formuliert: Die Forderung nach Effizienz besagt eigentlich nichts anderes, als dass Ressourcen nicht verschwendet werden sollten. Auch wenn Ökonominnen oft für ihre „effizienzorientierte Denkweise" kritisiert werden – letztlich ist Effizienz das Beste, was wir in einer Welt der Knappheit erreichen können. Machen wir uns an einem kleinen Beispiel klar, warum es auch aus einer sehr allgemeinen, ethischen Herangehensweise schwierig ist, gegen die effizienzorientierte Betrachtung zu argumentieren. Angenommen, in einer Situation A existiert eine Aufteilung von Ressourcen, so dass jede Akteurin ein bestimmtes Wohlfahrtsniveau erreicht. Wenn nun in dieser Situation A Ressourcen nicht effizient eingesetzt werden, bedeutet dies, dass beim Übergang zu einer effizienten Situation B die Wohlfahrt aller Beteiligten unverändert bleibt (d.h. niemand wird schlechter gestellt) und zugleich weniger Ressourcen eingesetzt werden. Anders herum: Man könnte bei gleichem Ressourceneinsatz in B mindestens eine Akteurin in ihrer Wohlfahrt besserstellen und zugleich die Wohlfahrt aller anderen Akteurinnen unverändert lassen. In der Tat ist es also mehr als schwierig, ineffiziente Situationen als vorzugswürdig zu bezeichnen.

Während die Betriebswirtschaftslehre naturgemäß der Frage nachgeht, wie die Ressourcen eines einzelnen Betriebs möglichst effizient eingesetzt werden können, so nimmt die Volkswirtschaftslehre eine gesamtwirtschaftliche Perspektive ein. In der

Volkswirtschaftslehre geht es zu einem Gutteil um die Frage, wie letztlich die Ressourcen einer gesamten Volkswirtschaft möglichst effizient genutzt werden können. Es geht darum, Bedingungen zu identifizieren, unter denen das gesellschaftliche Effizienzziel erreicht wird.

Zentral für die Volkswirtschaftslehre war dabei von Anfang an die Frage nach dem „richtigen" Wirtschaftssystem. Wie ist die *Wirtschaftsordnung* eines Landes zu organisieren, damit letztlich eine effiziente Ressourcenverwendung gewährleistet ist? Dies ist eine der Kernfragen der Volkswirtschaftslehre, die die Ökonomik von Beginn an beschäftigt hat.

Bekanntlich existieren grundsätzlich zwei Möglichkeiten, eine Volkswirtschaft zu organisieren. Am einen Ende der Skala möglicher Organisationsformen einer Volkswirtschaft befindet sich die *zentrale Planwirtschaft*, am anderen Ende die *freie Marktwirtschaft*. Dazwischen existiert ein Kontinuum aller denkbaren Mischformen, in denen der Staat mehr oder weniger stark in das Wirtschaftsgeschehen eines Landes eingreift. Die meisten real existierenden Volkswirtschaften dieser Welt sind keine „freien Marktwirtschaften" im reinen Sinn des Wortes. Charakteristisch ist vielmehr, dass der Staat auch in kapitalistisch organisierten Ländern seit geraumer Zeit ein wichtiger Akteur geworden ist. Dennoch handelt es sich bei den meisten Ökonomien auf diesem Globus um Marktwirtschaften. Die Begründung ist naheliegend: In fast allen Volkswirtschaften der Welt ist „der Markt" die zentrale Institution, über die knappe Ressourcen bewirtschaftet werden. Warum aber ist der Markt eigentlich zu der dominierenden Organisationsform des Wirtschaftens geworden?

Man kann diese Frage auf mindestens zwei Arten beantworten. Erstens kann man rein pragmatisch argumentieren, dass der Versuch einer zentralen Planung ganz offensichtlich auf ganzer Linie gescheitert ist. Es hat sich in der Praxis gezeigt, dass der Versuch, das Allokationsproblem einer Volkswirtschaft auf dem Wege zentraler Planung zu lösen, nicht besonders gut funktioniert hat. Die Ineffizienz zentraler Planwirtschaften war ein gewichtiger Grund dafür, warum der frühere Ostblock zusammengebrochen ist. Frei nach Churchill könnte man also sagen: Die Marktwirtschaft ist unter allen schlechten Wirtschaftssystemen die beste.[1]

Diese pragmatische Sicht der Dinge ist aber möglicherweise zu pessimistisch. Es lassen sich nämlich, zweitens, durchaus *gute Gründe* angeben, warum ein marktwirtschaftliches System letztlich die überlegene Organisationsform ist. Machen wir uns zunächst einmal klar, was eigentlich charakteristisch für ein marktwirtschaftliches System ist. Man kann mehr oder weniger lange Kriterienkataloge für die Klassifikation von Wirtschaftssystemen aufstellen: Das zentrale Wesensmerkmal einer Marktwirtschaft dürfte allerdings sein, dass letztlich wirtschaftliche Entscheidungen auf *dezentraler Ebene* getroffen werden: Private Haushalte planen ihren Güterkonsum unabhängig von den Unternehmen und unabhängig von allen anderen Haushalten der Volkswirtschaft. Und ebenso treffen Unternehmen ihre

---

[1] Winston D. Churchill in einer Rede vor dem House of Commons am 11. November 1947 (Langworth 2008, S. 574): *„Many forms of government have been tried and will be tried in this world of sin and woe. No one pretends that democracy is perfect or all-wise. Indeed, it has been said that democracy is the worst form of government except all those other forms that have been tried from time to time."*

Produktionsentscheidung frei und unabhängig von allen anderen Wirtschaftseinheiten der Volkswirtschaft. Insbesondere existiert in einer Marktwirtschaft keinerlei zentrale Instanz (etwa eine Plankommission), die versucht, diese einzelwirtschaftlichen Pläne miteinander zu harmonisieren. Wir halten also fest: Typisch für ein marktwirtschaftliches Wirtschaftssystem ist, dass die Millionen Wirtschaftssubjekte – Konsumentinnen und Produzentinnen – unabhängig voneinander entscheiden, was sie konsumieren und produzieren wollen.

Es verwundert kaum, dass praktisch mit der Geburtsstunde der Wirtschaftswissenschaft als eigenständiger wissenschaftlicher Disziplin die Frage auftauchte, ob ein solches auf dezentraler Entscheidung basierendes System überhaupt funktionieren könne. Muss ein solches System, in dem Millionen Menschen unabhängig voneinander ihre wirtschaftlichen Entscheidungen treffen, nicht im Chaos enden? In der Tat finden sich in der klassischen Ökonomik durchaus berühmte Namen, die dieser Auffassung zuneigten. Karl Marx etwa vertrat die These von der *„Anarchie des Markts"*. Damit meinte Marx insbesondere, der Markt tendiere systematisch zu Überproduktion und Ineffizienz.[2] Diese behauptete Tendenz zur Überproduktion ist ein Teil der Marxschen Krisentheorie. Wir wollen uns an dieser Stelle nicht allzu sehr mit der marxistischen Ökonomik beschäftigen. Allerdings sei der Hinweis gestattet, dass der Kapitalismus sich offenbar als ein historisch äußerst zählebiges Phänomen erweist.

Letztlich steht die These von der Anarchie des Markts aber auf theoretisch schwachen Füßen. Die Tatsache, dass das kapitalistisch-marktwirtschaftliche System sich als Wirtschaftsordnung historisch behauptet hat, könnte mit einer bemerkenswerten Eigenschaft der Institution Markt zusammenhängen, nämlich der Fähigkeit von Märkten zur *Selbstregulierung*.

Die grundlegende Funktionsweise von Märkten lernen Studierende der Wirtschaftswissenschaft bereits in ihrer ersten Vorlesung in Volkswirtschaftslehre. Märkte sind typischerweise ein zentraler Gegenstand der Mikroökonomik. Dort wird analysiert, wie Wirtschaftssubjekte ihre Entscheidungen treffen und – wichtiger – wie sie auf Märkten interagieren. Es gibt einen zentralen Mechanismus, der letztlich dafür sorgt, dass die einzelwirtschaftlichen Entscheidungen koordiniert werden: Dieser Mechanismus ist der *Preismechanismus*. Die Wirkungsweise des Preismechanismus wird dabei normalerweise mit dem Angebot-Nachfrage-Modell untersucht. Verdeutlichen wir uns nochmals kurz die wesentlichen Bestandteile dieses Modells.[3]

Die Konsumentinnen werden abgebildet durch eine sogenannte Nachfragefunktion.[4] Die Nachfrage nach einem Gut ist – neben anderen Faktoren – zentral vom Preis

---

[2] Vgl. etwa folgende Passage aus Marx' Hauptwerk „Das Kapital" (1976, S. 552): *„Während die kapitalistische Produktionsweise in jedem individuellem Geschäft Ökonomie erzwingt, erzeugt ihr anarchisches System der Konkurrenz die maßloseste Verschwendung der gesellschaftlichen Produktionsmittel und Arbeitskräfte […]".*

[3] Für eine ausführlichere Darstellung vgl. etwa Sturm und Vogt (2014).

[4] Unter einer Nachfragefunktion versteht man den funktionalen Zusammenhang $Q = Q(p)$. Historisch hat sich für die grafische Darstellung eingebürgert, den Preis p auf der Ordinate, die Menge Q auf der Abszisse abzutragen. Grafisch dargestellt wird daher in den allermeisten Fällen tatsächlich

abhängig. In der Regel können wir davon ausgehen, dass das „Gesetz der Nachfrage" gilt. Dieses Gesetz besagt, dass die nachgefragte Menge eines Guts mit steigendem Preis fällt. Im Rahmen der Konsumententheorie kann gezeigt werden, dass dieses Gesetz der Nachfrage in den allermeisten Fällen gilt: Auf der Grundlage der Annahme von rationalem und nutzenmaximierendem Verhalten kann gezeigt werden, dass die Nachfragefunktion einer einzelnen Konsumentin tatsächlich einen im Preis fallenden Verlauf aufweisen muss. Eine Ausnahme bilden Giffen-Güter[5], die aber praktisch keinerlei Relevanz besitzen. Wenn aber die individuellen Nachfragefunktionen einen im Preis fallenden Verlauf aufweisen, dann muss offenbar auch die aggregierte Nachfragefunktion, also die Marktnachfragefunktion, im Preis fallen.

Die Produktionsseite wird abgebildet durch eine Angebotsfunktion. Das Güterangebot ist dabei immer eine steigende Funktion des Preises. Mit steigenden Preisen bringen Unternehmen größere Mengen des betrachteten Guts auf den Markt („Gesetz des Angebots"). Der Grund ist letztlich, dass es sich aus Unternehmenssicht bei steigenden Preisen lohnt, mehr zu produzieren – es kann nämlich gezeigt werden, dass sich durch eine Steigerung der Produktionsmenge bei steigenden Preisen eine Zunahme des Unternehmensgewinns erreichen lässt. Die individuelle wie auch die aggregierte Angebotsfunktion haben daher einen steigenden Verlauf im Preis.

Grafisch schlägt sich dieses bekannte Modell wie in Abbildung 1.1 dargestellt nieder. Wie man in Abbildung 1.1 unschwer erkennt, existiert bei Gültigkeit des Gesetzes der Nachfrage und des Gesetzes des Angebots offenbar ein *Schnittpunkt E* der beiden Funktionen. Dieser Schnittpunkt ist von Interesse, weil er eine besondere Eigenschaft aufweist: Dort stimmen angebotene und nachgefragte Menge exakt überein. Man bezeichnet diesen Punkt daher als *Marktgleichgewicht* oder auch als Zustand der Markträumung. Ohne dass wir an dieser Stelle schon Grundlagen der Wohlfahrtstheorie heranziehen, wird intuitiv klar, dass dieser Zustand eine bestimmte wünschenswerte Eigenschaft aufweist: Die Produzentinnen stellen in einem Marktgleichgewicht exakt die Menge her, die Konsumentinnen

---

nicht die Nachfragefunktion, sondern genau genommen die inverse Nachfragefunktion. Analoges gilt für die Angebotsfunktion, deren grafische Darstellung tatsächlich die inverse Angebotsfunktion ist. Der Verlauf der Funktionen ist übrigens nicht zwingend linear. Es kommt nur darauf an, dass sie einen fallenden bzw. steigenden Verlauf aufweisen.

[5] Bei einer Preissenkung wird im Allgemeinen das betreffende Gut im Vergleich zu Substitutionsgütern verstärkt nachgefragt – der sogenannte Substitutionseffekt. Eine Preissenkung bewirkt darüber hinaus einen Einkommenszuwachs, und der in der Regel daraus resultierende positive Einkommenseffekt verstärkt den Substitutionseffekt. Bei einem Giffen-Gut überlagert ein negativer Einkommenseffekt den Substitutionseffekt, so dass das betreffende Gut bei einer Preissenkung weniger als zuvor nachgefragt wird. In der Realität ist es extrem schwierig, Giffen-Güter zu identifizieren. Jensen und Miller (2008) ist es mit Hilfe eines Feldexperiments in der (extrem armen) chinesischen Region Hunan gelungen, das Grundnahrungsmittel Reis als Giffen-Gut zu identifizieren. Mit Hilfe von Gutscheinen wurde Reis für Konsumentinnen in der Region verbilligt. Die Preissenkung führte aber nicht zu einer Nachfrageerhöhung, sondern zu einer Nachfragesenkung. Statt noch mehr Reis zu essen, konsumierten die Verbraucherinnen mehr Fleisch und Gemüse. Vgl. hierzu auch Sturm und Vogt (2014).

Abb. 1.1 Grundmodell von Angebot und Nachfrage

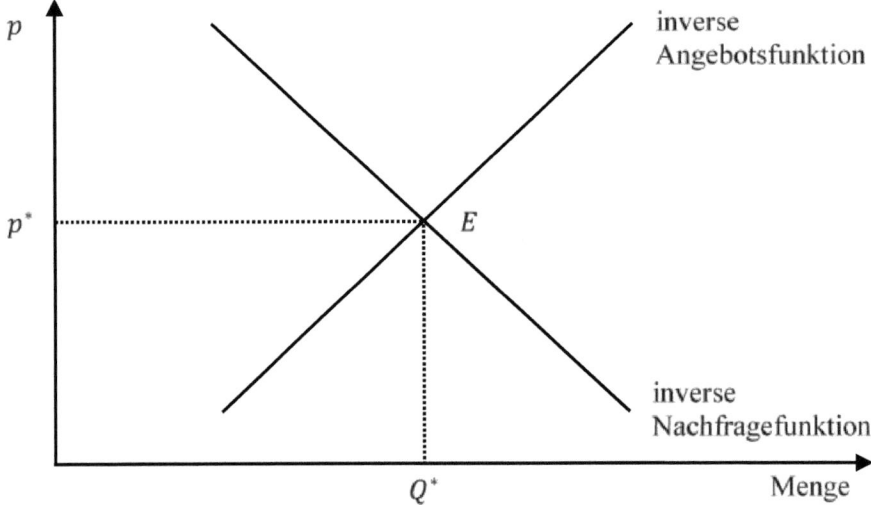

auch bereit sind nachzufragen. Oder andersherum formuliert: Konsumentinnen fragen exakt die Menge des Guts nach, die Produzentinnen auch bereit sind herzustellen. Man kann daher sagen, dass in einem Marktgleichgewicht die Pläne der Anbieterinnen mit denen der Nachfragerinnen kompatibel sind. Dies ist auch der Grund, warum ein Zustand der Markträumung ein Gleichgewicht darstellt: Wenn diese Kompatibilitätseigenschaft der Wirtschaftspläne erfüllt ist, dann hat kein Wirtschaftssubjekt einen Anlass, seine Entscheidungen zu revidieren. Genau dies ist aber die Voraussetzung dafür, dass man in den Sozialwissenschaften von einem Gleichgewicht sprechen kann.[6]

Natürlich ist mit dieser Betrachtung bisher nicht mehr gezeigt worden, als dass ein solches Marktgleichgewicht existieren kann. Wenn sich aber herausstellen sollte, dass ein solches Gleichgewicht nicht erreicht wird, dann mindert dies den Erkenntniswert erheblich. Wir müssen also im nächsten Schritt die Frage klären, ob unter vernünftigen Annahmen ein solches Gleichgewicht erreicht wird.

An dieser Stelle kommt nun der Preismechanismus ins Spiel. Nehmen wir zunächst an, der Markt befände sich in einem Ungleichgewicht und zwar genau genommen in einer Situation, in der das Güterangebot die nachgefragte Menge übersteigt. Eine solche Situation kann überhaupt nur eintreten, wenn der tatsächliche Marktpreis p_1 den Gleichgewichtspreis p^* übersteigt. Betrachtet sei also grafisch folgende Situation in Abbildung 1.2:

---

[6] Ganz allgemein ist ein Gleichgewicht eine Ruhelage eines Systems. Es ist völlig unerheblich, ob es sich dabei um ein naturwissenschaftliches oder soziales System handelt, also etwa ein Pendel in der Physik oder ein Markt in der Volkswirtschaftslehre. Eine Ruhelage ist dann erreicht, wenn sich keine endogene Variable eines Systems mehr ändert. Um beim Beispiel des Markts zu bleiben: Im Marktgleichgewicht ändern sich weder die angebotene und die nachgefragte Menge, noch der Preis.

Abb. 1.2 Überschussangebot und Überschussnachfrage

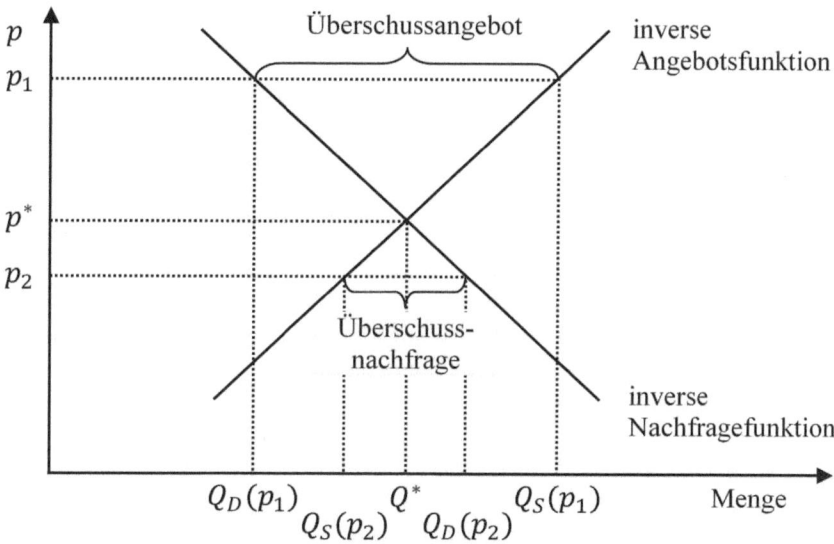

Beim Preis $p_1 > p^*$ ist die angebotene Menge $Q_S(p_1)$ die nachgefragte Menge ist hingegen nur $Q_D(p_1)$ Das Überschussangebot beträgt $Q_S(p_1) - Q_D(p_1)$. Kann eine solche Situation des Überschussangebots eine stabile Situation sein, also dauerhaft Bestand haben? Dies kann man nicht ernsthaft erwarten. Tatsächlich bleiben die Anbieterinnen des Guts in dieser Situation auf einem Teil ihrer Produktion sitzen. Sie bilden ungeplante Lagerbestände. Für die Anbieterinnen wäre es rational, mit ihren Preisforderungen etwas herunterzugehen. In einer Situation eines Überschussangebots würde also der Marktpreis allmählich beginnen zu sinken. Wenn er das tut, löst er aber eine Anpassungstendenz in Richtung des Gleichgewichts aus: Bei sinkenden Preisen sind die Nachfragerinnen bereit, eine größere Menge als bisher nachzufragen. Gleichzeitig signalisieren sinkende Preise den Anbieterinnen, dass sich die Produktion des Guts nicht mehr in dem Maße lohnt. Die Anbieterinnen haben einen Anreiz, ihre Produktionsmenge zu senken. Der sinkende Marktpreis führt also dazu, dass sich die Wirtschaftssubjekte allmählich auf das Marktgleichgewicht $\{p^*, Q^*\}$ zu bewegen.

Betrachten wir umgekehrt eine Situation der Überschussnachfrage: Liegt der Marktpreis p_2 unterhalb des Gleichgewichtspreises p^*, dann übersteigt die nachgefragte Menge offenbar die Angebotsmenge. Beim Preis $p_2 < p^*$ ist die angebotene Menge nur $Q_S(p_2)$, die nachgefragte Menge beträgt hingegen $Q_D(p_2)$. Die Überschussnachfrage beträgt demnach $Q_D(p_2) - Q_S(p_2)$. Die Nachfragerinnen konkurrieren also um das knappe Gut. Man kann sich leicht vorstellen, dass Anbieterinnen in dieser Situation in der Lage sind, einen höheren Preis am Markt zu erzielen. Man denke etwa an den (unregulierten) Markt für Mietwohnraum: Übersteigt die Nachfrage das Angebot – existiert also eine Überschussnachfrage – so sind die Vermieterinnen in der Lage, einen höheren Mietpreis am Markt durchzusetzen.

Der steigende Preis aber löst wiederum eine Anpassungstendenz zum Gleichgewicht aus: Ein steigender Marktpreis lässt die Konsumentinnen eine nun geringere Menge nachfragen. Für die Anbieterinnen wird es lukrativer, das betrachtete Gut bereitzustellen, sie werden also (im Falle von Wohnraum: mittel- bis langfristig) das Güterangebot ausdehnen.

Soweit unsere Rekapitulation elementarer Erkenntnisse der Mikroökonomik. Wir halten als Fazit fest: Es ist der *Preismechanismus*, der letztlich in einem marktwirtschaftlichen System für den Ausgleich von Angebot und Nachfrage sorgt und damit die einzelwirtschaftlichen Pläne miteinander koordiniert. Ein marktwirtschaftliches System benötigt keine zentrale Planungsinstanz, um die gewünschte Kompatibilität von einzelwirtschaftlichen Plänen herzustellen. Es gibt vielmehr einen eingebauten Selbststeuerungsmechanismus, der diese Funktion übernimmt, und das ist der Preis: Indem der Marktpreis auf Ungleichgewichtssituationen reagiert, sendet er an beide Marktseiten die erforderliche Information, sich an die ungleichgewichtige Situation in der genau richtigen Weise anzupassen.

1.1.2 Effizienz von Wettbewerbsmärkten

Die Einsicht, dass Märkte die beschriebene Tendenz zur Selbstregulierung aufweisen, zählt sicherlich zu den wichtigeren Erkenntnissen der Wirtschaftswissenschaft. So wichtig diese Erkenntnis auch sein mag, mit ihr ist natürlich die Gretchenfrage der Ökonomik noch nicht beantwortet: Wenn wir also nun wissen, dass Märkte aufgrund ihrer Fähigkeit zur Selbststeuerung zumindest eine *Tendenz zum Gleichgewicht* aufweisen, so ist damit zunächst einmal noch gar nichts über die Frage der *Effizienz* ausgesagt. Wir haben aber eingangs festgestellt, dass die effiziente Verwendung von Ressourcen ja letztlich das Kardinalproblem menschlichen Handelns darstellt. Es verwundert darum auch nicht, dass die Wirtschaftswissenschaft sich recht schnell dieses Problems angenommen hat.

Letzten Endes geht es um die Frage, wie denn ein solches Marktgleichgewicht zu bewerten ist. Denn mit der Feststellung, dass Märkte zu Gleichgewichtszuständen tendieren, ist noch keinerlei Aussage verbunden, ob ein solcher Zustand wünschenswert ist oder nicht. Damit aber betreten wir in *methodischer Hinsicht* Neuland. Beschäftigen wir uns, wie bisher, mit der Frage der Existenz von Marktgleichgewichten und ihrer Stabilität, dann handelt es sich um eine Fragestellung, die letztlich mit rein wissenschaftlichen Methoden entschieden werden kann. Es ist hier nicht der Ort, um in die Untiefen der Wissenschaftstheorie abzutauchen. So viel aber sei festgehalten: Kennzeichen wissenschaftlicher Betätigung ist die Formulierung von Theorien, die dann einer empirischen Überprüfung unterzogen werden. Unser bisheriger Typ von Fragestellung lässt sich deshalb rein wissenschaftlich angehen: Man formuliert ein theoretisches Modell (etwa unser Angebot-Nachfrage-Modell) und testet anschließend, ob die Prognosen, die dieses Modell liefert, in der Realität zu beobachten sind. Stimmen die Beobachtungen im Wesentlichen mit den theoretischen Prognosen überein, dann gilt nach der Methodologie des kritischen Rationalismus das Modell als vorläufig bestätigt.[7]

Bei der Frage, was von Marktergebnissen zu halten ist, geht es aber um die *Bewertung* eines Zustands. Hier gehen offenbar notwendigerweise sogenannte *Werturteile* ein. Ein Werturteil ist eine Aussage, deren Wahrheitsgehalt sich rein wissenschaftlich nicht eindeutig klären lässt. Wir wollen hier die methodologische Diskussion nicht allzu sehr vertiefen, sondern es lediglich bei diesem Hinweis belassen: Werturteile mag man teilen oder auch nicht. Ob man ein Werturteil also für richtig oder falsch hält (beispielsweise die Aussage: Die herrschende Einkommensverteilung ist ungerecht), ist eine rein subjektive Angelegenheit der jeweiligen Betrachterin. Man kann über ein Werturteil letztlich keine verbindliche Klärung herbeiführen, da sich sein Wahrheitsgehalt nicht intersubjektiv überprüfen lässt.

Bei der Bewertung von Marktergebnissen gehen nun genau solche fundamentalen Werturteile in die Analyse ein. Beispielsweise benötigt man einen Maßstab, anhand dessen Marktergebnisse beurteilt werden können. Die Ökonomik hat sich (zumindest in ihrer überwiegenden Mehrheit) darauf verständigt, die *menschliche Wohlfahrt* zum Maßstab zu machen. Für eine Ökonomin ist dies geradezu selbstverständlich. Ein Blick über den Tellerrand der eigenen Disziplin zeigt aber, dass dieser Maßstab keineswegs der einzig denkbare (und legitime) ist. Ökonomisch wäre der Erhalt einer Tierart nur dann zu rechtfertigen, wenn sich daraus eine Steigerung der menschlichen Wohlfahrt ableiten lässt. Für eine Naturschützerin könnte die Tierart einen „intrinsischen Wert", also einen Wert an sich, unabhängig von einem menschlichen Subjekt besitzen.[8] Wie gesagt: Hier ist nicht der Ort, die grundlegenden methodologischen Probleme zu diskutieren. Die Funktion dieser wenigen Ausführungen besteht eher darin, ein gewisses Problembewusstsein zu wecken.

Wir verbleiben im Folgenden, wie nicht anders zu erwarten, im Rahmen der üblichen beiden Werturteile, die Ökonominnen ihren Betrachtungen zugrunde legen, und das heißt, wir werden Marktergebnisse tatsächlich nach den Kriterien der *menschlichen Wohlfahrt* und der *Effizienz* beurteilen. Hat man sich auf diese grundsätzliche Position verständigt, so bleibt aber mindestens ein zweites wichtiges Problem zu lösen, nämlich wie Wohlfahrt eigentlich zu messen sei. Auch hier werden wir nicht in die Untiefen der entsprechenden Diskussion eintauchen, sondern uns des Standardansatzes der Wohlfahrtstheorie bedienen, nämlich der Konzepte der Konsumenten- und Produzentenrente. Was ist damit gemeint?

Fangen wir mit der *Konsumentenrente* an. Um das Konzept der Konsumentenrente zu verstehen, muss man sich eine wichtige Eigenschaft der inversen Nachfragefunktion verdeutlichen: Diese Funktion gibt uns nämlich die marginalen Zahlungsbereitschaften der

---

[7] Präziser wäre zu formulieren: Das Modell gilt als vorläufig nicht falsifiziert, also nicht widerlegt. Tatsächlich ist es rein logisch nicht möglich, eine Theorie zu bestätigen, sondern lediglich, sie zu falsifizieren. Diese Einsicht geht auf Karl R. Popper (Popper 2005) zurück und wird ausführlich in seinem erstmals 1934 erschienenen erkenntnistheoretischen Hauptwerk „Die Logik der Forschung" entwickelt.

[8] Wer an einer ausführlicheren Diskussion dieser eher philosophischen Probleme interessiert ist, der sei an Weimann (1995) verwiesen.

Abb. 1.3 Konsumentenrente

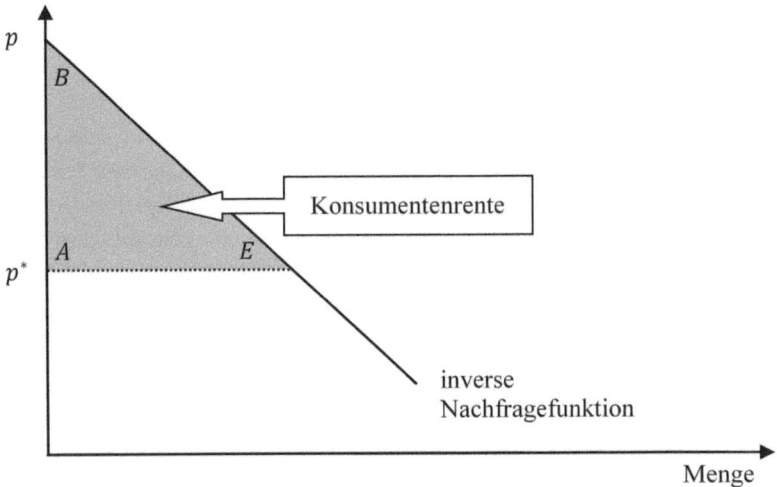

Nachfragerinnen für ein Gut an. Unter der marginalen Zahlungsbereitschaft versteht man die Zahlungsbereitschaft für die nächste Einheit eines Guts. Am oberen Ende der inversen Nachfragefunktion befinden sich die Konsumentinnen, die für eine Einheit des Guts bereit sind, einen sehr hohen Preis zu bezahlen, am unteren Ende diejenigen, die lediglich bereit sind, sehr niedrige Preise zu entrichten. Angenommen, wir beobachten nun einen bestimmten Preis, der sich im Markt gebildet hat. Dieser Preis könnte beispielsweise der Marktpreis p^* sein. Betrachten wir die folgende Abbildung 1.3.

Offensichtlich gibt es einige Nachfragende, die für eine Einheit des Guts bereit sind, mehr als den herrschenden Marktpreis zu bezahlen: Ihre marginale Zahlungsbereitschaft ist größer als der Marktpreis. Diese Individuen ziehen einen ökonomischen Vorteil aus der Tatsache, dass der tatsächliche Marktpreis bei p^* liegt. Ein naheliegendes Maß für diesen Vorteil ist die Differenz zwischen der marginalen Zahlungsbereitschaft und dem herrschenden Marktpreis p^*. Grafisch ist dies die vertikale Distanz zwischen dem entsprechenden Punkt auf der inversen Nachfragefunktion und dem herrschenden Marktpreis. Will man nun ein Maß für den Gesamtvorteil aller Nachfragenden ermitteln, so muss man all diese individuellen Differenzen aufaddieren. Man erhält dann grafisch die Fläche ABE (also die Fläche, die von den Punkten A, B und E eingeschlossen ist) unterhalb der inversen Nachfragefunktion und oberhalb des herrschenden Marktpreises. Diese Fläche wird als „Konsumentenrente" bezeichnet. Die Konsumentenrente misst den ökonomischen Vorteil, den die Nachfragenden aus dem herrschenden Marktpreis ziehen.

Völlig analog kann das Maß der *Produzentenrente* definiert werden. Betrachten wir hierzu die inverse Angebotsfunktion und ihre Interpretation: Die inverse Angebotsfunktion gibt den Marktpreis an, den eine Produzentin mindestens erzielen muss, damit sie bereit ist, das Gut anzubieten. Nehmen wir auch hier (vgl. Abbildung 1.4) wieder an, der herrschende Marktpreis liege bei p^*.

Abb. 1.4 Produzentenrente

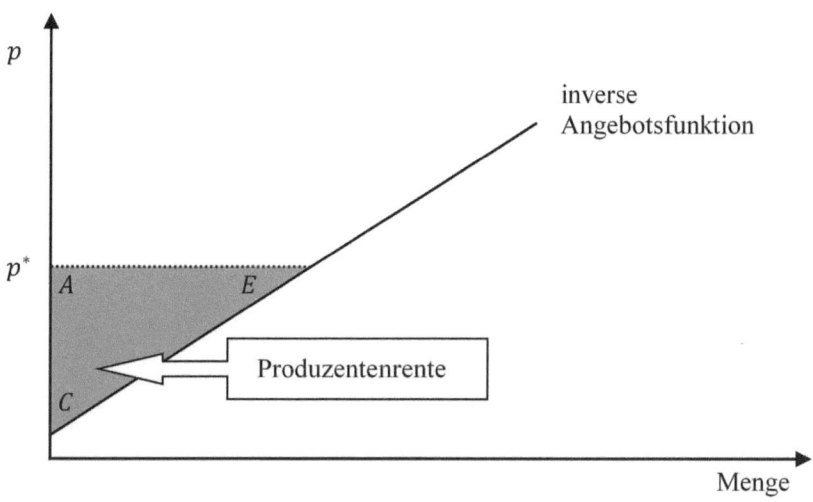

Offensichtlich ziehen auch etliche Anbietende einen Vorteil aus der Tatsache, dass der Marktpreis bei p^* liegt. Einige Anbietende wären nämlich bereit, das Gut auch zu einem niedrigeren Preis anzubieten. Tatsächlich aber erzielen sie den höheren Preis p^*. Alle, die also bereit sind, das Gut auch zu niedrigeren Preisen als p^* auf den Markt zu bringen, ziehen einen Vorteil aus der Tatsache, dass der tatsächlich herrschende Marktpreis höher liegt. Wiederum kann als Maß für den Vorteil die vertikale Distanz zwischen den entsprechenden Punkten auf der inversen Angebotsfunktion und dem tatsächlichen Preis herangezogen werden. Addiert man all diese individuellen Vorteile auf, so erhält man die Fläche CAE oberhalb der inversen Angebotsfunktion und unterhalb des Marktpreises. Diese Fläche wird als Produzentenrente bezeichnet. Sie ist ein Maß für den Vorteil, den die Produzierenden aus dem herrschenden Marktpreis p^* ziehen.

Ausgestattet mit diesen Messkonzepten können wir uns nun erneut der Frage zuwenden, wie Marktergebnisse, genau gesprochen Marktgleichgewichte, zu bewerten sind. Nehmen wir also an, der Markt befindet sich im Gleichgewicht und es herrscht der Gleichgewichtspreis p^*. Diese Situation ist in der folgenden Abbildung 1.5 dargestellt:

Wir betrachten als Maß für die gesamtgesellschaftliche – oder auch soziale – Wohlfahrt die Summe aus Produzenten- und Konsumentenrente.[9] Grafisch ergibt sich die soziale Wohlfahrt damit als Fläche unterhalb der inversen Nachfrage- und oberhalb der inversen Angebotsfunktion. Offenbar besitzt ein Marktgleichgewicht eine ganz bestimmte, höchst wünschenswerte Eigenschaft: In einem Marktgleichgewicht wird nämlich die *soziale Wohlfahrt maximiert*. Man kann sich dies leicht klar machen, wenn man einen Preis betrachtet,

---

9 Die Produzentenrente kann dabei grafisch leicht gemessen werden als die Dreiecksfläche CAE, die Konsumentenrente entspricht der Dreiecksfläche ABE.

Abb. 1.5 Gesellschaftliche Wohlfahrt im Marktgleichgewicht

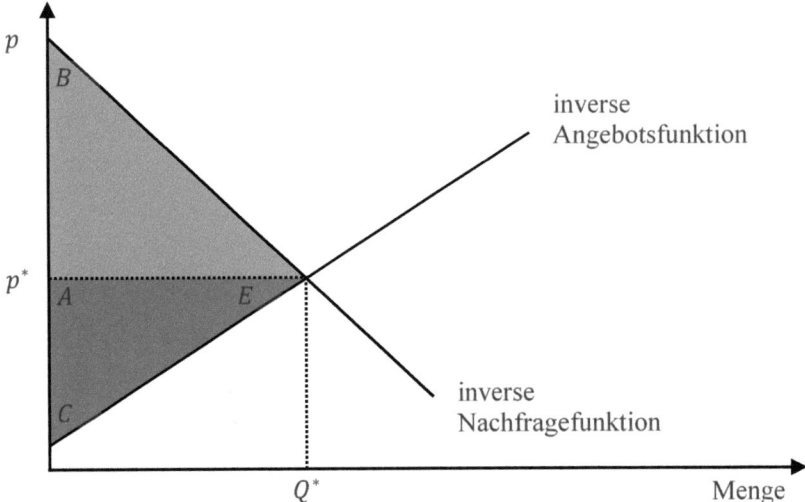

der vom Gleichgewichtspreis abweicht. Nehmen wir z.B. wie in Abbildung 1.6 dargestellt an, der tatsächliche Marktpreis liege oberhalb des Gleichgewichtsniveaus bei $p_1 > p^*$. In diesem Fall muss offensichtlich ein Überschussangebot vorliegen, da die zu p_1 angebotene Menge größer ist als die nachgefragte Menge.

Offenbar ist die Fläche CBDF, die die soziale Wohlfahrt beim Preis p_1 misst, kleiner als die soziale Wohlfahrt, die sich im Marktgleichgewicht ergibt (Fläche CBE). Ebenso könnte man leicht zeigen, dass die soziale Wohlfahrt geringer ist, wenn der tatsächliche Marktpreis unterhalb des Gleichgewichtspreises liegt. Damit ist klar: Bei jedem anderen Preis als dem Gleichgewichtspreis fällt die soziale Wohlfahrt geringer aus. Dies impliziert, dass die soziale Wohlfahrt beim Gleichgewichtspreis tatsächlich maximal wird.

Dies ist ein berühmtes Resultat der Wohlfahrtstheorie. Es ist so berühmt, dass man es in die Form des sogenannten *ersten Hauptsatzes der Wohlfahrtstheorie* gegossen hat. Etwas unscharf formuliert besagt dieser erste Hauptsatz, dass Marktgleichgewichte auf perfekten Wettbewerbsmärkten stets die soziale Wohlfahrt maximieren. Ein Marktgleichgewicht erfüllt damit offenbar unsere zentrale Forderung nach Effizienz: *Bei gegebenen Präferenzen der Nachfrageseite und gegebenem Mitteleinsatz (Arbeit, Kapital) des Unternehmenssektors nimmt die Zielgröße der sozialen Wohlfahrt ihren Maximalwert an.*

Die enorme Bedeutung dieser Erkenntnis dürfte auf der Hand liegen: Der erste Hauptsatz der Wohlfahrtstheorie liefert damit nicht weniger als die theoretische Legitimationsbasis für ein marktwirtschaftlich organisiertes Wirtschaftssystem. Zwar haben wir im Rahmen unserer bisherigen Ausführungen hier nur einen einzelnen Markt betrachtet. Reale Volkswirtschaften bestehen jedoch aus einer Vielzahl von miteinander gekoppelten Märkten. Die geneigten Lesenden können aber beruhigt sein: Es ist der Wirtschaftstheorie längst gelungen, den Nachweis zu erbringen, dass auch ein System von interdependenten

Abb. 1.6 Gesellschaftliche Wohlfahrt bei Überschussangebot

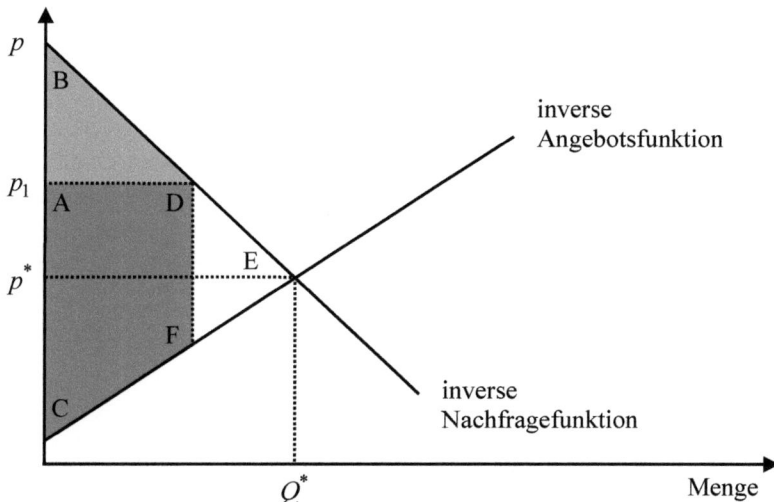

Märkten zu einem allgemeinen Gleichgewichtszustand tendiert, und natürlich weist auch ein solches „allgemeines Gleichgewicht" die wünschenswerte Eigenschaft einer maximalen sozialen Wohlfahrt auf (Debreu 1954). Mit anderen Worten: Auf perfekten Wettbewerbsmärkten führt individuell rationales und eigennütziges Verhalten zu einem sozialen Optimum.

Die wirtschaftspolitischen Implikationen sind weitreichend: Wenn ein Marktsystem aus sich selbst heraus zu einem Zustand maximaler Wohlfahrt tendiert, dann ist es schwer, staatliche Eingriffe in das Wirtschaftssystem zu rechtfertigen. Der erste Hauptsatz der Wohlfahrtstheorie erklärt damit zugleich, warum Ökonominnen regelmäßig sehr skeptisch sind in der Beurteilung der Möglichkeiten des Staats, die Ergebnisse von Marktprozessen zu verbessern. Letztlich liefert der erste Hauptsatz die theoretische Basis für die wirtschaftspolitische Konzeption des laissez-faire.[10] Gemäß dieser Konzeption sollte der Staat sich aus dem Marktgeschehen komplett heraushalten und insbesondere nicht in die Preisbildung auf freien Märkten eingreifen. Die logisch unvermeidbare Konsequenz solcher Eingriffe ist eine Einbuße an sozialer Wohlfahrt.

Das Angebot-Nachfrage-Modell kann zur Beschreibung vieler ökonomisch relevanter Probleme angewendet werden. Eine interessante Anwendungsmöglichkeit für dieses Modell besteht darin, die Effekte der Besteuerung von Gütern zu analysieren.[11] Steuern sind für einen modernen Wohlfahrtsstaat von fundamentaler Bedeutung – schließlich finanziert der Staat einen Großteil seiner Ausgaben über Steuern. Aber auch aus umweltökonomischer Sicht spielen Steuern eine große Rolle, wir werden darauf in Kapitel 5 bei

---

[10] Französisch: „machen lassen".
[11] Wir folgen hier den Ausführungen in Sturm und Vogt (2014), die auf Homburg (2003) basieren.

der Behandlung von Umweltsteuern zurückkommen. Betrachten wir also die Wohlfahrtswirkungen von Steuern etwas genauer.

Eine Steuer stellt eine Zahlung (i.d.R. an den Staat) ohne direkte Gegenleistung dar. Bei einer Steuer stellen sich im Rahmen unseres Angebot-Nachfrage-Modells zwei wichtige Fragen:

- Welche Kosten entstehen den Anbietenden und Nachfragenden durch die Steuer? Die Kosten umfassen natürlich das Steueraufkommen. Darüber hinaus fallen Erhebungs- und Entrichtungskosten an, die wir im Folgenden jedoch vernachlässigen werden. Wie wir sehen werden, entstehen durch die Besteuerung aber häufig noch zusätzliche Kosten und diese sind aus ökonomischer Sicht problematisch.
- Wer trägt die Steuerlast, d.h., welche Marktseite (Angebot oder Nachfrage) zahlt die Steuer?

Wir betrachten im Folgenden eine Mengensteuer t. Dabei handelt es sich um eine Steuer in Höhe eines konstanten Geldbetrages *pro verkaufte Einheit* des Guts. Beispiele hierfür sind die Mineralölsteuer und die Schaumweinsteuer (auch Sektsteuer genannt). Die Ergebnisse lassen sich aber auch auf eine Wertsteuer (z.B. die Mehrwertsteuer), bei der auf den Preis des Guts ein konstanter Prozentsatz aufgeschlagen wird, übertragen.

Wenn p_B der Bruttopreis ist, der für eine Einheit des Guts gezahlt werden muss, und t die Steuer pro verkaufte Einheit des Guts, dann ist p_N der Nettopreis, den die Anbietenden für eine Einheit bekommen. Damit gilt folgender Zusammenhang

$$p_B = p_N + t \iff p_N = p_B - t.$$

Offensichtlich orientieren sich die Nachfragenden an p_B und die Anbietenden an p_N. Für die Nachfragenden ist also nur der Bruttopreis von Interesse und nicht seine Aufteilung in Nettopreis und Steuer. Dies ist eine plausible Verhaltensannahme: Man denke an die letzte Tankfüllung. Hat es Sie interessiert, wie sich der Preis für den Liter Benzin in Steuer und Nettopreis zusammengesetzt hat? Für die Anbietenden ist dagegen nur wichtig, welchen Preis sie netto für das Gut erhalten und nicht, was die Nachfragenden brutto zahlen müssen und was als Steuer an den Fiskus geht. Wird die Steuer nun erhoben, sind zwei Szenarien denkbar. Erstens, die Anbietenden müssen die Steuer abführen. In diesem Fall wird eine Anbieterin, die eine bestimmte Menge des Guts zu p_N bereit ist anzubieten, den Preis $p_N + t$ verlangen, denn sie muss ja zusätzlich zum Nettopreis auch noch die Steuer erbringen. Der am Markt wirksame Angebotspreis ist damit p_B und die inverse Angebotskurve verschiebt sich in Abbildung 1.7 durch die Einführung der Steuer von $Q^S(0)$ nach oben zu $Q^S(t)$. Der Bruttopreis ergibt sich als Summe aus Nettopreis und Steuer. Es ergibt sich die neue Menge $Q(t)$ mit dem Nettopreis $p_N(t)$ und dem Bruttopreis $p_B(t)$. Es gilt natürlich $p_B(t) = p_N(t) + t$. Das erzielte Steuervolumen ist $T = tQ(t)$. In Abbildung 1.7 ist das Steuervolumen gleich der Fläche A + D.

Offensichtlich hat die Einführung der Steuer drei Effekte: (1) Der Bruttopreis ist angestiegen, d.h., die Konsumentenrente ist gesunken. In Abbildung 1.7 ist der Rückgang der Konsumentenrente gleich den Flächen A + B. (2) Der Nettopreis ist gesunken, d.h., die Produzentenrente ist ebenfalls gesunken (um C + D). Für die Angebots- und Nachfragekurven in Abbildung 1.7 ist der Rückgang der Konsumenten- und Produzentenrente gleich groß. Das muss natürlich nicht immer so sein. Auf die Frage der Lastenverteilung bei der Einführung einer Steuer, der sogenannten Steuerinzidenz, werden wir hier nicht näher eingehen, nur so viel: Die relativ unelastische Marktseite trägt immer einen größeren Anteil der Steuerlast als die relativ elastische Marktseite. In Abbildung 1.7 haben Nachfrage und Angebot betragsmäßig den gleichen Anstieg und damit in der Ausgangssituation auch die gleiche Elastizität. Somit tragen hier beide Marktseiten den gleichen Anteil an der Steuerlast. (3) Die Menge ist gesunken, d.h. $Q(t) < Q(0)$. Offensichtlich gehen durch die Einführung der Steuer gegenseitig vorteilhafte Transaktionen verloren, denn im Intervall der Menge $[Q(t), Q(0)]$ ist vor der Erhebung der Steuer die Zahlungsbereitschaft der Nachfragenden größer als der Mindestpreis, den die Anbietenden verlangen würden. Es findet hier aber nach der Erhebung der Steuer kein Handel mehr statt.

Diese Effekte sind unabhängig von der formalen Zahlungsverpflichtung, also der Frage, wer die Steuer an den Fiskus abführen muss. Das zweite denkbare Szenario, nämlich, dass die Nachfragenden die Steuer abführen müssen, führt zu einem identischen Ergebnis (wir verzichten hier auf eine Darstellung).

Betrachten wir nochmals die Änderung der Gesamtwohlfahrt durch die Einführung der Steuer. Konsumenten- und Produzentenrente gehen insgesamt um die Fläche A + B + C + D zurück. Das Steuervolumen ist aber nur A + D. Es bleibt ein Verlust an gesellschaftlicher Wohlfahrt in Höhe von B + C. Das Dreieck B + C wird als *Zusatzlast der Besteuerung* bezeichnet. Es handelt sich dabei um den Verlust an Konsumenten- und Produzentenrente, der nicht Steueraufkommen ist. Verursacht wird die Zusatzlast der Besteuerung durch die Ausweichreaktion von Anbietenden und Nachfragenden. Wir hatten zuvor festgestellt, dass die Steuer im Intervall der Menge $[Q(t), Q(0)]$ gegenseitig vorteilhafte Transaktionen verhindert. Ergebnis der Besteuerung ist also ein Wohlfahrtsverlust.

Die Zusatzlast der Besteuerung ist also aus ökonomischer Sicht das eigentliche Problem bei der Besteuerung. Das Steueraufkommen kann ja für (mehr oder weniger) sinnvolle Projekte des Staats eingesetzt werden. Die Zusatzlast ist hingegen verloren. Betrachten wir zur Veranschaulichung zwei Beispiele für die Zusatzlast. Bei einer „Erdrosselungssteuer" ist die Steuer auf ein Gut so hoch, dass es nach der Steuererhebung nicht mehr konsumiert wird. Das Steueraufkommen ist dann Null. Trotzdem entsteht ein Wohlfahrtsverlust, da man das Gut, welches zuvor nachgefragt wurde, jetzt nicht mehr konsumiert. Machen wir ein kleines Gedankenexperiment. Stellen wir uns vor, die maximale Zahlungsbereitschaft für eine Flasche Sekt wäre 50 €. Die Regierung erhöht nun die Sektsteuer auf 60 €/Flasche. Das Ergebnis ist, dass niemand mehr Sekt nachfragt. Die Konsumentinnen weichen auf andere Getränke aus. Das Steuervolumen ist Null, aber der Wohlfahrtsverlust ist offensichtlich: Die Konsumentinnen würden eigentlich gerne Sekt trinken, müssen aber nun auf Grund der Steuer auf andere Güter ausweichen.

Abb. 1.7 Effekte einer Mengensteuer

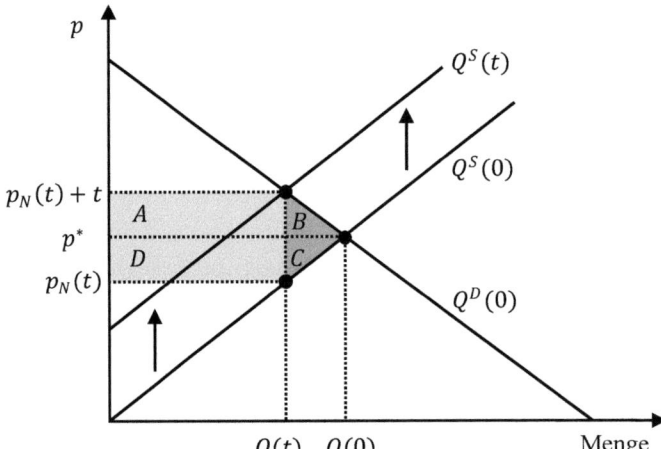

Ein anderes Beispiel aus der Geschichte der Besteuerung ist die Fenstersteuer. Eine solche Steuer wurde 1696 in England von William III. eingeführt und bis 1851 erhoben (Oates und Schwab 2015). Bemessungsgrundlage dieser Steuer war die Zahl der Fenster eines Hauses. Die Zusatzlast der Besteuerung ist hier offensichtlich. Durch das Zumauern von Fenstern konnten die Bewohnerinnen der Steuer entgehen, mussten jedoch mit weniger Tageslicht und schlechterer Luft auskommen.

Nach diesem kurzen Ausflug in die Analyse der Wohlfahrtswirkungen einer Mengensteuer schauen wir uns aber zunächst noch einmal genauer an, was eigentlich ursächlich ist für die Effizienzeigenschaft von Marktsystemen. Warum ist ein allgemeines Gleichgewicht effizient, warum muss im Gleichgewicht die soziale Wohlfahrt maximal werden? Man kann sich die Intuition sehr leicht klar machen. Stellen wir uns die Frage, bis zu welchem Punkt es eigentlich gesellschaftlich erwünscht ist, ein Gut zu produzieren. Im Rahmen einer wirtschaftswissenschaftlichen und damit effizienzorientierten Betrachtung ist die Antwort klar: Die Produktion eines Guts lohnt sich aus gesellschaftlicher Sicht, so lange der daraus entstehende Nutzen größer ist als die Kosten, die mit der Bereitstellung des Guts verbunden sind. Den gesellschaftlichen Nutzen können wir leicht ermitteln, wir können ihn nämlich direkt aus der inversen Nachfragefunktion ablesen. Die inverse Nachfragefunktion gibt uns ja die *Zahlungsbereitschaften* der Nachfragenden für eine weitere Einheit des Guts an. Die Zahlungsbereitschaft aber ist ein Maß für den Nutzen und die damit einhergehende Wohlfahrt, die die Nachfragenden aus dem Gut ziehen. Auch die Kosten der Produktion lassen sich relativ einfach ermitteln. Wir wissen aus der Mikroökonomik, dass die inverse Angebotsfunktion identisch ist zur *Grenzkostenfunktion*.[12]

---

[12] Dies ist ein bekanntes Resultat aus der Mikroökonomik, das sich für Unternehmen in der Marktform vollkommener Konkurrenz ergibt: Gewinnmaximierende Unternehmen produzieren immer bis zur Grenze, bei der „Preis gleich Grenzkosten" gilt. Vgl. Sturm und Vogt (2014).

Die inverse Angebotsfunktion gibt uns damit an, wie viel die Produktion und Bereitstellung der nächsten Einheit des Guts kostet.

Wir haben eben argumentiert, dass die Bereitstellung des Guts sich so lange lohnt, wie der Nutzen die entstehenden Kosten übersteigt. Übersetzt in unser grafisches Modell von Angebot und Nachfrage bedeutet dies: Solange die inverse Nachfragefunktion oberhalb der inversen Angebotsfunktion verläuft, lässt sich die gesellschaftliche Wohlfahrt durch die Ausbringung einer weiteren Einheit des Guts steigern. Eine Wohlfahrtssteigerung ist also möglich genau bis zu dem Punkt, in dem inverse Angebots- und Nachfragefunktion sich schneiden. Damit ist also klar, warum Marktgleichgewichte effizient sein müssen: In einem Marktgleichgewicht wird genau bis zu der Grenze produziert, bis zu der sich die Produktion aus *gesellschaftlicher* Sicht lohnt. Ein Marktgleichgewicht erzwingt also, dass alle Einheiten eines Guts produziert werden, deren Produktion einen positiven gesellschaftlichen Nettonutzen erbringen.

Was aber haben diese Ausführungen nun eigentlich mit dem Umweltproblem zu tun, das ja schließlich der Ausgangspunkt unserer Betrachtungen war? Nehmen wir einmal an, der erste Hauptsatz der Wohlfahrtstheorie würde die Realität vollkommen zutreffend beschreiben. Wir könnten dann sicher sein, dass alle Ressourcen effizient eingesetzt werden. Wir wüssten dann, dass reale Volkswirtschaften mit ihrem gegebenen Bestand an Produktionsfaktoren – also Kapital, Arbeit, aber auch natürlichen Ressourcen – ein Maximum an gesellschaftlicher Wohlfahrt erzielen würden. Würden wir gleichzeitig beobachten, dass dabei die Umwelt ruiniert würde, so gäbe es dennoch aus Sicht der Ökonomik kein ernsthaftes Problem: So lange wir die Welt effizient zugrunde richten, so wäre das aus ökonomischer Sicht nicht zu beanstanden. Dies ist selbstverständlich eine sehr pointierte Sicht der Dinge, aber sie macht den Kern des ökonomischen Weltbildes sehr deutlich und sie erklärt auch, warum andere Disziplinen manchmal mit der ökonomischen Sicht der Dinge erhebliche Probleme haben. Mit anderen Worten: Wenn die reale Welt effizient wäre, dann gäbe es aus ökonomischer Sicht überhaupt kein Umweltproblem.

Wenn dies alles wäre, dann könnten wir an dieser Stelle unsere Vorlesung in Umweltökonomik beenden. Wir wüssten, dass alle Ressourcen effizient eingesetzt werden, und damit wäre das ökonomische Kardinalproblem gelöst. Die Ökonomik hätte ihre Arbeit getan.

Glücklicherweise ist das aber nicht alles, was Ökonominnen zum Umweltproblem und seiner Lösung beizutragen haben. Kehren wir nochmals zum ersten Hauptsatz der Wohlfahrtstheorie zurück: Marktgleichgewichte erzeugen ein Maximum an sozialer Wohlfahrt. Diese Erkenntnis wurde abgeleitet unter einer ganzen Reihe von Annahmen, die bisher nicht sonderlich thematisiert wurden. Es wird also Zeit, dass wir uns im nächsten Kapitel näher mit der Frage beschäftigen, *unter welchen Bedingungen* der erste Hauptsatz Geltung beanspruchen kann.

1.2 Literatur

Debreu, G. (1954): Valuation Equilibrium and Pareto Optimum, PNAS, 40(7), 588-592.

Homburg S. (2003): Allgemeine Steuerlehre. 3. Aufl. München: Vahlen.

Jensen, R.T. und N.H. Miller (2008): Giffen Behavior and Subsistence Consumption. American Economic Review, Vol. 98, No. 4, 1553–1577.

Langworth, R.M. (2008): Churchill by Himself: The Definitive Collection of Quotations, New York, Public Affairs.

Marx, K. (1976): Das Kapital. Kritik der politischen Ökonomie, Bd. 1, Frankfurt a.M., Verlag Marxistische Blätter.

Oates W.E. und R.M. Schwab (2015): The Window Tax: A Case Study in Excess Burden, Journal of Economic Perspectives, Vol. 29, No. 1, 163-180.

Popper, K.R. (2005): Die Logik der Forschung, Tübingen, Mohr Siebeck, 10. Auflage.

Sturm, B. und C. Vogt (2014): Mikroökonomik – Eine anwendungsorientierte Einführung, Stuttgart, Kohlhammer.

Weimann, J. (1995): Umweltökonomik, Berlin et al., Springer, 3. Auflage.

Marktversagen durch externe Effekte 2

Eine Annahme, die wir unausgesprochen die ganze Zeit über zugrunde gelegt haben, ist die, dass wir es mit Wettbewerbsmärkten zu tun haben. Es gibt eine ganze Reihe von Kriterien, die herangezogen werden, um Wettbewerbsmärkte zu charakterisieren. Das zentrale Kriterium ist jedoch, dass Unternehmen auf Märkten als Preisnehmer agieren, d.h., Unternehmen dürfen keine Möglichkeit besitzen, den Marktpreis zu beeinflussen. Typischerweise ist dies nur in der Marktform atomistischer Konkurrenz gewährleistet, wenn sich also viele sehr kleine Firmen in einem Markt tummeln. Die Mikroökonomik weiß seit langem, dass in abweichenden Marktformen wie etwa dem Monopol oder dem Oligopol die Effizienzeigenschaft des Markts zerstört wird.[1] Die Monopolfirma etwa verfügt über ein Maximum an möglicher Marktmacht: Sie kann durch ihre Ausbringungsmenge bestimmen, welchen Preis sie von den Nachfragerinnen verlangen kann. Im Standard-Monopolmodell der Mikroökonomik kann man leicht zeigen, dass ein Monopol mit Wohlfahrtsverlusten einhergeht. Marktmacht auf Unternehmensseite kann also ein Grund sein, weshalb reale Märkte nicht effizient funktionieren.

In unserem Kontext aber interessiert eine andere, ebenso unausgesprochene Voraussetzung: Der erste Hauptsatz der Wohlfahrtstheorie gilt nämlich nur, solange *keine externen Effekte* vorliegen. Bevor wir erklären, was ein externer Effekt eigentlich genau ist, sollten wir uns noch einmal verdeutlichen, worauf sich die Effizienzeigenschaft von Wettbewerbsmärkten gründet: Die zentrale Koordinierungsleistung des Markts wird durch den sich bildenden Marktpreis erbracht. Es ist der Preis, so haben wir in Kapitel 1 festgestellt, der dafür sorgt, dass Angebots- und Nachfragepläne in der bestmöglichen Weise koordiniert werden. Machen wir uns noch etwas genauer klar, wie der Marktpreis diese erstaunliche Leistung eigentlich zustande bringt: In einem Marktgleichgewicht stimmen Angebots- und Nachfragemenge offenbar überein. Außerdem gilt beim Gleichgewichtspreis aber auch, dass *der gesellschaftliche Nutzen* der zuletzt produzierten Einheit genau den *gesellschaftlichen*

---

[1] Vgl. z.B. Sturm und Vogt (2014).

Kosten der Produktion dieser letzten Einheit entspricht. Der Preis, der sich am Markt bildet, spiegelt im Idealfall also zwei wichtige Informationen wider: Er reflektiert den gesellschaftlichen Nutzen eines Guts, er reflektiert zweitens aber auch die Kosten der Produktion. Dadurch, dass der Gleichgewichtspreis letztlich diese Informationen reflektiert, führt er die dezentral entscheidenden Individuen dazu, sich in einem gesamtgesellschaftlichen Sinn effizient zu verhalten. Güter werden sinnvollerweise nur dann produziert, wenn der durch das Gut gestiftete Nutzen mindestens so hoch ist wie die Produktionskosten des Guts. Diese Eigenschaft von Gleichgewichtspreisen ist die tiefere Erklärung für das Funktionieren von marktwirtschaftlichen Systemen. Es ist die Erklärung für die berühmte „unsichtbare Hand" von Adam Smith. Bereits Smith hatte festgestellt, dass der Markt die Wirtschaftssubjekte „wie von einer unsichtbaren Hand geleitet" zu einem gesellschaftlichen Optimum führt.[1] Die zentrale Voraussetzung aber dafür, dass der Markt diese Koordinierungsleistung in bestmöglicher Weise zustande bringt, ist, dass der sich bildende Marktpreis tatsächlich die entscheidenden, die relevanten Informationen enthält: Er muss den gesellschaftlichen Nutzen einerseits und die gesellschaftlichen Kosten andererseits beinhalten. Die Reichweite des ersten Hauptsatzes der Wohlfahrtstheorie bemisst sich deshalb vor allem danach, inwieweit diese Voraussetzung auf realen Märkten erfüllt ist. Wir werden sehen, dass diese Bedingung in der Realität im Regelfall eher verletzt ist.

2.1 Externe Effekte: Eine erste Betrachtung

Der erste Hauptsatz der Wohlfahrtstheorie gilt nur, wenn keine externen Effekte vorliegen. Wir müssen uns also etwas näher mit der Frage beschäftigen, was externe Effekte sind und warum sie eine effizienzschädigende Wirkung entfalten.

2.1.1 Arten von externen Effekten

Externe Effekte können in ganz unterschiedlichen Formen auftreten. Sie können existieren innerhalb der Gruppe der Produzentinnen, sie können lediglich Konsumentinnen betreffen oder es können sowohl Konsumentinnen als auch Produzentinnen beteiligt sein. Treten externe Effekte nur zwischen Konsumentinnen auf, so spricht man von einer Konsumexternalität, analog – wenn nur Produzentinnen beteiligt sind – von einer

---

[1] Im vierten Buch, 2. Kapitel von Smiths 1776 erstmals erschienenen Hauptwerk „An Inquiry into the Nature and Causes of the Wealth of Nations" findet sich folgende Formulierung: „[every individual] generally, indeed, neither intends to promote the public interest, nor knows how much he is promoting it. By preferring the support of domestic to that of foreign industry, he intends only his own security; and by directing that industry in such a manner as its produce may be of the greatest value, he intends only his own gain; and he is in this, as in many other cases, led by an invisible hand to promote an end which was no part of his intention […]. By pursuing his own interest, he frequently promotes that of the society more effectually than when he really intends to promote it." (Smith, 1937, S. 423).

Produktionsexternalität. Ein Beispiel für eine Konsumexternalität ist etwa das folgende: Ihre Zimmernachbarin im Studentenwohnheim hört laut Musik und hindert Sie an einer effektiven Prüfungsvorbereitung. Ein Beispiel für eine Produktionsexternalität: Eine Stahlfabrik entnimmt aus einem Fluss Wasser zu Kühlungszwecken und leitet das verunreinigte Abwasser wieder in den Fluss ein. Andere Unternehmen wie z.B. eine Fischzucht sind von dieser produktiven Aktivität negativ betroffen, weil sich ihre Erträge reduzieren.

Man unterscheidet externe Effekte außerdem in *negative* und *positive* externe Effekte. Die Stahlfabrik übt auf die Fischzucht offenbar einen negativen externen Effekt aus, denn sie schädigt die Fischzucht. Es gibt jedoch auch positive externe Effekte: Eine Imkerin, die Bienen züchtet, übt auf ihre Nachbarin, die eine Obstplantage unterhält, einen positiven externen Effekt aus, da die Bienen zur Bestäubung der Obstbäume notwendig sind. Ein anderes Beispiel: Wer ein historisches Gebäude besitzt und dessen Fassade renovieren lässt, übt auf Anwohnende und Passantinnen einen positiven externen Effekt aus. Aber auch in der Forschung fallen offenbar positive externe Effekte an: Gelingt Forschenden – zumindest in der *Grundlagenforschung* – eine neue Erkenntnis, so profitieren alle anderen Forschungsaktiven des betreffenden Fachgebiets davon, nachdem das Forschungsergebnis veröffentlicht wurde.

2.1.2 Eine genauere Charakterisierung

Charakteristisch für die Existenz von externen Effekten ist also, dass die Handlungen eines Individuums (Unternehmens) den Nutzen (Gewinn) eines anderen Individuums (Unternehmens) *direkt* beeinflussen. Dabei ist es wichtig, sich klar zu machen, was hier unter einem direkten Einfluss zu verstehen ist. Entscheidend ist, dass hier ein Einfluss vorliegt, der sich *nicht in den Marktpreisen* widerspiegelt. Der Effekt wird außerhalb des Preismechanismus wirksam, daher auch die Bezeichnung „externer" Effekt. Wenn die Stahlfabrik ihre Abwässer ungeklärt in den Fluss einleitet und dadurch den Ertrag der Fischzucht schmälert, dann spiegelt sich dieser Ertragsverlust nicht in dem Stahlpreis wider, den die Stahlproduzentin am Stahlmarkt erzielen kann. Externe Effekte liegen also nur dann vor, wenn *Marktpreise nicht reagieren*. Am Beispiel des Stahlmarkts kann man sich den Unterschied zwischen einem externen Effekt und normalen Preiseffekten auf funktionierenden Märkten verdeutlichen: Wenn beispielsweise Südkorea seine Stahlproduktion massiv ausweitet und größere Mengen an Stahl auf den Weltmarkt bringt, dann hat dies selbstverständlich Auswirkungen auch auf deutsche Stahlproduzentinnen. Infolge des vergrößerten Stahlangebots wird der Weltmarktpreis für Stahl sinken und deutsche Stahlunternehmen werden vielleicht geringere Gewinne erzielen können. Der Unterschied zu einem externen Effekt ist, dass dieser Einfluss vermittelt wird durch den Marktpreis. Es ist völlig selbstverständlich und unvermeidlich, dass in Marktwirtschaften das Handeln von Unternehmen Auswirkungen auf Konkurrenzunternehmen hat. Üblicherweise wird dieser Einfluss transportiert durch eine Reaktion des Marktpreises. Man kann sogar sagen, dass diese Form der wechselseitigen Beeinflussung in Marktwirtschaften nicht nur typisch, sondern sogar *höchst erwünscht* ist. Beeinflussungen über sich ändernde Preise sind erforderlich, damit Angebots- und Nachfragepläne in optimaler Weise aufeinander abgestimmt werden können. Der Preis – und dies ist seine zentrale Funktion in einem marktwirtschaftlichen System – spiegelt die veränderte Knappheit eines Guts wider. Wenn Südkorea sein Stahlangebot ausweitet, dann führt dies ceteris-paribus zum Sinken des Weltmarktpreises. Die Preissenkung reflektiert, dass Stahl nun ein weniger knappes Gut ist. Nachfragende sind daher bereit, zu niedrigeren Preisen eine größere Menge Stahl zu kaufen, für die Unternehmen signalisiert der gesunkene Weltmarktpreis, dass die Produktion von Stahl nicht mehr so lukrativ ist wie zuvor. Sie werden daher künftig ihre Stahlproduktion einschränken. Dadurch erreicht der Markt letztlich ein neues Gleichgewicht und nur indem der Preis auf veränderte Knappheiten reagiert, werden die Pläne der Wirtschaftssubjekte so koordiniert, dass der Markt erneut zu einem Zustand der Räumung tendiert.

Charakteristisch bei externen Effekten ist jedoch, dass genau diese Preisreaktion nicht stattfindet! Der Preismechanismus, der normalerweise in einer Marktwirtschaft wirkt, ist hier *außer Kraft* gesetzt.

2.2 Warum externe Effekte die Effizienz schädigen

Schauen wir uns das Problem externer Effekte am Beispiel der Stahlfabrik etwas genauer an. Eine Stahlfabrik entnimmt aus einem Fluss Wasser zu Kühlungszwecken und leitet erwärmtes und verunreinigtes Wasser danach in den Fluss wieder ein. Eine Fischzucht, flussabwärts gelegen, erleidet dadurch einen Ertragsverlust. Betrachten wir die Situation zunächst aus dem Blickwinkel eines einzelnen Unternehmens, also hier einer einzelnen Stahlfabrik. Vereinfachend sei angenommen, dass der Stahlmarkt ein *Wettbewerbsmarkt* ist. Das impliziert, dass der Stahlpreis aus Sicht der einzelnen Unternehmung eine gegebene Größe ist. Wie würde ein gewinnmaximierendes Unternehmen seine Ausbringungsentscheidung treffen? Man kann sich anhand von Abbildung 2.1 leicht klar machen: Der Gewinn wird dort maximal, wo die *Grenzkosten* der Stahlproduktion mit dem herrschenden *Marktpreis* übereinstimmen. Das Unternehmen produziert also Q_{Markt}, die Menge bei der die Grenzkosten gleich dem Marktpreis p^* sind.

Aus Sicht des einzelnen Unternehmens ist dies die effiziente Lösung. Das Problem ist, dass infolge der Stahlproduktion *Kosten* entstehen, die die Stahlproduzentin in ihrem Entscheidungsverhalten *nicht berücksichtigt* – das sind in unserem Beispiel genau die entgangenen Erträge in der Fischzucht, die negativ von dem verunreinigten Wasser betroffen ist. Das bedeutet, dass die Grenzkostenfunktion des Stahlunternehmens nicht sämtliche Kosten der Produktion widerspiegelt. Genau das wäre aber erforderlich, damit aus gesamtwirtschaftlicher Sicht eine effiziente Lösung realisiert wird. Die über die privaten Kosten der Produktion hinausgehenden Kosten werden häufig auch als *externe Kosten* der Produktion bezeichnet. Es handelt sich hierbei um Kosten, die zwar entstehen, jedoch nicht der Verursacherin einer schädigenden Aktivität angelastet werden. In unserem Beispiel ist das Stahlunternehmen Verursacher von Abwasseremissionen, der daraus entstehende

Abb. 2.1 Gewinnmaximale Outputmenge

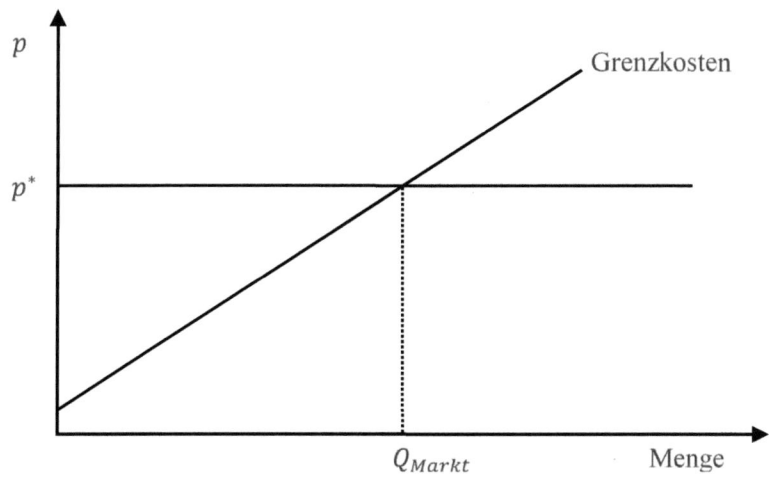

Schaden schlägt sich jedoch nicht in den Erträgen und Gewinnen des verursachenden Stahlunternehmens nieder, sondern bei einer zunächst unbeteiligten Außenstehenden, in diesem Fall der Fischzüchterin. Es handelt sich hier also um externalisierte, also ausgelagerte Kosten. Träger solcher externen Kosten kann – wie im Beispiel – ein anderes Unternehmen sein. Häufig werden diese externen Kosten jedoch von „der Allgemeinheit" getragen. Beispiele sind etwa die Luftverschmutzung durch Dieselfahrzeuge, das Entstehen von „saurem Regen" durch Schwefeldioxid-Emissionen aus Braunkohlekraftwerken und die Verstärkung des Treibhauseffekts durch die Verbrennung fossiler Brennstoffe, wobei Kohlendioxid freigesetzt wird.

Was ist nun aus ökonomischer Sicht das Problem bei externen Effekten? Das Problem ist, dass die *sozialen Grenzkosten* der Stahlproduktion höher sind als die privaten. Die sozialen Grenzkosten, GK_{soz}, sind die privaten Grenzkosten, GK_{priv}, zuzüglich der externen Grenzkosten, GK_{ext}. Es gilt damit $GK_{soz} = GK_{priv} + GK_{ext}$. Jedes Ausbringungsniveau der Stahlproduzentin ist also mit gewissen sozialen Kosten der Produktion verbunden. Wir müssen uns nicht allzu genau überlegen, wie genau die sozialen Grenzkosten, GK_{soz}, in Abhängigkeit der Ausbringungsmenge verlaufen (in Abbildung 2.2 sind z.B. die externen Grenzkosten für die Menge Q_{Markt} angegeben). Entscheidend ist zunächst nur, dass man erkennt, dass die sozialen Grenzkosten der Produktion komplett oberhalb der privaten Grenzkostenfunktion verlaufen, d.h. $GK_{soz} > GK_{priv}$. Was ist natürlich der Effekt?

Aus gesellschaftlicher Sicht produziert die Stahlunternehmung einen zu hohen Output, d.h. $Q_{Markt} > Q_{Opt}$. Der *effiziente Output* wäre dort gegeben, wo die *sozialen Grenzkosten* der Produktion mit dem Preis übereinstimmen. Wie man aus Abbildung 2.2 ersieht, ist dies natürlich bei einer kleineren Ausbringungsmenge der Fall. Warum wäre dies die effiziente Lösung? Effizienz erfordert, grob gesagt, dass letztlich alle Nutzen und Kosten in

Abb. 2.2 Gesellschaftlich optimale Outputmenge für das Stahlunternehmen

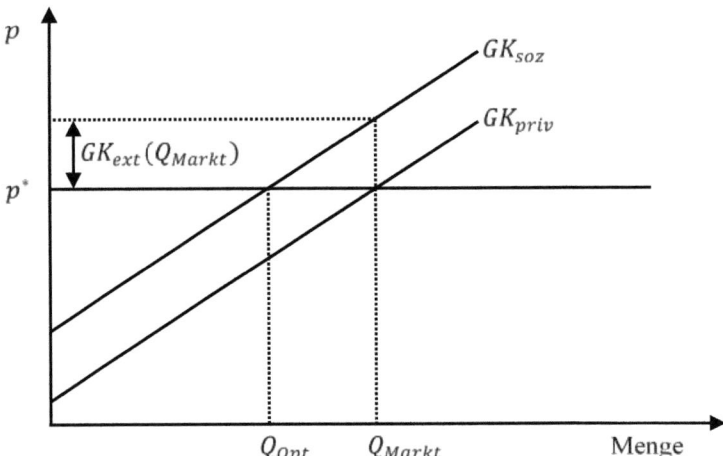

einer Entscheidung zu berücksichtigen sind. Effizient ist es daher lediglich, den Output zu produzieren, bei dem der Erlös der letzten produzierten Einheit genau die gesamten Grenzkosten der Produktion deckt – und die schließen eben den negativen Grenzerlös bei der Fischzüchterin mit ein, die aus der Abwasseremission einen Ertragsverlust erleidet. Stellen wir uns einmal vor, wir hätten es mit einem fusionierten Unternehmen zu tun – die Stahlfabrik unterhält außerdem nebenbei noch die Fischzucht. In diesem Fall würde das Gesamtunternehmen sehr wohl den aus der Ausweitung der Stahlproduktion resultierenden Ertragsverlust in der Fischzucht berücksichtigen.

Die Ineffizienz, die durch externe Effekte entsteht, wird besonders deutlich, wenn man nicht nur ein einzelnes Unternehmen betrachtet, sondern die *Stahlbranche* insgesamt. Betrachten wir das Problem externer Effekte also nochmals aus der Sicht des Gesamtmarkts (vgl. Abbildung 2.3). Angenommen, alle Stahlunternehmen produzieren mehr oder weniger ähnliche externe Effekte (man denke z.B. an bestimmte Schadstoffemissionen in die Luft). Klar ist, dass dann auch für die gesamte Stahlbranche die sozialen Grenzkosten der Produktion oberhalb der privaten Grenzkosten liegen. Die private Grenzkostenfunktion gibt dabei zugleich das inverse Angebot der Stahlbranche an. Neben der inversen Angebotsfunktion kommt nun natürlich auch noch eine inverse Nachfragefunktion hinzu. Die inverse Stahlnachfrage gibt im Grunde die marginalen Zahlungsbereitschaften der Nachfragenden an. Was wäre aus gesellschaftlicher Sicht hier die effiziente Lösung? Nun: Es sollte so lange produziert werden, wie die Zahlungsbereitschaft für die nächste produzierte Einheit höher ist als die gesamten Grenzkosten, die durch die Ausbringung dieser Einheit entstehen. Dies ist der Fall bis zum Schnittpunkt der sozialen Grenzkosten der Produktion mit der inversen Nachfragekurve. Welches Marktgleichgewicht stellt sich jedoch ein? Die Stahlbranche insgesamt produziert bis zu der Menge Q_{Markt}, zu der ihre privaten

Abb. 2.3 Gesellschaftlich optimale Lösung in der Stahlbranche

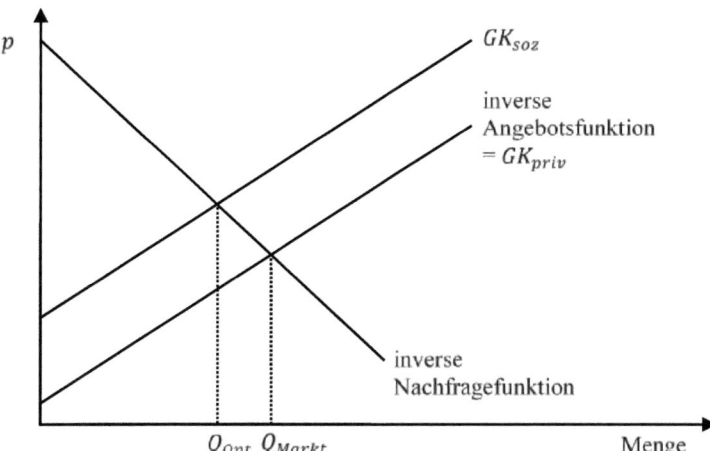

Grenzkosten der Produktion mit der Grenzzahlungsbereitschaft der Nachfragenden übereinstimmen. Dies ist offenbar bei einem höheren als dem effizienten Outputniveau Q_{Opt} der Fall. Im Endergebnis wird – verglichen mit dem Optimum – zu viel produziert.

Was ist die Ursache für das Marktversagen? Die Ursache ist, dass der Preis, der sich im Marktgleichgewicht bildet, *nicht alle Kosten* der Produktion widerspiegelt. Er enthält lediglich die privaten Grenzkosten der Produktion, nicht aber die externen Kosten, die anderen Wirtschaftssubjekten aufgebürdet werden. Warum enthält der Marktpreis diese Information nicht? Die Antwort ist relativ einfach: Bei der Produktion von Stahl werden Ressourcen in Anspruch genommen, für die kein Preis gezahlt werden muss. Umweltressourcen wie Wasser oder Luft haben eben zunächst einmal keinen Preis. Wenn ein Unternehmen Schadstoffe in die Luft bläst, wie beispielsweise Kohlendioxid oder Schwefeldioxid, dann entstehen zwar Kosten aus dieser Emission (insbesondere durch den Klimawandel und den „sauren Regen"), aber die Inanspruchnahme der Luft ist für das betreffende Unternehmen nicht mit Kosten verbunden. Es kann diese Umweltmedien letztlich *kostenlos in Anspruch* nehmen. Im Grunde ist Umwelt aus ökonomischer Sicht ein Produktionsfaktor wie Arbeit und Kapital auch – nur, dass Umweltgüter eben nicht auf Märkten gehandelt werden. Deshalb können auch keine Marktpreise für Umweltgüter entstehen, und daher werden die Kosten, die aus der Inanspruchnahme der Umwelt entstehen, von der einzelnen Entscheiderin in ihrem Kalkül nicht berücksichtigt.[2]

---

[2] Vgl. zur genaueren Charakterisierung von Umweltgütern auch Kapitel 4.

2.3 Externe Effekte: Eine vertiefte Betrachtung

Im Folgenden soll das Problem externer Effekte noch einmal im Rahmen einer kleinen, modelltheoretischen Betrachtung untersucht werden. Der Grund hierfür ist, dass wir damit in der Lage sein werden, die Ursache für das Auftreten externer Effekte und damit die Ursache für das Auftreten der Ineffizienz im Marktsystem genauer zu verstehen. Die folgende Darstellung lehnt sich stark an Weimann (1995) an.

Betrachtet sei der Fall einer Produktionsexternalität. Folgende Situation sei gegeben: An einem Fluss befinden sich zwei Produzentinnen, eine Stahlfabrik und eine Fischzucht. Die Stahlfabrik liegt stromaufwärts. Sie entnimmt Wasser zur Stahlproduktion und leitet das verunreinigte Abwasser ungeklärt in den Fluss. Stromabwärts werden die Bemühungen der Fischzucht bei der Herstellung von Fisch beeinträchtigt: Ihr Ertrag wird durch das Abwasser der Stahlfabrik reduziert. Es liegt also ein einseitiger negativer externer Effekt vor.

Wir verwenden im Folgenden das übliche mikroökonomische Instrumentarium, um die Situation zu analysieren. Die Produktion der Stahlfabrik kann durch eine sogenannte Produktionsfunktion abgebildet werden. Eine Produktionsfunktion stellt den Zusammenhang zwischen Inputs und Output dar, d.h., sie bildet die Transformation von Inputfaktoren (z.B. Arbeit und Kapital) in Output (z.B. Stahl) ab. Wir nehmen hier den einfachst denkbaren Fall an, nämlich dass Stahl lediglich unter Einsatz des Faktors Arbeit produziert wird.[3]

Die Produktionsfunktion unserer Stahlproduzentin hätte dann folgende Gestalt:

$$Q_S = Q_S(L_S) \qquad (2.1).$$

Wir nehmen also an, dass der erzeugte Output an Stahl, Q_S, funktional vom Arbeitseinsatz, L_S, abhängt.

Bei der Produktion von Stahl entsteht nun aber verunreinigtes Abwasser, a.[4] Es scheint plausibel, dass die Menge an Abwasser ihrerseits funktional abhängt von der insgesamt produzierten Menge Stahl: Je höher der Stahloutput, desto größer auch die Menge an insgesamt emittiertem Abwasser. Formal:

$$a = a(Q_S) \text{ wobei } \frac{\partial a(Q_S)}{\partial Q_S} > 0 \qquad (2.2).$$

Wie sieht nun die Produktionsfunktion der Fischzucht aus? Auch dort wollen wir vereinfachend annehmen, dass lediglich Arbeit, L_F, für die Produktion von Fischen erforderlich ist. Allerdings hängt der Output der Fischzucht, Q_F, offenbar auch noch (negativ) von der Abwasserbelastung des Flusses ab. Formal können wir die Situation der Fischzucht wie folgt abbilden:

---

[3] Es wäre ohne Weiteres möglich, das Modell realitätsnäher zu formulieren und etwa auch den Einsatz der Faktoren Kapital und Rohstoffe abzubilden. Dies würde allerdings lediglich die mathematische Komplexität steigern, ohne einen zusätzlichen Erkenntnisgewinn zu generieren.

[4] Wir betrachten hier verunreinigtes Abwasser als ein Beispiel einer Schadstoffemission. In anderen Kontexten kann es sich also durchaus auch etwa um Luftschadstoffe wie Kohlendioxid handeln.

$$Q_F = Q_F(L_F, a(Q_S)) \qquad (2.3).$$

An dieser Darstellung wird sofort der externe Effekt deutlich: Die Produktionsmöglichkeiten der Fischzüchterin werden hier direkt – am Preissystem vorbei – von der Produktionsentscheidung der Stahlfabrik beeinflusst.

Wie üblich unterstellen wir den Produzentinnen gewinnmaximierendes Verhalten. Die Gewinnfunktion der Stahlfabrik, π_S, kann leicht wie folgt ermittelt werden:

$$\pi_S = p_S Q_S(L_S) - w L_S \qquad (2.4).$$

Dabei bezeichnet p_S den Absatzpreis für eine Einheit (z.B. eine Tonne) Stahl und w bezeichnet den durchschnittlichen Nominallohnsatz, der für eine Einheit Arbeit in der Stahlproduktion gezahlt werden muss. $p_S Q_S(L_S)$ ist damit nichts anderes als der Erlös der Stahlfabrik, $w L_S$ sind die Produktionskosten. Die Lösung des Gewinnmaximierungsproblems erhält man, wenn man die Gewinnfunktion der Stahlfabrik nach dem Arbeitseinsatz L_S ableitet[5] und die so gewonnene erste Ableitung Null setzt:

$$\frac{\partial \pi_S}{\partial L_S} = p_S \frac{\partial Q_S(L_S)}{\partial L_S} - w = 0 \Leftrightarrow p_S \frac{\partial Q_S(L_S)}{\partial L_S} = w \qquad (2.5).$$

Diese Bedingung enthält ein wohlbekanntes Resultat aus der Mikroökonomik: Ein gewinnmaximierendes Unternehmen wird den Arbeitseinsatz in der Produktion so lange ausdehnen, bis bei der letzten produzierten Einheit das Wertgrenzprodukt (der Ausdruck auf der linken Seite der letzten Gleichung in Bedingung 2.5) dem Nominallohnsatz, w, entspricht.

Analog löst die Fischzucht ihr Maximierungsproblem. Die Gewinnfunktion der Fischzucht, π_F, lautet:

$$\pi_F = p_F Q_F(L_F, a(Q_S(L_S))) - w L_F \qquad (2.6).$$

Ableiten der Funktion nach dem Faktor Arbeit und Nullsetzen liefert:

$$\frac{\partial \pi_F}{\partial L_F} = p_F \frac{\partial Q_F(L_F, a(Q_S(L_S)))}{\partial L_F} - w = 0 \Leftrightarrow p_F \frac{\partial Q_F(L_F, a(Q_S(L_S)))}{\partial L_F} = w \qquad (2.7).$$

Wir erhalten also für den optimalen Produktionsplan der Fischzucht eine prinzipiell identische Bedingung: Auch die Fischzucht wird den Faktor Arbeit (der Nominallohnsatz sei für beide Unternehmen w) so lange in der Produktion einsetzen, wie ihr Wertgrenzprodukt mindestens dem Nominallohnsatz entspricht. Allerdings taucht in der notwendigen Bedingung für ein Gewinnmaximum die Abwasserbelastung durch die Stahlfabrik, $a(Q_S)$, auf.

Wir wollen nun zeigen, dass der so charakterisierte Produktionsplan der Stahlfabrik nicht effizient ist. Die Ineffizienz entsteht dadurch, dass das Stahlunternehmen einen

---

[5] Damit gehen wir implizit davon aus, dass die Stahlfabrik ihre Produktion auf einem Wettbewerbsmarkt absetzt. Sie kann daher den Outputpreis im Markt nicht beeinflussen, sondern muss ihn als gegebenes Datum hinnehmen. Wir gehen also davon aus, dass die Stahlfabrik sich als Preisnehmer verhalten muss.

externen Effekt auf die Fischzucht ausübt. Dieser externe Effekt würde in einem fusionierten Unternehmen natürlich berücksichtigt werden: Würde die Stahlfabrik die Fischzucht aufkaufen, so würde sie sehr wohl die Ertragsminderung aus der Stahlproduktion berücksichtigen. Ein fusioniertes Unternehmen würde offenbar den Gesamtgewinn aus beiden Unternehmensteilen maximieren. Die Gewinnfunktion, π_{ges}, sieht wie folgt aus:

$$\pi_{ges} = p_S Q_S(L_S) - w L_S + p_F Q_F\big(L_F, a(Q_S(L_S))\big) - w L_F \qquad (2.8).$$

Das Gesamtunternehmen versucht nun den Gesamtgewinn durch die optimale Wahl der Faktoreinsatzmengen L_S und L_F zu maximieren. Wir konzentrieren uns auf die Stahlproduktion im Gesamtunternehmen. Ableiten der Gewinnfunktion nach L_S und Nullsetzen liefert:

$$\frac{\partial \pi_{ges}}{\partial L_S} = p_S \frac{\partial Q_S(L_S)}{\partial L_S} - w + p_F \frac{\partial Q_F(L_F, a(Q_S(L_S)))}{\partial a} \frac{\partial a(Q_S(L_S))}{\partial Q_S} \frac{\partial Q_S(L_S)}{\partial L_S} = 0 \qquad (2.9).$$

Diese etwas kompliziert erscheinende Bedingung können wir etwas kompakter wie folgt schreiben:

$$\frac{\partial Q_S(L_S)}{\partial L_S}\left[p_S + p_F \frac{\partial Q_F(L_F, a(Q_S(L_S)))}{\partial a} \frac{\partial a(Q_S(L_S))}{\partial Q_S}\right] = w \qquad (2.10).$$

Was ist damit nun gewonnen? Man kann sich zunächst folgendes klarmachen: Die Wasserverschmutzung durch die Stahlfabrik ist für die Fischzucht eine Beeinträchtigung, der Output der Fischzucht nimmt mit steigender Abwasseremission ab. Formal äußert sich dies darin, dass die partielle Ableitung

$$\frac{\partial Q_F(L_F, a(Q_S(L_S)))}{\partial a}$$

negativ ist, d.h., mehr Abwasser reduziert den Ertrag der Fischzucht. Vergleichen wir nun Bedingung 2.10:

$$\frac{\partial Q_S(L_S)}{\partial L_S}\left[p_S + p_F \frac{\partial Q_F(L_F, a(Q_S(L_S)))}{\partial a} \frac{\partial a(Q_S(L_S))}{\partial Q_S}\right] = w,$$

die den effizienten Faktoreinsatz charakterisiert, mit Bedingung 2.5:

$$p_S \frac{\partial Q_S(L_S)}{\partial L_S} = w,$$

die die Bedingung für einen optimalen Produktionsplan aus Sicht der Stahlfabrik definiert. Wenn

$$\frac{\partial Q_F(L_F, a(Q_S(L_S)))}{\partial a}$$

negativ ist, dann ist auch der gesamte zweite Summand in der eckigen Klammer negativ. Damit aber gilt dann auch:

$$p_S + p_F \frac{\partial Q_F(L_F, a(Q_S(L_S)))}{\partial a} \frac{\partial a(Q_S(L_S))}{\partial Q_S} < p_S.$$

Was bedeutet das? Um diese Beobachtung richtig zu interpretieren, muss man sich an eine fundamentale produktionstheoretische Gesetzmäßigkeit, nämlich das Ertragsgesetz, erinnern: Bei steigendem Faktoreinsatz nimmt ceteris-paribus der Grenzertrag des Faktors (z.B. Arbeit) ab. Bedingung 2.10 sagt damit aus, dass bei effizientem Faktoreinsatz der Faktor Arbeit in der Stahlproduktion ein höheres Grenzprodukt $\frac{\partial Q_s(L_s)}{\partial L_s}$ erzielen muss. Dies ist bei Gültigkeit des Gesetzes vom abnehmenden Grenzprodukt des Faktors Arbeit aber nur möglich, wenn der Faktor in geringerem Maße eingesetzt wird. Mit anderen Worten: Ein effizienter Produktionsplan würde erfordern, dass die Stahlfabrik ihre Produktionsmenge reduziert. Berücksichtigt die Stahlfabrik den externen Effekt nicht, dann realisiert sie eine zu hohe Ausbringungsmenge und damit auch eine ineffizient hohe Abwasserbelastung für die Fischzüchterin.

Man sieht an dieser formalen Darstellung der Dinge eine wichtige Ursache für das Entstehen externer Effekte: Eine effiziente Produktion würde erfordern, dass tatsächlich alle Kosten der Produktion bei den Produktionsentscheidungen Berücksichtigung finden. Die Stahlfabrik berücksichtigt bei der Wahl ihrer optimalen Menge selbstverständlich die Kosten, die ihr durch den Einsatz des Produktionsfaktors Arbeit entstehen. Sie denkt aber nicht an die externen Kosten, die der Fischzucht aufgebürdet werden: Im Grunde wird hier Umwelt genau wie andere Produktionsfaktoren auch zur Herstellung von Stahl eingesetzt. Da Umwelt (hier: sauberes Wasser) aber keinen Preis hat, wird die Stahlfabrik die Inanspruchnahme des Flusswassers auch nicht berücksichtigen. Das tiefere Problem für die Entstehung von externen Effekten ist also eigentlich, dass Umweltgüter nicht auf Märkten gehandelt werden und sich deshalb auch keine Preise für diese knappen Güter bilden.

2.4 Fallstudie: Die externen Kosten des Straßenverkehrs

Externe Kosten führen zu Marktversagen und deshalb zu Wohlfahrtsverlusten. Sie sind daher grundsätzlich geeignet, regulatorisches Handeln des Staats zu rechtfertigen. Wohlfahrtsökonomisch ist eine Internalisierung der externen Kosten erforderlich, d.h., die Verursachenden müssen mit den tatsächlichen Kosten ihres Handelns inklusive der externen Kosten belastet werden. Spätestens hier taucht dann die Frage auf, wie hoch denn die externen Kosten sind, um sie dann, in Form von beispielsweise Umweltsteuern (vgl. Kapitel 5), den Verursachenden anzulasten. In dieser Fallstudie werden wir uns am Beispiel des straßengebundenen Personen- und Güterverkehrs mit der Höhe der externen Kosten beschäftigen. Der Straßenverkehr bietet sich als Fallbeispiel an, da es sich um ein wissenschaftlich relativ gut bearbeitetes Gebiet handelt. Die EU-Kommission lässt bereits seit 2008 die externen Kosten des Verkehrs für die EU-Mitgliedstaaten ermitteln. Einerseits liegen daher mittlerweile zahlreiche Daten vor, andererseits existiert für den Fall des Verkehrs auch eine relativ gesicherte Methodik. Dennoch werden wir sehen, dass es bei der Berechnung der externen Kosten des Straßenverkehrs immer noch einige Freiheitsgrade gibt. Wir beziehen uns in dieser Fallstudie auf die aktuellsten verfügbaren Resultate, wie sie im Handbuch der externen Kosten des Verkehrs der EU von 2019, CE Delft (2019), dokumentiert sind.

Arten von externen Kosten des Straßenverkehrs
Zunächst ist kurz zu klären, welche Arten von externen Kosten durch den Verkehr überhaupt verursacht werden. Offenkundig sind die negativen Effekte auf Umwelt und menschliche Gesundheit: Einerseits sind diverse Luftschadstoffe (z.B. Feinstäube) an der Verursachung oder Verschlimmerung bestimmter Krankheitsbilder wie Atemwegs- und Lungenerkrankungen beteiligt. Andererseits gehen auch von den verkehrsbedingten Lärmemissionen teils erhebliche gesundheitliche Beeinträchtigungen aus. *Gesundheitskosten* und *Lärmkosten* des Verkehrs sind daher zwei Kostenarten, die einem sofort einfallen. Zudem ist weithin bekannt, dass der Verkehr einen bedeutenden Anteil an der Verursachung des Klimawandels hat: Verbrennungsmotoren emittieren unweigerlich Kohlendioxid und tragen damit zur Erderwärmung und den damit einhergehenden Kosten (vgl. Kapitel 6) bei. *Klimakosten* sind deshalb eine dritte Kostenart, mit der wir uns in diesem Kontext zu beschäftigen haben. Neben diesen drei Kategorien existieren noch einige weitere, die von erheblicher Bedeutung sind. Einerseits geht Verkehr mit der Verursachung von Unfällen einher. Wie weiter unten diskutiert wird, muss zumindest ein Teil der durch Unfälle entstehenden Kosten als extern angesehen werden. Eine vierte wichtige Kostenkategorie sind damit die *Unfallkosten*. Schließlich: Im besten Fall fließt der Straßenverkehr, manchmal aber – und leider viel zu häufig – steht er auch (oder er quält sich zähfließend dahin). Im Stau verlieren Verkehrsteilnehmende nicht nur Nerven, sondern vor allem auch sehr viel Zeit. Zu reden sein wird deshalb auch über die externen *Staukosten* des Verkehrs. Zusammengenommen werden wir sehen, dass die externen Kosten des Straßenverkehrs tatsächlich erheblich sind: Die totalen externen Kosten beliefen sich für die EU-28 im Jahre 2016 auf erstaunliche 546 bis 771 Mrd. €.

Unfallkosten
Die Unfallkosten gestalten sich recht komplex: Grundsätzlich sind materielle und immaterielle Kosten zu unterscheiden. Zu den materiellen Unfallkosten zählen insbesondere Behandlungskosten im Gesundheitswesen, Schäden an Fahrzeugen sowie im Zusammenhang mit Unfällen anfallende Verwaltungskosten. Die immateriellen Kosten entstehen insbesondere aus dem Leid der Hinterbliebenen bei Todesfällen.

Die Ermittlung der immateriellen Kosten gestaltet sich besonders schwierig, da hierfür keine Marktpreise existieren. Daher kommen alternative Bewertungsmethoden zum Einsatz. Letzten Endes muss hier durch Befragungen eine Abschätzung vorgenommen werden.

Allgemein gilt: Teile der Unfallkosten müssen als bereits internalisiert angesehen werden. Wer in einen Pkw steigt und am Straßenverkehr teilnimmt, weiß, dass ein Unfallrisiko existiert. Angesichts der Tatsache, dass z.B. die Zahl der jährlichen Verkehrstoten medial vermittelt wird, wäre es auf jeden Fall schwer zu argumentieren, dass Verkehrsteilnehmende von einem Nullrisiko ausgehen. Zudem ist ein Teil der Unfallkosten bereits durch Versicherungspolicen internalisiert. Alle Schäden, die durch Versicherungen abgedeckt sind, können ebenfalls nicht als extern angesehen werden.

Kategorien von Unfallkosten

Menschliche Kosten: Darunter fallen vor allem Leid und Schmerz des Unfallopfers, bzw. bei einem Unfall mit Todesfolge der Nutzenverlust des Unfallopfers. Das Handbuch der EU geht davon aus, dass Verkehrsteilnehmende sich über das eigene Unfallrisiko bewusst sind. Alle eigenen Kosten werden daher als bereits internalisiert angesehen. Allerdings sind alle Kosten, die anderen in Unfällen zugefügt werden, definitiv externe Kosten.

Medizinische Kosten: Darunter fallen Behandlungskosten in Krankenhäusern, Rehazentren, bei niedergelassenen Ärztinnen, Verordnungen, Hilfsmittel und Medikamente. Oft ist ein großer Teil dieser Kosten bereits internalisiert (über die Versicherungsprämien). Das Handbuch geht davon aus, dass 50% der medizinischen Kosten extern sind. Es dürfte klar sein, dass die Annahmen über den Internalisierungsgrad einen erheblichen Einfluss auf die Höhe der medizinischen Kosten haben.

Verwaltungskosten: Das sind alle Kosten, die für den Einsatz von Polizei, Feuerwehr und Rettungsdiensten am Unfallort entstehen sowie alle Kosten für die juristische Abwicklung von Schadensfällen. Das Handbuch geht hier wieder von einer teilweisen Internalisierung durch Versicherungspolicen aus. Als extern werden 30% angesetzt. Auch hier gilt, was bereits zu den medizinischen Kosten vermerkt wurde: Ein höherer (niedrigerer) Internalisierungsgrad führt zu niedrigeren (höheren) Verwaltungskosten.

Produktions- bzw. Einkommensverluste: Unfallopfer können erst nach einer gewissen Zeit an den Arbeitsplatz zurückkehren. In der Zwischenzeit entstehen Produktions- und Einkommensverluste, Unternehmen entstehen Kosten für die Wiederbesetzung von Stellen etc. Es wird eine teilweise Internalisierung von 45% angenommen.

Fahrzeugschäden: Werden als vollständig internalisiert angenommen.

Zentral für die Kostenkalkulation ist die Frage, welcher Wert einem Menschenleben beigemessen wird. Wir gehen hier auf diese schwierige Problematik nicht näher ein und belassen es bei dem Hinweis, dass für den Wert eines statistischen Lebens (Value of a statistical life, VSL) ein Wert von 3,6 Mio. € angesetzt wird. Die externen menschlichen Unfallkosten ergeben sich dann für Unfälle mit Todesfolge als 2,9 Mio. €. Dieser Betrag ergibt sich, wenn man vom VSL den Konsumverlust infolge eines tödlichen Unfalls subtrahiert. Der Konsumverlust ergibt sich als ca. 668.000 € und resultiert aus den durchschnittlichen jährlichen Konsumausgaben multipliziert mit der durchschnittlichen Anzahl an Jahren, die infolge eines tödlichen Unfalls verloren gehen.[6] Die externen menschlichen Kosten für schwere Unfälle werden mit 13% der Kosten im Todesfall, die für leichte Unfälle mit 1% angesetzt. Für die übrigen externen Unfallkostenarten ergeben sich Werte von: (i) Produktionsverluste: 361.358 €, (ii) Medizinische Kosten: 2.722 €, sowie (iii) Verwaltungskosten: 1.909 €. Die Summe der externen Unfallkosten beläuft sich damit auf 3.273.909 € pro Unfall.

Gegeben, man kennt die Zahl der Unfälle pro Fahrzeugkategorie, lassen sich die externen Unfallkosten für die EU-28 wie in Tabelle 2.1 dargestellt berechnen.[7]

---

[6] Die eigenen Verluste werden als vollständig internalisiert betrachtet.

[7] Wir geben zu Vergleichszwecken auch die externen Kosten für andere Verkehrsmittel (Schiene und Wasserwege) wieder.

Tab. 2.1 Externe Unfallkosten für die EU-28

Transportmodus	Totale Kosten	Durchschnittskosten[8]	
Personentransport	Mrd. €	€-cent pro pkm	€-cent pro vkm
Pkw	210,2	4,5	7,2
Motorrad	21,0	12,7	13,3
Bus	5,3	1,0	18,9
Personentransport Straße gesamt	236,5		
Personenzug, Hochgeschwindigkeit	0,1	0,1	17,3
Gewöhnliche Personenzüge	2,0	0,5	52,2
Personentransport Schiene gesamt	2,0		
Personentransport Straße und Schiene	238,5		
Gütertransport	Mrd. €	€-cent pro tkm	€-cent per vkm
Leichte Nutzfahrzeuge (LNF)	19,8	6,0	4,1
Lkw	23,0	1,3	15,5
Gütertransport Straße gesamt	42,8		
Güterzüge	0,3	0,1	34,1
Binnenschiffe	0,1	0,1	
Gütertransport Straße, Schiene, Schiff gesamt	43,1		
Straße, Schiene, Wasserwege gesamt	281,7		

Quelle: CE Delft (2019), Tabelle 8, S. 46.

Für den Personen- und Gütertransport auf der Straße ergeben sich damit pro Jahr beachtliche externe Kosten von ca. 280 Mrd. €.

Neben den totalen und durchschnittlichen externen Kosten sind die externen Grenzkosten von besonderem Interesse! Unter den marginalen externen Kosten des Verkehrs versteht man die zusätzlichen Kosten die entstehen, wenn ein weiteres Fahrzeug dem Verkehrsfluss hinzugefügt wird. Hierbei handelt es sich um marginale Unfallkosten. Diese sind insbesondere vom Fahrzeugtyp abhängig und unterscheiden sich teils erheblich (z.B. Pkw vs. Motorrad). Auch je nach Straßentyp können sich diese Kosten erheblich unterscheiden. Ferner variiert dieser Wert je nach Verkehrssituation (Verkehrsdichte).

Zur Berechnung der externen Unfallkosten benötigt man im Wesentlichen zwei Informationen: Man muss das marginale Unfallrisiko abschätzen können sowie den

---

[8] Die Durchschnittskosten können entweder pro beförderte Person und Kilometer ausgewiesen werden („Personenkilometer", pkm) oder pro Fahrzeug („Fahrzeugkilometer", engl. Vehicle kilometres, abgekürzt vkm). Im Falle des Gütertransports kommen noch „Tonnenkilometer" (tkm) hinzu, darunter versteht man die externen Kosten pro Tonne Frachtgut.

Internalisierungsgrad. Das marginale Unfallrisiko kann anhand der Risikoelastizität abgeschätzt werden. Darunter versteht man die Zunahme des Unfallrisikos, wenn das Verkehrsaufkommen (gemessen in Fahrzeugkilometern) um 1% zunimmt. Empirische Schätzwerte für diese Elastizität sind durchaus rar. Eine Untersuchung für die Schweiz etwa (Sommer et al. 2002) kommt zu Werten von -0,5 (Autobahn), -0,25 (Stadtstraßen) sowie -0,62 (andere). A priori ist nicht klar, welches Vorzeichen die Elastizität aufweist: Ein erhöhtes Verkehrsaufkommen kann einerseits das Unfallrisiko erhöhen, ist aber die Verkehrsdichte bereits hinreichend hoch, kann eine weitere marginale Zunahme der Verkehrsdichte auch durchaus zu einer Abnahme des Unfallrisikos führen. Wie dem auch sei: Das Handbuch arbeitet mit einem Wert von -0,25 für Autobahnen/andere und Null für städtische Straßen (Begründung: Diese Straßen sind oftmals bereits überfüllt und ein weiteres Fahrzeug ändert das Unfallrisiko nicht signifikant).

Neben der Elastizität ist der Internalisierungsgrad wichtig. Er kann wie folgt abgeschätzt werden (vgl. Lindberg 2001, Link et al. 2007): Anzahl der Verkehrstoten im eigenen Fahrzeug (z.B. Pkw) relativ zur Anzahl aller Verkehrstoten (inklusive der in anderen Fahrzeugen getöteten Personen).

Es ergeben sich folgende Internalisierungsgrade: Pkw: 0,61; Motorrad: 0,93; Bus: 0,16; LNF 0,28; Lkw: 0,14. Dabei gelten folgende Beziehungen zwischen externen Unfallkosten, Risikoelastizität (E) und Internalisierungsgrad (θ): $\theta - E > 1$: negative externe Grenzkosten; $\theta - E < 1$: positive externe Grenzkosten. Für die gewählten bzw. ermittelten Werte der unterschiedlichen Fahrzeugtypen ergeben sich die in Tabelle 2.2 dargestellten externen Unfallgrenzkosten.

Tab. 2.2 Externe Unfallgrenzkosten

Fahrzeugtyp	Autobahn	Stadt	Andere
Personentransport (€-Cent pro pkm)			
Pkw	0,25	1,41	0,63
Motorrad	-0,65	4,42	-3,21
Bus	0,05	0,80	0,19
LNF (€-Cent pro vkm)			
LNF	0,37	0,76	0,84
Gütertransport (€-Cent pro tkm)			
Lkw	0,07	0,10	0,13

Quelle: CE Delft (2019), Tab. 12, S. 49.

Mit Ausnahme von Motorrädern verursachen also alle Fahrzeugtypen auf allen Straßentypen positive externe Unfallgrenzkosten.

Externe Kosten der Luftverschmutzung
Diese Kategorie kann in folgende Unterkategorien unterteilt werden:

- Gesundheitsschäden: Feinstäube und Stickoxide begünstigen die Entstehung von Atemwegserkrankungen einerseits, kardiovaskulären Krankheiten andererseits.
- Schwefeldioxid und Stickoxide schädigen direkt oder auch indirekt (über die Begünstigung der Entstehung von bodennahem Ozon) Pflanzen, insbesondere auch landwirtschaftliche Nutzpflanzen.
- Luftverschmutzung führt auf zwei Wegen zu Gebäudeschäden: Direkt über Partikel und Staub oder aber indirekt über die Entstehung von saurem Regen infolge von Stickoxiden und Schwefeldioxidemissionen.
- Luftschadstoffe führen auch zu einem Verlust an Biodiversität durch die Versauerung der Böden sowie die Eutrophierung (Anreicherung von Nährstoffen) von Gewässern.

Die Berechnung der Luftverschmutzungskosten ist anspruchsvoll und erfolgt anhand des Impact-Pathway-Approach. Zunächst muss man sich klar machen, dass nicht die Emission, sondern die sogenannte Immission ausschlaggebend ist. Darunter versteht man die Schadstoffmenge, die bei einem bestimmten Rezeptor (z.B. einem menschlichen Organismus) ankommt und dort, mit einer gewissen Wahrscheinlichkeit, zu einem Schaden führt. Zur Berechnung von Immissionen werden Dispersionsmodelle benötigt, die in der Lage sind, die räumliche Ausbreitung von Schadstoffen zu berechnen. So kann eine Verkehrsemission in Freiburg im Breisgau z.B. zu einer Immission an der mecklenburgischen Ostseeküste werden.

Auch die Immission an sich ist noch nicht das entscheidende Problem. Wenn bekannt ist, wo ein Schadstoff auf einen Rezeptor trifft, dann muss in Erfahrung gebracht werden, welche Schäden der Schadstoff im Rezeptor mit welcher Wahrscheinlichkeit auslöst. Dabei ist man insbesondere auf Kenntnisse der Epidemiologie angewiesen, einem Teilgebiet der Medizin. Im Idealfall sind Dosis-Wirkungs-Funktionen bekannt (dose-response-functions). Dies sind stabile, empirisch validierte, funktionale Zusammenhänge zwischen der Exposition mit einem gewissen Schadstoff (z.B. Tabakrauch oder Feinstäube) in unterschiedlichen Konzentrationen und dem daraus resultierenden Risiko, ein bestimmtes Krankheitsbild zu entwickeln (z.B. Lungenkrebs).

Wenn bekannt ist, welcher erwartete physische Schaden resultiert, muss dieser noch monetär bewertet werden. Hierzu kann wieder das Konzept des VSL angewendet werden. Es ergeben sich die Ergebnisse in Tabelle 2.3.

Tab. 2.3 Luftverschmutzungskosten

€/kg (2016)	NH_3	NMVOC	SO_2	NO_x Stadt	NO_x Land	$PM_{2,5}$ Metropole	$PM_{2,5}$ Stadt	$PM_{2,5}$ Land	PM_{10}
EU-28	17,5	1,2	10,9	21,3	12,6	381	123	70	22,3

NH_3: Ammoniak; *NMVOC*: flüchtige organische Verbindungen ohne Methan; NO_x: Stickoxide; $PM_{2,5}$: Feinstaub der Partikelgröße 2,5; PM_{10}: analog (Durchschnitt).
Quelle: CE Delft (2019), Tabelle 14, S. 57 f.

Für die totalen Kosten für die Luftverschmutzung ergeben sich die Werte in Tabelle 2.4.

Tab. 2.4 Totale Kosten der Luftverschmutzung für die EU-28

Transportmodus	Totale Kosten	Durchschnittskosten	
Personentransport	Mrd. €	€-Cent/pkm	€-Cent/vkm
Pkw	33,36	0,71	1,14
Pkw Benzin	8,58	0,33	0,53
Pkw Diesel	24,79	1,18	1,90
Motorrad	1,84	1,12	1,17
Bus	1,35	0,76	14,19
Reisebus	2,67	0,73	14,34
Personen Straße gesamt	39,23		
Personenzug, Hochgeschwindigkeit	0,002	0,002	0,66
Personenzug elektrisch	0,03	0,01	1,14
Personenzug Diesel	0,52	0,80	47,0
Personen Schiene gesamt	0,55		
Personentransport gesamt	39,78		
Gütertransport	Mrd. €	€-Cent/tkm	€-Cent/vkm
LNF	15,49	4,68	3,24
LNF Benzin	0,33	1,72	1,17
LNF Diesel	15,16	4,86	3,37
Lkw	13,93	0,76	9,38
Güter Straße gesamt	29,42		
Güterzug elektrisch	0,01	0,004	2,14
Güterzug Diesel	0,66	0,68	305,39
Güter Schiene gesamt	0,67		
Binnenschiffe	1,93	1,29	1,869
Gütertransport gesamt	32,02		
Straße, Schiene, Wasserwege gesamt	71,80		

Quelle: CE Delft (2019), Tabelle 16, S. 59.

Externe Klimakosten

Der Verkehr trägt insbesondere durch seine CO_2-Emissionen zum Klimawandel bei. Für die Berechnung der externen Klimakosten verwendet das Handbook einen Vermeidungskostenansatz. Ausgangspunkt der Berechnung ist das 2°/1,5°-Ziel des Pariser Klimaschutzabkommens von 2015 (vgl. hierzu Kapitel 7). Für dieses exogene Ziel wird dann die Literatur zu Vermeidungskosten ausgewertet. Es zeigt sich, dass der Mittelwert für die kurze und mittlere Frist bei etwa 100 € pro vermiedener Tonne CO_2 (tCO_2) liegt, für die lange Frist (bis 2060) bei 269 €/tCO_2. Die Spannweiten in der Literatur liegen bei 60 bis 189 €/tCO_2 (kurz- bis mittelfristig) und 156 bis 498 €/tCO_2 (langfristig). Mit Hilfe der gefahrenen Kilometer (abhängig vom Fahrzeugtyp) und den fahrzeugspezifischen Emissionsfaktoren können dann die Klimakosten des Verkehrs berechnet werden. Es ergeben sich die Werte in Tabelle 2.5.

Tab. 2.5 Klimakosten des Verkehrs für die EU-28

Personentransport	Totale Kosten	Durchschnittskosten	
	Mrd. €	€-Cent pro pkm	€-Cent pro vkm
Pkw	55,56	1,18	1,90
Pkw Benzin	32,02	1,22	1,97
Pkw Diesel	23,54	1,12	1,80
Motorrad	1,47	0,89	0,94
Bus	0,84	0,47	8,83
Reisebus	1,61	0,44	8,66
Personen Straße gesamt	59,49		
Personenzug Diesel	0,22	0,34	20,1
Personen Straße u. Schiene	59,71		
Gütertransport	Mrd. €	€-Cent pro tkm	€-Cent pro vkm
LNF	13,17	3,98	2,75
LNF - Benzin	0,71	3,76	2,56
LNF - Diesel	12,45	3,99	2,77
Lkw	9,63	0,53	6,48
Güter Straße gesamt	22,79		
Güterzug Diesel	0,24	0,25	112,4
Binnenschiffe	0,40	0,27	383,1
Gütertransport gesamt	22,43		
Straße, Schiene, Wasserwege gesamt	83,14		

Quelle: CE Delft (2019), Tabelle 25, S. 82 f.

Die externen Grenzkosten sind mit den externen durchschnittlichen Kosten identisch, was letztlich auf die Tatsache zurückzuführen ist, dass CO_2 ein Globalschadstoff ist und sich Kohlendioxid völlig gleichmäßig in der gesamten Atmosphäre verteilt. Eine detaillierte

Aufstellung der externen Grenzkosten – aufgeschlüsselt nach Fahrzeugtyp und Fahrsituation (Autobahn, Stadtverkehr, Landstraße) – findet sich im Handbuch in Tabelle 28 (S. 84 ff.).

Zwei Beispiele: Mittelklasse-Pkw (1,4 bis 2 l Hubraum), Euro-Norm 4: Autobahn: 1,11 €/pkm, Stadtverkehr: 1,29 €/pkm und Landstraße 1,02 €/pkm. Für einen SUV der Euro-Norm 4 ergeben sich folgende Werte: 1,31/1,89/1,31 €/pkm. Anzumerken ist noch, dass alle hier referierten Kostenwerte auch die Klimakosten aus der verkehrsbedingten Emission von Lachgas (N_2O – Distickstoffmonoxid) sowie Methan (CH_4) beinhalten. Die Umrechnung in CO_2-Äquivalente erfolgt mit Hilfe des Konzepts des Treibhauspotenzials (global warming potential).

Lärmkosten

Ab wann wird Lärm als störend empfunden und ab wann kommt es zu manifesten gesundheitlichen Schäden? Das ist durchaus strittig. In der Literatur werden Grenzwerte von 50, 55 aber auch 60 db(A) verwendet. Es dürfte klar sein, dass die Wahl des Grenzwerts einen signifikanten Einfluss auf die Höhe der Kosten hat.

Lärm hat verschiedene Auswirkungen. Einerseits kann Lärm krank machen. Lärm ist ein Risikofaktor für die Entstehung folgender Krankheitsbilder:

- Herzkrankheiten
- Schlaganfall
- Demenz
- Bluthochdruck.[9]

Daneben kann Lärm als Störung und Beeinträchtigung empfunden werden.

Die externen Lärmkosten werden wie folgt berechnet: Betrachtet wird die Anzahl an Menschen, die einem bestimmten Lärmniveau ausgesetzt sind. Diese Anzahl wird dann mit den durchschnittlichen Lärmkosten pro Kopf multipliziert. Letzterer Wert besteht aus zwei Komponenten: (i) einem „annoyance value" (Störwert) und einem „health value" (Gesundheits/Krankheitswert). Der annoyance value wird mit Hilfe von Willingness to Pay (WTP-) Studien ermittelt. Dabei werden die Teilnehmenden gefragt, was ihnen die Reduktion des Lärmniveaus wert wäre. Der Gesundheitswert wird anhand der „environmental burden of disease method" berechnet. Hierbei werden medizinische Daten und Daten zur Lärmexposition der Bevölkerung statistisch verknüpft und ausgewertet, so dass eine Abschätzung z.B. der lärmbedingten Herzinfarkte möglich wird.[10] Aus dem annoyance value und dem health value ergeben sich dann die gesamten durchschnittlichen Lärmkosten.

---

[9] Der Zusammenhang zwischen Lärmexposition und Bluthochdruck ist durchaus strittig. So kann beispielsweise die NORAH-Studie von 2015 (NORAH 2015) keinen statistisch signifikanten Zusammenhang feststellen.

[10] vgl. z.B. https://www.umweltbundesamt.de/sites/default/files/medien/378/publikationen/umwelt_und_gesundheit_05_2015_methodische_grundlagen_des_environment_burden_disease-ansatzes.pdf

Ein weiteres Problem: Lärm eines bestimmten Dezibelniveaus aus unterschiedlichen Quellen (Fahrzeugtypen) wird als unterschiedlich störend empfunden. Die Lärmbelästigung durch einen Lkw oder ein Motorrad ist regelmäßig größer als durch einen Pkw. Das Handbuch versucht diesem Umstand durch Fahrzeug-Gewichtungsfaktoren Rechnung zu tragen. So erhält ein Motorrad beispielsweise einen Gewichtungsfaktor von 13,2, d.h., dass Motorrad-Lärm 13,2- mal störender empfunden wird als Lärm desselben Niveaus eines Pkws. Es dürfte klar sein, dass auch die Wahl dieser Gewichte einen Effekt auf die errechneten Lärmkosten hat. Es ergeben sich die Lärmkosten in Tabelle 2.6.

Tab. 2.6 Lärmkosten des Verkehrs für die EU-28

Transportmodus	Totale Kosten	Durchschnittskosten	
Personentransport	Mrd. €	€-Cent pro pkm	€-Cent pro vkm
Pkw	26,2	0,6	0,9
Pkw Benzin	13,8	0,5	0,8
Pkw Diesel	12,4	0,6	0,9
Motorrad	14,8	9,0	9,4
Bus	0,8	0,4	8,0
Reisebus	0,9	0,2	4,7
Personen Straße gesamt	42,6		
Personenzug, Hochgeschwindigkeit	0,4	0,3	97
Personenzug elektrisch	2,6	0,8	106
Personenzug Diesel	0,9	1,4	81
Personen Schiene gesamt	3,9		
Personentransport gesamt	46,5		
Gütertransport	Mrd. €	€-Cent pro tkm	€-Cent pro vkm
LNF	5,4	1,6	1,1
Lkw 3,5-7,5 t	1,0	1,2	4,0
Lkw 7,5 – 16 t	1,8	0,8	5,7
Lkw 16 – 32 t	3,0	0,4	6,5
Lkw > 32 t	3,2	0,4	7,2
Gütertransport Straße gesamt	14,5		
Güterzug elektrisch	2,1	0,6	359
Güterzug Diesel	0,4	0,4	201
Gütertransport Schiene gesamt	2,5		
Gütertransport gesamt	17,1		
Straße und Schiene gesamt	63,6		

Quelle: CE Delft (2019), Tabelle 35, S. 102.

Externe Lärmgrenzkosten

Auf die Berechnung der Grenzkosten gehen wir hier nur kursorisch ein. Nur so viel: Einerseits muss berücksichtigt werden, dass die Grenzkosten mit der Verkehrssituation differieren. Es dürfte klar sein, dass ein weiterer Pkw, der einer ohnehin schon überfüllten A40 hinzugefügt wird, keine nennenswerten Grenzkosten verursacht. Derselbe Pkw auf einer weithin leeren Dorfstraße hat wesentlich höhere Lärmgrenzkosten. Außerdem ist zu berücksichtigen, dass die Kosten von der Tageszeit abhängen, eine Lärmexposition nachts wird typischerweise höhere Lärmkosten verursachen als tagsüber.

Das Handbuch trägt dem Rechnung. Einerseits wird unterschieden nach Tag/Nacht, andererseits nach Straßentyp (Stadt, Periphere, Land) und nach Verkehrssituation (hohe vs. niedrige Verkehrsdichte). Beispiele zeigt Tabelle 2.7.

Tab. 2.7 Externe Lärmgrenzkosten

		Verkehrsdichte	Stadt	Rand	Land
Motorrad (€-Cent pro pkm)	Tag	Hoch	7,4	0,4	0,06
	Nacht	gering	18,0	1,2	0,14
	Tag	Hoch	13,5	0,8	0,11
	Nacht	gering	32,7	2,1	0,24

Quelle: CE Delft (2019), Tabelle 37, S. 104.

Ein Motorrad (innerstädtisch) verursacht also bei geringer Verkehrsdichte nachts etwa 2,5 mal so hohe externe Lärmkosten wie tags bei hoher Verkehrsdichte.

Externe Staukosten

Staus sind ohne Frage ein höchst ärgerliches Phänomen, aber: Verursachen sie auch externe Kosten? Immerhin sind beim Stau die Verursachenden und die Leidtragenden identisch. Hatten wir aber nicht als Merkmal externer Effekte herausgearbeitet, dass Wirtschaftssubjekte, die an der Verursachung nicht beteiligt sind, einen direkten Nutzenverlust erleiden? Dieses Kriterium scheint hier aber verletzt zu sein. Vorsicht ist geboten, wir müssen uns das Stauproblem etwas genauer ansehen.

Unbezweifelbar ist, dass das Kollektiv derjenigen, die zur Entstehung eines Staus beigetragen haben, auch die Folgen zu tragen haben. Jedoch: Bei der Entscheidung, am Straßenverkehr teilzunehmen, wird zwar der eigene mögliche Zeit- und Nutzenverlust berücksichtigt. Die Zeit- und Nutzenverluste anderer Verkehrsteilnehmender aber wohl eher nicht. Oder haben Sie, bevor Sie auf eine Autobahn aufgefahren sind, schon einmal überschlagen, welche Zeit- und Nutzenverluste Sie möglicherweise anderen Teilnehmenden am Straßenverkehr zufügen könnten? Wohl kaum. Der Fall ist damit klar: Zwar werden rationale Verkehrsteilnehmende die privaten Kosten ihrer Entscheidung berücksichtigen, nicht aber die gesellschaftlichen oder sozialen Kosten. Es kommt im Fall des Straßenverkehrs also doch wieder zu einer Differenz der privaten und sozialen (Grenz-)kosten der Teilnahmeentscheidung, und die war entscheidend für die Entstehung einer ineffizienten, unter Wohlfahrtsgesichtspunkten suboptimalen Situation.

Abb. 2.4 Zeitverlust und Wohlfahrtsverlust durch Stau

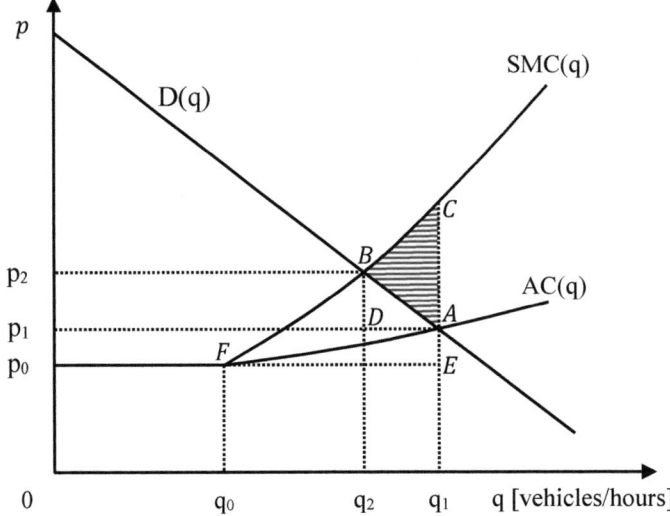

Quelle: Eigene Darstellung nach CE Delft (2019), Abbildung 7, S. 110.

Nachdem diese grundlegende Frage geklärt ist, stellt sich im nächsten Schritt die Frage nach der Messung der externen Staukosten. In der Literatur werden zwei Methoden diskutiert, die auch im Handbuch der EU zur Anwendung gelangen. Einerseits lassen sich die Zeitverluste aus Staus gegenüber einer Situation ungehinderten Verkehrsflusses ermitteln und monetär bewerten (z.B. mit den zeitlichen Opportunitätskosten der Verkehrsteilnehmenden, also etwa dem durchschnittlichen Stundenlohn). Andererseits kann auch – da wir es, wie eben erläutert, mit einer Differenz zwischen privaten und sozialen Kosten zu tun haben – der soziale Wohlfahrtsverlust berechnet werden.

Die Abb. 2.4 illustriert den Unterschied der beiden Ansätze. Die Kurve AC(q) bezeichnet die durchschnittlichen privaten Kosten der Verkehrsteilnahme in Abhängigkeit vom Verkehrsfluss, hier als q bezeichnet, gemessen in Fahrzeugen pro Stunde. Die privaten Kosten sind eine (schwach) monoton steigende Funktion des Verkehrsaufkommens, die Durchschnittsgeschwindigkeit nimmt mit steigendem Verkehrsaufkommen ab und insbesondere die Zeitkosten deshalb zu. SMC(q) bezeichnen die sozialen Grenzkosten und beinhalten auch die externen Kosten, also die Zeit- und Nutzenverluste der übrigen Teilnehmenden. D ist die Nachfragekurve nach Verkehr. Der Schnittpunkt der Nachfragekurve mit den sozialen Grenzkosten definiert das sozial optimale Verkehrsaufkommen (Punkt B mit dem zugehörigen Verkehrsaufkommen q_2).[11] Das individuelle Optimum liegt jedoch im Schnittpunkt der privaten Kostenkurve mit

---

[11] Wie wir in Abschnitt 5.2 zur Pigou-Steuer sehen werden, kann das soziale Optimum durch eine Steuer t_P in der Höhe der externen Grenzkosten im Optimum realisiert werden. Das ist hier der Betrag $t_P = p_2 - AC(q_2) = SMC(q_2) - AC(q_2)$.

der Nachfragefunktion D (Punkt A mit dem Verkehrsaufkommen q_1). Bei individueller Nutzenmaximierung entsteht ein ineffizient hohes Verkehrsaufkommen. Die schraffierte Fläche BCA misst den gesellschaftlichen Wohlfahrtsverlust (vgl. hierzu auch Abschnitt 5.2 zur Pigou-Steuer). Man beachte, dass hier auch im Optimum der Verkehrsfluss gegenüber der „free flow"-Situation reduziert ist (bis zum Verkehrsaufkommen q_2). Bei der Zeitverlustmethode ergeben sich die Staukosten als Fläche $p_1 AE p_0$.

Was bedeuten diese beiden Ansätze nun konkret in Zahlen? Mit der Zeitverlustmethode errechnen sich Staukosten von ca. 270 Mrd. € jährlich (vgl. Tabelle 2.8). Mit der Zusatzlastmethode fällt dieser Wert deutlich geringer aus: Es ergeben sich lediglich ca. 46 Mrd. € (vgl. Tabelle 2.9). Angesichts dieser erheblichen Differenz stellt sich die Frage, welchem Ansatz der Vorzug zu gewähren ist? Aus wohlfahrtsökonomischer Sicht geht es zentral um die Frage, wie letztlich Verkehr bepreist werden müsste, um die resultierende Ineffizienz zu beseitigen. Die Referenzsituation hierfür ist das soziale Optimum aus der obigen Abbildung. Die Staukosten würden aus dieser Perspektive dann eher durch die Zusatzlastmethode korrekt ermittelt. Das impliziert keineswegs, dass die Zeitverlustmethode zu inkorrekten oder gar falschen Ergebnissen führt – sie ermittelt lediglich eine andere Kostengröße, die ebenfalls von großem Interesse ist, nämlich die totalen Kosten, die sich aus Zeitverlusten im Stau ergeben.

Tab. 2.8 Kosten aus Zeitverlust im Verkehr für die EU-28

Transportmodus	Totale Kosten (Verspätungskosten)	Durchschnittskosten	
Personentransport	Mrd. €	€-Cent pro pkm	€-Cent pro vkm
Pkw	206,2	4,37	7,03
Pkw städtisch	172,6	11,82	19,03
Pkw Fernverkehr	33,6	1,03	1,66
Bus städtisch	2,1	0,74	14,49
Personen Straße gesamt	208,3		
Gütertransport	Mrd. €	€-Cent pro tkm	€-Cent pro vkm
LNF	38,5	11,63	8,05
LNF städtisch	32,6	27,75	19,21
LNF Fernverkehr	5,9	2,78	1,92
Lkw	23,8	1,30	17,72
Lkw städtisch	17,6	3,81	51,94
Lkw Fernverkehr	6,2	0,45	6,20
Gütertransport Straße gesamt	62,3		
Straße gesamt	270,6		

Quelle: CE Delft (2019), Tabelle 41, S. 117.

Tab. 2.9 Kosten der Zusatzlast im Verkehr für die EU-28

Transportmodus	Totale Kosten (Zusatzlast)	Durchschnittskosten	
Personentransport	Mrd. €	€-Cent pro pkm	€-Cent pro vkm
Pkw	35,6	0,75	1,21
Pkw städtisch	30,0	2,06	3,31
Pkw Fernverkehr	5,5	0,17	0,27
Coach städtisch	0,2	0,08	1,50
Personen Straße gesamt	35,8		
Gütertransport	Mrd. €	€-Cent pro tkm	€-Cent pro vkm
LNF	6,6	2,01	1,39
LNF städtisch	5,6	4,78	3,31
LNF Fernverkehr	1,0	0,48	0,33
Lkw	3,8	0,21	2,81
Lkw städtisch	3,1	0,67	9,11
Lkw Fernverkehr	0,7	0,05	0,69
Gütertransport Straße gesamt	10,4		
Straße gesamt	46,2		

Quelle: ebd.

Die Berechnung der externen Grenzkosten von Staus gestaltet sich erwartungsgemäß etwas aufwändiger. Der Grund ist einfach einzusehen: Die Kosten eines zusätzlichen Fahrzeugs differieren je nach herrschender Verkehrsdichte. Wir gehen hier nicht auf die methodischen Details ein, sondern präsentieren exemplarisch die Ergebnisse für Pkw im Stadtverkehr in Tabelle 2.10.[12]

Tab. 2.10 Externe Grenzkosten von Staus

Verkehrsmittel	Verkehrssituation	Externe Grenzkosten (Stadtverkehr) [€-Cent pro vkm]	
		Hauptstraßen	Andere
Pkw	überfüllt	32,1	66,3
	verstopft	24,8	58,2
	Nahe Auslastungsgrenze	17,4	47,2
	unterausgelastet	0	0

Quelle: CE Delft (2019), Tabelle 48, S. 126.

---

[12] Für die übrigen Fahrzeugkategorien (Bus, Nutzfahrzeuge, Lkw) und den Fernverkehr vgl. CE Delft (2019) Tabelle 48, S. 125.

Fazit

Die Fallstudie sollte zwei Dinge klar gemacht haben. Erstens: Externe Kosten, wie beispielsweise die des Verkehrs, sind offensichtlich eine nicht zu vernachlässigende Größe, da sie sowohl absolut als auch durchschnittlich und marginal eine erhebliche Größenordnung aufweisen. Eine Internalisierung dieser externen Kosten in Form z.B. höherer Treibstoffpreise oder von Straßennutzungsgebühren (vgl. hierzu auch Abschnitt 5.7 zu Dieselfahrverboten) ist damit grundsätzlich auf jeden Fall ökonomisch gerechtfertigt. Hierbei gilt es allerdings zu berücksichtigen, dass der Verkehr steuerlich bereits signifikant belastet wird, in Deutschland etwa durch die Energiesteuer. Daher muss ein Teil der externen Kosten des Verkehrs tatsächlich als bereits internalisiert betrachtet werden.

Zweitens: Die Ermittlung externer Kosten ist im konkreten Fall aufwändig und teilweise komplex. Da am Ende immer eine monetäre Bewertung stattfindet, sind die Ergebnisse empirischer Studien in der Höhe abhängig von den gewählten Bewertungsansätzen, beispielsweise bei Unfallkosten dem Value of a statistical life (VSL) oder bei Klimakosten der Höhe der Vermeidungskosten. Auch zentrale Parameter wie der Internalisierungsgrad beeinflussen die Höhe der ausgewiesenen externen Kosten natürlich signifikant. In Abhängigkeit der gewählten Parameter ergibt sich damit eine gewisse Schwankungsbreite der errechneten Ergebnisse.

2.5 Literatur

CE Delft (2019): Handbook on the External Costs of Transport, Version 2019, Delft.

Lindberg, G. (2001): Traffic Insurance and Accident Externality Charges, Journal of Transport Economics and Policy, vol. 35, no. 3, 399-416.

Link, H., A. Becker, B. Matthews, P. Wheat, R. Enei, C. Sessa, F. Meszaros, S. Suter, P. Bickel, K. Ohlau, R. de Jong, M. Bak und G. Lindberg: GRACE (Generalisation of Research on Accounts and Cost Estimation), Deliverable D 5, Monitoring Pricing Policy Using Transport Accounts. Funded by Sixth Framework Programme. ITS, University of Leeds, Leeds, May 2007.

NORAH (2015): Noise-related annoyance, cognition and health, Band 5, Blutdruckmonitoring, Endbericht, Wirkung chronischer Lärmbelastung auf den Blutdruck bei Erwachsenen, http://www.laermstudie.de/fileadmin/files/ Laermstudie/ Blutdruck_Wiss_Ergebnisbericht.pdf

Smith, A. (1937): An Inquiry into the Nature and Causes of the Wealth of Nations, New York, Modern Library.

Sommer, H. et al. (2002): Unification of accounts and marginal costs for trasnport efficiency (UNITE) Deliverable 9: Accident Cost Case Study 8a: Marginal External Accident Costs in Switzerland, Leeds: ITS University of Leeds.

Sturm, B. und C. Vogt (2014): Mikroökonomik. Eine anwendungsorientierte Einführung, Stuttgart, Kohlhammer.

Weimann, J. (1995): Umweltökonomik, Berlin et al., Springer, 3. Auflage.

Das Coase-Theorem 3

Wenn Märkte versagen, dann zieht das in der Regel den Ruf nach dem Staat nach sich. Die laissez-faire Konzeption der Wirtschaftspolitik basiert auf der Annahme, dass Märkte aus sich selbst heraus ein optimales Ergebnis hervorbringen. Wir haben gesehen, dass Märkte prinzipiell tatsächlich in der Lage sind, ein Maximum an sozialer Wohlfahrt zu generieren, allerdings war dieses Resultat an eine Reihe von sehr restriktiven Voraussetzungen geknüpft. Wir haben uns ausführlich klar gemacht, dass bei Vorliegen von externen Effekten Marktgleichgewichte ihre Effizienzeigenschaft einbüßen. Während auf perfekten Wettbewerbsmärkten individuell rationales und eigennütziges Verhalten zu einem kollektiv rationalen Ergebnis führt, wird diese Harmonie zwischen individuellem und gesellschaftlichem Interesse bei externen Effekten zerstört: Die ökonomisch rationale und eigennützige Verfolgung der eigenen Interessen führt dann nicht mehr zu einem Maximum an gesellschaftlicher Wohlfahrt.

Um die Bedeutung dieser Erkenntnis richtig einzuschätzen, muss man sich klarmachen, dass externe Effekte keineswegs ein seltenes Phänomen sind. Im Gegenteil: Kaum eine Produktions- oder Konsumaktivität geht ohne externe Effekte einher. Produktion ist fast immer mit der Emission von irgendwelchen Schadstoffen verbunden. Beispielsweise basiert unsere industrielle Produktionsweise nach wie vor stark auf der Verwendung fossiler Energieträger. Dabei entstehen aber – zumindest bis jetzt – unweigerlich CO_2-Emissionen, die zur Aufheizung der Erdatmosphäre beitragen – mit zum Teil dramatischen negativen externen Effekten, denkt man etwa nur an das Verschwinden tiefliegender Inselstaaten infolge des Meeresspiegelanstiegs. Aber auch der tägliche Konsum trägt zu negativen externen Effekten bei: Nutzen wir den Pkw oder drehen wir im Winter das Heizungsthermostat auf, dann tragen wir alle zum globalen Problem des Treibhauseffekts bei.

Wenn aber externe Effekte eine so weit verbreitete Erscheinung in der Realität sind, dann würde dies eine sehr weitreichende Legitimation für staatliches Handeln darstellen. Angesichts der bei Ökonominnen doch eher verbreiteten Skepsis gegenüber staatlichem Handeln kann es kaum verwundern, dass nach einer Möglichkeit gesucht wurde, diese unangenehme Konsequenz zu vermeiden. Fündig wurde man bei dieser Suche an der University of Chicago. Im Jahre 1960 publizierte ein gewisser Ronald H. Coase eine bahnbrechende Arbeit mit dem Titel „The Problem of Social Costs" (Coase 1960), in der der Autor behauptete, eine Lösung für das Externalitäten-Problem gefunden zu haben, die nicht auf einem staatlichen Eingriff in das Marktgeschehen basierte. Diese Arbeit[1] sollte Coase 1991 den Nobelpreis einbringen. Letztlich behauptet er, dass die Beteiligten an einem externen Effekt einen Anreiz haben, den externen Effekt im Zuge bilateraler Verhandlungen zu berücksichtigen. Mehr noch: Coase behauptet sogar, dass Verursacherin und Geschädigte das Marktversagen selbst vollständig „heilen" werden, dass also der externe Effekt in *effizienter* Weise internalisiert wird. Und die vielleicht noch erstaunlichere Erkenntnis von Coase lautet: Die effiziente Berücksichtigung des externen Effekts erfolgt völlig *unabhängig* davon, wem das Eigentumsrecht an einer Ressource zugesprochen wird. Dies sind allerdings einige sehr starke Behauptungen, deren Begründung wir uns im Folgenden etwas genauer ansehen müssen.

3.1 Wann das Coase-Theorem funktioniert …

Versetzen wir uns zurück in unser Beispiel mit der Stahlfabrik und der Fischzucht.[2] Bei unserer bisherigen Betrachtung sind wir implizit davon ausgegangen, dass das Eigentumsrecht an der Ressource sauberes Flusswasser bei der Stahlfabrik liegt. Die Stahlfabrik kann das Flusswasser ungehindert entnehmen und verunreinigt in den Fluss ableiten, ohne der Fischzüchterin für den entstandenen Schaden in irgendeiner Weise haftbar zu sein. Wir wollen zunächst an dieser institutionellen Ausgestaltung des Rechtssystems festhalten.

Der Grundgedanke von Coase ist denkbar einfach: In dieser Situation hätte die Fischzüchterin einen Anreiz, mit der Stahlfabrik in Verhandlungen zu treten. Die Fischzüchterin könnte versuchen, der Stahlfabrik das „Recht auf Verschmutzung" abzukaufen – sie könnte der Stahlfabrik zum Beispiel einen Preis dafür bieten, dass die Stahlfabrik eine Einheit weniger Abwasser in den Fluss leitet.

So weit, so gut. Aber: Wann würde ein solches Geschäft überhaupt zustande kommen? Die zentrale Bedingung dafür ist natürlich, dass sich beide Parteien durch einen solchen

---

[1] Coase erhielt den Preis außerdem für seine grundlegenden Arbeiten zur Transaktionskostentheorie. Um genau zu sein: Coase erhielt den „Preis der Schwedischen Reichsbank für Wirtschaftswissenschaften in Erinnerung an Alfred Nobel", denn einen „Ökonomie-Nobelpreis", wie er in der Öffentlichkeit üblicherweise bezeichnet wird, gibt es streng genommen nicht. Aus Gründen der sprachlichen Vereinfachung werden wir diese Auszeichnung im Folgenden als „Nobelpreis für Wirtschaftswissenschaften" bezeichnen. Die Begründungen für die Preisträger finden sich auf der Homepage des Nobelpreis-Komitees (http://nobelprize.org) und sind äußerst lesenswert.

[2] Dabei ist zu beachten, dass es bei der bisherigen Betrachtung darum ging, prinzipiell den Zusammenhang zwischen externen Effekten und Produktion zu erörtern. Jetzt geht es darum, zunächst unabhängig von der Produktionsmenge durch Verhandlungen den externen Effekt zu internalisieren.

Deal verbessern könnten. Wann aber ist das der Fall? Um diese Frage beantworten zu können, müssen wir zwei Größen in die Betrachtung einführen, die uns auch später noch beschäftigen werden, nämlich der sogenannte Grenzschaden und die Grenzvermeidungskosten. Unter dem Grenzschaden (GS) versteht man den zusätzlichen Schaden, der durch die Emission einer zusätzlichen Schadstoffeinheit entsteht. Im konkreten Fall also: Der Grenzschaden der Fischzucht aus der Einleitung einer weiteren Einheit Abwasser besteht in der Abnahme ihres Ertrags, also der zum Marktpreis bewerteten geringeren Zahl gesunder und vermarktbarer Fische. Die Grenzvermeidungskosten (GVK) hingegen sind die Kosten, die durch die Vermeidung einer weiteren Einheit Schadstoff entstehen. Die Stahlfabrik könnte beispielsweise Kläranlagen bauen, um das Abwasser vor der Einleitung in den Fluss zu reinigen. Die Grenzvermeidungskosten sind dann die zusätzlichen Kosten, die entstehen, wenn eine weitere Einheit (z.B. 1.000 Liter) Abwasser geklärt (also von Schadstoffen befreit) werden soll. Wie sieht nun der Zusammenhang zwischen Emissionen und diesen beiden Größen genau aus? Betrachten wir zunächst die Grenzvermeidungskosten. In vielen Fällen dürfte es plausibel sein anzunehmen, dass die Grenzvermeidungskosten in der Vermeidungsmenge zunehmen, d.h., die Vermeidung einer zusätzlichen Einheit Schadstoff wird umso kostspieliger, je mehr bereits vermieden wird. Mit zunehmender Vermeidung nimmt nämlich die Schadstoffkonzentration ab, und deshalb wird weitere Vermeidung nur zu höheren Kosten möglich sein, weil beispielsweise ein weitaus größerer technischer Aufwand betrieben werden muss, um die gewünschte zusätzliche Vermeidung zu realisieren. Man stelle sich etwa die Entschwefelung von Rauchgas in einem Braunkohlekraftwerk vor: Wird keinerlei Entschwefelung betrieben, dürfte es durch die Installation von einfachen Filteranlagen relativ leicht möglich sein, die erste Tonne Schwefel abzuscheiden. Ist das Rauchgas aber bereits weitgehend entschwefelt (zu 98%, wie bei heutigen Braunkohlekraftwerken durchaus üblich), dann dürfte die Abscheidung einer weiteren Tonne Schwefel nur zu erheblich höheren Kosten möglich sein. Wir gehen davon aus, dass Vermeidung nur dann zustande kommt, wenn die Emissionen, E, unter den Business-As-Usual-Emissionen, $\bar{E}$, liegen. Damit ist klar, dass die Grenzvermeidungskosten fallend mit den Emissionen verlaufen (und steigend in Vermeidung), wenn $E < \bar{E}$ oder mathematisch: $\partial GVK/\partial E < 0$.

Bezüglich des Grenzschadens scheint es plausibel zu sein, dass er mit der Emissionsmenge zunimmt, d.h., in der Regel wird die jeweils nächste emittierte Einheit des Schadstoffs noch einen positiven zusätzlichen Umweltschaden anrichten, der den der vorhergehenden Einheit übersteigt. Es gilt also $\partial GS/\partial E > 0$. Denkbar ist allerdings auch der Fall, dass irgendwann eine maximale Schadstoffkonzentration erreicht wird, bei der der maximal mögliche Schaden eintritt (z.B. wenn ein Gewässer biologisch tot ist). Eine weitere Schadstoffemission über dieses Niveau hinaus hätte dann keinen weiteren schädigenden Effekt. Der Grenzschaden wäre Null, oder anders gesagt, der Schaden bliebe ab dieser kritischen Grenze konstant.

Wir können uns die Situation damit grafisch wie folgt veranschaulichen:

Abb. 3.1 Grenzvermeidungskosten und Grenzschaden

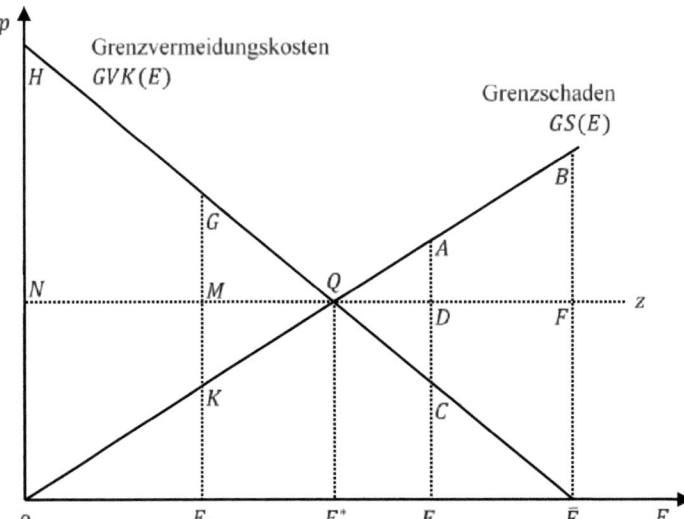

Bei der Form der Darstellung in Abbildung 3.1 ist – wie bereits erläutert – zu beachten, dass wir auf der Abszisse die Emissionsmenge und nicht die Vermeidungsmenge abtragen. Daher hat die Grenzvermeidungskostenfunktion hier einen fallenden Verlauf (hätten wir stattdessen die vermiedene Schadstoffmenge verwendet, dann würde die GVK-Kurve einen steigenden Verlauf aufweisen).

Offensichtlich besitzen beide Funktionen einen Schnittpunkt – rechts von E^* ist der Grenzschaden größer als die Grenzvermeidungskosten, links von E^* herrscht genau der umgekehrte Fall. Angenommen, wir befinden uns in der zunächst unterstellten Konstellation – die Stahlfabrik hat das Recht auf Verschmutzung zugesprochen bekommen. Coase nennt diesen Fall die „Laissez-faire-Regel". In diesem Fall wird die Stahlfabrik keinerlei Vermeidung betreiben (ihre korrespondierenden Grenzvermeidungskosten sind also Null) und die maximale Emissionsmenge $\bar{E}$, in den Fluss abgeben. In dieser Situation existiert Spielraum für eine freiwillige Verhandlungslösung, die beide Beteiligten besserstellt: Die Fischzüchterin könnte der Stahlfabrik vorschlagen, ihre Emission z.B. auf das Niveau E_1 zu reduzieren. Im Gegenzug erhält die Stahlfabrik für jede vermiedene Einheit Abwasser eine Kompensationszahlung z oberhalb ihrer Grenzvermeidungskosten. Das Stahlunternehmen müsste sich, wenn es sich einigermaßen rational verhält, auf diesen Vorschlag einlassen, denn es erhält für die vermiedene Menge an Schadstoff mehr, als es die Vermeidung kostet: Die Vermeidungskosten der Stahlfabrik nehmen (ausgehend von Null) um das Dreieck $E_1C\bar{E}$, die Kompensationszahlung wird durch die Fläche $E_1DF\bar{E}$ gemessen – offenbar für die Stahlfabrik ein gutes Geschäft, denn die Kompensationszahlung übersteigt die Zunahme der Vermeidungskosten. Aber auch die Fischzüchterin wird sich besserstellen: Ihr Schaden nimmt um die Fläche $E_1AB\bar{E}$ ab. Sie gewinnt durch den vermiedenen Schaden also mehr, als sie die Kompensationszahlung kostet. Solange nun der Grenzschaden oberhalb der Grenzvermeidungskostenkurve verläuft, ist es möglich eine Kompensationszahlung zu finden, bei der sich *beide verbessern*. Erst wenn der Grenzschaden mit den Grenzvermeidungskosten übereinstimmt, also in E^*, ist es nicht weiter möglich, einen Handel zum beiderseitigen Vorteil abzuschließen: Links vom Schnittpunkt der GS- und GVK-Funktion existiert keine Kompensationszahlung z mehr, die die Bedingung $GS > z > GVK$ erfüllt. Also werden rationale Individuen letztendlich die effiziente Lösung realisieren, bei der Grenzschaden und Grenzvermeidungskosten übereinstimmen.

Die Erklärung für dieses auf den ersten Blick überraschende Resultat ist simpel: Durch den externen Effekt wird eine Ineffizienz erzeugt. Die Beseitigung dieser Ineffizienz erlaubt einen Wohlfahrtsgewinn – und dieser kann so auf die beiden Beteiligten verteilt werden, dass beide sich dadurch verbessern.

Soweit haben wir gezeigt, dass wenn das Verschmutzungsrecht bei der physischen Verursacherin des externen Effekts liegt, es zu einer effizienten Internalisierung des externen Effekts kommen müsste. Betrachten wir als nächstes den umgekehrten Fall, dass nämlich das Recht auf sauberes (unverschmutztes) Wasser bei der Fischzüchterin liegt. Coase nennt diesen Fall die „Haftungsregel", denn in diesem Fall würde die physische Verursacherin des externen Effekts für eventuelle Schäden haften. Was würde sich dann ergeben? In dieser Situation wäre in der Ausgangssituation die Stahlfabrik gezwungen, maximale Vermeidung von Schadstoffemissionen zu sehr hohen Kosten zu betreiben. Wir befänden uns also im Nullpunkt der Abbildung 3.1. Die Stahlfabrik hätte daher einen massiven Anreiz, der Fischzucht das Recht auf sauberes Wasser abzukaufen. Machen wir uns auch hier kurz klar, ob sich ein solches Geschäft für beide Beteiligten lohnen würde. Die Stahlfabrik könnte der Fischzüchterin folgenden Vorschlag unterbreiten: Die Fabrik weitet ihre Abwassermenge auf das Niveau E_2 aus und zahlt für jede Einheit Abwasser eine Kompensation z. Wie wird die Fischzucht auf diesen Vorschlag reagieren? Ihr zusätzlicher Schaden lässt sich durch die Fläche $0KE_2$ messen, sie erhält die Kompensation $0NME_2$. Offenbar übersteigt die Kompensationszahlung den erlittenen Schaden: Die Fischzüchterin sollte das Angebot daher akzeptieren. Der Handel lohnt aber auch aus Sicht der Stahlfabrik: Sie zahlt der Fischzucht die Kompensationszahlung $0NME_2$, die Vermeidungskosten der Stahlfabrik sinken aber um die Fläche $0HGE_2$. Der Vertrag ist auch für die Stahlfabrik von Vorteil.

Liegt die Kompensationszahlung also oberhalb des Grenzschadens der Fischzucht, wird die Fischzüchterin die Kompensationszahlung akzeptieren: Der wirtschaftliche Schaden, den sie erleidet, wenn sie die zusätzliche Emission zulässt, ist geringer als die Entschädigungszahlung, die sie dafür erhält. Solange außerdem die Kompensationszahlung geringer ist als die Grenzvermeidungskosten, realisiert die Stahlfabrik einen ökonomischen Nettovorteil. Man sieht leicht: Solange die Grenzvermeidungskosten oberhalb des Grenzschadens verlaufen, lässt sich immer eine Kompensationszahlung finden, bei der sich beide Parteien besserstellen. In diesem Fall werden sich beide also „von links" an die effiziente Lösung heranpirschen – aber klar ist, dass auch in diesem Fall letzten Endes die effiziente Lösung realisiert werden muss.

Damit ist die (verbale) Beweisführung zum Coase-Theorem abgeschlossen. Wir haben folgendes gezeigt: Unabhängig davon, wem das Eigentumsrecht an der Umweltressource zugesprochen wird, kommt es zu einer effizienten Internalisierung des externen Effekts im Zuge bilateraler Verhandlungen. Das Marktversagen wird von den Beteiligten selbst geheilt – ein staatlicher Eingriff erübrigt sich.[3]

3.2 … und wann nicht: Die Grenzen des Coase-Theorems

Wäre dieses Buch ein Hörbuch, so wäre an dieser Stelle vermutlich ein erleichtertes Aufatmen der Fachwelt zu vernehmen – Coase sei Dank gibt es in der Geschichte mit den externen Effekten doch noch ein Happy End – beide Marktseiten kriegen sich und leben bis ans Ende ihrer Tage glücklich, weil effizient. Doch ist die Geschichte damit wirklich so einfach erledigt?

Zunächst muss man an dieser Stelle erst einmal die enorme intellektuelle Leistung von Coase würdigen. Kennt man seine Lösung des Problems, so erscheint alles mehr als sonnenklar. Doch wie so oft gilt auch hier: Hinterher sind wir alle klüger. Eigentlich hätte man ja schon viel früher darauf kommen müssen, weil alles so furchtbar einfach ist – tatsächlich jedoch hat es knapp 40 Jahre gebraucht[4], bevor diese nur scheinbar einfache Lösung entdeckt wurde. Die erwähnte große Leistung von Coase besteht nämlich darin, sich unseren gewohnten Denkkategorien zu entziehen und das Problem externer Effekte aus einem ganz andersartigen Blickwinkel zu analysieren. Tatsächlich ist unser Alltagsdenken- und empfinden geneigt, das Problem eher in moralischen Kategorien wahrzunehmen und zu bewerten: Die Stahlfabrik ist Verursacherin eines Schadens, daher scheint es mehr als klar zu sein, dass die Stahlfabrik die Fischzucht für den erlittenen Schaden zu entschädigen hat. Die Fischzüchterin hat gewissermaßen einen moralischen Anspruch auf Entschädigung.

Tatsächlich verstellt uns unser Alltagsdenken dabei aber den Blick auf den eigentlichen ökonomischen Kern des Problems: Letzten Endes erheben beide Produzentinnen – Stahlfabrik wie auch Fischzucht – einen Anspruch auf die Nutzung einer knappen Ressource. Wir haben es schlicht mit konkurrierenden Nutzungsansprüchen zu tun, und es ist überhaupt nicht klar, warum der Anspruch der Fischzüchterin a priori höher gewichtet werden sollte, als der der Stahlfabrik. Beide benötigen zur Herstellung ihrer jeweiligen Produkte Wasser – so klar, so einfach.[5]

---

[3] Eine wichtige Rolle kommt dem Staat allerdings auch in der Coaseschen Welt zu: Er muss die Eigentumsrechte definieren und durchsetzen.

[4] Das Problem externer Effekte wurde der wissenschaftlichen Gemeinschaft von Arthur C. Pigou in seinem 1920 erstmals erschienenen Werk „The Economics of Welfare" (Pigou 1920) ins Bewusstsein gerückt. Vgl. hierzu auch Abschnitt 5.2.

[5] Daher ist auch unser alltäglicher Sprachgebrauch etwas irreführend: Wer die Verursacherin des externen Effekts ist, ist keineswegs so klar, wie wir üblicherweise geneigt sind zu denken. Die Entstehung externer Effekte ist immer reziproker, also wechselseitiger Natur. Kurz gesagt: Gäbe es keine Fischzucht, dann gäbe es auch keinen externen Effekt!

Wie aber steht es um die Übertragbarkeit der Coaseschen Ergebnisse auf die ökonomische Realität? Unser gewähltes Beispiel ist von ausgesucht einfacher Struktur: Wir haben es mit einer Schädigerin und nur einer Geschädigten zu tun. Das entspricht im Übrigen auch dem von Coase selbst gewählten Beispiel, anhand dessen er seine Argumentation entwickelt – allerdings verwendet er nicht Stahlfabrik und Fischzucht, sondern Farm und Viehzucht. Die im Beispiel unterstellten Bedingungen sind in gewisser Weise ideal gewählt – bei nur zwei an einem externen Effekt Beteiligten kann man sich noch am ehesten vorstellen, dass es zu direkten Verhandlungen kommt. Wie aber steht es um Externalitäten in der realen Welt? Machen wir uns an zwei realen Fällen klar, ob wirklich mit einer Verhandlungslösung gerechnet werden kann. Beispiel Nummer eins betrifft den motorisierten Individualverkehr. In der Bundesrepublik Deutschland kurven etwa 48 Mio. Pkw herum. Bei der Nutzung von Pkw entstehen zahlreiche schädliche Emissionen mit vielfältigen negativen Begleiterscheinungen (vgl. Abschnitt 2.3). Aggressive Autoabgase schädigen beispielsweise die menschliche Gesundheit – sie tragen zum vermehrten Auftreten von Atemwegserkrankungen bei und verursachen individuell wie auch gesellschaftlich hohe Zusatzkosten. Kann man hier ernsthaft mit einer spontanen, freiwilligen Verhandlungslösung rechnen? Darf man erwarten, dass sich Millionen Verursacherinnen mit Millionen Geschädigten an einen (sehr großen) runden Tisch setzen, um über die Internalisierung dieser externen Effekte zu reden? Die Antwort erübrigt sich wohl. Auch das zweite Beispiel ist nicht dazu angetan, den Glauben in die Praktikabilität der Coase-Lösung zu stärken, es handelt sich nämlich um das Problem der globalen Erwärmung. Bekanntlich emittieren Menschen bei unzähligen ihrer wirtschaftlichen Aktivitäten Treibhausgase wie u.a. CO_2. Mittlerweile wird nicht mehr ernsthaft bestritten, dass die Emission von CO_2 zur Erwärmung des Erdklimas beiträgt – hierzu später noch mehr. Im Moment müssen wir uns lediglich klar machen, dass an der Entstehung dieses Problems – in mehr oder weniger ausgeprägter Weise – ca. 8 Milliarden Menschen beteiligt sind. Es ist schwer vorstellbar, dass die globale Erderwärmung – offenbar ein Umweltproblem mit massiven negativen externen Effekten – Gegenstand direkter Verhandlungen zwischen physischen Verursacherinnen und Geschädigten sein könnte. Man kann allerdings in der Realität durchaus den Versuch beobachten, zu einer Coaseschen Lösung zu kommen – die internationale Staatengemeinschaft verhandelt nämlich seit geraumer Zeit über eine Lösung des Treibhausproblems. Aber selbst wenn „nur" um die 190 Staaten diesen Versuch starten, kann man sehr schnell beobachten, mit welchen enormen Schwierigkeiten sich die Akteurinnen konfrontiert sehen (vgl. hierzu Abschnitt 6.6).

Was ist das Problem? An realen externen Effekten sind oft sehr viele Verursachende beteiligt, und das lässt Verhandlungen schnell sehr kostspielig werden – die Verhandlungskosten sind in der Realität oft ausgesprochen hoch. Statt des Begriffs der Verhandlungskosten verwendet die Literatur gerne den umfassenderen Begriff der *Transaktionskosten*. Die beinhalten nicht nur die unmittelbaren Kosten der Verhandlung[6], sondern auch alle

---

[6] Auch die können schon erheblich sein, betrachtet man nur etwa die internationalen Klimakonferenzen, die teils monströse Ausmaße angenommen haben: An der Aushandlung des Kyoto-Protokolls 1997 waren einschließlich der Medienvertreter 10.000 Menschen beteiligt!

Kosten, die mit der Anbahnung von Verhandlungen verbunden sein können und der Durchsetzung und Kontrolle von Verhandlungsergebnissen. Spätestens jetzt wird klar, dass die Coase-Lösung in der Realität an den oft zu hohen Transaktionskosten scheitert.

Heißt das aber nun, dass Verhandlungslösungen durch zentrale Regulierung zu ersetzen sind? Diese Frage stellt sich vor allem auf nationaler Ebene, wo somit staatliches Handeln gerechtfertigt wäre, um umweltrelevantes Marktversagen zu korrigieren. Zur Beantwortung wollen wir das Problem etwas gründlicher als bisher erörtern. Aus der Höhe der Transaktionskosten allein lässt sich ein Eingreifen des Staats noch nicht zwingend begründen. Coase selbst hat in seinem Aufsatz auf die Bedeutung der Transaktionskosten hingewiesen und bei der Ableitung seines berühmten Resultats zunächst die Abwesenheit solcher Kosten unterstellt. Rufen wir uns noch einmal in Erinnerung, was letztlich Ziel der Coase-Lösung war, nämlich die effiziente Internalisierung eines externen Effekts. Effizienz erfordert aber immer die Berücksichtigung sämtlicher anfallender Kosten – damit also auch der Transaktionskosten. Entstehen nun bei der Verhandlungslösung Transaktionskosten, so müssen diese den Effizienzgewinnen aus der Verhandlung gegenübergestellt werden. Wann würde es in Anwesenheit von Transaktionskosten überhaupt noch zu einer Verhandlungslösung kommen? Offenbar nur dann, wenn die Effizienzgewinne die Transaktionskosten übersteigen. Sind hingegen die Transaktionskosten höher, dann lässt sich unter Berücksichtigung der Transaktionskosten kein gesellschaftlicher Nettovorteil erzielen – Verhandlungen wären dann aus ökonomischer Sicht nicht erwünscht und es wäre nur folgerichtig, dass sie unterbleiben. Etwas pointiert könnte man diese Sichtweise wie folgt zusammenfassen: So wie die Dinge sind, müssen sie effizient sein, weil wären sie es nicht, könnten ökonomisch rationale Individuen ja einen Effizienzgewinn realisieren. Beobachten wir also in der Realität nicht, dass über die Internalisierung externer Effekte verhandelt wird, so ist dies schlicht und ergreifend der Tatsache geschuldet, dass Verhandlungen nicht effizient wären. Auch der Staat kann – so scheint es – hier nicht helfen.

Aber ist diese Sicht der Dinge absolut zwingend? Sie ist es nicht. Sie wäre es allerdings, wenn die Transaktionskosten eine unveränderbare, exogen gegebene Größe wären, die insbesondere unabhängig von der institutionellen Ausgestaltung sind. Das sind sie aber gerade nicht. Wenn die Internalisierung externer Effekte durch freiwillige Verhandlungen nicht effizient und damit nicht erwünscht ist, so heißt das noch lange nicht, dass der Staat diese Internalisierung nicht herbeiführen könnte. Der Staat ist nämlich, zumindest prinzipiell, in der Lage, die Internalisierung zu geringeren Transaktionskosten herbeizuführen.[7] Damit eröffnet sich also doch eine begründbare Rolle für staatliches Handeln: Sind nämlich die durch die erzwungene Internalisierung des externen Effekts erzielbaren Effizienzgewinne größer als die Transaktionskosten staatlichen Handelns, dann ist letzteres ökonomisch begründbar und sogar geboten.

---

[7] In unserem Beispiel: Den motorisierten Individualverkehr mit einer Umweltabgabe zu belasten dürfte zu wesentlich geringeren Transaktionskosten führen als multilaterale Verhandlungen zwischen physischen Verursacherinnen und Geschädigten.

Abschließend sei erwähnt, dass sich die Coase-Lösung noch aus zwei weiteren Gründen fundamentaler Kritik ausgesetzt sieht. Der erste Kritikpunkt ist aus ökonomischer Sicht relevant. Unausgesprochen geht in die Coasesche Argumentation die Annahme vollständiger Information über Kosten und Nutzen der Schadensvermeidung ein. Versetzen wir uns noch einmal in die Situation unter der Haftungsregel: Die Stahlfabrik hatte hier einen Anreiz, der Fischzüchterin das Recht auf sauberes Wasser abzukaufen. Um nun ein Vertragsangebot (die Kompensationszahlung z) kalkulieren zu können, muss die Stahlfabrik den Grenzschaden der Fischzucht kennen. Dieser ist aber private Information. Den Grenzschaden kennt zuverlässig nur die Geschädigte. Die Stahlfabrik wäre also darauf angewiesen, dass die Fischzüchterin ihren Schaden wahrheitsgemäß offenbart. Damit kann aber, ökonomisch rationales Verhalten unterstellt, nicht gerechnet werden. Die Fischzüchterin hat einen Anreiz, ihren Schaden zu übertreiben, weil sie dadurch eine höhere Kompensationszahlung erlangen kann. Kommt es aber zu solch einem strategischen Verhalten, dann geht die Effizienzeigenschaft der Coase-Lösung verloren.[8] Entsprechendes kann für die Laissez-faire-Regel gezeigt werden.

Der zweite Kritikpunkt an der Coase-Lösung könnte Ökonominnen relativ kalt lassen, die an einer Verhandlung Beteiligten aber wohl kaum. Coase äußert sich in keiner Weise zu der Frage, wie die Eigentumsrechte an der knappen Ressource *vor* den Verhandlungen aufgeteilt werden sollten. Unter Effizienzgesichtspunkten spielt dieser Punkt keine Rolle – wir hatten schließlich gezeigt, dass beide Aufteilungsregeln – die Laissez-faire-Regel und die Haftungsregel – zum effizienten Ergebnis führen. Die Verteilungswirkungen sind aber höchst unterschiedlich. Um dies zu zeigen, betrachten wir dazu noch einmal unser Beispiel in Abbildung 3.1. Wie verteilen sich die Kosten *nach* den Verhandlungen in der Laissez-faire-Regel? Die Fischzucht trägt Kosten in Höhe von $0QE^*$, die Schadenskosten in der Verhandlungslösung, und $(\overline{E} - E^*)z$, die Kosten aus der Kompensationszahlung an die Stahlfabrik. Man beachte, dass diese Kosten niedriger sind als im Fall ohne Verhandlungen (hier würden Schadenskosten in Höhe von $0B\overline{E}$ anfallen). Die Stahlfabrik hat Vermeidungskosten in Höhe von $E^*Q\overline{E}$ zu tragen, erhält aber die Kompensationszahlung $(\overline{E} - E^*)z$, so dass ihre Kosten $-QF\overline{E}$ sind. Die Stahlfabrik hat also negative Kosten, erzielt somit einen Gewinn! Wie sehen dagegen die Kosten *nach* den Verhandlungen in der Haftungsregel aus? Hier muss die Stahlfabrik Vermeidungskosten in Höhe von $E^*Q\overline{E}$ tragen und dazu noch die Kompensationszahlung E^*z erbringen. Auch hier gilt: Trotz dieser Kosten stellt sich die Stahlfabrik besser als in der Situation ohne Verhandlungen (Kosten: $0H\overline{E}$). Die Fischzucht ist die Gewinnerin dieser Regel: Es sind Schadenskosten in Höhe von $0QE^*$ zu tragen, dafür gibt es aber auch die Kompensationszahlung E^*z, so dass letztlich Kosten in Höhe von $-0NQ$ verbleiben, d.h., die Fischzucht erzielt einen Gewinn. Damit ist klar: Die Stahlfabrik würde die Laissez-faire-Regel bevorzugen, die Fischzucht dagegen die Haftungsregel. Beide Regeln der Anfangsausstattung an Eigentumsrechten führen jedoch zum effizienten Emissionsniveau E^*.

---

[8] Dieses Problem wurde erstaunlicherweise erst relativ spät erkannt. Für eine rigorose spieltheoretische Behandlung der Problematik vgl. Schweizer (1988).

3.3 Literatur

Coase, R.H. (1960): The Problem of Social Cost, Journal of Law and Economics 3, 1-44.
Pigou, A.C. (1920): The Economics of Welfare, 4th Edition.
  http://www.econlib.org/library/NPDBooks/Pigou/pgEW.html
Schweizer, U. (1988): Externalities and the Coase Theorem: Hypothesis or Result?, Journal of Institutional and Theoretical Economics (Zeitschrift für die gesamte Staatswissenschaft) 144, 245-266.

Die Charakteristika von Umweltgütern

4.1 Eigenschaften von Gütern

Wir sind bislang nicht weiter auf die ökonomisch relevanten Eigenschaften von Gütern eingegangen. In den folgenden Abschnitten zeigen wir, wie sich Güter hinsichtlich ihrer aus ökonomischer Sicht relevanten Eigenschaften charakterisieren lassen und was das Besondere an Umweltgütern ist. Wie wir sehen werden, geht es dabei insbesondere darum, ob der Preismechanismus zur Bereitstellung eines Guts angewendet werden kann und ob dies wünschenswert ist.

Üblicherweise werden Güter in der Wirtschaftswissenschaft nach zwei Kriterien klassifiziert: dem Ausschlusskriterium und dem Rivalitätskriterium. Beim *Ausschlusskriterium* steht die Frage im Vordergrund, ob Konsumentinnen von der Nutzung eines Guts ausgeschlossen werden können. Das Kriterium ist erfüllt, wenn der Nutzungsausschluss möglich und praktikabel ist. Ausschluss muss also nicht nur technologisch möglich sein, sondern die Kosten des Ausschlusses dürfen den Nutzen aus dem Konsum des Guts nicht übersteigen. Warum ist das Ausschlusskriterium wichtig? Letztlich geht es hier um die Anwendbarkeit des *Preismechanismus*: Um den Konsum eines Guts mit einem Preis zu versehen und damit den Preismechanismus zu nutzen, muss man in der Lage sein, den Zugriff auf das Eigentumsrecht am Gut zu verweigern, wenn der entsprechende Preis nicht gezahlt wird. Ohne dieses Prinzip würde ein Markt nicht funktionieren. Zum Beispiel ist für einen Hamburger das Ausschlusskriterium erfüllt. Die Kosten des Ausschlusses sind hierbei (z.B. für eine Restaurantbesitzerin) relativ gering, und das Ergebnis ist bekannt: Ohne Bezahlung gibt es keinen Hamburger. Dagegen ist der Konsumausschluss für saubere Luft in einem Park praktisch nicht durchführbar. Jeder kann die Luft atmen, ohne dafür einen Preis zahlen zu müssen. An dieser Stelle wird klar, dass ohne Nutzungsausschluss keine positive Zahlungsbereitschaft und damit keine Nachfrage für ein Gut existieren wird – man kann das Gut in diesem Fall nutzen, auch ohne einen Preis zu zahlen.

Von *Rivalität* im Konsum spricht man, wenn die Nutzung eines Guts durch eine Konsumentin die Nutzungsmöglichkeiten einer anderen Konsumentin mindert. Oder anders formuliert: Konsumrivalität für ein Gut liegt dann vor, wenn der Konsum des Guts die verfügbaren Konsummöglichkeiten von anderen Konsumentinnen für dieses Gut reduziert. Durch den Konsum des Guts entstehen also Kosten für andere Akteurinnen. Perfekte Rivalität liegt vor, wenn ein Gut nur durch eine einzige Konsumentin genutzt werden kann. Für Verbrauchsgüter wie Hamburger ist offensichtlich perfekte Konsumrivalität gegeben: Ein Hamburger kann nur von einem Individuum gegessen werden. Die entstehenden Kosten für Andere, die auch einen Hamburger haben wollen, sind offensichtlich gleich dem Preis des Hamburgers. Im Unterschied zu Hamburgern gibt es für die Nutzung der sauberen Luft im Park keine Konsumrivalität: Jede Nutzerin kann die Luft atmen (und genießen), unabhängig davon wie viele andere Nutzerinnen es gibt. Warum ist Rivalität wichtig? Letztlich geht es hier um die *Effizienz*. Für ein nicht rivales Gut sind bei jedem beliebigen Produktionsniveau die Grenzkosten der Bereitstellung für ein zusätzliches Individuum gleich Null. Wenn der Preis gleich den Grenzkosten ist, sollte der effiziente Preis also Null sein.

Demzufolge ergeben sich aus ökonomischer Sicht vier Arten von Gütern, die in der folgenden Tabelle 4.1 überblicksartig zusammengestellt sind.

Tab. 4.1 Eigenschaften von Gütern

		Konsumausschluss	
		Ja	Nein
Rivalität	Ja	Private Güter	Common Pool Resources
	Nein	Club-Güter	Öffentliche Güter

Wir werden nun die vier Arten von Gütern näher betrachten und uns dabei auf die Güter ohne Konsumausschluss konzentrieren. Der Grund dafür ist, dass Umweltgüter – wie wir zeigen werden – letztlich öffentliche Güter oder Common Pool Resources sind.

4.1.1 Private Güter

Private Güter sind durch Rivalität im Konsum und durch Konsumausschluss charakterisiert (vgl. Tabelle 4.1). Beide Eigenschaften liegen zum Beispiel bei einem Hamburger vor: Den Hamburger bekommt nur, wer in einem Restaurant den entsprechenden Preis zu zahlen bereit ist. Darüber hinaus kann ein Hamburger nur von einem Individuum verspeist werden. Es besteht perfekte Rivalität. Die entstehenden Kosten bei anderen potentiellen Konsumentinnen sind gleich dem Marktpreis. Die Eigenschaft des Konsumausschlusses ermöglicht es, den Preismechanismus bei der Bereitstellung von privaten Gütern zu nutzen. Wie wir in Kapitel 1 gesehen haben, ist der Preismechanismus in Wettbewerbsmärkten in der Lage, private Güter effizient bereitzustellen. Im Optimum zahlen die Konsumentinnen einen Preis in Höhe der Grenzkosten der Produktion. Ohne Konsumausschluss wäre es nicht möglich, diesen Preis zu setzen.

4.1.2 Club-Güter

Club-Güter weisen die Eigenschaften Nichtrivalität im Konsum und Konsumausschluss auf.[1] Eines der klassischen Beispiele ist das Kabelfernsehen. Eine weitere Nutzerin mit einem Decoder wird Kabelfernsehen empfangen und nutzen können, ohne dass dadurch der Nutzen des Programms für eine andere (zahlende) Nutzerin eingeschränkt ist. Wer nicht zahlt, wird hingegen von der Nutzung des Club-Guts Kabelfernsehen ausgeschlossen. Wie bei privaten Gütern ist also auch hier die Nutzung des Preismechanismus möglich.

4.1.3 Öffentliche Güter

Öffentliche Güter sind charakterisiert durch Nichtrivalität und fehlenden Konsumausschluss (vgl. Tabelle 4.1). Ein in älteren Lehrbüchern beliebtes Beispiel zur Illustration ist der Leuchtturm: Von der Nutzung eines Leuchtturms als Navigationshilfe kann praktisch kein Schiff ausgeschlossen werden. Außerdem beeinträchtigt die Nutzung des Leuchtturms durch ein Schiff die Nutzung durch andere Schiffe, die ebenfalls mit Hilfe des Leuchtturms navigieren, nicht.

Nun mag man einwenden, dass der Leuchtturm ein Beispiel ist, das niemanden wirklich von der Bedeutung öffentlicher Güter zu überzeugen vermag – schon gar nicht im Zeitalter von Satellitennavigation mit GPS. Allerdings hat sich mit dem fortschreitenden Klimawandel in jüngster Zeit ein globales Umweltproblem entwickelt, welches die Eigenschaften eines öffentlichen Guts mehr oder weniger perfekt erfüllt. Auf Grund seiner Bedeutung haben wir dem *Klimaschutz* in dieser Einführung in die Umweltökonomik ein eigenes Kapitel gewidmet (vgl. Kapitel 6), dennoch sollen an dieser Stelle bereits die beiden Eigenschaften von Klimaschutz als ein globales öffentliches Gut skizziert werden. Aus Sicht einer einzelnen Akteurin, sei es ein Individuum oder ein Nationalstaat, besteht beim Klimaschutz keine Rivalität im Konsum. Ein stabiles Klima kann von allen konsumiert werden, genauso wie die gesamte Menschheit von den negativen Folgen des Klimawandels betroffen ist. Zugleich kann niemand vom Konsum des Guts Klimaschutz ausgeschlossen werden. Leistet jemand einen Beitrag zum Klimaschutz, z.B. indem weniger CO_2 in die Atmosphäre emittiert wird, so profitieren alle Akteurinnen davon. Konsumausschluss ist nicht vorstellbar.

---

[1] Genauer gesagt gilt dies nur bis zur Kapazitätsgrenze des Club-Guts. Wollen mehr Individuen das Gut konsumieren, wird die Nutzung rival, d.h., aus dem Club-Gut wird ein privates Gut. Ein Beispiel ist eine Vorlesung in einem Hörsaal. Bis zur Kapazitätsgrenze von n Plätzen ist Rivalität praktisch nicht gegeben, abgesehen vom steigenden Geräuschpegel bei zunehmendem Publikum. Wollen mehr als n Studierende die Vorlesung hören, ist das Gut offensichtlich rival. In diesem Fall sind besondere Bemühungen notwendig, um einen Platz zu erhalten, z.B. muss man früher aufstehen, um einen Sitzplatz im Hörsaal zu bekommen. Darüber hinaus können ggf. nicht alle Studierenden die Vorlesung besuchen.

Im Folgenden werden wir erläutern, warum die Eigenschaften öffentlicher Güter letztlich dazu führen werden, dass bei individuell rationalem Verhalten öffentliche Güter nicht oder zumindest nicht ausreichend bereitgestellt werden. Doch zunächst müssen wir unser methodisches Instrumentarium etwas erweitern, denn wir wollen im Folgenden strategische Entscheidungssituationen betrachten. Dabei bedeutet „strategisch", dass der Nutzen einer Spielerin von ihrem Verhalten und dem Verhalten anderer abhängig ist. Zur Analyse strategischer Entscheidungssituationen verwendet man in der Wirtschaftswissenschaft die Spieltheorie. In der Spieltheorie wird versucht, eine Entscheidungssituation als „Spiel" zu formulieren und das Spiel durch die Angabe von Spielregeln präzise zu beschreiben. Ist man in der Lage, ein Spiel exakt zu beschreiben, so sollte es möglich sein, Prognosen hinsichtlich des Verhaltens der einzelnen Spielerinnen abzuleiten. Doch zunächst zu den Spielregeln.[2]

Die Spielregeln enthalten die folgenden Angaben:

- Zunächst ist anzugeben, wer *Spielerin* in einem Spiel ist. Dies sind alle, die Entscheidungen treffen. Zum Beispiel gibt es beim Schach zwei Spielerinnen, die sich mit weißen und schwarzen Figuren gegenübersitzen.
- Die nächste Regel legt fest, welche *Aktionen* gewählt werden können. In Analogie zum Schach kann man sich darunter die Züge vorstellen, die im Spiel zugelassen sind. Angenommen, an einem Spiel sind n Spielerinnen beteiligt und A_i sei die Menge der Aktionen, die der i-ten Spielerin ($i = 1,\ldots,n$) zur Verfügung steht und $a_i^j \in A_i$ sei eine bestimmte Aktion j aus dieser Menge. Dann ist $a = (a_1^j,\ldots,a_n^j)$ eine Aktionenkombination der n Spielerinnen. Zum Beispiel stehen bei der Eröffnung einer Schachpartie genau 20 Aktionen zur Verfügung. Einen Plan zur Auswahl einer bestimmten Aktion bezeichnet man als *Strategie*. Analog zur Aktionenkombination kann eine Strategiekombination $s = (s_1^j,\ldots,s_n^j)$ definiert werden. Dabei sind die s_i^j Elemente aus den individuellen Strategiemengen S_i, die angeben, welche Strategien zur Verfügung stehen. Der Unterschied zwischen Aktion und Strategie ist der folgende: Eine Strategie s_i^j sagt der Spielerin i, an welcher Stelle des Spiels sie welche Aktion wählen soll, oder mit anderen Worten: Welche Aktion sie in Abhängigkeit von den Aktionen der anderen ausführen soll. Die Strategie ist also der Plan, die Aktion ist die Ausführung des Plans. Beim Schach gibt es sehr viele unterschiedliche Strategien. Eine (offensichtlich nicht sehr erfolgreiche) Strategie ist zum Beispiel „Schlage, wenn möglich, immer die Figuren der Gegnerin".
- Um die Spielregeln zu vervollständigen, muss man schließlich angeben, was es in dem Spiel zu gewinnen gibt. Dies geschieht in Form einer sogenannten *Payoff-* oder *Auszahlungsfunktion*:[3] Die Funktion $\pi_i(s_1,\ldots,s_i,\ldots s_n)$ ordnet jeder der möglichen Strategiekombinationen eine Auszahlung zu, die Spielerin i erhält, wenn genau diese Strategiekombination von allen Spielerinnen gewählt wird.

---

[2] Die kurze Einführung in die Spieltheorie in diesem Abschnitt basiert auf Weimann (2004). An dieser Stelle sei auch das Lehrbuch von Riechmann (2010) empfohlen.

[3] Um die Notation zu vereinfachen wird im Folgenden auf den Index j verzichtet. s_i steht dann für eine Strategie der Spielerin i.

Um eine Prognose hinsichtlich des Spielausgangs treffen zu können, reicht es allerdings nicht aus, nur die Spielregeln anzugeben. Wir benötigen darüber hinaus eine Charakterisierung dessen, was wir als erwarteten Ausgang des Spiels ansehen wollen. Von zentraler Bedeutung ist hierbei der Begriff des *Gleichgewichts*. Bei einem Gleichgewicht handelt es sich um eine Ruhelage, um eine Situation, in der mit keiner Verhaltensänderung mehr zu rechnen ist. Das Gleichgewichtskonzept, welches wir im Folgenden nutzen werden, wurde 1950 von John F. Nash in seiner Dissertation entwickelt und trägt seinen Namen.[4] Was versteht man nun spieltheoretisch unter einem Nash-Gleichgewicht? Es sei $\pi_i(s_i, s_{-i})$ die Auszahlung, die Spielerin i erhält, wenn sie Strategie s_i wählt und alle anderen Spielerinnen die Strategie s_{-i} spielen. Dann gilt:

Eine Strategiekombination s^* ist ein *Nash-Gleichgewicht*, wenn für alle $i = 1, \ldots, n$ Spielerinnen gilt:

$$\pi_i(s_i^*, s_{-i}^*) \geq \pi_i(s_i', s_{-i}^*) \text{ für alle } s_i' \tag{4.1}$$

Ein Nash-Gleichgewicht liegt also dann vor, wenn es eine Strategiekombination gibt, für die gilt, dass keine der Spielerinnen ihre Auszahlung durch einen Wechsel der Strategie erhöhen kann, gegeben, dass die Mitspielerinnen ihre gleichgewichtige Strategie beibehalten. In einer solchen Situation hat tatsächlich niemand einen Anreiz, das Verhalten zu ändern. Anders formuliert: Jede Spielerin wählt ihre „beste Antwort" gegeben das Verhalten der anderen. Ein Nash-Gleichgewicht ist also eine Kombination gegenseitig bester Antworten und beschreibt daher tatsächlich eine Ruhelage des Spiels. In vielen Fällen ist allerdings die Ruhelage nicht eindeutig. Ein großes Problem spieltheoretischer Analysen ist häufig die Existenz vieler Gleichgewichte. Das Problem ist, welches Gleichgewicht auszuwählen ist, schließlich war unser Ziel, eine Prognose hinsichtlich des individuellen Verhaltens aufzustellen. An dieser Stelle ist dieses Problem allerdings eher unwichtig, denn das spezielle Spiel, welches wir in diesem Abschnitt betrachten, hat nur ein Gleichgewicht.

Im Folgenden betrachten wir eine sehr einfache Entscheidungssituation, bei der es um die Bereitstellung eines öffentlichen Guts geht. Jede Akteurin i, $i = 1, \ldots, N$, ist im Umfang von z_i mit einem privaten Gut, z.B. Geld oder Zeit, ausgestattet. Es ist $q_i = z_i - x_i$ der Beitrag, den i zur Erstellung des öffentlichen Guts leistet, wobei $Q = \sum_{i=1}^{N} q_i$ der Gesamtbeitrag aller ist. Bei Akteurin i verbleibt also privates Gut im Umfang von x_i. Das öffentliche Gut, y, wird aus dem privaten Gut mit der Produktionsfunktion $y = g(Q) = \gamma Q$ erzeugt, wobei γ der Grenznutzen aus dem öffentlichen Gut ist. Die Nutzenfunktion[5] für alle Akteurinnen ist $U_i(x_i, y) = x_i p + y$, d.h., der Nutzen ergibt sich aus dem Konsum des privaten und des öffentlichen Guts. Der Parameter p bezeichnet hierbei die marginalen

---

[4] Nash erhielt 1994 zusammen mit John Harsanyi und Reinhard Selten den Nobelpreis für Wirtschaftswissenschaften. In der Begründung der Preisverleihung heißt es „*[The prize was awarded] for their pioneering analysis of equilibria in the theory of non-cooperative games*" (http://nobelprize.org).

[5] Wir verwenden hier den Begriff der „Nutzenfunktion". Die Bezeichnung „Gewinnfunktion" oder „Auszahlungsfunktion" wäre äquivalent.

Opportunitätskosten des Beitrags zum öffentlichen Gut. Mit anderen Worten: Wenn man eine Einheit privates Gut mehr in das öffentliche Gut investiert, verzichtet man auf p. Für die Parameter wird die Annahme $N\gamma > p > \gamma$ getroffen.

Damit ist der Nutzen für eine Akteurin i

$$U_i = (z_i - q_i)p + \gamma \sum_{i=1}^{N} q_i \qquad (4.2).$$

Es sollte klar sein, dass die Nutzenfunktion 4.2 tatsächlich ein privates und ein öffentliches Gut beinhaltet. Behält Akteurin i eine Einheit an privatem Gut mehr und investiert damit eine Einheit weniger in das öffentliche Gut, so erhöht diese Entscheidung alleine den Nutzen von i und zwar um den Betrag p. Investiert i dagegen eine Einheit an privatem Gut mehr in das öffentliche Gut, so kann niemand vom Konsum ausgeschlossen werden und es gibt auch keine Rivalität – *alle* haben einen Zusatznutzen in Höhe von γ. Dieser Zusatznutzen wird nur zum Teil internalisiert, d.h., die Beitragende erhält nur den Teil $1/N$ des erzeugten zusätzlichen Gesamtnutzens $N\gamma$. Der positive externe Effekt beträgt $\gamma(N - 1)$. Trägt eine Akteurin q_i zum öffentlichen Gut bei, entsteht somit insgesamt ein positiver externer Effekt in Höhe von $q_i \gamma (N - 1)$.

Kommen wir aber nun zur eigentlich spannenden Frage: Welches Beitragsniveau wird eine Akteurin wählen, wenn wir individuell rationales und nutzenmaximierendes Verhalten annehmen? Jedes Individuum steht vor folgendem Entscheidungsproblem: Die Investition einer weiteren Einheit privaten Guts in das öffentliche Gut bringt einen zusätzlichen Erlös in Höhe von γ, verursacht jedoch Kosten in Höhe von p (man verzichtet auf Nutzen aus dem privaten Gut in dieser Höhe). Das Verhältnis von Erlös zu Kosten aus der Investition einer weiteren Einheit privaten Guts in das öffentliche Gut ist damit γ/p. Dieser Wert wird auch als „Marginal Per Capita Return" (MPCR) bezeichnet. Für die hier gewählten Parameter gilt MPCR < 1.

Um das Nutzenmaximum zu bestimmen, müssen wir die erste Ableitung der Nutzenfunktion ermitteln. Der individuelle Grenznutzen des Beitragens ist $\partial U_i / \partial q_i = -p + \gamma < 0$. Der Grenznutzen ist negativ! Unabhängig vom Verhalten der anderen ist es also immer nutzenmaximierend – oder mit anderen Worten „beste Antwort" – nicht zur Erstellung des öffentlichen Guts beizutragen. Spieltheoretisch formuliert: Nichtbeitragen ist *dominante Strategie*.[6] Individuell rationales Verhalten impliziert damit $q_i = 0$. Da die Akteurinnen identisch sind, können wir davon ausgehen, dass dies für alle der Fall ist. Das Nash-Gleichgewicht („NE") in dominanten Strategien ist damit $q_i^{NE} = 0, \forall i$.

Wir wissen nun, was individuell rational ist: Es lohnt sich immer, von den Beiträgen der anderen zu profitieren (egal, wie viel diese beitragen) und selbst nichts beizutragen. Was aber ist kollektiv, also im Sinne der Gruppe, rational? Der kollektive Nutzen für N identische Akteurinnen (d.h., z_i ist eine Konstante) ist

---

[6] Die Definition für Dominanz lautet folgendermaßen: Eine Strategie s_i^* ist streng dominant gegenüber s_i', wenn sie für jede denkbare Strategie $s_{-i} \in S_{-i}$ der Mitspielerinnen zu einer höheren Auszahlung führt als s_i'.

$$\sum_{i=1}^{N} U_i = (Nz_i - Q)p + N\gamma Q \qquad (4.3).$$

Der kollektive Grenznutzen einer weiteren (kollektiven) Investition in das öffentliche Gut ist positiv. Aus der Nutzenfunktion 4.3 folgt $\partial \sum_{i=1}^{N} U_i / \partial Q = -p + N\gamma > 0$. Durch eine weitere Investition in das öffentliche Gut lässt sich also immer eine weitere Steigerung des kollektiven Nutzens erreichen. Damit ist klar, dass ein maximaler kollektiver Nutzen erst dann erreicht ist, wenn alle Mitglieder der Gruppe ihre gesamte Anfangsausstattung in das öffentliche Gut investieren. Kollektiv rationales Verhalten („Opt") impliziert also $Q^{Opt} = Nz_i$. Jede Akteurin investiert also ihre gesamte Ausstattung mit privatem Gut in das öffentliche Gut, d.h. $q_i^{Opt} = z_i$. Dies ist ein erstes wichtiges Ergebnis: Bei der Bereitstellung öffentlicher Güter gibt es einen Unterschied zwischen individueller Rationalität, der Nutzenmaximierung der einzelnen Akteurin, und kollektiver Rationalität, der Nutzenmaximierung der Gruppe.

Bei individuell rationalem Verhalten (im Nash-Gleichgewicht) erzielt i im Nutzenmaximum einen Nutzen $U_i^{NE} = pz_i$. Der individuelle Nutzen bei kollektiv rationalem Verhalten im symmetrischen Optimum ist dagegen $U_i^{Opt} = N\gamma z_i$. Auf Grund der getroffenen Annahmen gilt $U_i^{Opt} > U_i^{NE}$. Der Nutzen im Nash-Gleichgewicht ist also geringer als in einer Situation, in der sich alle kollektiv rational verhalten würden. Die Akteurinnen befinden sich offensichtlich in einem „*sozialen Dilemma*": Individuell rationales Verhalten führt zu einem ineffizienten, kollektiv irrationalen Ergebnis.

Interpretieren wir das Ergebnis mit unserem Wissen aus den Kapiteln 2 und 3 über externe Effekte. Dort haben wir festgestellt, dass bei negativen (positiven) externen Effekten zu viel (zu wenig) von dem betreffenden Gut bereitgestellt wird. Dieses Ergebnis ist konsistent mit den Ergebnissen aus dem öffentlichen-Gut-Spiel in diesem Abschnitt. Tatsächlich kann man zeigen, dass wenn in der Nutzenfunktion 4.2 der positive externe Effekt $q_i \gamma (N-1)$ internalisiert wird, individuell rationales Verhalten mit kollektiv rationalem Verhalten übereinstimmt.[7] Mit anderen Worten: Die Bereitstellung eines öffentlichen Guts ist ein Spezialfall positiver externer Effekte.

Auf Grund der Bedeutung dieser Entscheidungssituation zur Bereitstellung eines öffentlichen Guts wollen wir uns einmal die Anreize der Beitragsentscheidung ganz konkret anhand eines Beispiels verdeutlichen. Angenommen, die Zahl der Akteurinnen sei $N = 10$, und es seien $\gamma = 0,6$ und $p = 1$. Der MPCR ist damit 0,6. Die Ausstattung an privatem Gut sei $z_i = 10\,€$. Versetzen wir uns in die Lage einer Akteurin, nehmen wir an, es ist Akteurin 1. Was wird sie tun? Nun, zunächst wird Akteurin 1 überlegen, was die anderen neun Akteurinnen tun, denn schließlich ist ihr Gewinn abhängig vom eigenen Beitrag zum öffentlichen Gut und den Beiträgen aller anderen. Gehen wir zunächst davon aus, dass Akteurin 1 erwartet, alle anderen Akteurinnen tragen voll, d.h. jeweils 10 Einheiten des privaten Guts, zum öffentlichen Gut bei. Wenn Akteurin 1 ihren Gewinn

---

[7] Um dies zu zeigen, addiert man den positiven externen Effekt $q_i \gamma (N-1)$ in der Nutzenfunktion 4.2 hinzu und bildet die erste Ableitung nach q_i. Diese ergibt $-p + N\gamma$. Wegen $N\gamma > p$ steigt die Funktion U_i ständig an. Sie erreicht ihr Maximum bei $q_i = z_i$.

Abb. 4.1 Gewinn von Akteurin 1 im öffentlichen-Gut-Spiel

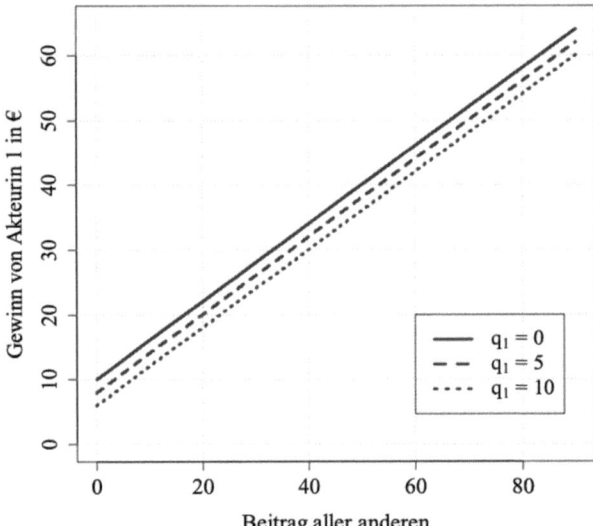

maximieren möchte – und davon gehen wir aus – wird sie schnell erkennen, dass es in diesem Fall nicht sinnvoll ist, selbst in das öffentliche Gut zu investieren. Wählt sie $q_1 = 10$, ist ihr Gewinn $\pi_1 = 60€$, wählt sie dagegen $q_1 = 0$ ist ihr Gewinn $\pi_1 = 64€$. Wie sieht das Kalkül aus, wenn Akteurin 1 erwartet, dass die anderen Akteurinnen nichts beitragen? In diesem Fall ist ihr Gewinn $\pi_1 = 6€$, wenn sie voll beiträgt. Wählt sie dagegen $q_1 = 0$, ist ihr Gewinn $\pi_1 = 10€$. Dieses Ergebnis lässt sich verallgemeinern: Unabhängig davon, was die anderen Akteurinnen beitragen, ist es immer am besten für Akteurin 1, d.h. gewinnmaximierend, nichts beizutragen, also $q_1 = 0$ zu wählen. Diese Überlegungen gelten für alle Spielerinnen. Jede Akteurin wird also $q_i = 0$ wählen und damit wird jede Akteurin einen Gewinn von 10€ erzielen. Dieses Ergebnis ist aber nicht effizient. Wenn alle voll beitragen zum öffentlichen Gut, wäre der individuelle Gewinn 60 €. Diese Situation ist aber kein Nash-Gleichgewicht, d.h., es lohnt sich für jede Akteurin, einseitig abzuweichen und stattdessen den Beitrag $q_i = 0$ zu wählen. In diesem Fall würde man auf Kosten der Beiträge der anderen Akteurinnen „freifahren" und einen noch höheren Gewinn realisieren.

Abbildung 4.1 verdeutlicht den Anreiz zum „Freifahrerverhalten" grafisch. Auf der Abszisse ist das Beitragsniveau aller anderen neun Akteurinnen abgetragen, auf der Ordinate der Gewinn von Akteurin 1. Die eingezeichneten Geraden sind die Gewinne von Akteurin 1 in Abhängigkeit der Beitragsniveaus der anderen und des eigenen Beitrags bei $q_1 = 0$, $q_1 = 5$ und $q_1 = 10$ (die Abbildung ließe sich auch auf die übrigen Beitragsniveaus erweitern). Wie man sieht, liegt die Gewinnkurve für $q_1 = 0$ immer oberhalb der beiden anderen Kurven. Es ist also tatsächlich immer beste Antwort nichts beizutragen.

4.1.4 Common Pool Resources

Common Pool Resources (CPRs)[8] sind charakterisiert durch Rivalität im Ressourcenertrag und Nichtausschluss (vgl. Tabelle 4.1). Beispiele für CPRs sind frei zugängliche Fischgründe (z.B. in internationalen Gewässern) oder Grundwasservorkommen. Die Nutzerinnen einer solchen CPR agieren in einem Umfeld, in dem die Nutzung der Ressource mit einem *negativen externen Effekt* für die anderen Nutzerinnen verbunden ist. Beispielsweise kann eine Tonne Fisch nur von einer Fischerin gefangen werden. Da die Ressource Fisch begrenzt verfügbar ist, verringert sich durch den Fang einer weiteren Tonne der durchschnittliche Ertrag aller anderen Fischerinnen bei gleichem Arbeitseinsatz. Eine rationale Akteurin, die die Ressource nutzt, beachtet jedoch nur den privaten Ertrag ihrer Ressourcennutzung. Die Ertragsminderung, die durch die private Ressourcennutzung allen anderen entsteht, bleibt unberücksichtigt. Wie im Kapitel 2 haben wir es hier mit einem negativen externen Effekt zu tun, da die sozialen Kosten der Nutzung über den privaten Kosten liegen. Die Prognose der ökonomischen Theorie über das Nutzungsniveau der Akteurinnen ist daher eindeutig: Der negative externe Effekt führt bei einer begrenzten Zahl von Nutzerinnen zu einer Übernutzung der Ressource, d.h. zu einem ineffizient hohen Nutzungsniveau. Individuell rationales Verhalten führt damit auch hier zu kollektiver Irrationalität. Die folgenden Ausführungen verdeutlichen diese Hypothese. Dabei nutzen wir das statische Modell einer erneuerbaren Ressource, welches in der Literatur für die Darstellung des CPR-Problems verwendet wird. Die Darstellung folgt im Wesentlichen Dasgupta und Heal (1979).

Jede der identischen Nutzerinnen i, $i = 1, ..., N$, verfügt über eine Ressourcenausstattung e_i, dies kann z.B. Geld oder Zeit sein. Es existieren zwei Märkte, in die i investieren kann: (i) Markt 1 (die private Alternative, etwa eine Anlage auf dem Kapitalmarkt oder eine Tätigkeit zu einem festen Lohnsatz) mit einem konstanten Grenzertrag w und (ii) Markt 2 (die CPR) mit einer Produktionsfunktion $F(X)$. Der Grenzertrag der privaten Alternative, w, stellt damit die Opportunitätskosten der marginalen Investition in die CPR dar. Die individuelle Investition von i in die CPR ist x_i mit $0 \leq x_i \leq e_i$, und die Gesamtinvestition ist $X = \sum_{i=1}^{N} x_i$. Der Ertrag für Akteurin i aus Markt 2 ist gleich dem Ertrag der CPR multipliziert mit dem Anteil von i an der Gesamtinvestition in die CPR, d.h., jede Nutzerin erhält $\frac{x_i}{X} F(X)$ aus der CPR. Der Preis für das Gut aus der CPR sei Eins.

Die Auszahlungsfunktion für Akteurin i, h_i, hat dann für $X > 0$ folgende Form:

$$h_i(x_1, ..., x_i, ..., x_N) = (e_i - x_i)w + \frac{x_i}{X} F(X) \qquad (4.4).$$

Dabei ist zu beachten, dass i's Ertrag aus der CPR abhängig ist von i's Investition und der Investition aller anderen Nutzerinnen. Folgende Eigenschaften der Produktionsfunktion der CPR, $F(X)$, werden angenommen: $F(X)$ ist eine konkave Funktion mit $F(0) = 0$,

---

[8] In der deutschsprachigen Literatur werden Common Pool Resources häufig auch als „Allmendegüter" bezeichnet. Der (heute nicht mehr gebräuchliche) Begriff „Allmende" bezeichnet ein gemeinsam genutztes Gemeindegut wie z.B. eine Hochgebirgsalm.

Abb. 4.2 CPR-Produktionsfunktion

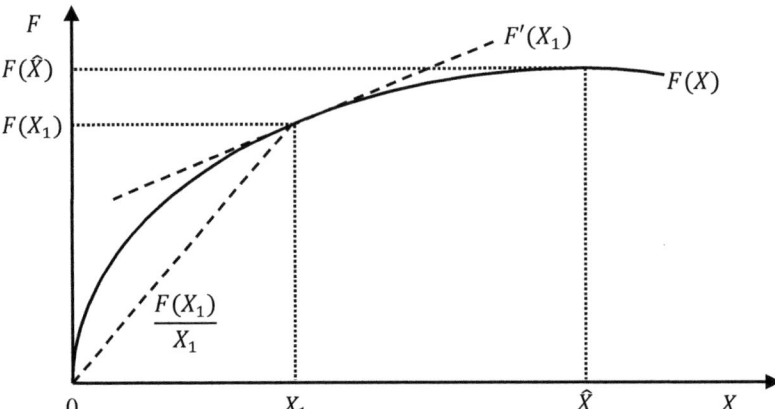

$F'(0) > w$ und $F'(Ne_i) < 0$. Für eine kleine Gesamtinvestition ist also eine Investition in die CPR lohnender als eine Investition in die private Alternative. Wenn aber alle Nutzerinnen ihre verfügbaren Ressourcen in die CPR investieren, ist der Grenzertrag aus der CPR negativ. Der Ertrag aus der CPR erreicht demnach sein Maximum, wenn die Individuen einen Teil, aber nicht die gesamte Ausstattung in die CPR investieren. Tatsächlich sind reale CPRs typischerweise durch eine solche Produktionsfunktion gekennzeichnet. Nehmen wir als Beispiel einen Fischbestand in internationalen Gewässern. Die ersten Investitionen in Fanggeräte (Boote, Netze, Arbeitszeit usw.) bringen einen relativ hohen Ertrag, weitere Investitionen erhöhen zwar noch den Ertrag, der Zuwachs nimmt aber ab. Schließlich wird ein Investitionsniveau erreicht, bei dem keine zusätzlichen Fische mehr gefangen werden. Bei noch stärkerer Nutzung kann der Gesamtertrag aus der CPR sogar sinken, d.h., der Grenzertrag wird negativ. Abbildung 4.2 zeigt den Verlauf der Produktionsfunktion $F(X)$. Das Maximum der Funktion ist mit $F(\hat{X})$ bezeichnet. Auf Grund des konkaven Verlaufs liegt der Durchschnittsertrag aus der CPR, $F(X)/X$, immer über dem Grenzertrag, $F'(X)$. Wenn zum Beispiel die Investition X_1 ist, so gilt $F(X_1)/X_1 > F'(X_1)$. In der Abbildung 4.2 zeigt sich dies in der Steigung der eingezeichneten Geraden.

Referenzpunkt für die Bewertung des individuellen Verhaltens bei der Nutzung der CPR ist die sozial optimale, d.h. effiziente, Allokation der Ressource. Die notwendige Bedingung für ein Optimum ist

$$F'(X^{Opt}) = w \qquad (4.5).$$

Im Optimum (X^{Opt}) muss der Grenzertrag aus einer kollektiven Investition in die CPR gerade gleich den Opportunitätskosten sein. Die Opportunitätskosten sind gleich w, dem Ertrag aus der Investition in die private Alternative.

Eigenschaften von Gütern

Welches Investitionsniveau würden wir erwarten, wenn jede einzelne Nutzerin ihre Auszahlung maximiert? Um diese Frage zu beantworten, ist folgendermaßen vorzugehen: Aus Sicht von i lässt sich die gesamte Investition in die CPR, X, aufteilen in die eigene Investition, x_i, und die Investition aller anderen Nutzerinnen, X_{-i}. Es ist also $X = x_i + X_{-i}$. Gegeben die Investition aller anderen Nutzerinnen, X_{-i}, maximiert nun i ihre Auszahlung, d.h.

$$\frac{\partial h_i(x_i, X_{-i})}{\partial x_i} = -w + \frac{F(x_i + X_{-i})}{x_i + X_{-i}} + \frac{x_i F'(x_i + X_{-i})}{x_i + X_{-i}} - \frac{x_i F(x_i + X_{-i})}{(x_i + X_{-i})^2} = 0$$

$$\Leftrightarrow$$

$$w = \frac{F(X)}{X} + \frac{x_i}{X}\left[F'(X) - \frac{F(X)}{X}\right] \qquad (4.6).$$

Bedingung 4.6 charakterisiert die „beste Antwort" von Nutzerin i auf die Investitionsentscheidungen aller anderen Nutzerinnen. Betrachten wir diese Bedingung etwas näher: Auf der linken Seite stehen die individuellen Grenzkosten der Investition in die CPR, w.

Auf der rechten Seite steht der individuelle Grenzertrag. Der erste Term ist der Durchschnittsertrag, $\frac{F(X)}{X}$. Wir erinnern uns: Jede Nutzerin bekommt pro marginale Investition den Durchschnittsertrag aus der CPR. Der zweite Term auf der rechten Seite von 4.6,

$$\frac{x_i}{X}\left[F'(X) - \frac{F(X)}{X}\right],$$

ist für die konkave Funktion ($F(X)/X > F'(X)$) negativ, d.h., der individuelle Grenzertrag ist kleiner als der Durchschnittsertrag. Dieser negative Effekt auf den Durchschnittsertrag, verursacht durch den konkaven Verlauf der Produktionsfunktion, betrifft aber *alle Nutzerinnen*, d.h., es entsteht ein *negativer externer Effekt* durch die marginale Investition von Nutzerin i.

Bei N identischen Nutzerinnen der CPR gilt 4.6 für jede Nutzerin i, $i = 1, ..., N$. Wir können damit von symmetrischen Investitionsentscheidungen im Nash-Gleichgewicht ausgehen, d.h., es gilt $Nx_i^{NE} = X^{NE}$. Wenn wir diese Annahme in 4.6 einsetzen, erhalten wir als Bedingung für ein Nash-Gleichgewicht

$$\frac{N-1}{N}\left[\frac{F(X^{NE})}{X^{NE}} - F'(X^{NE})\right] = w - F'(X^{NE}) \qquad (4.7).$$

Dabei ist $X^{NE} = Nx_i^{NE}$ die aggregierte Investition im Nash-Gleichgewicht, wenn alle Nutzerinnen, gegeben das Verhalten der anderen, ihre Auszahlung maximieren.

Da $F(X)$ eine konkave Funktion ist, gilt $F(X)/X > F'(X)$ und damit ist in Bedingung 4.7 $w > F'(X^{NE})$. Das Auszahlungsmaximum bei individuell rationalem Verhalten ist also nicht effizient, da Bedingung 4.5 nicht erfüllt ist. Die Ressource wird übernutzt, d.h., es gilt $X^{NE} > X^{Opt}$.

Betrachten wir das CPR-Problem nochmals aus Sicht der Theorie externer Effekte. Die gleichgewichtige Nutzung der CPR ist ineffizient, weil jede Nutzerin bei ihrer Investition in die CPR nur auf ihre eigenen Erträge und Kosten achtet, aber nicht darauf, dass durch ihre Nutzung der Ertrag aller anderen sinkt. Wie beim öffentlichen-Gut-Spiel im Abschnitt zuvor kann man zeigen, dass wenn der externe Effekt vollständig internalisiert wird, die effiziente Nutzung individuell rational ist.[9]

Bedingung 4.7 lässt sich folgendermaßen umformulieren:

$$\frac{F(X^{NE})}{X^{NE}} - \frac{1}{N}\left[\frac{F(X^{NE})}{X^{NE}} - F'(X^{NE})\right] = w \qquad (4.8).$$

Bislang sind wir davon ausgegangen, dass die Zahl der Nutzerinnen begrenzt ist. Dabei haben wir festgestellt, dass die CPR übernutzt wird. Dennoch realisieren die Nutzerinnen einen Gewinn aus der CPR, denn – wie man in Bedingung 4.8 sieht – ist für eine begrenzte Zahl der Nutzerinnen der Durchschnittsertrag aus der CPR größer als die Opportunitätskosten, d.h. $F(X)/X > w$. Was passiert aber, wenn die Zahl der Nutzerinnen immer größer wird und gegen unendlich strebt? Für große N (die aggregierte Investition sei $\overline{X}$) wird die Ressource in diesem Fall bei $F(\overline{X})/\overline{X} = w$ genutzt, d.h., die Gewinne aus der Ressource werden völlig aufgezehrt.

Abbildung 4.3 verdeutlicht diese Zusammenhänge für lineare Grenz- und Durchschnittserträge grafisch. Das optimale Investitionsniveau, X^{Opt}, ergibt sich über den Schnittpunkt von Grenzertrag, $F'(X)$, und Grenz- bzw. Opportunitätskosten, w. Das Investitionsniveau bei freiem Zugang zur Ressource, $\overline{X}$, ergibt sich über den Schnittpunkt von Durchschnittsertrag, $F(X)/X$, und Grenzkosten, w. Das Nash-Gleichgewicht bei beschränktem Zugang, X^{NE}, ist abhängig von der Zahl der Nutzerinnen N (vgl. Bedingung 4.7) und liegt zwischen diesen beiden Werten. Die Fläche ABCD stellt den CPR-Gewinn im Optimum und die Fläche EFGD den CPR-Gewinn bei individueller Gewinnmaximierung und begrenztem Zugang dar. Der Wohlfahrtsverlust für die individuelle Gewinnmaximierung im Nash-Gleichgewicht bei begrenztem Zugang im Vergleich zum Optimum ist die Differenz der Flächen ABIE und IFGC. Bei freiem Zugang zur Ressource und einer Investition von $\overline{X}$ ist der CPR-Gewinn Null, da der Ertrag aus der CPR ($F(\overline{X})$) genau so groß ist wie die Kosten ($w\overline{X}$).

Fassen wir kurz zusammen. Bei der Bereitstellung von öffentlichen Gütern und bei der Nutzung von Common Pool Resources gibt es einen Widerspruch zwischen individueller und kollektiver Rationalität. Individuelle Nutzenmaximierung führt zu einem Nutzenniveau, das kleiner ist als das, welches sich bei kollektiver Nutzenmaximierung ergibt. Wir sprechen daher von einem *sozialen Dilemma*. Was unterscheidet das soziale Dilemma bei

---

[9] Zu diesem Zweck muss man in Bedingung 4.6 die externen Kosten, d.h. den Betrag $\frac{N-1}{N}\left(\frac{F(X)}{X} - F'(X)\right)$, auf die marginalen Kosten der Investition in die CPR, w, aufschlagen. In diesem Fall wählt Akteurin i genau das sozial optimale Investitionsniveau $w = F'(X)$. Eine Steuer, die den externen Effekt perfekt internalisiert, wird als Pigou-Steuer bezeichnet und in Kapitel 5 erläutert.

Abb. 4.3 CPR-Nutzung

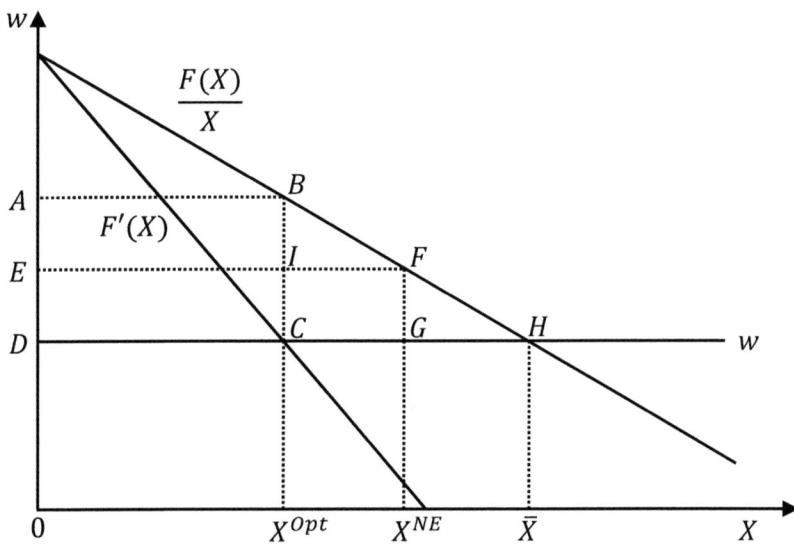

Quelle: Eigene Darstellung nach Ostrom et al. (1994)

CPRs von dem bei öffentlichen Gütern? Zunächst natürlich die Tatsache, dass der *externe Effekt* beim Beitrag zum öffentlichen Gut *positiv* ist, während der externe Effekt bei der Nutzung der CPR *negativ* ist. Allerdings könnte man die Interpretation der Effekte leicht umkehren, allein durch eine Umdefinition der Entscheidungsvariablen. So ließe sich das CPR-Problem auch mit der Entscheidungsvariable „Reduzierung der Investition" abbilden (z.B. beim Fischen kleinere Netze benutzen oder weniger Zeit für das Fischen verwenden), die in diesem Fall einen positiven externen Effekt generieren würde. Ein zweiter Unterschied besteht darin, dass beim öffentlichen Gut die Produktionsfunktion *konstante Grenzerträge* aufweist, während die CPR-Produktionsfunktion *abnehmende Grenzerträge* aufweist. Die Ursache hierfür liegt in der Eigenschaft der Rivalität begründet. Bei öffentlichen Gütern besteht keine spürbare Rivalität, bei der CPR ist hingegen Rivalität mit der Nutzung zunehmend gegeben.

Die Frage, wie Common Pool Resources genutzt werden, hat große Bedeutung für reale Umweltgüter. Klassische Beispiele für CPRs sind Fischressourcen in internationalen Gewässern, Grundwasservorkommen und Hochgebirgsalmen für die Nutzung als Viehweide. Das hier vorgestellte ökonomische Standardmodell einer CPR trifft eine sehr pessimistische Hypothese hinsichtlich des individuellen Nutzungsverhaltens. Die CPR wird übernutzt, die Individuen sind nicht in der Lage, das soziale Dilemma zu lösen. Die Lösungsmöglichkeiten der Standardtheorie (wir werden diese im Kapitel 5 ausführlich darstellen) sind daher die folgenden: (i) Die CPR wird privatisiert. In diesem Fall gibt es nur noch eine Nutzerin, d.h., individuell rationales und kollektiv rationales Verhalten fallen zusammen. (ii) Die Investition in die CPR wird besteuert und zwar idealerweise mit einem

Steuersatz in Höhe des negativen externen Effekts im Optimum. In Abbildung 4.3 müsste der Steuersatz bei freiem Zugang zur Ressource der Strecke BC entsprechen. In diesem Fall kann bei beliebig vielen Nutzerinnen ein optimales Nutzungsniveau erreicht werden. (iii) Es werden exklusive und handelbare Nutzungsrechte an der CPR verteilt. Zugang zur CPR hat nur, wer ein solches Recht vorweisen kann. Ist die Summe aller Nutzungsrechte gleich der Investition im Optimum (X^{Opt}), wird das effiziente Nutzungsniveau erreicht.

Alle diese Lösungsvorschläge basieren auf der Existenz einer *zentralen Instanz*, üblicherweise dem Staat, der über die entsprechende Autorität verfügt, um solche Regeln durchzusetzen. In der Realität beobachtet man aber auch *dezentrale Lösungen* für CPR-Nutzungsprobleme. Unter bestimmten Bedingungen sind die Nutzerinnen einer CPR also in der Lage, sich zu koordinieren und ihr Nutzungsniveau so abzusenken, dass die Übernutzung der CPR verhindert wird. Welche Bedingungen hierfür vorliegen müssen, ist Gegenstand aktueller Forschung, aber offensichtlich spielen Kommunikations- und Sanktionsmechanismen eine große Rolle. Schließlich geht es darum, dass die Individuen, die ihre Nutzung reduzieren, darauf vertrauen können, dass auch andere Nutzerinnen ihre Nutzung zurückfahren. Als weiterführende Literatur sei an dieser Stelle auf Ostrom et al. (1994) verwiesen.[10]

4.2 Optimale Bereitstellung von Gütern

In Kapitel 1 haben wir gezeigt, dass die effiziente Bereitstellung privater Güter Grenzkostenpreise verlangt. Mit anderen Worten: Es sollte diejenige Menge des privaten Guts produziert werden, für die der Preis, d.h. die marginale Zahlungsbereitschaft, gleich den Grenzkosten ist. Der sich so auf einem Wettbewerbsmarkt einstellende Preis führt dazu, dass die angebotene Menge gleich der nachgefragten Menge ist.

Wie aber entsteht aus individuellen Nachfragekurven eine Marktnachfrage? Abbildung 4.4 verdeutlicht das Prinzip der Ermittlung von Marktnachfragekurven anhand eines einfachen Beispiels. D_1 und D_2 sind die im Preis fallenden inversen Nachfragekurven von Akteurin 1 und 2 für ein Gut. Wir nehmen an, dass die Gesellschaft nur aus diesen beiden Akteurinnen besteht. Auf der horizontalen Achse ist die Menge Q und auf der vertikalen Achse ist der Preis p abgezeichnet. Die inverse individuelle Nachfrage zeigt die marginale Zahlungsbereitschaft einer Akteurin für das Gut, d.h. den Preis, den sie bereit ist, für eine Einheit des Guts zu zahlen. Analog lässt sich aus ihr die nachgefragte Menge für einen gegebenen Preis ablesen. Bei der Ermittlung der inversen aggregierten Nachfragekurve, d.h. der gesellschaftlichen marginalen Zahlungsbereitschaft, müssen nun zwei Fälle

---

[10] Für die Erforschung der Nutzung von CPRs hat Elinor Ostrom im Jahr 2009 den Nobelpreis für Wirtschaftswissenschaften erhalten. In der Begründung zur Preisverleihung heißt es *„[Elinor Ostrom] challenged the conventional wisdom by demonstrating how local property can be successfully managed by local commons without any regulation by central authorities or privatization"* (http://nobelprize. org). Neben Ostrom wurde 2009 Oliver Williamson für seine Arbeiten zur Transaktionskostentheorie ausgezeichnet.

Abb. 4.4 Optimale Bereitstellung rivaler und nicht rivaler Güter

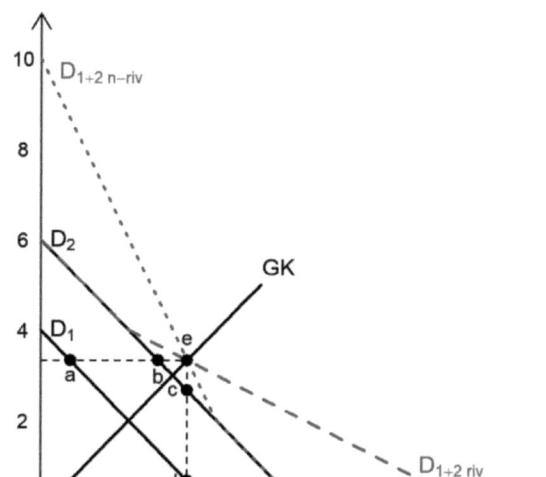

unterschieden werden. Wenn das Gut *rival* ist, dann muss die aggregierte Nachfrage durch *horizontale Aggregation* ermittelt werden. Dieses Prinzip ist in Abbildung 4.4 dargestellt.

Für jeden gegebenen Preis muss die Gesamtnachfrage der Konsumentinnen ermittelt werden (man muss also Mengen aggregieren). Wenn z.B. Akteurin 1 für ein privates Gut 4 Einheiten zum kleinstmöglichen Preis $p = 0$ nachfragt und Akteurin 2 fragt 6 Einheiten nach, ist die gesamte Marktnachfrage zu diesem Preis 10 Einheiten. Die inverse aggregierte Nachfragekurve ist daher $D_{1+2\,riv}$ (grau gestrichelt dargestellt). Diese Funktion ist für $p \geq 4$ identisch zu D_2, da zu diesen Preisen nur Akteurin 2 nachfragt, und für $p < 4$ verläuft sie flacher, da hier beide Akteurinnen das rivale Gut nachfragen. Wenn das Gut *nicht rival* ist, muss man anders vorgehen, um die inverse aggregierte Nachfrage zu bestimmen. Jede Konsumentin kann hier das gleiche Gut konsumieren, denn es existiert ja keine Rivalität. Also können wir die marginalen Zahlungsbereitschaften für jede Einheit des Guts aufsummieren. Der Preis, der für das Gut gezahlt wird, ist damit gleich der Summe der Preise, die von allen Akteurinnen gezahlt werden. Man spricht hier von *vertikaler Aggregation* der inversen Nachfragekurven (man muss also Preise bzw. Zahlungsbereitschaften aggregieren). Auch dieses Prinzip ist in Abbildung 4.4 verdeutlicht. Wenn z.B. Akteurin 1 für die erste Einheit des nicht rivalen Guts (z.B. ein Park) 4 Geldeinheiten zu zahlen bereit ist und Akteurin 2 ist 6 Geldeinheiten zu zahlen bereit, dann ist die Summe der Zahlungsbereitschaften für diese erste Einheit des Guts gleich 10 Geldeinheiten. Die inverse aggregierte Nachfragekurve ist daher $D_{1+2\,n-riv}$ (grau gepunktet dargestellt). Diese Funktion ist für Mengen $Q \geq 4$ identisch zu D_2, da hier nur Akteurin 2 eine positive Zahlungsbereitschaft hat, und für $Q < 4$ verläuft sie steiler, da hier beide Akteurinnen für das nicht rivale Gut eine positive Zahlungsbereitschaft haben und diese addiert wird.

Die Produktion eines Guts ist unabhängig von der Frage, ob es rival oder nicht rival konsumiert wird. Wir wissen aus Kapitel 1, dass die inverse Angebotskurve gleich den Grenzkosten (*GK*) ist. Der Umfang der effizienten Produktion ermittelt sich dann folgendermaßen: Für jedes Gut muss ermittelt werden, bis zu welcher Menge die aggregierte inverse Nachfrage, also die aggregierte marginale Zahlungsbereitschaft, gerade noch gleich den Grenzkosten der Produktion ist. Damit erhalten wir in unserem Beispiel in Abbildung 4.4 als effiziente Menge des rivalen und des nicht rivalen Guts jeweils die Menge im Punkt e (Q_e). Damit ist offensichtlich in diesem Beispiel $Q_{riv} = Q_{n-riv}$, was aber natürlich nicht immer der Fall sein muss. Ein weiterer Unterschied zwischen rivalen und nicht rivalen Gütern zeigt sich in Abbildung 4.4. Für ein rivales Gut können wir aus dem Schnittpunkt der Grenzkosten und der aggregierten inversen Nachfragekurve den Marktpreis und damit die individuellen marginalen Zahlungsbereitschaften sowie die individuellen Nachfragemengen ableiten (hier a für Akteurin 1 und b für Akteurin 2, es gilt $Q_a + Q_b = Q_e = Q_{riv}$). Für das nicht rivale Gut ist dies nicht möglich. Für den Preis, bei dem sich Grenzkosten und aggregierte inverse Nachfragekurve schneiden, ist die aggregierte marginale Zahlungsbereitschaft gleich die Summe der einzelnen marginalen Zahlungsbereitschaften bzw. der Preise, die die Akteurinnen für das Gut zu zahlen bereit sind (hier d für Akteurin 1 und c für Akteurin 2, es gilt $p_d + p_c = p_e = p_{n-riv}$).[11]

4.3 Literatur

Dasgupta, P.S. und G.M. Heal (1979): Economic Theory and Exhaustible Resources, Reprint 1993, Cambridge, Cambridge University Press.
Ostrom, E., R. Gardner und J.M. Walker (1994): Rules, Games, and Common Pool Resources, Ann Arbor, University of Michigan Press.
Riechmann, T. (2010): Spieltheorie, München, Vahlen, 3. Auflage.
Samuelson, P. (1954): The pure theory of public expenditure, Review of Economics and Statistics 36, 387-389.
Weimann, J. (2004): Wirtschaftspolitik. Allokation und kollektive Entscheidung. Berlin et al., Springer, 3. Auflage.

---

[11] Dieser Ansatz wird zur Ermittlung der effizienten Menge eines öffentlichen Guts, für das Nichtrivalität und Nichtausschluss gilt, genutzt und ist nach Paul Samuelson benannt. Nach der Samuelson-Bedingung (Samuelson 1954) wird die effiziente Menge eines öffentlichen Guts dann bereitgestellt, wenn die Summe der marginalen Zahlungsbereitschaften gleich den Grenzkosten der Produktion ist.

Instrumente der Umweltpolitik 5

5.1 Einführung

Wir haben in Kapitel 3 gesehen, dass das Coase-Theorem nur unter recht einschränkenden Bedingungen gültig ist. Insbesondere bei Umweltproblemen, an denen viele Wirtschaftssubjekte beteiligt sind, steigen die Transaktionskosten direkter Verhandlungen sehr schnell an, was kaum hoffen lässt, dass reale Probleme negativer externer Effekte auf dem Wege direkter Verhandlungen internalisiert werden könnten. Letzten Endes wird also doch ein staatlicher Eingriff benötigt, um das Marktversagen zu korrigieren. Die Frage ist: Wie kann der Staat eine Internalisierung externer Kosten erzwingen, und: Ist er in der Lage, eine effiziente Lösung herbeizuführen?

Grundsätzlich stehen dem Staat drei Möglichkeiten offen, das Marktversagen infolge negativer externer Effekte zu heilen: Er kann zu dem klassischen Instrument der Umweltpolitik greifen, nämlich *Auflagen* verhängen (z.B. in Form von Emissionshöchstwerten oder -verboten).[1] Dies war lange Zeit die gängige Methode, Umweltpolitik zu betreiben. Neben dem althergebrachten Instrumentarium der Auflagenpolitik haben sich mittlerweile aber zwei genuin ökonomische Instrumente etabliert (und zwar auch in der Praxis!), die gegenüber Auflagen eine Reihe von bedeutsamen Vorteilen aufweisen. Die Rede ist von der *Pigou-Steuer* einerseits – der ökonomischen Laienwelt besser bekannt unter dem Etikett der „Ökosteuer" – sowie dem *Emissionshandel* andererseits. Bei beiden Konzepten handelt es sich um marktbasierte Instrumente. Beginnen wir unsere Betrachtung mit dem theoriegeschichtlich älteren Konzept der Pigou-Steuer.

---

[1] Auflagen werden häufig auch als „Standards" bezeichnet.

5.2 Pigou-Steuer

Was ist die Ursache für das Marktversagen bei negativen externen Effekten? Die Ursache ist, dass der Preis, der sich im Marktgleichgewicht bildet, nicht alle Kosten der Produktion widerspiegelt. Er enthält lediglich die privaten Grenzkosten der Produktion, nicht aber die externen Kosten, die anderen Wirtschaftssubjekten aufgebürdet werden. Mit anderen Worten: Die sozialen Grenzkosten liegen über den privaten Grenzkosten. Warum enthält der Marktpreis in dieser Situation nicht mehr die komplette Information über die Produktionskosten? Die Antwort ist relativ einfach: Bei der Produktion werden Ressourcen in Anspruch genommen, für die kein Preis gezahlt werden muss. Umweltressourcen wie Wasser oder Luft haben eben zunächst einmal keinen Preis, denn für sie gilt das Ausschlusskriterium nicht. Wenn ein Unternehmen Schadstoffe wie Kohlendioxid oder Schwefeldioxid in die Luft emittiert, dann entstehen zwar außerhalb des Unternehmens Kosten aus diesen Emissionen, aber die Inanspruchnahme der Luft ist für das betreffende Unternehmen nicht mit Kosten verbunden. Es kann diese knappen Umweltmedien letztlich kostenlos in Anspruch nehmen. Im Grunde ist aber Umwelt aus ökonomischer Sicht ein Produktionsfaktor wie Arbeit und Kapital auch – nur, dass Umweltgüter eben nicht auf Märkten gehandelt werden. Deshalb können auch keine Marktpreise für Umweltgüter entstehen und daher werden die Kosten, die aus der Inanspruchnahme der Umwelt entstehen, von einer einzelnen Entscheiderin in ihrem Kalkül nicht berücksichtigt.

Wie wir in Kapitel 2 gezeigt haben, führt dies zu einer insgesamt ineffizienten Situation. Die Gesamtwohlfahrt in der Marktlösung ist nicht mehr maximal: Würde die Produktionsmenge ausgehend vom Marktgleichgewicht reduziert werden, dann könnte dadurch die Gesamtwohlfahrt gesteigert werden. Daher ergibt sich beim Vorliegen negativer externer Effekte zunächst einmal grundsätzlich ein Bedarf nach staatlichem Handeln, nach einer Korrektur dieses Marktversagens durch die Wirtschaftspolitik. Wie könnte eine solche Korrektur aussehen? Nun: Wir haben eben festgestellt, dass das zentrale Problem bei negativen externen Effekten darin besteht, dass Umwelt auf Grund des fehlenden Nutzungsausschlusses nicht auf Märkten gehandelt wird und daher für „die Umwelt" auch kein Preis entsteht. Was liegt näher, als dann einfach einen Preis für die Umwelt zu „simulieren"? Es mag ja sein, dass keine Marktpreise für Umweltgüter entstehen – aber der Staat kann Preise für die Inanspruchnahme von Umweltgütern verlangen und damit das Ausschlusskriterium durchsetzen. Dies ist der Kerngedanke der sogenannten Pigou-Steuer, benannt nach dem britischen Ökonomen Arthur Pigou, der diese Art des Staatseingriffs bereits 1920 in seinem Werk „The Economics of Welfare" vorschlug. Man erhebt auf den Verbrauch oder die Inanspruchnahme von Umweltgütern einfach eine Steuer. Die Steuer simuliert einen Preis für Umwelt. Dadurch wird erreicht, dass die einzelwirtschaftlichen Entscheidungsträgerinnen die Kosten des Umweltverbrauchs in ihren Entscheidungen berücksichtigen.

Bevor wir die Wirkungen einer Pigou-Steuer[2] betrachten, wollen wir zunächst analysieren, was aus gesellschaftlicher Sicht die optimale Lösung für die Nutzung der Umwelt wäre. Optimal wäre eine Situation, in der die gesamtwirtschaftlichen Kosten, die durch Emissionen verursacht werden, minimal sind. Grundsätzlich entstehen zwei Arten von Kosten durch Emissionen. Zunächst gibt es gesamtwirtschaftliche Schadenskosten, $S(E)$, wie Gesundheitsschäden oder Verschmutzungen von Flora und Fauna. Wir können davon ausgehen, dass mit zunehmenden Emissionen eine zusätzliche Schadstoffeinheit immer größere Schäden verursacht, d.h., die Grenzschäden (GS) sind positiv und steigend oder formal ausgedrückt $S'(E) = GS(E) > 0$ und $S''(E) = GS(E) > 0$. Neben den Schadenskosten entstehen aber auch gesamtwirtschaftliche Kosten durch die Vermeidung von Emissionen, $VK(E)$, nämlich immer dann, wenn die Emissionen kleiner sind als im sogenannten Business As Usual (BAU). Im BAU, im Folgenden mit $\bar{E}$ bezeichnet, wird keinerlei Vermeidung betrieben. Die gesamtwirtschaftlichen Vermeidungskosten steigen, wenn man weniger emittiert oder - was äquivalent dazu ist - mehr Vermeidung betreibt, d.h. $VK'(E) < 0$ oder $-VK'(E) = GVK(E) > 0$.[3] Mit dieser Schreibweise wird erreicht, dass die Grenzvermeidungskosten (GVK) eine positive Größe darstellen. Darüber hinaus wird Vermeidung immer teurer, d.h., die Grenzvermeidungskosten sinken bei steigenden Emissionen oder $-VK''(E) = GVK'(E) < 0$.

Ziel ist es nun, die Emissionen so zu wählen, dass die Gesamtkosten $TK(E)$, die Summe aus gesamtwirtschaftlichen Vermeidungs- und Schadenskosten, minimiert werden, d.h.

$$\min_{E} TK(E) = VK(E) + S(E) \qquad (5.1).$$

Um die Gesamtkosten zu minimieren, müssen wir die erste Ableitung der TK-Funktion ermitteln und gleich Null setzen. Wir erhalten

$$TK'(E) = VK'(E) + S'(E) = 0 \iff -VK'(E) = S'(E) \iff$$

$$GVK(E^*) = GS(E^*) \qquad (5.2).$$

Im Optimum (auch als „first-best-Situation" bezeichnet) müssen also die Emissionen E^* so gewählt sein, dass die Grenzvermeidungskosten genau gleich den Grenzschäden sind.

---

[2] Es sei nur am Rande erwähnt, dass es grundsätzlich auch möglich ist, erwünschtes umweltschonendes Verhalten durch eine Pigou-Subvention zu belohnen.

[3] Die Vermeidungskosten eines Unternehmens i stellen die Kosten dar, die durch die Reduzierung der Emissionen vom Business As Usual $\bar{E}_i$ auf ein niedrigeres Niveau $E_i < \bar{E}_i$ entstehen. Dabei wird angenommen, dass die Kostenfunktion folgende Eigenschaften erfüllt: $VK_i(E_i) > 0$, $-VK'_i(E_i) = GVK_i(E_i) > 0$, $VK''_i(E_i) > 0$ für $E_i < \bar{E}_i$ und $VK_i(E_i) = 0$ für $E_i \geq \bar{E}_i$. Durch horizontale Aggregation der Grenzvermeidungskosten aller Unternehmen erhält man die gesamtwirtschaftlichen Grenzvermeidungskosten, d.h. $\Sigma - VK'_i(E_i) = -VK'(E) = GVK(E)$.

Abb. 5.1 Soziales Optimum

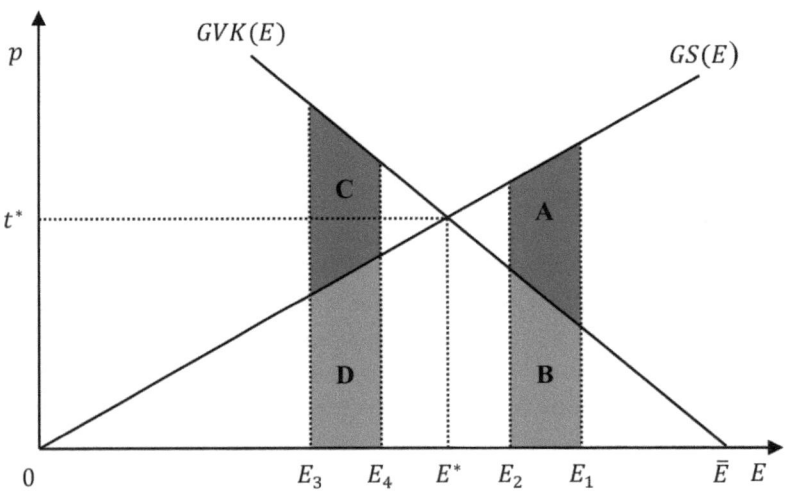

Nach dieser grundsätzlichen Einsicht in die Wahl des optimalen Emissionsniveaus wollen wir das Problem grafisch analysieren. Gesellschaftlich optimal wäre, dass Vermeidung solange betrieben wird, wie die daraus resultierenden Nutzengewinne in Form geringerer Schäden größer sind als die mit Vermeidung verbundenen Kosten.[4] Der Nutzengewinn aus Vermeidung für die Gesellschaft kann aus der Grenzschadensfunktion ermittelt werden. Betreiben wir zusätzliche Vermeidung, bewegen wir uns also auf der Emissionsachse nach links in Richtung Ursprung, dann reduziert sich der Grenzschaden. Der Nutzengewinn aus zusätzlicher Vermeidung kann als Fläche unter der Grenzschadensfunktion gemessen werden. In Abbildung 5.1 ist der Nutzengewinn aus zusätzlicher Vermeidung von E_1 zu E_2 gleich der Fläche A + B. Zusätzliche Vermeidung verursacht aber auch Kosten: Die Kostenzunahme aus zusätzlicher Vermeidung kann einfach ermittelt werden als die Fläche B unter der Grenzvermeidungskostenkurve. Wie man sich sofort klar macht, ist in diesem Fall die Fläche der Nutzengewinne größer als die Fläche der zusätzlichen Kosten. Also lässt sich ein gesellschaftlicher Nettovorteil (A) realisieren, wenn man die Vermeidung von E_1 auf E_2 erhöht. Wie lange lassen sich derartige Nettovorteile realisieren? Offensichtlich solange, wie die Grenzschadensfunktion oberhalb der Grenzvermeidungskostenkurve verläuft. Eine weitere Verbesserung ist erst dann nicht mehr möglich, wenn wir im Schnittpunkt der beiden Funktionen angelangt sind. Wie sieht die Situation nun links vom Schnittpunkt aus? Nun, genau spiegelbildlich. Da hier die Grenzvermeidungskosten oberhalb der Grenzschadensfunktion verlaufen, sind die Nutzengewinne aus zusätzlicher Vermeidung immer geringer als die zusätzlichen Kosten. Zusätzliche Vermeidung lohnt sich also nicht. Im Gegenteil: Die Gesellschaft würde sich verbessern, wenn die

---

[4] Im Folgenden werden Nutzengewinne und Kosteneinsparungen als Synonyme verwendet.

Abb. 5.2 Individuelle Anpassung an die Pigou-Steuer

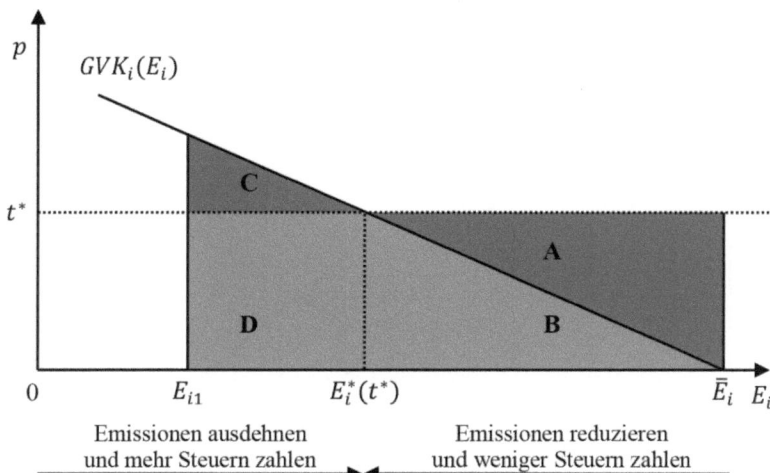

Emissionsmenge ausgedehnt wird. Steigen in Abbildung 5.1 die Emissionen von E_3 auf E_4, spart man Kosten durch weniger Vermeidung in Höhe von C + D. Die zusätzlichen Schadenskosten durch die höheren Emissionen sind dagegen relativ gering (D) – es verbleibt netto ein Nutzengewinn (C), wenn die Emissionen steigen.

Wir halten fest: Links vom Schnittpunkt in Abbildung 5.1 können Nettovorteile aus zusätzlichen Emissionen realisiert werden, rechts vom Schnittpunkt aus zusätzlicher Vermeidung. Der wohlfahrtsoptimale Punkt, E^*, liegt damit exakt im Schnittpunkt beider Funktionen. Man sieht: Damit gibt es offenbar so etwas wie ein volkswirtschaftlich *optimales Verschmutzungsniveau*, denn im Schnittpunkt der beiden Funktionen werden natürlich weiterhin gewisse Emissionen getätigt. Es ist in der Regel volkswirtschaftlich nicht effizient, das Emissionsniveau auf Null zurückzufahren. Dies ist intuitiv auch völlig plausibel: Ursächlich hierfür ist, dass die Vermeidungskosten in diesem Fall sehr hoch sein würden. Gleichzeitig leuchtet es ein, dass bei Business-As-Usual-Emissionen hohe Kosten durch Schäden entstehen. Das Optimum liegt dort, wo die Summe aus Vermeidungs- und Schadenskosten minimal ist oder – äquivalent dazu – der Grenzschaden gleich den Grenzvermeidungskosten ist.

Wie kann der Staat nun erreichen, dass diese optimale Lösung implementiert wird? Er kann eine sogenannte Pigou-Steuer auf die Emissionen erheben. Angenommen der Staat kennt den Schnittpunkt der Grenzvermeidungskosten mit dem Grenzschaden. Wenn er den Steuersatz t^* einer Emissionssteuer (in € pro Emissionseinheit) in dieser Höhe festsetzt, werden sich die Marktakteurinnen daran genau so anpassen, dass im Gleichgewicht die optimale Lösung realisiert wird. Warum ist dies der Fall? Betrachten wir die Emissionsentscheidung eines Unternehmens i, welches von einer Pigou-Steuer betroffen ist. Abbildung 5.2 stellt die Grenzvermeidungskosten von i dar.

Abb. 5.3 Horizontale Aggregation von Grenzvermeidungskosten

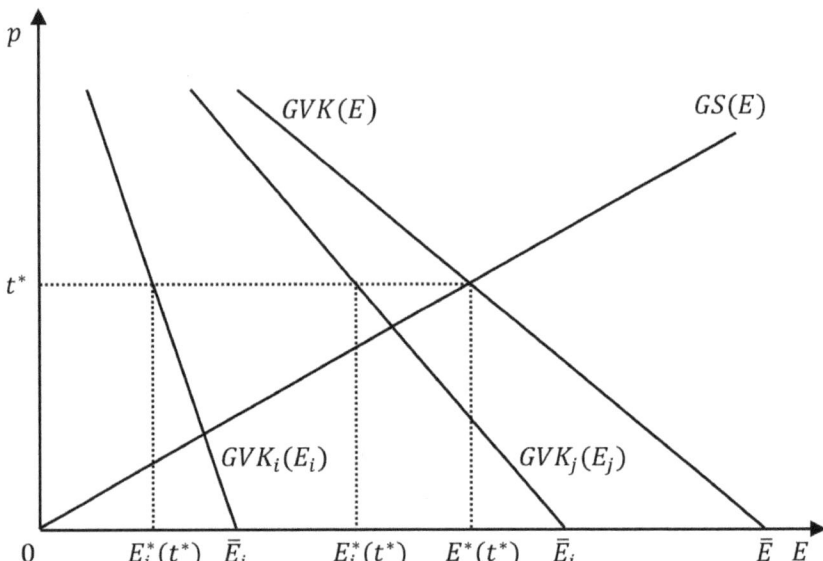

Wie würde sich ein rational handelndes Unternehmen an diese Steuer mit Steuersatz t^* anpassen? Das Entscheidungskalkül von Unternehmen i ist denkbar einfach: Rechts von der optimalen Vermeidungsmenge $E_i^*(t^*)$ liegen die Grenzvermeidungskosten unterhalb der Emissionssteuer ($GVK_i < t^*$). Vor die Wahl gestellt, den Steuersatz auf jede Emissionseinheit zu bezahlen oder Emissionen zu vermeiden, wird das Unternehmen sehr schnell zu der Erkenntnis kommen, dass Vermeidung kostengünstiger ist als t^* zu zahlen. Es wird solange in Vermeidung investieren, bis die Grenzvermeidungskosten genau dem Steuersatz entsprechen. Links von der optimalen Menge $E_i^*(t^*)$ hingegen ist es natürlich günstiger, die Emissionssteuer zu entrichten, denn die Grenzvermeidungskosten liegen oberhalb des Steuersatzes ($GVK_i > t^*$). Dort wird also die Steuer bezahlt und die Emissionen werden erhöht. In Abbildung 5.2 lassen sich diese Überlegungen auch durch einfache Flächenbetrachtungen verdeutlichen. Angenommen, es existiert keine Emissionsregulierung vor Einführung der Steuer. Im Business As Usual emittiert das Unternehmen $\bar{E}_i$. Wird die Steuer t^* eingeführt, ist es offensichtlich bis $E_i^*(t^*)$ günstiger für das Unternehmen, selbst Vermeidung zu betreiben, wobei Kosten (für Steuerzahlung und Vermeidung) in Höhe von $t^* E_i^*(t^*) + B$ anfallen, als die Steuer auf seine BAU-Emissionen zu zahlen. In diesem Fall entstehen Kosten (für Steuerzahlung) in Höhe von $t^* E_i^*(t^*) + A + B$. Man spart Kosten in Höhe von A, wenn man nicht $\bar{E}_i$, sondern nur $E_i^*(t^*)$ emittiert und entsprechend Steuern zahlt. Das Unternehmen hat also einen Anreiz, die optimale Emissionsmenge $E_i^*(t^*)$ zu wählen. Analog können wir leicht zeigen, dass ein Unternehmen, welches relativ viel Vermeidung zu hohen Grenzvermeidungskosten betreibt, einen Anreiz hat, die Steuer zu zahlen und die Emissionen auszudehnen, d.h. weniger Vermeidung zu betreiben.[5] Sind vor der Einführung der Steuer die Emissionen E_{i1}, muss das Unternehmen bei einer Erhöhung der Emissionen auf $E_i^*(t^*)$ zwar die zusätzliche Steuer in Höhe von D zahlen, es spart aber Vermeidungskosten in Höhe von C + D ein und stellt sich damit besser als in der Ausgangssituation. Man beachte, dass unabhängig von der Ausgangssituation das Unternehmen im Optimum eine Steuer in Höhe von $t^* E_i^*(t^*)$ zahlt und Vermeidungskosten in Höhe von B in Kauf nimmt.

Angenommen, die soziale Planerin hat t^* bestimmt. Wie aber teilt sich nun für die Pigou-Steuer t^* die Gesamtemission auf die individuellen Emissionsentscheidungen der Unternehmen auf? Die Antwort ist einfach: Die Unternehmen sorgen selbst dafür, dass sie die optimalen Emissionen realisieren. Betrachten wir ein Beispiel zur Illustration. In Abbildung 5.3 gibt es zwei Unternehmen, i und j, mit den Grenzvermeidungskosten $GVK_i(E_i)$ und $GVK_j(E_j)$. Die Grenzvermeidungskosten der Unternehmen sind nichts anderes als deren individuelle Zahlungsbereitschaft für eine weitere Einheit Emissionen. Jedes Unternehmen ist bereit, für eine zusätzliche Einheit Emissionen maximal einen Betrag in Höhe seiner Grenzvermeidungskosten zu zahlen. Mit anderen Worten, die GVK-Kurve von Unternehmen i (j) ist die inverse Nachfrage von Unternehmen i (j) nach Emissionen. Da Emissionen im Fall staatlicher Regulierung ein privates Gut darstellen – es liegt Rivalität vor (eine Einheit des Schadstoffs kann nur von einem Unternehmen emittiert werden) und es gilt das Ausschlussprinzip (man darf nicht emittieren, wenn keine Steuer gezahlt wird) – müssen die individuellen Nachfragemengen aggregiert werden. Mit anderen Worten: In Abbildung 5.3 müssen wir die GVK-Kurven von Unternehmen i und j horizontal aggregieren, um die aggregierte GVK-Kurve zu erhalten.[6] Über den Schnittpunkt der aggregierten GVK-Kurve mit der GS-Kurve kann dann der optimale Pigou-Steuersatz t^* bestimmt werden. An diesen Steuersatz t^* passen sich wiederum Unternehmen i und j so an, dass gilt $GVK_i(E_i^*(t^*)) = t^*$ und $GVK_j(E_j^*(t^*)) = t^*$. Die Summe der optimalen individuellen Emissionen ergibt dann das optimale aggregierte Emissionsniveau, d.h. $E_i^*(t^*) + E_j^*(t^*) = E^*(t^*)$.

Was ist also das Endergebnis unserer Betrachtungen zur Pigou-Steuer? Ein kostenminimierendes Unternehmen wird genau die sozial optimale Vermeidungsmenge wählen und seine Grenzvermeidungskosten an den optimalen Steuersatz anpassen, d.h., es gilt $t^* = GVK_i(E_i^*(t^*))$, $\forall i$. Damit ist gezeigt, dass der Staat grundsätzlich durch die Erhebung einer Emissionssteuer das Marktversagen aus negativen externen Effekten korrigieren kann und zwar so, dass letztlich die effiziente Lösung erreicht wird.

---

[5] Eine solche Situation könnte vorliegen, wenn das Unternehmen bislang durch eine Auflage gezwungen war, ein relativ hohes Vermeidungsniveau zu realisieren. Wenn die Auflage durch die Steuer t^* ersetzt wird und die Grenzvermeidungskosten des Unternehmens oberhalb des Steuersatzes liegen, hat das Unternehmen einen Anreiz, die Emissionen zu erhöhen.

[6] Wir haben das Prinzip der horizontalen Aggregation bei rivalen Gütern in Abschnitt 4.2 behandelt.

Das hier abgeleitete Ergebnis basiert allerdings auf einer ausgesprochen optimistischen Annahme: Wir haben nämlich unterstellt, dass die Planerin die erforderliche Information besitzt, den optimalen Steuersatz zu bestimmen. Sie benötigt sowohl Kenntnis über die Grenzschadensfunktion als auch über den Verlauf der Grenzvermeidungskosten. Der Steuersatz muss nämlich so bemessen werden, dass er genau dem Grenzschaden und den Grenzvermeidungskosten im Optimum entspricht, d.h., es muss gelten $t^* = GS(E^*) = GVK(E^*(t^*))$ (vgl. Abbildung 5.1).[7] Darf man aber wirklich erwarten, dass die Planerin die erforderliche Information bekommt? Nicht unbedingt. Sowohl der Grenzschaden als auch die Grenzvermeidungskosten sind prinzipiell private Information, die der Staat a priori nicht kennt. Er wäre darauf angewiesen, dass die beteiligten Akteurinnen, Verursacherin und Geschädigte, ihm diese Information wahrheitsgemäß mitteilen. Kann man dies, ökonomisch rationales Verhalten vorausgesetzt, tatsächlich erwarten? Versetzen wir uns in die Lage der Geschädigten: Sie weiß, dass von der offenbarten Information die Höhe des später auferlegten Steuersatzes abhängt und damit auch die nach der Steuereinführung realisierten Emissionen. Aus der Sicht der Geschädigten wäre es natürlich besser, ihren Schaden zu übertreiben, denn dann würde die Verursacherin mit einem höheren Steuersatz belegt und würde ihre Emissionen stärker reduzieren, als dies bei wahrheitsgemäßer Offenbarung der Fall wäre – ein Ergebnis, das die Geschädigte sehr begrüßen dürfte. Die Effizienz der Steuerlösung ginge dabei allerdings verloren.[8] Auch die Emittentinnen haben einen Anreiz ihre Grenzvermeidungskosten nicht korrekt anzugeben. In diesem Fall lohnt es sich, die Grenzvermeidungskosten zu untertreiben. Der Steuersatz wäre dann niedriger und die Unternehmen hätten höhere Emissionen und geringere Kosten.

Wie hoch ist der Wohlfahrtsverlust, wenn der Staat nicht den optimalen Steuersatz findet? Abbildung 5.4 zeigt die Auswirkungen, wobei zwei Situationen denkbar sind. Der Staat kann den Steuersatz zu hoch wählen ($t_2 > t^*$) oder zu niedrig ($t_1 < t^*$). Im ersten Fall wird offensichtlich zu viel Emissionsvermeidung betrieben: $E_2(t_2) < E^*(t^*)$. Verglichen mit dem Optimum werden zwar weniger Schäden durch den Schadstoff verursacht (Fläche C), aber dafür entstehen auch höhere Vermeidungskosten (C + B). Es verbleibt ein Wohlfahrtsverlust durch ein zu hoch gewähltes Vermeidungsniveau (B). Im zweiten Fall wird zu viel emittiert: $E_1(t_1) > E^*(t^*)$. Dies sorgt dafür, dass die Vermeidungskosten ausgehend vom Optimum zurückgehen (D). Aber die zusätzlichen Schäden (A + D) führen dazu, dass sich netto ein Wohlfahrtsverlust ergibt (A).

---

[7] Die Informationsprobleme, die bei einer Steuer auftreten, stellen sich in prinzipiell gleicher Weise auch bei einer Pigou-Subvention: Um den gesellschaftlichen Zusatznutzen des Unterlassens einer umweltschädigenden Aktivität zu berechnen, wäre natürlich insbesondere wieder die Kenntnis der Grenzschäden erforderlich. Um eine first-best-Subvention zu berechnen, müsste die Planerin darüber hinaus auch die Grenzvermeidungskosten kennen.

[8] Im Grunde begegnet uns hier ein grundsätzliches Problem staatlichen Handelns: Die staatliche Planerin benötigt sehr oft Informationen, die lediglich bei den privaten Wirtschaftssubjekten vorliegen. Diese haben aber einen strategischen Anreiz, die Informationen nicht wahrheitsgetreu preiszugeben – ein Problem, mit dem in massiver Weise etwa staatliche Plankommissionen in Zentralverwaltungswirtschaften zu kämpfen hatten.

Abb. 5.4 Wohlfahrtsverlust durch suboptimalen Steuersatz

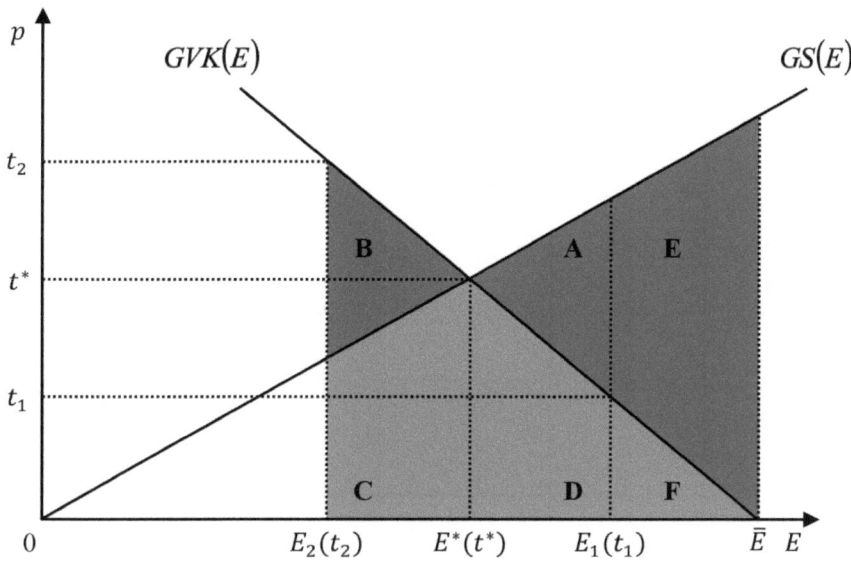

Bedeutet das aber nun, dass der Staat nichts tun sollte, d.h. Emissionen nicht besteuern sollte, wenn er den Verlauf von Grenzschadenskosten und Grenzvermeidungskosten nicht kennt und demnach den optimalen Steuersatz t^* nicht bestimmen kann? Die Antwort ist eindeutig „nein" und Abbildung 5.4 zeigt warum. Wenn der Staat ausgehend vom Business As Usual ($\bar{E}$) die Emissionen mit einem niedrigen aber positiven Steuersatz t besteuert, kann man sicher sein, dass sich ein Wohlfahrtsgewinn ergibt. Wenn der Steuersatz t_1 gewählt wird, ergeben sich die Emissionen $E_1(t_1)$ und im Vergleich zum Business As Usual ein Wohlfahrtsgewinn in Höhe von E. Der Steuersatz ist nicht effizient ($t_1 < t^*$), aber im Vergleich zum „Nichtstun" stellt die Besteuerung mit t_1 offensichtlich eine Verbesserung dar. Darüber hinaus hat eine solche Emissionssteuer[9] eine wichtige Eigenschaft: Das zum Steuersatz t_1 korrespondierende Emissionsniveau $E_1(t_1)$ wird zu geringstmöglichen Kosten erreicht. Man spricht auch von der „Kosteneffizienz" der Emissionssteuer oder allgemeiner von einer „second-best-Situation".[10] Warum ist das so? In Abbildung 5.2 haben wir gezeigt, dass bei einer Pigou-Steuer nur diejenigen Vermeidung betreiben, deren Grenzvermeidungskosten kleiner sind als der Steuersatz. Vermeidung wird also nur dort betrieben, wo sie besonders billig zu haben ist. Das gleiche Prinzip gilt für einen beliebigen Steuersatz der

---

[9] Die Emissionssteuer wird häufig auch als „Preis-Standard-Ansatz" bezeichnet, da aus dem Steuersatz (dem „Preis" für Emissionen) eine bestimmte Emissionsmenge resultiert.

[10] Genauer gesagt spricht man von „statischer Kosteneffizienz", da es sich hierbei um ein statisches Kostenminimierungsproblem (also ohne Zeitbezug) handelt. Die Bezeichnung „statisch" wird relevant, wenn wir in Abschnitt 5.9 die dynamische Anreizwirkung von umweltpolitischen Instrumenten betrachten.

Abb. 5.5 Gesellschaftlich optimale Lösung mit der Pigou-Steuer in der Stahlbranche

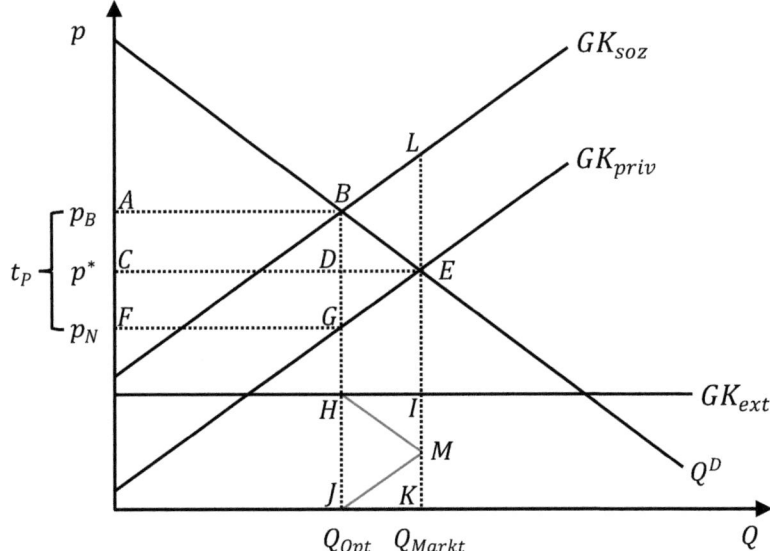

Emissionssteuer. Alle Unternehmen passen sich so an den Steuersatz an, dass schließlich $t = GVK_i(E_i(t))$ gilt, d.h., die Grenzvermeidungskosten aller Unternehmen sind gleich und Kosteneffizienz wird erreicht.

Es gibt also einen wichtigen Unterschied zwischen der *effizienten* Pigou-Steuer (first best), bei der für alle Unternehmen gilt

$$t^* = GVK(E^*(t^*)) = GS(E^*) = GVK_i(E_i^*(t^*)) \qquad (5.3)$$

und der *kosteneffizienten* Emissionssteuer (second best), bei der für alle Unternehmen gilt

$$t = GVK(E(t)) = GVK_i(E_i(t)) \qquad (5.4).$$

Die Pigou-Steuer t^* minimiert die Summe aus Vermeidungskosten und Schadenskosten und erreicht das effiziente Emissionsniveau $E^*(t^*)$. Die Emissionssteuer t minimiert „nur" die Vermeidungskosten und erreicht ein beliebiges Emissionsniveau $E(t)$.

Betrachten wir das Beispiel der Stahlbranche aus Kapitel 2 (Abbildung 2.3). Die Stahlbranche produziert zu privaten Grenzkosten GK_{priv}. Bei der Produktion entstehen konstante externe Grenzkosten GK_{ext}. Die sozialen Grenzkosten sind daher $GK_{soz} = GK_{priv} + GK_{ext}$. Die inverse Nachfrage sei Q^D.

Ohne staatliche Regulierung wird der Markt zur Wettbewerbslösung (wir unterstellen vollkommene Konkurrenz) tendieren: Im Gleichgewicht entspricht die marginale Zahlungsbereitschaft der Nachfragerinnen (abgebildet durch die inverse Marktnachfragekurve Q^D) den privaten Grenzkosten der Produktion. Da die Produzentinnen den externen Effekt nicht berücksichtigen, fällt die Gleichgewichtsmenge zu hoch aus. Der Markt bringt die Menge Q_{Markt} hervor, effizient wäre aber, nur bis zu Q_{Opt} zu produzieren. Diese sozial optimale Produktionsmenge ergibt sich aus dem Schnittpunkt der inversen Nachfragekurve mit der sozialen Grenzkostenkurve (GK_{soz}) – da diese oberhalb der privaten Grenzkosten verläuft, muss das gesellschaftliche Optimum links von der Marktlösung liegen. Abbildung 5.5 liefert eine grafische Darstellung dieser Überlegungen.

Ein geschickt gewählter Pigou-Steuersatz t_p kann bekanntlich das Problem lösen (allerdings auch nur unter der Bedingung vollständiger Information). Wählt die soziale Planerin den Steuersatz so, dass dieser der Differenz aus privaten und sozialen Grenzkosten *im Optimum* entspricht, werden sich kostenminimierende Produzentinnen so an den Steuersatz anpassen, dass der Markt letztlich doch die sozial optimale Menge hervorbringt. Dies wurde in Abschnitt 5.2 gezeigt. Machen wir uns nun die Wohlfahrtseffekte genauer klar. Hierzu betrachten wir wieder Abbildung 5.5. Hier sind die externen Grenzkosten, also die Differenz zwischen sozialen und privaten Grenzkosten, konstant. Der Pigou-Steuersatz ist also in diesem Fall $t_p = p_B - p_N = GK_{ext}$.

Die Pigou-Steuer mit Steuersatz t_p und in der Folge das Absinken der Menge auf den sozial erwünschten Wert Q_{Opt} haben offenbar einen Verlust an Konsumenten- und Produzentenrente zur Folge. Der durch die Pigou-Steuer verursachte Verlust an Konsumentenrente ist die Fläche ABEC. Die Produzentenrente reduziert sich durch die Pigou-Steuer um die Fläche CEGF. Der Rückgang der Konsumenten- und Produzentenrente beträgt also insgesamt die Fläche ABEGF. Dieser Verlust an Wohlfahrt wird teilweise durch die Entstehung eines positiven Steueraufkommens aufgewogen. Das Steueraufkommen aus der Pigou-Steuer kann leicht abgelesen werden als das Rechteck ABGF (auf jede produzierte Einheit im Optimum ist ja schließlich der Pigou-Steuersatz t_p zu entrichten). Wie man aber sieht, gleicht die Entstehung des Steueraufkommens den Verlust an Wohlfahrt nicht komplett aus. Es entsteht vielmehr ein Nettowohlfahrtsverlust, der dem Dreieck BEG entspricht. Dies ist Wohlfahrt, die unwiederbringlich verloren ist und der kein Steueraufkommen gegenübersteht. Man spricht von der sogenannten Zusatzlast der Besteuerung, im Englischen auch etwas drastischer vom sogenannten deadweight loss (toter Verlust). Es ist der unvermeidbare Preis fast jeder Steuer (vgl. hierzu auch Kapitel 1). Die Ursache der Entstehung der Zusatzlast ist darin zu sehen, dass die Pigou-Steuer wie „normale" Steuern auch einen Keil zwischen Angebot und Nachfrage treibt: Im Intervall der Mengen [Q_{Opt}, Q_{Markt}] gehen gegenseitig vorteilhafte Transaktionen verloren.

Natürlich entsteht durch die Pigou-Steuer aber auch ein positiver Wohlfahrtseffekt: Wir haben festgestellt, dass aus gesellschaftlicher Sicht in der Marktlösung letztlich ein zu hohes Aktivitätsniveau in der Produktion gewählt wird. Durch die Pigou-Steuer wird dieses Aktivitäts- und damit Schädigungsniveau auf das sozial optimale Maß reduziert. Das Problem negativer externer Effekte war, kurz gesagt, dass die sozialen Grenzkosten die privaten Grenzkosten der Produktion übersteigen. Da infolge der Erhebung von t_p das Produktionsniveau auf Q_{Opt} abgesenkt wird, entsteht ein Wohlfahrtsgewinn in Form von internalisierten externen Kosten. Dieser kann in Abbildung 5.5 abgelesen werden als die Fläche HIKJ. Saldieren wir diesen Wohlfahrtsgewinn mit dem steuerinduzierten

Rückgang an Wohfahrt BEG, so stellen wir fest, dass die Pigou-Steuer netto zu einem Wohlfahrtsgewinn in Höhe der Dreiecke HIM und JMK führt. Alternativ kann dieser Wohfahrtsgewinn durch das Dreieck BLE ausgedrückt werden. Diese Fläche wird in der Literatur üblicherweise als *Nettoumweltdividende* bezeichnet. Der Wohlfahrtsgewinn ergibt sich, weil im Intervall der Mengen [Q_{Opt}, Q_{Markt}] die sozialen Grenzkosten über der marginalen Zahlungsbereitschaft der Nachfragerinnen liegen. In diesem Intervall ist also eine Produktion gesellschaftlich nicht sinnvoll.

Die Fläche HIKJ (= BLEG) stellt demgegenüber die sogenannte *Bruttoumweltdividende* dar. Wir können festhalten, dass die Pigou-Steuer, wie jede andere verzerrende Steuer auch, eine Zusatzlast hervorruft. Der Wohlfahrtseffekt aus dem Rückgang der schädigenden Aktivität überkompensiert jedoch die Zusatzlast, so dass per Saldo ein gesellschaftlicher Zusatznutzen entsteht.

5.3 Fallstudie: Die Ökologische Steuerreform in der BRD

1999 verabschiedete der Deutsche Bundestag das Gesetz über die „Ökologische Steuerreform" (ÖSR). Die ÖSR kann als Versuch angesehen werden, das Instrument einer Emissionssteuer in der Praxis zu implementieren. Sie eignet sich daher hervorragend, um zu studieren, wie eher theoretische Lehrbuchkonstrukte vom politischen Prozess in der Realität umgesetzt werden und mit welchen (erheblichen) Abstrichen vom theoretischen Ideal nach den unvermeidlichen politischen Kompromissen und den Einflussnahmeversuchen von Interessengruppen zu rechnen ist. Die ÖSR ist auch noch aus einem weiteren Grund interessant: Tatsächlich wurde seinerzeit von ihren Befürworterinnen die ÖSR nicht nur mit umweltökonomischen Argumenten propagiert und vorangetrieben. Auf den ersten Blick überraschend spielten beschäftigungspolitische Überlegungen eine dominante Rolle. Die Argumentation im politischen Raum lautete etwas schlaglichtartig verkürzt folgendermaßen: Bekanntlich lasten auf dem Faktor Arbeit in Deutschland hohe Lohnzusatzkosten (z.B. Sozialbeiträge), die Arbeit zu einem vergleichsweise teuren Produktionsfaktor machen. Auf der anderen Seite wird Umwelt als knapper Produktionsfaktor ohne Preis in Anspruch genommen, was aus Sicht der Theorie externer Effekte nicht wünschenswert sein kann. Warum also nicht den Verbrauch des knappen Produktionsfaktors Umwelt verteuern und mit dem Steueraufkommen die Lasten auf dem Produktionsfaktor Arbeit reduzieren? So müsste doch der Einsatz des dann verbilligten Faktors Arbeit wieder lohnenswerter werden. Die Befürworterinnen argumentierten also, dass sich durch die Besteuerung des Faktors Umwelt nicht nur eine Internalisierung externer Effekte erzielen ließe, sondern – quasi als Nebenprodukt – auch noch positive Beschäftigungseffekte auf dem Arbeitsmarkt erzielen ließen – was doch angesichts der anhaltend hohen Massenarbeitslosigkeit[11] nur zu begrüßen wäre. Tatsächlich waren die angeblichen Beschäftigungseffekte ein wichtiges politisches Verkaufsargument für die ÖSR. Ökosteuern erfreuen sich nämlich – dies zeigen

---

[11] Zur Erinnerung: 1997 etwa lag die Arbeitslosenquote in Deutschland bei 11,4%.

Tab. 5.1 Erhöhungssätze im Rahmen der Ökologischen Steuerreform

Energieträger (Einheit)	1. Stufe 01/1999	2. Stufe 01/2000	3. Stufe 01/2001	4. Stufe 01/2002	5. Stufe 01/2003
Kraftstoffe (Cent/L)	3,07	3,07	3,07	3,07	3,07
Leichtes Heizöl (Cent/L)	2,05	–	–	–	–
Schweres Heizöl (Cent/kg)	–	0,26	–	–	0,71
Erdgas (Cent/kWh)	0,16	–	–	–	0,20
Strom (Cent/kWh)	1,02	0,26	0,26	0,26	0,26

Quelle: UBA (2002), S. 9, Angaben gerundet.

Befragungen immer wieder – keiner allzu großen Beliebtheit im Wahlvolk. Im akademischen Raum wurde die Debatte etwas differenzierter und „technischer" geführt und sie hatte auch einen anderen Namen: Es handelt sich um die bis heute in der Fachwelt anhaltende Debatte um die Möglichkeit einer sogenannten doppelten Dividende.[12] Was darunter genau zu verstehen ist, wird im Verlauf dieser Fallstudie erläutert. Wir gehen dabei im Einzelnen wie folgt vor: Zunächst werden wir die wesentlichen Regelungen der ÖSR erläutern, insbesondere die Steuersätze auf unterschiedliche Energieträger. Dann werden wir uns mit der Frage auseinandersetzen, ob eine ÖSR tatsächlich zu einer zweiten Dividende auf dem Arbeitsmarkt führt. Wir werden sehen, dass das Urteil der Wissenschaft weit skeptischer ausfällt als das der Politik. Drittens werden wir abschließend die ÖSR unter rein umweltpolitischen Aspekten einer kritischen Würdigung unterziehen: Entfaltet die ÖSR überhaupt die aus Sicht der Theorie erforderliche ökologische Lenkungswirkung – oder ist sie vielleicht doch nur ein weiterer willkommener Vorwand gewesen, dem Fiskus eine weitere Finanzierungsquelle zu erschließen? Wir werden sehen, dass einiges für letzteres spricht.

Die ÖSR von 1999

Am 1. April 1999 trat das Gesetz über die Ökologische Steuerreform in Kraft. Es sieht die Verteuerung des Verbrauchs von Energie vor. Besteuert werden Kraftstoffe (Benzin und Diesel), schweres und leichtes Heizöl, Erdgas sowie der Stromverbrauch. Die folgende Tabelle 5.1 enthält die Erhöhungssätze der insgesamt fünf Stufen der ÖSR. Die letzte Stufe trat im Januar 2003 in Kraft.

Berücksichtigt man die Tatsache, dass die Energieträger teilweise schon der Mineralölsteuer unterliegen, ergibt sich die in Tabelle 5.2 ausgewiesene Gesamtsteuerbelastung. Der Großteil des Aufkommens aus der Ökosteuer wird als Bundeszuschuss an die Gesetzliche Rentenversicherung (GRV) überwiesen und dient dort der Stabilisierung des Beitragssatzes in der GRV.

---

[12] Für einen Überblick vgl. Schöb (2005).

Tab. 5.2 Gesamtsteuerbelastung auf Energieträger

Energieträger (Einheit)	Steuersätze nach		
	Mineralöl-StG bis 03/1999	Mineralöl-StG plus Ökosteuer in 2003	Ökosteuer in 2003
Diesel (Cent/L)	31,70	47,04	15,34
Benzin (Cent/L)	50,11	65,45	15,34
Leichtes Heizöl (Cent/L)	4,09	6,14	2,05
Schweres Heizöl (Cent/kg)	1,53	2,50	0,97
Erdgas (Cent/kWh)	0,18	0,55	0,37
Strom (Cent/kWh)	–	2,05	2,05

Quelle: UBA (2002), S. 10. Angaben gerundet.

Es gibt einige Ausnahmeregelungen, die in unserem Zusammenhang von erheblicher Bedeutung sind: Zum einen gilt für das Produzierende Gewerbe sowie die Land- und Forstwirtschaft ein ermäßigter Steuersatz. Diese Sektoren zahlten zunächst lediglich 20% des Regelsteuersatzes. Der ermäßigte Steuersatz wurde 2003 auf 60% des Regelsatzes angehoben. Zum anderen können Unternehmen sich einen Teil ihrer Steuerschuld rückerstatten lassen. Die fatale Wirkung dieser Erstattung wird uns im letzten Abschnitt dieser Fallstudie beschäftigen.

Die Theorie der doppelten Dividende

Emissionssteuern werden in erster Linie zur Internalisierung externer Effekte gefordert. Wir haben uns bereits ausführlich klar gemacht, dass das zentrale Problem aus Sicht der Wirtschaftswissenschaft die effizienzschädigende Wirkung von externen Effekten ist. Emissionssteuern sind – im Idealfall – geeignete Instrumente, um den gesamtwirtschaftlichen Wohlfahrtsverlust, der durch einen negativen externen Effekt eintritt, zu vermeiden. Die zentrale Idee war sehr einfach: Als tiefere Ursache für das Marktversagen haben wir ausgemacht, dass die physische Verursacherin der Externalität bestimmte, damit verbundene (externe) Kosten nicht selbst trägt und daher bei ihren Entscheidungen nicht berücksichtigt. Wenn die Steuer die physische Verursacherin nun genau mit diesen externen Kosten belastet, so wird sie dadurch zur Berücksichtigung gezwungen und ihr Verhalten in der gewünschten optimalen Weise anpassen. Das Marktversagen ist dann geheilt. Dies ist die rein umweltökonomische Betrachtungsweise von Pigou-Steuern.

Um die Debatte über die doppelte Dividende zu verstehen, muss man sich zunächst noch mit einer anderen Betrachtungsweise von Steuern vertraut machen. Steuern sind in der Volkswirtschaftslehre das Kernthema der Finanzwissenschaft. Aus finanzwissenschaftlicher Sicht sind Steuern grundsätzlich problematisch, weil sie i.d.R. mit Effizienzverlusten einhergehen.[13] Die Ursache für den Effizienzverlust ist einfach einzusehen: Jede Besteuerung – sei es die Besteuerung eines bestimmten Guts durch eine spezielle Verbrauchssteuer oder die Besteuerung des Faktors Arbeit durch die Einkommensteuer – verändert das Preissignal am Markt. Eine Besteuerung des Faktors Arbeit etwa verteuert diesen in Relation zu anderen Produktionsfaktoren und reduziert damit die am Arbeitsmarkt resultierende Beschäftigung. Wir werden uns diesen Effekt weiter unten grafisch genauer klar machen.

Die Pigou-Steuer macht von dieser grundlegenden Eigenschaft von Steuern keine Ausnahme: Auch sie provoziert Effizienzverluste, wie wir in Abschnitt 5.2 erläutert haben. Schauen wir uns hier die Wohlfahrtswirkungen einer Pigou-Steuer noch einmal in einem etwas anderen Modell an.

Ausgangspunkt unserer Überlegungen ist ein Markt, auf dem ein „schmutziges Gut" gehandelt wird. Das heißt ein Gut, dessen Produktion mit negativen externen Effekten und damit externen Kosten verbunden ist. Zur Vereinfachung nehmen wir an, dass die privaten Grenzkosten der Produktion (GK_{priv}) konstant seien und die externen Kosten proportional zur Ausbringungsmenge wachsen. Ohne staatliche Regulierung wird der Markt zur Wettbewerbslösung (wir unterstellen vollkommene Konkurrenz) tendieren: Im Gleichgewicht entspricht die marginale Zahlungsbereitschaft der Nachfragerinnen (abgebildet durch die inverse Marktnachfragekurve) den privaten Grenzkosten der Produktion. Da die Produzentinnen den externen Effekt nicht berücksichtigen, fällt die Gleichgewichtsmenge zu hoch aus. Der Markt bringt die Menge Q_{Markt} hervor, effizient wäre aber, nur bis zu Q_{Opt} zu produzieren. Diese sozial optimale Produktionsmenge ergibt sich aus dem Schnittpunkt der inversen Nachfragekurve mit der sozialen Grenzkostenkurve (GK_{soz}) – da diese oberhalb der privaten Grenzkosten verläuft, muss das gesellschaftliche Optimum links von der Marktlösung liegen (vgl. Abbildung 5.6).

Der Pigou-Steuersatz t_p kann bekanntlich das Problem lösen (allerdings auch nur unter der Bedingung vollständiger Information). Wählt die soziale Planerin den Steuersatz so, dass dieser der Differenz aus privaten und sozialen Grenzkosten *im Optimum* entspricht, werden sich kostenminimierende Produzentinnen so an den Steuersatz anpassen, dass der Markt letztlich doch die sozial optimale Menge hervorbringt. Dies wurde in Abschnitt 5.2 gezeigt. Machen wir uns nun die Wohlfahrtseffekte genauer klar. Hierzu betrachten wir wieder Abbildung 5.6.

Da wir vereinfachend konstante private Grenzkosten angenommen haben, spielt zunächst einmal die Produzentenrente keine Rolle in der folgenden Betrachtung. Die Pigou-Steuer mit Steuersatz t_p und in der Folge das Absinken der Menge auf den sozial

---

[13] Effizienzverluste treten auf, wenn es sich um sogenannte verzerrende Steuern handelt – eine Ausnahme bilden Kopf- oder englisch „lump-sum"-Steuern, bei denen ein fixer Betrag pro Steuerbürgerin erhoben wird, völlig unabhängig von irgendeiner zugrundeliegenden Bemessungsgrundlage wie Einkommen oder Umsatz. Kopfsteuern weisen keinerlei verzerrende Effekte auf, da sie zu keinen Verhaltensänderungen führen. Bedauerlicherweise kommt man aber in der Realität kaum um den Einsatz verzerrender Steuern herum.

Abb. 5.6 Wohlfahrtseffekte der Pigou-Steuer

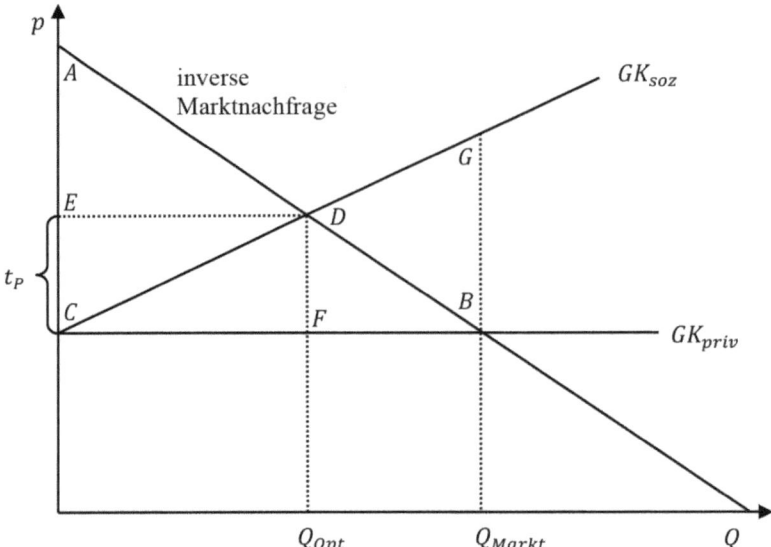

erwünschten Wert Q_{Opt} haben offenbar einen Verlust an Konsumentenrente zur Folge. In der unregulierten Situation – also ohne Staatseingriff – entspricht die Konsumentenrente dem Dreieck ABC. Durch die Erhebung der Pigou-Steuer reduziert sich die Konsumentenrente auf das kleinere Dreieck ADE. Es entsteht also ein Verlust an Konsumentenrente in Höhe der Fläche EDBC. Der Verlust an Konsumentenrente wird teilweise durch die Entstehung eines positiven Steueraufkommens aufgewogen. Das Steueraufkommen aus der Pigou-Steuer kann leicht abgelesen werden als das Rechteck EDFC (auf jede Einheit des schmutzigen Guts im Optimum ist ja schließlich der Pigou-Steuersatz t_p zu entrichten). Wie man aber sieht, gleicht die Entstehung des Steueraufkommens den Verlust an Konsumentenrente nicht komplett aus. Es entsteht vielmehr ein Nettowohlfahrtsverlust (die Zusatzlast der Besteuerung), der dem Dreieck DBF entspricht. Die Ursache der Entstehung der Zusatzlast ist darin zu sehen, dass Steuern die relativen Preise und damit das Verhalten der Besteuerten ändern: Wird beispielsweise Arbeitseinkommen besteuert, dann reduziert die Steuer den Nettolohn, den die Beschäftigten nach Steuerabzug behalten und dies mindert die Anreize, Arbeit anzubieten. Eine Steuer auf Arbeitseinkommen reduziert daher tendenziell das Arbeitsangebot – ein Effekt, der uns weiter unten wieder begegnen wird.

Natürlich entsteht durch die Pigou-Steuer aber auch ein positiver Wohlfahrtseffekt: Wir haben festgestellt, dass aus gesellschaftlicher Sicht in der Marktlösung letztlich ein zu hohes Aktivitätsniveau in der Produktion gewählt wird. Durch die Pigou-Steuer wird dieses Aktivitäts- und damit Schädigungsniveau auf das sozial optimale Maß reduziert. Das Problem negativer externer Effekte war, kurz gesagt, dass die sozialen Grenzkosten die privaten Grenzkosten der Produktion übersteigen. Da infolge der Erhebung von t_p das Produktionsniveau auf Q_{Opt} abgesenkt wird, entsteht ein Wohlfahrtsgewinn in Form von internalisierten externen Kosten. Er kann in Abbildung 5.6 abgelesen werden als die Fläche DGBF. Saldieren wir diesen Wohlfahrtsgewinn mit dem Rückgang an Konsumentenrente, so stellen wir fest, dass die Pigou-Steuer netto zu einem Wohlfahrtsgewinn in Höhe des Dreiecks DGB führt. Diese Fläche wird in der Literatur üblicherweise als *Nettoumweltdividende* bezeichnet. Die Fläche DGBF stellt demgegenüber die sogenannte *Bruttoumweltdividende* dar. Soweit reproduziert unsere Analyse weitgehend unseren bisherigen Kenntnisstand. Die Pigou-Steuer ruft, wie jede andere verzerrende Steuer auch, eine Zusatzlast hervor. Der Wohlfahrtseffekt aus dem Rückgang der schädigenden Aktivität überkompensiert jedoch die Zusatzlast, so dass per Saldo ein gesellschaftlicher Zusatznutzen entsteht.

Ein paar wenige Worte sind noch über das Steueraufkommen zu verlieren. In ihrer ursprünglichen Form intendiert die Pigou-Steuer nicht die Entstehung von Steuereinnahmen. Sie ist eine sogenannte Lenkungssteuer, sie will das Verhalten der Wirtschaftssubjekte beeinflussen. Bezüglich der Verwendung der Steuereinnahmen tun sich verschiedene Möglichkeiten auf. Eine Möglichkeit bestünde darin, das Steueraufkommen einfach in Form gleicher Pro-Kopf-Erstattungsbeträge (sogenannte lump-sum-Transfers) an die Bürgerinnen zurückzuschleusen. Dies würde die Anreizwirkung der Pigou-Steuer unberührt lassen: Der verhaltenslenkende Effekt stellte sich trotzdem ein. Im Zuge der Diskussion um die ökologische Steuerreform tauchte nun ein auf den ersten Blick verführerischer Gedanke auf: Man könnte das Pigou-Steueraufkommen auch dazu verwenden, die verzerrende Wirkung anderer Steuern zu mindern – etwa die verzerrende Wirkung der Besteuerung von Arbeitseinkommen.

Abbildung 5.7 zeigt das neoklassische Grundmodell des Arbeitsmarkts. Es ist an dieser Stelle vernachlässigbar, dass reale Arbeitsmärkte – zumindest in Europa – etwas anders funktionieren. Für didaktische Zwecke reicht das neoklassische Modell völlig aus. Das Diagramm enthält die übliche steigende inverse Arbeitsangebotsfunktion (L_S) sowie die übliche fallende inverse Arbeitsnachfragefunktion (L_D). Arbeitskräfte sind in der Regel bereit, bei höheren Lohnsätzen mehr Arbeitskraft anzubieten; Unternehmen sind umgekehrt bei fallenden Lohnsätzen bereit, mehr Arbeitskräfte zu beschäftigen. Die Ware Arbeitskraft unterscheidet sich also in diesem Modell zunächst einmal nicht von anderen Gütern. Angenommen nun, die Erzielung von Arbeitseinkommen unterliegt der Besteuerung mit dem Steuersatz t_L^1. Die Erhebung einer Steuer auf Arbeitseinkommen treibt nun einen – jeder Beschäftigten aus ihrer Gehaltsabrechnung nur zu vertrauten – Keil zwischen Bruttolohn und Nettolohn: Während die Unternehmen in Abbildung 5.7 den Beschäftigten den Bruttolohn w_B auszahlen, bleibt in deren Portemonnaie jedoch lediglich der Nettolohnsatz w_N übrig. Die Differenz zwischen beiden Größen ist exakt der Steuersatz, der auf Arbeitseinkommen zu entrichten ist, d.h. $w_B - w_N = t_L^1$. Offenbar reduziert die Besteuerung die Anreize für die Arbeitnehmerinnen, ihre Arbeitskraft anzubieten: Die Erhebung einer Steuer wirkt wie eine Lohnsenkung, und dies mindert bekanntlich die Arbeitsanreize. Das Arbeitsangebot geht also zurück auf den Wert $L_2 < L_1$. Es entsteht ein Steueraufkommen in Höhe der Fläche des Rechtecks DBCE. Wie man sieht, entsteht aber auch hier – wie nicht anders zu erwarten – eine Zusatzlast der Besteuerung. Sie kann abgelesen werden als das Dreieck BAC.

Abb. 5.7 Reduzierte Zusatzlasten auf dem Arbeitsmarkt

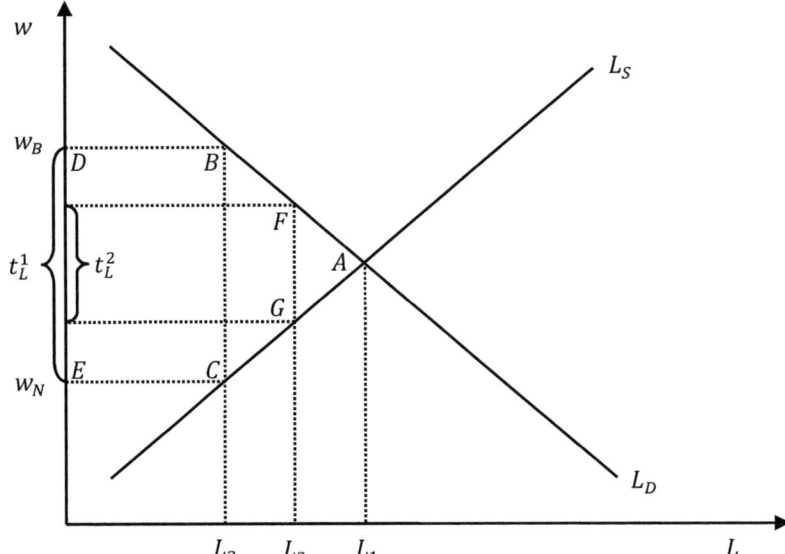

Der Traum von der doppelten Dividende ist nun ein verlockend einfacher: Man nimmt das Aufkommen aus der Pigou-Steuer und finanziert damit eine steuerliche Entlastung des Faktors Arbeit, d.h.: Das Steueraufkommen aus der Arbeitseinkommensteuer wird nun genau um den Betrag des Aufkommens aus der Umweltsteuer reduziert. Der Steuersatz auf Arbeitseinkommen kann demzufolge abgesenkt werden (von t_L^1 auf t_L^2), und die Zusatzlast der Besteuerung im Arbeitsmarkt kann reduziert werden (auf das kleinere Dreieck FAG). Die negativen Leistungsanreize aus der Besteuerung von Arbeit werden ebenfalls reduziert und die Beschäftigung steigt (von L_2 auf L_3).

Damit wäre zunächst einmal die Grundidee von der doppelten Dividende im Kern erläutert. Die Literatur verwendet den Begriff der doppelten Dividende nicht ganz einheitlich. Während bei der Umweltdividende keine Unterschiede in der Terminologie existieren, wird als zweite oder doppelte Dividende manchmal die Beschäftigungszunahme am Arbeitsmarkt verstanden, oft aber auch die Abnahme von Zusatzlasten des gesamten Steuersystems. Wir schließen uns letzterer Lesart an. Von einer doppelten Dividende spricht man demzufolge genau dann, wenn die Einführung der Pigou-Steuer die *gesamte Zusatzlast des Steuersystems* vermindert. Neben diesen terminologischen Feinheiten taucht natürlich aber die Frage auf, was von der doppelten Dividende tatsächlich zu halten ist. Was ist dran an der Behauptung, man könne durch die Erhebung einer Umweltsteuer neben der Umweltdividende auch noch eine Arbeitsmarktdividende einfahren in Form geringerer Verzerrungen bei der Besteuerung des Faktors Arbeit?

Bei der Beantwortung dieser Frage muss man sich klar machen, dass wir uns bislang im Rahmen einer Partialanalyse bewegen. Die geneigte Leserschaft wird die Partialanalyse zur Genüge aus ihren einführenden Vorlesungen in die Volkswirtschaftslehre kennen. Wird etwa in der Mikro-Vorlesung das Grundmodell von Angebot und Nachfrage eingeführt, dann geschieht dies in der Regel dadurch, dass man einen isolierten Markt betrachtet unter Aussparung aller übrigen Märkte, die in einer Volkswirtschaft außerdem noch von Bedeutung sein mögen. Im Rahmen solcher *partialanalytischen* Betrachtungen kann man bereits bedeutsame Einsichten gewinnen. Die Ableitung der Theorie der doppelten Dividende geschah bisher genau in einem solchen partialanalytischen Rahmen. Kann dieses Vorgehen im vorliegenden Fall aber gerechtfertigt werden? Eine Beschränkung auf die Partialanalyse wäre dann und nur dann zu rechtfertigen, wenn zwischen dem Markt für das schmutzige Gut und dem Arbeitsmarkt keinerlei Wechselbeziehungen bestünden. Damit ist aber nicht zu rechnen! Machen wir uns kurz klar, warum.

Gottfried und Wiegard (1995) haben im Rahmen einer numerischen allgemeinen Gleichgewichtsanalyse die Effekte von ökologischen Steuerreformen untersucht. Sie gehen dabei von folgender Situation aus: Konsumentinnen haben die Wahl zwischen zwei Konsumgütern – einem „sauberen Gut" und einem „schmutzigen Gut". Das schmutzige Gut geht in der Produktion mit negativen externen Effekten einher. Vom Produktionsniveau des schmutzigen Guts hängt der Arbeitseinsatz ab: Wird weniger vom schmutzigen Gut produziert (z.B. infolge der Einführung einer Ökosteuer), dann reduziert dies den Arbeitskräftebedarf. Bereits hier wird deutlich, dass Güter- und Arbeitsmarkt interdependent sind und eine Partialanalyse deshalb nicht angebracht ist. Außerdem wird durch den Staat ein öffentliches Gut (z.B. Landesverteidigung) bereitgestellt. In der Referenzsituation wird das öffentliche Gut komplett aus dem Aufkommen einer Kopfsteuer finanziert (**Szenario 1**). Es existiert in diesem hypothetischen Vergleichsfall weder eine Einkommensteuer noch eine Pigou-Steuer. Aus der Optimalsteuertheorie ist bekannt, dass Kopfsteuern effizient sind – allerdings nur, falls keinerlei externe Effekte existieren. Gottfried und Wiegard betrachten dann verschiedene Szenarien:

Szenario 2: Das *first-best-Optimum*. Das öffentliche Gut wird über Kopfsteuern finanziert. Es wird eine Pigou-Steuer auf das schmutzige Gut eingeführt. Das daraus erzielte Steueraufkommen wird zur Finanzierung des öffentlichen Guts verwendet. Was dann eventuell noch fehlt, wird durch Kopfsteuern erhoben. Insofern stellt auch Szenario 2 immer noch eine Nirwanawelt dar. Das Szenario verfolgt hauptsächlich den Zweck, die wesentlichen Wirkungen der Pigou-Steuer im Totalmodell zu identifizieren. Es zeigen sich folgende Effekte: Der Konsum des schmutzigen Guts geht massiv zurück; dadurch entsteht eine erhebliche Bruttoumweltdividende. Allerdings verursacht die Pigou-Steuer negative Beschäftigungseffekte: Die Pigou-Steuer wirkt wie eine Reallohnsenkung[14], weil sie das verfügbare Einkommen reduziert. Bei positiver Arbeitsangebotselastizität nimmt die gleichgewichtige Beschäftigung ab, die Wirtschaftssubjekte substituieren aggregierten Konsum und Freizeit: Die Freizeitnachfrage steigt, der aggregierte Konsum geht zurück. Dadurch entsteht eine Zusatzlast der Besteuerung aus der Pigou-Steuer. Per Saldo entsteht jedoch ein beträchtlicher Nettowohlfahrtsgewinn, d.h., die Bruttoumweltdividende ist sehr

---

[14] Unter dem Reallohn versteht man den Quotienten aus Nominallohn, w, und Preisniveau, p, also w/p.

viel größer als die induzierten Zusatzlasten. Zusammenfassend lässt sich festhalten: Eine Pigou-Steuer führt zu einer positiven Bruttoumweltdividende einerseits, zu steigenden Zusatzlasten des Steuersystems andererseits. Per Saldo nimmt die gesellschaftliche Wohlfahrt zu.

Szenario 3: Die Verfügbarkeit von lump-sum-Steuern wird jetzt fallen gelassen. Stattdessen wird angenommen, dass das öffentliche Gut komplett über eine verzerrende Einkommensteuer[15] finanziert wird. Von einer Pigou-Steuer auf das schmutzige Gut wird zunächst abgesehen. Im Ergebnis gehen von der *Einkommensteuer positive ökologische Effekte* aus, denn die Einkommensteuer reduziert den Reallohnsatz und damit sinkt das Arbeitsangebot. Wegen des geringeren verfügbaren Einkommens nimmt auch der Konsum ab – sowohl des sauberen, wie auch des schmutzigen Guts. Es wird aber nicht zwischen dem sauberen und dem schmutzigen Gut substituiert, d.h., es liegt ein reiner Einkommenseffekt, jedoch kein Substitutionseffekt vor. Deshalb ist auch die Bruttoumweltdividende unter der Einkommensteuer geringer als unter der Pigou-Steuer in Szenario 2. Dies liegt offensichtlich an der fehlenden Lenkungswirkung der Einkommensteuer. Außerdem entstehen natürlich durch die *Verzerrung auf dem Arbeitsmarkt Zusatzlasten*. Diese sind jedoch geringer als unter der Pigou-Steuer. Man kann damit festhalten: Die Pigou-Steuer ist unter ökologischen Aspekten einer Einkommensteuer überlegen (größere Bruttoumweltdividende), aber unter finanzwissenschaftlichen Gesichtspunkten unterlegen (größere Zusatzlast der Besteuerung). Interessant ist, dass auch unter einer Einkommensteuer per Saldo ein positiver Wohlfahrtseffekt resultiert, d.h., die Bruttoumweltdividende übersteigt die Zusatzlast der Besteuerung.

Szenario 4: Im dritten Szenario wird mit der Einkommensteuer lediglich das öffentliche Gut finanziert. Man könnte nun versuchen, mit einer Erhöhung des Einkommensteuersatzes Umweltpolitik zu betreiben (das überschüssige Einkommensteueraufkommen wird an die Besteuerten zurückgeschleust). Im Modell von Gottfried und Wiegard zeigt sich tatsächlich, dass durch eine Anhebung des Einkommensteuersatzes weitere Nettowohlfahrtsgewinne verbucht werden können (die Bruttoumweltdividende steigt stärker als die Zusatzlasten). Das kann, muss aber nicht zwingend der Fall sein.

Szenario 5: In diesem Szenario werden nun Einkommensteuer und Pigou-Steuer erstmals simultan eingesetzt. Es wird angenommen, dass die Einkommensteuer zur Finanzierung des öffentlichen Guts verwendet wird, das Pigou-Steueraufkommen hingegen wird pauschal an die Besteuerten zurück geschleust. Der Sinn dieses Szenarios ist vor allem didaktischer Natur: Mit ihm soll der sogenannte tax interaction effect seziert werden, der etwas weiter unten erklärt wird. Außerdem kann Szenario 5 auch interpretiert werden als eine effiziente Auflagenpolitik des Staats: Bei vollständiger Information könnte die Regierung das gewünschte Umweltniveau auch durch eine effiziente Auflage dekretieren. Folgende Effekte lassen sich identifizieren: Zunächst einmal ergibt sich eine erhebliche Bruttoumweltdividende. Dies kann kaum verwundern: Die Besteuerung des Konsums des

---

[15] Im Modell ist die einzige Einkommensquelle Arbeitseinkommen. Damit handelt es sich also um eine Lohnsteuer.

schmutzigen Konsumguts reduziert die Nachfrage nach diesem Gut beträchtlich und führt dort zur Internalisierung des externen Effekts. Es gibt aber einen negativen Effekt auf die Beschäftigung und eine steuerliche Zusatzlast: Die Pigou-Steuer erhöht die Konsumentenpreise, senkt damit den Reallohn und somit auch das Arbeitsangebot. Damit ergeben sich bei der Einkommensteuer aber Einnahmeausfälle. Wenn das Angebot öffentlicher Güter als konstant gegeben ist, muss daher zur Finanzierung des öffentlichen Guts der Steuersatz der Einkommensteuer angehoben werden. Dies ist der von Goulder (1995) identifizierte „tax interaction effect". Die Ökosteuer vermindert das Einkommensteuer*aufkommen*, deshalb muss der Einkommen*steuersatz* angehoben werden. Dies steigert die Zusatzlast auf dem Arbeitsmarkt. Damit ist klar: Es kann leicht der Fall sein, dass die gesamten direkten und indirekten Zusatzlasten aus der Pigou-Steuer die Bruttoumweltdividende übersteigen. Eine ÖSR lässt sich dann ökonomisch nicht rechtfertigen. Zwei wichtige Einflussfaktoren auf die Zusatzlast sind die Arbeitsangebotselastizität und der Ausgangssteuersatz. Je elastischer das Arbeitsangebot einerseits, desto höher die Zusatzlast; und je höher andererseits der Einkommensteuersatz bereits in der Ausgangslage, desto größer fällt die Zusatzlast aus. Damit ist klar: Ob eine doppelte Dividende existiert, wird zu einer empirischen Frage. Der Faktor Arbeit ist aber in der Realität bereits steuerlich hoch belastet. Es erscheint aus empirischer Sicht daher mehr als fraglich, ob sich durch die Einführung einer Ökosteuer eine doppelte Dividende realisieren lässt.

Szenario 6: Wir interpretieren Szenario 5 nun als effiziente Auflagenpolitik. Jedoch wird nun das Pigou-Steueraufkommen in Szenario 6 nicht mehr rückgeschleust, sondern zur Absenkung des Lohnsteuersatzes verwendet. Bei identischer Bruttoumweltdividende ergeben sich nun natürlich geringere Zusatzlasten des Steuersystems. Wird also eine Umweltauflage (Szenario 5) durch eine optimale Pigou-Steuer ersetzt und außerdem die Lohnsteuer entsprechend abgesenkt, so könnte man von einer „schwachen doppelten Dividende" sprechen.

Szenario 7: Schließlich gehen Gottfried und Wiegard der eigentlich interessierenden Frage nach, nämlich wie eine aufkommensneutrale ÖSR wirkt. D.h., zusätzlich zu einer bereits existierenden verzerrenden Einkommensteuer wird nun eine optimale Pigou-Steuer eingeführt. Das Aufkommen aus der Ökosteuer wird zur Absenkung des Einkommensteuersatzes verwendet. Außerdem wird die Beschränkung aus den Szenarien 5 und 6 aufgegeben, wonach ein bestimmtes Umweltziel zu implementieren ist. Gesucht ist in Szenario 7 also mit anderen Worten die second-best[16] optimale Kombination aus Lohn- und Pigou-Steuer. Was sind die Ergebnisse? Verglichen mit der Situation, in der nur eine verzerrende Einkommensteuer erhoben wird (vgl. Szenario 3) ergeben sich höhere Zusatzlasten des Steuersystems insgesamt – d.h.: Eine doppelte Dividende existiert, zumindest für die von Gottfried und Wiegard gewählte Parametrisierung des Modells, nicht. Die Bruttoumweltdividende allerdings fällt, wie zu erwarten, unter der aufkommensneutralen ÖSR höher aus. Tatsächlich übersteigt die Bruttoumweltdividende die von der Pigou-Steuer

---

[16] „Second-best Optimalität" impliziert in unserem Kontext, dass ein Steuersystem ein bestimmtes, erforderliches Steueraufkommen zu geringsten Zusatzlasten generiert.

insgesamt verursachten Zusatzlasten, so dass sich unter Gesichtspunkten der Gesamtwohlfahrt eine ÖSR rechtfertigen lässt (die Nettowohlfahrt der Gesellschaft ist positiv). Es bleibt aber festzuhalten, dass die ersehnte doppelte Dividende hier nicht existiert! Mehr noch: Die Beschäftigung geht, wenn auch nur leicht, zurück!

Damit soll nun keineswegs der Stab über ökologische Steuerreformen gebrochen werden. Um es noch einmal deutlich zu sagen: Eine ökologische Steuerreform kann ökonomisch gerechtfertigt werden, auch wenn keine doppelte Dividende existieren sollte. Aber: Die Beurteilung der Vorteilhaftigkeit einer Ökosteuer wird dann etwas komplizierter. Man muss dann letztlich die erzielbare Bruttoumweltdividende vergleichen mit den Zusatzlasten, die die Ökosteuer zusammen auf dem Güter- sowie dem Arbeitsmarkt hervorruft. Nur wenn die Bruttoumweltdividende die gesamten Zusatzlasten übersteigt, ist die Einführung einer Ökosteuer ökonomisch gerechtfertigt. Die einfache (partialanalytische) Version der doppelten Dividende suggeriert, man könne den Zielkonflikt zwischen Ökonomie und Ökologie auflösen. Die genauere Analyse im Rahmen eines Totalmodells zeigt jedoch, dass dies keineswegs immer der Fall ist. Unter realistischen Bedingungen muss eher damit gerechnet werden, dass die Verfolgung des Umweltziels nur zu einem bestimmten Preis, nämlich die Inkaufnahme höherer Zusatzlasten auf dem Arbeitsmarkt, zu haben ist.

Man sollte also an die Einführung von Ökosteuern keine zu großen Erwartungen bezüglich ihrer Arbeitsmarkteffekte stellen: Ökosteuern sind kein probates Mittel, um die Beschäftigung spürbar zu steigern. Bei der Beurteilung der Sinnhaftigkeit ökologischer Steuerreformen sollten daher die umweltökonomischen Aspekte klar im Vordergrund stehen. Wenden wir uns daher nun schließlich noch der Beurteilung der ÖSR 1999 aus einem engeren, rein umweltökonomischen Blickwinkel zu.

Die ÖSR 1999 aus umweltökonomischer Sicht
Der primäre Zweck einer Pigou-Steuer besteht in der Internalisierung negativer externer Effekte. Eine ökologische Steuerreform muss daher vor allem nach dem Kriterium ihrer ökologischen Lenkungswirkung beurteilt werden. Leistet die Ökosteuer wirklich das, was sie intendiert, nämlich umweltschädigende Aktivitäten zu reduzieren?

Die ÖSR von 1999 belastet den Verbrauch von Energie, die aus der Verbrennung fossiler Energieträger erzeugt wird. Das erklärte Ziel im Vorfeld der Reform war es, so einen Beitrag zur Einsparung von CO_2-Emissionen zu leisten.

Aus umweltökonomischer Sicht muss zunächst einmal befremden, dass als Steuerbemessungsgrundlage der Energieverbrauch gewählt wurde. Wenn es tatsächlich der CO_2-Ausstoß ist, der reduziert werden soll, warum unterwirft man dann nicht die CO_2-Emissionen der Besteuerung? Messtechnische Argumente tragen hier nicht besonders weit: Die CO_2-Emissionen ließen sich ohne weiteres aus dem Brennstoffeinsatz berechnen. Schließlich existiert ein fixes Verhältnis aus Brennstoffmenge und resultierenden CO_2-Emissionen (vgl. hierzu auch Abschnitt 5.7).

Außerdem gibt es aus umweltökonomischer Sicht zunächst kein stichhaltiges Argument für eine differenzierende Besteuerung: Es ist kaum zu rechtfertigen, dass die unterschiedlichen Energieträger (Benzin, Diesel, schweres Heizöl, leichtes Heizöl, Strom) mit ganz unterschiedlichen Steuersätzen belegt worden sind.[17] Die umweltschädigende Wirkung einer Tonne CO_2 ist dieselbe, gänzlich unabhängig davon, ob sie durch die Verbrennung von Benzin, Diesel oder Heizöl verursacht wurde.

Sieht man von diesen Schwachpunkten einmal ab[18], dann sollte man aber wenigstens erwarten dürfen, dass von der Einführung der Ökosteuer Anreize zum Energiesparen ausgehen. Aber nicht einmal das ist gegeben, wie von Böhringer und Schwager (2003) am Beispiel der Stromsteuer gezeigt wurde. Um diese überraschende Wendung zu verstehen, muss man sich nochmals vergegenwärtigen, dass die ÖSR mit wichtigen Ausnahmeregelungen und Rückerstattungskonstruktionen umgesetzt wurde. Zum einen gilt für das Produzierende Gewerbe und die Land- und Forstwirtschaft ein ermäßigter Steuersatz von zunächst lediglich 20% des Regelsteuersatzes, sofern die zusätzliche Steuerbelastung des Unternehmens jährlich den Betrag von 511 € übersteigt. 2002 entsprach dieser Steuerbetrag einem jährlichen Stromverbrauch von 28,6 MWh. Zum anderen aber gibt es für Unternehmen die Möglichkeit, sich einen Teil der Stromsteuer zurückerstatten zu lassen (sogenannter Spitzenausgleich). Die ÖSR von 1999 sieht vor, dass Unternehmen sich die Differenz aus dem Steuerbetrag und dem 1,2-fachen der Senkung der Arbeitgeberbeiträge in der Rentenversicherung erstatten lassen können. Diese Regelung konnten Unternehmen in Anspruch nehmen, deren Steuern auf Strom und Heizstoffe mehr als 511 € im Jahr betrugen und außerdem mehr als das 1,2-fache der Entlastung durch die Senkung der GRV-Beitragssätze. Welche Effekte haben diese Regelungen auf den effektiven Steuertarifverlauf? Es ergeben sich drei Tarifbereiche, die zu unterscheiden sind: Unterhalb eines Jahresverbrauchs von 28,6 MWh greift der Regelsatz der Stromsteuer. Er lag 2002 bei 17,9 €/MWh. Danach schließt sich ein Tarifbereich an, in dem der ermäßigte Steuersatz (20% des Regelsteuersatzes, also 3,60 €/MWh) greift. Und dann folgt schließlich der dritte Tarifbereich, der unter Anreizgesichtspunkten eine faustdicke – allerdings unangenehme – Überraschung birgt. Hier zeigt die Rückerstattungsregelung fatale Auswirkungen. Die Unternehmen erhalten hier die Differenz aus dem Stromsteuerbetrag und dem 1,2-fachen der Entlastung bei den Rentenbeitragssätzen erstattet. Bezeichnen wir mit T den Stromsteuerbetrag und mit ΔGRV den Betrag, der sich aus der Senkung der Rentenbeitragssätze in der GRV ergibt. Die Vergütung beträgt dann offenbar Vergütung = $T - 1{,}2\,\Delta GRV$. Damit ergibt sich folgende effektive Steuerzahlung:

$$T_{\mathit{eff}} = T - \mathit{Vergütung} \Longleftrightarrow T_{\mathit{eff}} = T - (T - 1{,}2\,\Delta GRV) = 1{,}2\,\Delta GRV \qquad (5.5).$$

---

[17] So wurde eine Tonne CO_2 aus der Verbrennung von Benzin 2006 mit einer Steuer von 65,87 € belegt, bei der Verbrennung von Erdgas jedoch nur mit einem Steuersatz von 18,04 € (vgl. Bach 2009).

[18] Als weitere Merkwürdigkeit der ÖSR muss gelten, dass der Energieträger Kohle – trotz seines sehr hohen Kohlenstoffgehaltes – zunächst überhaupt nicht besteuert wurde. Seit der Energiesteuerreform von 2006 wird der Einsatz von Kohle für Heizzwecke aber ebenfalls der Besteuerung unterworfen. Damit kam die Bundesregierung einer Forderung aus der EU-Energiesteuerrichtlinie nach.

Abb. 5.8 Der effektive Verlauf des Stromsteuertarifs 2002

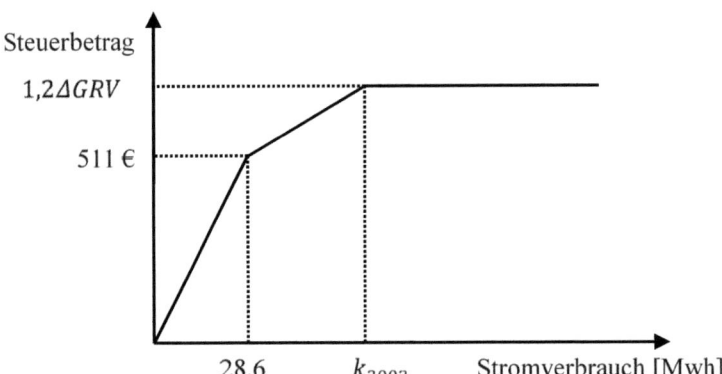

Quelle: Böhringer und Schwager (2003), S.218.

Der Tarifverlauf wird in Abbildung 5.8 gezeigt.

Im dritten Tarifbereich (oberhalb einer bestimmten kritischen Verbrauchsmenge k_{2002})[19] bleibt der zu entrichtende Steuerbetrag – völlig unabhängig von der Stromverbrauchsmenge – konstant![20] Dies könnte man allerdings schon als einen ökologischen Schildbürgerstreich bezeichnen, heißt ein derartiger Tarifverlauf doch, dass es ab der kritischen Verbrauchsmenge keinerlei Anreiz mehr gibt, den Stromverbrauch zu senken. Ein Unternehmen kann unter diesem Tarif durch energiesparende Verhaltensweisen keinerlei Steuern sparen. Die Ökosteuer nimmt in diesem Verbrauchsbereich die Form einer Kopfsteuer an. Kopfsteuern haben aus finanzwissenschaftlicher Sicht interessante Eigenschaften: Wie schon erwähnt handelt es sich bei ihnen nämlich um die einzigen Steuern, die in der Lage sind, Steuereinnahmen zu generieren, ohne Ausweichhandlungen zu provozieren.[21] Was finanzwissenschaftlich höchst erwünscht wäre, ist aber aus ökologischer Sicht hier überhaupt nicht zielführend. Eine Ökosteuer als Kopfsteuer auszugestalten stellt einen kapitalen Konstruktionsfehler dar. Die Lenkungswirkung einer derart konstruierten Ökosteuer

---

[19] Dieser Wert lässt sich leicht konkret berechnen, wenn die Entlastung des betreffenden Unternehmens bei den GRV-Zahlungen bekannt ist. Beträgt etwa die Entlastung 1.000 € pro Jahr, dann liegt der kritische Wert bei etwa 221 MWh. Dies lässt sich aus der Abbildung folgendermaßen bestimmen: $k_{2002} = \frac{1.200€ - 511€}{0,2 \cdot 17,9€/MWh} + 28,6 MWh = 221 MWh$.

[20] Und daran ändert sich auch nichts, wenn 60% des Regelsatzes zu entrichten sind. Im Gegenteil: Der Steuertarif verläuft dadurch im mittleren Tarifbereich steiler und erreicht die kritische Verbrauchsmenge, ab der der Steuerbetrag zu einer Konstanten wird, früher! Auch die Absenkung des Erstattungsfaktors von 1,2 auf 0,90 ändert an der grundsätzlichen Fehlkonstruktion der Stromsteuer nichts. Seit 2015 steht der Spitzenausgleich jedoch unter dem Vorbehalt einer Steigerung der Energieeffizienz von 1,3% jährlich (vgl. Deutscher Bundestag 2012).

[21] Egal, was man tut: Man zahlt immer denselben Steuerbetrag.

ist gleich Null. Die einzige Lenkungswirkung, die hier noch erkannt werden kann, ist rein fiskalischer Natur. Offenbar lenkt die Ökosteuer zusätzliche Mittel in den Bundeshaushalt – um per Bundeszuschuss letzten Endes die notorischen Finanzierungsprobleme der gesetzlichen Rentenversicherung zu lindern. Vom Einstieg in den „ökologischen Umbau der Marktwirtschaft", wie seinerzeit vollmundig von den Protagonisten der ÖSR versprochen, ist nicht allzu viel übrig geblieben.

5.4 Emissionshandel

Bei der Nutzung von Umweltgütern kommt es zu Ineffizienzen, weil diese Güter nicht auf Märkten gehandelt werden können. Deshalb entsteht kein Preis, der die Knappheit der Umwelt signalisiert und daher werden die externen Kosten nicht im Handeln der Wirtschaftssubjekte berücksichtigt. Die Pigou-Steuer versucht genau diesen fehlenden Preis für Umweltgüter zu simulieren. Eine andere Möglichkeit, das Marktversagen zu korrigieren, sind handelbare Emissionsrechte (auch „Zertifikate" genannt). Dieses Instrument setzt bei der Korrektur im Grunde noch eine Stufe früher an. Bei diesem Konzept wird versucht, den fehlenden Markt für Umweltgüter zu schaffen. Wie aber kann das funktionieren – immerhin gibt es gute Gründe dafür, dass solche Märkte nicht entstehen können, weil Umweltgüter sehr spezifische Charakteristika aufweisen. Insbesondere funktioniert bei ihnen das Ausschlussprinzip nicht und daher können keine exklusiven Eigentumsrechte an ihnen definiert und durchgesetzt werden.

Wie wir in Kapitel 4 gesehen haben, sind Umweltgüter tatsächlich öffentliche Güter oder Common Pool Resources und daran wird sich auch nichts ändern lassen. Die Erdatmosphäre etwa ist ein frei zugängliches Gut, niemand kann von ihrer Nutzung ausgeschlossen werden. Darüber hinaus ist der Nutzen, den dieses Gut stiftet, nicht rival. Wie aber sieht es mit Schadstoffemissionen aus? Bei ihnen könnte das Ausschlussprinzip folgendermaßen durchgesetzt werden: Wenn man eine bestimmte Menge des Schadstoffs emittieren möchte, muss man eine entsprechende Berechtigung, d.h. ein Emissionsrecht, vorweisen. Der Staat könnte solche Emissionsrechte definieren und das Ausschlussprinzip durchsetzen. Also müsste es doch möglich sein, solche Rechte für Emissionen auf Märkten zu handeln und so, zumindest indirekt, Märkte für Umweltgüter zu schaffen. Die Praxis gibt dieser Vermutung recht – in der Tat werden mittlerweile Emissionsrechte gehandelt, beispielsweise für Kohlendioxid (CO_2). So kostete das Recht, eine Tonne CO_2 zu emittieren, an der Leipziger Energiebörse EEX im August 2023 um die 85€ (vgl. Abschnitt 5.5). Wie aber genau bildet sich ein solcher Preis – wie funktioniert eigentlich ein solcher Markt für Verschmutzung? Schauen wir uns das Instrument also etwas genauer an.

Der erste Schritt, wenn es darum geht, einen solchen Markt zu installieren, besteht darin, dass der Staat festlegt, welche Schadstoffmenge insgesamt emittiert werden darf. Mit dieser Entscheidung wird also das ökologische Ziel eines Emissionshandelssystems festgelegt. In diesem Zusammenhang muss natürlich auch geklärt werden, in welchen räumlichen Grenzen und für welche Arten von Emittentinnen ein Emissionshandelssystem gelten soll.

Soll ein nationaler Markt implementiert werden oder ein supranationaler, wie im Falle des EU-Emissionshandels etwa? Ist der räumliche Geltungsbereich festgelegt, so muss definiert werden, welche emittierenden Wirtschaftseinheiten unter das System fallen sollen. Dabei geht es darum, auf welcher Ebene der Wertschöpfungskette in einer Volkswirtschaft die Verpflichtung zum Nachweis von Emissionsrechten eingeführt wird. Dieses Problem ist alles andere als trivial, kann man doch bei einem Schadstoff wie CO_2, für den die Emissionen in einem festen Verhältnis zur Menge der eingesetzten fossilen Energieträger stehen, sowohl das Inverkehrbringen der fossilen Energieträger (z.B. der Import oder die Förderung von Kohle) als auch die eigentliche Emission (z.B. CO_2-Emissionen eines Kraftwerks) als Anknüpfungspunkt für den Nachweis wählen.[22] Sinnvollerweise wählt man die Ebene der Wertschöpfungskette, bei der die Kontrollkosten relativ gering sind und zugleich eine hinreichend große Zahl an verpflichteten Unternehmen existiert. Letzteres ist notwendig, um einen kompetitiven Zertifikatmarkt zu schaffen. Nach diesen Schritten muss die Schadstoffmenge den beteiligten Emittentinnen zugeteilt werden. Der Staat stückelt also die Gesamtmenge in kleinere Einheiten und teilt den Emittentinnen dann eine entsprechende Anzahl an Zertifikaten zu. Die Zuteilung ist in der Praxis natürlich eine heftig umstrittene Angelegenheit, hängt von der Erstzuteilung doch ab, wie viele Emissionsrechte ein Unternehmen im anschließenden Handel möglicherweise zukaufen muss (oder verkaufen kann). Die Erstzuteilung der Zertifikate kann entweder kostenlos basierend auf historischen Emissionen erfolgen (sogenanntes Grandfathering) oder im Zuge einer Versteigerung.[23] Die kostenlose Zuteilung kann sich dabei z.B. an den historischen Emissionen orientieren. So könnte man den Unternehmen etwa eine Zuteilung in Höhe von x% ihrer bisher realisierten Emissionen zugestehen. Eine Reduzierung der Gesamtemission ist natürlich nur zu erwarten, wenn x tatsächlich kleiner als 100 ist.

Entscheidend ist nun, dass ein Unternehmen, wenn es Schadstoffe emittieren möchte, dafür eine entsprechende Menge an Emissionsrechten einlösen muss. Eine staatliche Behörde kontrolliert, ob die Unternehmen für ihre realisierten Emissionen auch genau die erforderliche Menge an Zertifikaten abgeben. Diese Zertifikate werden dann gelöscht. Dies erfordert natürlich eine Erfassung und Kontrolle der tatsächlichen Emissionen. Im Falle eines Schadstoffs wie CO_2 ist dies relativ einfach zu bewerkstelligen, da – wie bereits erwähnt – zwischen dem Input an fossilen Brennstoffen (etwa Kohle, Mineralöl, Erdgas) und den freigesetzten CO_2-Emissionen eine proportionale Beziehung existiert.[24] Es reicht in diesem Fall

---

[22] Lässt sich dagegen der Schadstoff (z.B. SO_2) herausfiltern, muss die Emittentin die Emissionsrechte für die getätigten Emissionen, die in diesem Fall auch tatsächlich gemessen werden müssen, nachweisen.

[23] Daneben gibt es auch die Möglichkeit, Zertifikate über „Benchmarks" zu verteilen. Benchmarks sind Emissionen relativ zu einer In- oder Outputgröße, wobei oft die beste verfügbare Technik zugrunde gelegt wird. Jedes Unternehmen erhält dann für x% seines In- oder Outputs Zertifikate zugeteilt. Unternehmen mit älterer Technik, die höhere Emissionen pro Input- oder Outputeinheit verursachen, erhalten dann unter sonst gleichen Bedingungen weniger Zertifikate zugeteilt als Unternehmen mit der besten verfügbaren Technik.

[24] Zum Beispiel entstehen bei der Verbrennung von 1 Liter Benzin immer 2.333 gCO_2; 1 kg Steinkohle erzeugt bei der Verbrennung 2.762 gCO_2.

also, die Faktoreinsatzmengen zu kennen. Existiert kein festes Verhältnis zwischen Input und Emissionen, müssen die Emissionen an der Quelle gemessen werden – was üblicherweise deutlich aufwändiger ist. Hat ein Unternehmen nicht ausreichend Emissionsrechte für die getätigten Emissionen eingelöst, wird eine Strafzahlung fällig. Diese Zahlung ist natürlich so zu bemessen, dass sie oberhalb des herrschenden Marktpreises für Zertifikate liegt. Nur in diesem Fall haben die Unternehmen auch tatsächlich einen Anreiz, die erforderlichen Emissionsrechte am Markt zu erwerben und einzulösen. Läge die Strafzahlung unterhalb des Marktpreises, dann würden sich die Unternehmen durch Zahlung der Strafe besser stellen. Ein Markt würde dann überhaupt gar nicht erst entstehen.

Angenommen nun, wir haben all diese institutionellen Fragen geklärt – der räumliche Geltungsbereich sowie der Kreis der Emittentinnen des Schadstoffs wurden definiert, die Gesamtemissionsmenge festgelegt und zugeteilt, eine Kontrollbehörde und ein Sanktionssystem eingerichtet – warum und wie sollte nun ein Handel mit Zertifikaten entstehen?

Um diese Frage zu beantworten, muss man sich klar machen, dass sich Unternehmen üblicherweise in ihren *Grenzvermeidungskosten* unterscheiden. Dies ist deshalb der Fall, weil Produktionsanlagen nicht alle denselben Stand der Technik aufweisen. Es gibt moderne und weniger moderne Anlagen – wobei die moderneren in der Regel die höheren Grenzvermeidungskosten aufweisen. Es ist einfacher, mit alten, emissionsintensiven Anlagen Emissionen zu vermeiden als mit einem modernen, wenig emissionsintensiven Anlagenpark.[25] Auch unterscheiden sich Produktionstechnologien in ihren Vermeidungsoptionen. Angenommen nun, wir betrachten auf einem Wettbewerbsmarkt zwei Emittentinnen, i und j, mit unterschiedlichen Grenzvermeidungskosten im Markt – was wird geschehen?

Gehen wir davon aus, dass beide Unternehmen über eine Menge an Emissionsrechten verfügen, die lediglich einem bestimmten Prozentsatz ihrer bisherigen Emissionen entspricht. Emittentin i verfügt über eine Anfangsausstattung („initial allocation", IA) in Höhe von E_i^{IA} und Emittentin j über E_j^{IA}. Beide Emittentinnen erhalten die gleiche Menge an Emissionsrechten, wobei diese Menge unter ihren Emissionen im Business As Usual liegt ($E_i^{IA} = E_j^{IA} < \overline{E}_i = \overline{E}_j$). Wir unterstellen, dass es keine Transaktionskosten gibt. Eine wichtige Eigenschaft des Handels mit Emissionsrechten kann man sich bereits an dieser Stelle klar machen: Teilt der Staat insgesamt den beiden Emittentinnen nur Emissionsrechte in Höhe $E_i^{IA} + E_j^{IA}$ zu, dann muss es offenbar zu einer Reduktion der Gesamtemission um $\left(\overline{E}_i + \overline{E}_j\right) - \left(E_i^{IA} + E_j^{IA}\right)$ kommen. Voraussetzung hierfür ist lediglich eine zutreffende Erfassung der tatsächlichen Emissionen sowie die Existenz einer wirksamen Sanktion. Ein Emissionshandel erreicht also die gewünschte Reduzierung der Emissionen auf jeden

---

[25] So können zum Beispiel in einem Kohlekraftwerk die CO_2-Emissionen u.a. durch die Steigerung des Wirkungsgrads reduziert werden. Eine Steigerung des Wirkungsgrads führt bei konstanter Menge an produziertem Strom zu einem geringeren Verbrauch an Kohle und damit zu geringeren CO_2-Emissionen. Da die zusätzlichen Kosten, die bei der Steigerung des Wirkungsgrads um einen Prozentpunkt anfallen, mit steigendem Wirkungsgrad ansteigen, ist CO_2-Vermeidung über Wirkungsgradsteigerung in modernen Anlagen mit hohem Wirkungsgrad teurer als in alten Anlagen mit niedrigem Wirkungsgrad. Vgl. zu der Problematik Steinkohle und CO_2-Emissionen Löschel (2009).

Fall – unabhängig davon, wer letztlich emittiert. Es stellt sich aber auch die Frage, wo die Reduktion eintritt und mit welchen Kosten diese verbunden ist.

Versetzen wir uns in die Lage des Unternehmens mit den hohen Grenzvermeidungskosten, angenommen es ist i. Unternehmen i verfügt über Rechte für einen Ausstoß von E_i^{IA}. Es muss zur Aufrechterhaltung seiner bisherigen Produktion Emissionen in Höhe von $\overline{E}_i - E_i^{IA}$ einsparen. Dabei hat es grundsätzlich zwei Möglichkeiten: (i) Entweder es investiert in zusätzliche Vermeidung oder (ii) es besorgt sich weitere Emissionsrechte am Markt. Wann wird Unternehmen i sich am Markt eindecken? Offenbar genau dann, wenn der Marktpreis p für eine Mengeneinheit geringer ist als die Vermeidungskosten dieser Mengeneinheit. Eine notwendige Bedingung dafür, dass es also zu einer Zertifikatnachfrage vonseiten des Unternehmens i kommt, ist $p < GVK_i$. Das Unternehmen vermeidet dagegen selbst, wenn $p > GVK_i$.

Betrachten wir nun Unternehmen j mit den niedrigen Grenzvermeidungskosten. Dieses Unternehmen würde im vorliegenden Fall Zertifikate anbieten. Der Grund ist einfach einzusehen: Unternehmen j kann Zertifikate halten, um damit den eigenen Ausstoß gegenüber der Kontrollbehörde zu rechtfertigen. Es kann aber auch zusätzlich vermeiden und somit freiwerdende Zertifikate am Markt verkaufen. Wann wird es bereit sein, Zertifikate am Markt anzubieten? Genau dann, wenn der Zertifikatpreis oberhalb der Grenzvermeidungskosten liegt. Damit aber bietet sich offensichtlich die Möglichkeit eines vorteilhaften Geschäfts für beide beteiligten Unternehmen: Unternehmen j wäre bereit Zertifikate anzubieten, falls $p > GVK_j$, Unternehmen i hingegen wäre bereit Zertifikate nachzufragen, falls $p < GVK_i$. Da wir angenommen haben, dass $GVK_i > GVK_j$, existieren Preise im Intervall zwischen den Grenzvermeidungskosten beider Unternehmen, bei denen es zu einem Zertifikathandel kommt, von dem letztlich *beide Unternehmen profitieren*. Wie lange sind Tauschgeschäfte beider Beteiligter am Markt sinnvoll? Offenbar genau so lange, bis sich die Grenzvermeidungskosten beider Unternehmen exakt angeglichen haben. Erst dann sind alle Möglichkeiten für bilateral vorteilhafte Tauschvorgänge ausgeschöpft. Ein Gleichgewicht im Zertifikatmarkt muss daher durch folgende Bedingung charakterisiert sein: Der Marktpreis der Zertifikate stimmt im Gleichgewicht mit den Grenzvermeidungskosten beider Unternehmen überein. Formal muss also gelten $p = GVK_i(E_i(p)) = GVK_j(E_j(p))$. Dieses wichtige Ergebnis für den Emissionshandel lässt sich verallgemeinern: Im Gleichgewicht sind die Grenzvermeidungskosten aller Unternehmen gleich dem Zertifikatpreis.

Diese Überlegungen lassen sich auch grafisch veranschaulichen.[26] In Abbildung 5.9 wird ein Marktpreis p angenommen. Zu diesem Preis wird das Unternehmen i mit seiner Anfangsausstattung E_i^{IA} Zertifikate kaufen und zwar die Menge $E_i(p) - E_i^{IA}$. Das

---

[26] In Abbildung 5.9 ist die zum Marktpreis p von i nachgefragte Menge gleich der von j angebotenen Menge. Dies ist eine didaktische Vereinfachung. Allgemein gilt, dass im Marktgleichgewicht bei Angleichung der GVK aller Emittentinnen an den Marktpreis p die Nettonachfragerinnen (wie i) jeweils $E_i(p) - E_i^{IA}$ kaufen, die Nettoanbieterinnen (wie j) jeweils $E_j^{IA} - E_j(p)$ verkaufen und das aggregierte Angebot von Zertifikaten gleich der aggregierten Nachfrage ist.

Abb. 5.9 Emissionshandel für zwei Unternehmen

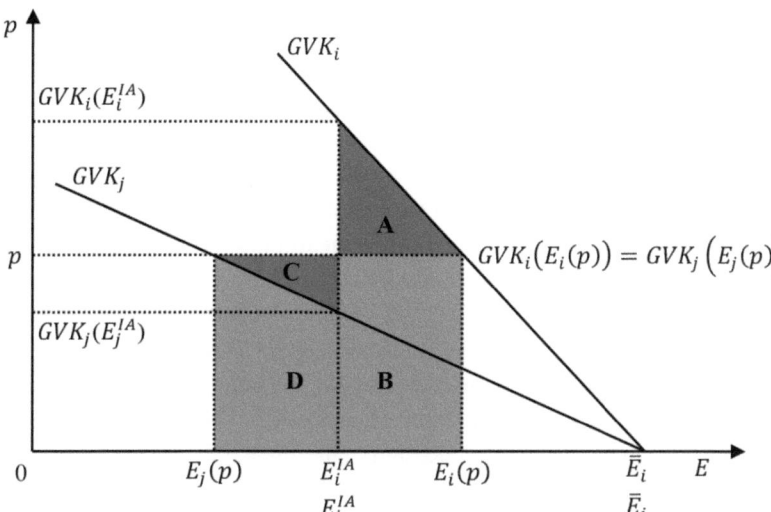

Unternehmen spart dabei Vermeidungskosten in Höhe von A + B und zahlt für die Zertifikate B. Es verbleibt ein Nettogewinn von A. Unternehmen j wird mit seiner Anfangsausstattung E_j^{IA} zu p Zertifikate verkaufen und zwar die Menge $E_j^{IA} - E_j(p)$. Das Unternehmen hat dadurch höhere Vermeidungskosten in Höhe von D und erhält für die verkauften Zertifikate C + D. Es verbleibt ein Nettogewinn von C. Im Endergebnis stellen sich beide Unternehmen durch den Handel besser und die Grenzvermeidungskosten gleichen sich an.[27] Damit sich diese Effekte einstellen, müssen wir aber eine wichtige Annahme treffen. Es muss sich um einen *Wettbewerbsmarkt* handeln. In diesem Fall interagieren viele Unternehmen auf dem Zertifikatmarkt und keines kann den Preis für Zertifikate beeinflussen.

Was erreicht damit ein Emissionshandel? Unternehmen, die relativ hohe Grenzvermeidungskosten aufweisen, werden in diesem System zu Nachfragerinnen von Verschmutzungsrechten, Unternehmen mit vergleichsweise niedrigen Grenzvermeidungskosten werden zu Anbieterinnen von Zertifikaten. Die Vermeidung erfolgt also dort, wo sie zu den

---

[27] An dieser Stelle kann man sich auch klar machen, dass unter Wettbewerbsbedingungen jede andere Verteilung der Anfangsausstattung letztlich auch zur Angleichung der Grenzvermeidungskosten führt. Das Ergebnis $p = GVK_i(E_i(p)) = GVK_j(E_j(p))$ wird also unabhängig von der Anfangsausstattung erreicht. Allerdings wird natürlich die Verteilung der Handelsgewinne durch die Anfangsausstattung beeinflusst. Wenn zum Beispiel in Abbildung 5.9 bei konstanter Summe $E_i^{IA} + E_j^{IA}$ Unternehmen i mehr Zertifikate erhält und j weniger, dann sinken die Ausgaben von i für Zertifikate und die Verkaufserlöse von j gehen zurück. Offensichtlich würde i diese Anfangsausstattung gegenüber $E_i^{IA} = E_j^{IA}$ präferieren.

niedrigsten Vermeidungskosten möglich ist. Das ist der entscheidende Vorteil eines Emissionshandels: Die Vermeidungsaktivitäten finden dort statt, wo sie die minimalen Kosten verursachen. Dies ist der Grund, warum der Emissionshandel das gegebene Umweltziel zu den geringstmöglichen gesamtwirtschaftlichen Kosten erreicht. Man spricht davon, dass ein System handelbarer Emissionsrechte *Kosteneffizienz* gewährleistet. Darüber hinaus erreicht das System das gesteckte ökologische Ziel, und zwar mit absoluter Sicherheit: Die gewünschte Vermeidungsmenge wird auf jeden Fall erreicht. Man spricht daher davon, dass ein Emissionshandel außerdem auch ökologisch treffsicher ist. Wird das Emissionsziel so gewählt, dass Grenzschaden gleich Grenzvermeidungskosten ist, erreicht der Emissionshandel Effizienz, d.h., die gesamtgesellschaftlichen Kosten aus Emissionsvermeidung werden minimiert. In diesem Fall gilt $p^* = GVK(E^*) = GS(E^*) = GVK_i\bigl(E_i(p^*)\bigr)$ für alle Unternehmen und der Emissionshandel ist äquivalent zur Pigou-Steuer. Dann ist $t^* = p^*$. Wird dagegen das optimale Emissionsziel verfehlt, erreicht der Emissionshandel nicht mehr das Minimum der gesamtgesellschaftlichen Kosten – jedoch realisiert er das gegebene Emissionsniveau zu minimalen Kosten. Für ein beliebiges Emissionsniveau gilt dann $p = GVK(E) = GVK_i\bigl(E_i(p)\bigr)$. Auf Grund der Schwierigkeiten, in der Praxis das optimale Emissionsniveau E^* zu bestimmen, gehen wir im Folgenden davon aus, dass der Emissionshandel nur „second best" ist, d.h., er minimiert die Vermeidungskosten für ein gegebenes Emissionsziel. Grundsätzlich ist es aber auch möglich, einen „first best" Emissionshandel zu installieren. In diesem Fall werden die Gesamtkosten, d.h. die Summe aus Vermeidungs- und Schadenskosten, minimiert. Allerdings steht man dann vor den gleichen Informationsproblemen wie bei der Pigou-Steuer.

Bislang sind wir davon ausgegangen, dass die Umweltbehörde vollständige Information über Kosten und Nutzen aus Emissionsvermeidung hat, d.h., sie kennt den Verlauf von Grenzvermeidungskosten und Grenzschäden. Pigou-Steuer und Emissionshandel sind in diesem Fall äquivalent. Aus der Effizienzperspektive spielt es in dieser Situation keine Rolle, ob man sich für die Preis- oder Mengenlösung entscheidet. Was passiert aber, wenn wir von der – zugegebenermaßen sehr unrealistischen – Annahme vollständiger Information abrücken? Gibt es dann aus der Effizienzperspektive eine Präferenz für eines der beiden Instrumente?

Wir gehen im Folgenden davon aus, dass sich die Umweltbehörde entweder auf eine Pigou-Steuer t^* oder auf die Emissionsmenge E^* mit anschließendem Emissionshandel auf einem Wettbewerbsmarkt festlegt. Bei *unvollständiger Information* über den Verlauf der Grenzschäden (GS) und der Grenzvermeidungskosten (GVK) ist es sehr wahrscheinlich, dass die Behörde bei der Festlegung von t^* oder E^* einen Fehler macht. Ein solcher Fehler verursacht unvermeidlich einen Wohlfahrtsverlust, da die Grenzvermeidungskosten nicht mehr gleich den Grenzschäden sind. Die Frage ist aber, bei welchem Instrument – der Preissteuerung oder der Mengensteuerung – der Wohlfahrtsverlust höher ist. Sollte also die Behörde in einer Situation unvollständiger Information über GS und GVK eines der beiden Instrumente präferieren? Abbildung 5.10 stellt diese Situation dar. Die effiziente Pigou-Steuer t^* korrespondiert zum effizienten Emissionsniveau E^*. Bei vollständiger Information würde also entweder t^* oder E^* gewählt – sowohl Preissteuerung als auch

Abb. 5.10 Preis- und Mengensteuerung bei unvollständiger Information

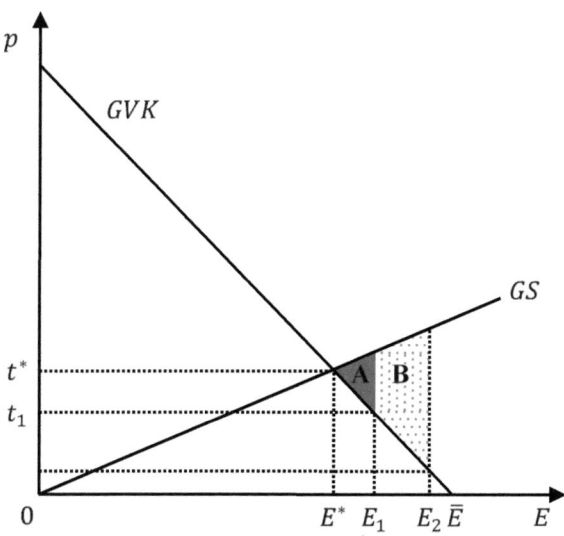

Mengensteuerung führen zum gleichen, wohlfahrtsmaximalen Ergebnis. Gehen wir im Folgenden nun davon aus, dass die Behörde auf Grund der unvollständigen Information die Steuer (bezeichnet mit t_1) um ein Drittel zu niedrig ansetzt, d.h., es gilt $t_1 = 0{,}67\,t^*$. Das resultierende Emissionsniveau ist $E_1 > E^*$. Durch die ineffizient hohen Emissionen entsteht ein Wohlfahrtsverlust in Höhe der Fläche A. Was passiert nun, wenn die Behörde einen vergleichbaren relativen Fehler bei der Festlegung der Emissionsmenge macht? In diesem Fall wird die Emissionsmenge (bezeichnet mit E_2) um ein Drittel zu hoch angesetzt, d.h., es muss gelten $E_2 = 1{,}33\,E^*$. Das Ergebnis ist ein Wohlfahrtsverlust in Höhe der Flächen A + B. Wir können also feststellen, dass der gleiche relative Fehler unterschiedliche Wohlfahrtswirkungen in Abbildung 5.10 hat. Der Fehler bei der Preissteuerung hat einen geringeren Wohlfahrtsverlust zur Folge als der gleiche relative Fehler bei der Mengensteuerung. Was ist die Ursache hierfür? In Abbildung 5.10 verläuft die GVK-Kurve relativ steil im Vergleich zur GS-Kurve, d.h., ein bestimmter prozentualer Fehler bei der Steuer hat eine nur relativ geringe Ausdehnung der Emissionsmenge über das effiziente Niveau hinaus zur Folge. Damit entstehen auch nur relativ geringe zusätzliche Schadenskosten. Wird dagegen die Emissionsmenge in gleichem relativen Ausmaß verfehlt, sind die zusätzlichen Schadenskosten im Vergleich zur Einsparung an Vermeidungskosten relativ hoch. Die Preissteuerung ist der Mengensteuerung vorzuziehen. Genau umgekehrt verhält es sich für den Fall, dass die GVK-Kurve relativ flach im Vergleich zur GS-Kurve verläuft. In diesem Fall hat ein bestimmter prozentualer Fehler bei der Steuer eine relativ große Ausdehnung der Emissionsmenge über das effiziente Niveau hinaus zur Folge. Damit entstehen relativ große zusätzliche Schadenskosten. Wird dagegen die Emissionsmenge in gleichem relativen Ausmaß verfehlt, sind die zusätzlichen Schadenskosten im Vergleich zur Einsparung an Vermeidungskosten relativ klein. Die Mengensteuerung ist hier besser als die Preissteuerung.

Dieses wichtige Ergebnis, welches auf einen Artikel von Martin Weitzman aus dem Jahr 1974 (Weitzman 1974) zurückgeht, lässt sich folgendermaßen verallgemeinern. Ist der betragsmäßige Anstieg der GVK größer als der Anstieg der GS, dann führt ein bestimmter prozentualer Fehler bei der Festlegung der Emissionssteuer zu einem geringeren Wohlfahrtsverlust als der gleiche prozentuale Fehler bei der Emissionsmenge. Die Steuerlösung ist also in diesem Fall gegenüber der Mengenlösung zu präferieren. Ein prominentes Beispiel hierfür ist der Globalschadstoff CO_2. Ist dagegen der betragsmäßige Anstieg der GVK kleiner als der Anstieg der GS, dann führt ein bestimmter prozentualer Fehler bei der Festlegung der Emissionssteuer zu einem höheren Wohlfahrtsverlust als der gleiche prozentuale Fehler bei der Emissionsmenge. In diesem Fall, z.B. bei lokal wirksamen Umweltgiften, ist also die Mengensteuerung gegenüber dem Preisinstrument zu präferieren.

5.5 Fallstudie: Der EU-Emissionshandel

Ein neues Zeitalter in der Umweltpolitik
Mit der Einführung des Emissionshandels (European Emission Trading System, EU ETS) im Jahr 2005 begann in Europa ein neues Zeitalter in der Umweltpolitik: Erstmals mussten die energieintensiven Industrien für den Ausstoß von CO_2, dem mit Abstand wichtigsten anthropogenen Treibhausgas, einen Preis zahlen. Das EU ETS ist das zentrale Instrument der Klimapolitik in Europa und funktioniert nach einem einfachen Prinzip. Für die Mitgliedstaaten der EU-27 (hinzu kommen Norwegen, Island und Liechtenstein) wird festgelegt, wie viele Treibhausgase[28] (THG) in den beteiligten Sektoren insgesamt emittiert werden dürfen. Neben CO_2 werden auch N_2O und PFCs erfasst (die Mengeneinheit für die Emissionen ist daher Tonnen CO_2-Äquivalente, kurz tCO_2e). Diese Gesamtmenge, im Jahr 2013 ca. 2,084 $GtCO_2e$ und damit ca. 45% der gesamten THG-Emissionen der EU, wird in Form von sogenannten Zertifikaten an die Unternehmen verteilt. Für jede Tonne, die emittiert wird, muss ein solches Zertifikat an die jeweilige nationale Regulierungsbehörde[29] abgegeben werden. Die Zertifikate sind handelbar. Besitzt ein Unternehmen überschüssige Zertifikate, so kann es diese am Markt verkaufen oder für spätere Verwendung zurücklegen. Verfügt ein Unternehmen über weniger Zertifikate als es eigentlich emittieren möchte, so kann es diese auf dem Markt erwerben oder aber selbst Emissionen vermeiden. Wie bereits in Abschnitt 5.4 gezeigt wurde, sorgt der Emissionshandel dafür, dass (i) das Emissionsziel eingehalten wird und (ii) sich die Grenzvermeidungskosten der Emittentinnen unter Wettbewerbsbedingungen angleichen und damit Kosteneffizienz erreicht wird.

---

[28] Zu den Treibhausgasen, die den anthropogenen Klimawandel verursachen, zählen Kohlendioxid (CO_2), Methan (CH_4), Distickstoffoxid (N_2O), Fluorkohlenwasserstoffe (FKW), Perfluorierte Kohlenwasserstoffe (PFCs) und Schwefelhexafluorid (SF_6).
[29] In Deutschland ist das die Deutsche Emissionshandelsstelle (DEHSt).

In dieser Fallstudie soll zunächst die historische Entwicklung und die konkrete Ausgestaltung des EU ETS näher betrachtet werden. Im Anschluss daran analysieren wir die Determinanten des Preises für CO_2-Zertifikate und betrachten dann die Preisentwicklung im EU ETS. Abschließend gehen wir auf die Probleme Regulierungsüberlagerung und „Leakage" ein.

Ausgestaltung des EU ETS
Wie bereits in Abschnitt 5.4 erläutert, müssen für die Einrichtung eines funktionierenden Emissionshandels vier Voraussetzungen erfüllt sein: (i) Die Abgrenzung des Systems hinsichtlich der Schadstoffe und der Akteurinnen, (ii) die Bestimmung der aggregierten Emissionen und die Ausgestaltung der Anfangsallokation (das „Cap"), (iii) die Sicherung der Existenz eines effizienten Markts und (iv) die Durchsetzung eines Regelwerks für die Messung der Emissionen und die Sanktionierung von Regelverletzungen.

Die rechtliche Grundlage für die Einführung des EU ETS setzte die Richtlinie 2003/87/EG des Europäischen Parlaments und des Rats vom 13. Oktober 2003 (EU 2003).[30] Zur Einführung des EU ETS in 2005 wurde zunächst nur CO_2 reguliert. Dafür gab es im Wesentlichen zwei Gründe: (i) CO_2-Emissionen sind relativ leicht zu messen und (ii) dieses Treibhausgas hat den mit Abstand größten Anteil am anthropogenen Treibhauseffekt. Mittlerweile umfasst das EU ETS auch N_2O und PFCs. Wir konzentrieren uns im Folgenden jedoch nur auf CO_2.

Die CO_2-Emissionen folgender Sektoren und Tätigkeiten für unterschiedliche Kapazitätsgrenzen fallen unter das EU ETS:

- Energiewirtschaft: Verbrennungsanlagen mit einer Wärmenettozufuhr über 20 MW, Mineralölraffinerien und Kokereien.
- Eisen und Stahl: Röst- und Sinteranlagen für Metallerz und Herstellung von Roheisen oder Stahl.
- Mineralverarbeitende Industrie: Herstellung von Zement, Kalk, Glas- und Glasfasern und keramischen Erzeugnissen.
- Papierindustrie: Herstellung von Zellstoff und Erzeugnissen aus Papier und Pappe.
- Chemische Industrie: Herstellung von Grundchemikalien wie Ammoniak und Soda.
- Luftverkehr: Emissionen aller Luftfahrzeuge, die auf Flugplätzen des Europäischen Wirtschaftsraums (EWR) starten und landen. Für den Luftverkehr gibt es eine separate Emissionsobergrenze.

Anlagenbetreiber aus diesen Sektoren müssen in der EU für jede emittierte Tonne CO_2 (bzw. N_2O und PFCs gemessen als tCO_2e) ein Emissionsrecht einlösen. Insgesamt sind ca. 11.000 Anlagen betroffen.

---

[30] Diese Richtlinie wurde ergänzt durch Richtlinie 2009/29/EG (EU 2009). Wir beziehen uns hier auf beide Richtlinien und auf https://climate.ec.europa.eu/eu-action/eu-emissions-trading-system-eu-ets_en.

Das EU ETS begann zunächst mit einer dreijährigen Pilotphase („Phase 1", 2005 bis 2007). Nach Phase 2 (2008 bis 2012) und Phase 3 (2013 bis 2020) befindet sich das EU ETS derzeit in Phase 4 (2021 bis 2030).

Die Richtlinie 2003/87/EG vermied zunächst die für einen funktionierenden Emissionshandel nötige Festlegung der aggregierten Emissionen, die die Unternehmen nur noch ausstoßen dürfen (das „Cap"). Stattdessen wurde diese Aufgabe für die Phasen 1 und 2 den Mitgliedstaaten überlassen. Festgelegt wurde, dass jeder Mitgliedstaat mit einem Allokationsplan die nationalen Emissionen der unter das EU ETS fallenden Sektoren und Tätigkeiten festlegt. Dieser Allokationsplan musste bestimmten Kriterien entsprechen und konnte von der Kommission – bei Verletzung dieser Kriterien – abgelehnt werden. Hinsichtlich der Anfangsverteilung der Zertifikate auf die betroffenen Unternehmen legte die Richtlinie fest, dass für Phase 1 mindestens 95% und für Phase 2 mindestens 90% der Zertifikate kostenlos zuzuteilen sind. Die vorherrschende Methode der Zuteilung in Phase 1 und 2 war eine spezielle Version des Grandfatherings: Die Zertifikate wurden jährlich basierend auf historischen Emissionen kostenfrei an die Unternehmen vergeben. Die Zertifikate wurden also von den Mitgliedstaaten überwiegend verschenkt. Dies ist für die Kosteneffizienz des Emissionshandels unproblematisch, wenn man davon ausgeht, dass sich die Unternehmen im Laufe der Zeit auf die Verbesserung der angewandten Technologie beschränken, also nicht in neue Technologien investieren. Da die zugeteilte Menge an Zertifikaten geringer ist als die Nachfrage, entsteht eine Knappheit an Zertifikaten, durch die sich am Markt ein Preis bildet. Dieser Preis sorgt dafür, dass die Unternehmen sorgsam mit den ihnen zur Verfügung stehenden Zertifikaten umgehen. Denn wer günstig CO_2 einspart, kann die freiwerdenden Zertifikate am Markt verkaufen oder für spätere Verwendung zurücklegen. Das bedeutet also: Auch verschenkte Zertifikate haben einen Wert. Dies haben in Europa insbesondere die Stromkundinnen durch höhere Strompreise zu spüren bekommen, da die stromerzeugenden Unternehmen den Wert der verschenkten Zertifikate in ihre Erzeugungskosten eingepreist haben. Man möge sich klarmachen, warum dieses Verhalten ökonomisch völlig korrekt ist: Auch bei einem geschenkten Zertifikat muss gewährleistet sein, dass die Nutzung des Zertifikats (z.B. bei der Stromproduktion mit Kohle) mindestens einen Ertrag generiert, der gleich den Opportunitätskosten ist. Die Opportunitätskosten, d.h. die Erträge aus der zweitbesten Verwendung einer Ressource, sind aber gleich dem Marktpreis für Zertifikate – denn diesen Preis hätte man erzielen können, wenn man das Zertifikat nicht zur Stromproduktion nutzt, sondern verkauft. Die Unternehmen haben also die geschenkten Zertifikate so behandelt, als ob sie diese zum Marktpreis gekauft hätten. Die kostenlose Zuteilung hat damit „nur" zu einer entsprechenden Erhöhung der Gewinne der Unternehmen im EU ETS geführt. Dabei handelt es sich nicht um „peanuts". So betrug der Wert der verschenkten Zertifikate in Phase 1 insgesamt 27 Mrd. € pro Jahr.[31]

---

[31] Die Menge der kostenfrei vergebenen Zertifikate betrug 2.096 (2.072, 2.145) Mio. tCO_2 im Jahr 2005 (2006, 2007). Multipliziert man diese Mengen mit dem durchschnittlichen mengengewichteten Marktpreis (2005: 22,3 €/tCO_2, 2006: 15,1 €/tCO_2, 2007: 1,3 €/tCO_2) so erhält man den Wert der verschenkten Zertifikate für Phase 1.

Unter der Annahme, dass Unternehmen in neue Technologien investieren, gibt es jedoch aus dynamischer Sicht starke Bedenken gegen das Verschenken der Zertifikate – zumindest so, wie es in Phase 1 und 2 in Deutschland und anderen EU-Ländern gehandhabt wurde. So erhielt beispielsweise in Deutschland ein neues Kohlekraftwerk im Rahmen des praktizierten Grandfatherings etwa doppelt so viele Zertifikate wie ein neues Gaskraftwerk, das die gleiche Leistung an Strom liefert. Damit wurden nicht die richtigen Anreize gesetzt, in CO_2-ärmere Technologien zu investieren. Müssten dagegen die Zertifikate von den Unternehmen erst einmal gekauft werden, so würde dies Anreize für den verstärkten Einsatz von Gas und gegen den von Kohle setzen, da Gas pro Energieeinheit etwa nur halb so viel CO_2 freisetzt wie Kohle.[32] Aber auch aus Gründen der Verteilungsgerechtigkeit lässt sich gegen das Verschenken der Zertifikate argumentieren. So kann man sich fragen, warum die zusätzlichen Gewinne durch die Preiserhöhung für Strom nur den Energieunternehmen und ihren Anteilseignerinnen zukommen sollen. Würde dagegen der Staat die Zertifikate versteigern, blieben die Strompreise unverändert, da der Wert der Zertifikate bereits eingepreist wurde – jedoch würden die Versteigerungserlöse an den Staat gehen. Dieser könnte hiermit einkommensschwache Haushalte, die relativ viel Einkommen für teurer werdende Energie ausgeben müssen, entlasten und Steuern, die üblicherweise das Wirtschaftsgeschehen hemmen, reduzieren.[33]

Ein weiteres Problem ergibt sich beim Grandfathering: Auf Grund des immensen Werts der kostenlos vergebenen Zertifikate haben die Unternehmen starke Anreize, die Politik bei der Festlegung der Regeln der Zuteilung so zu beeinflussen, dass sie möglichst viele Zertifikate bekommen. Die Aufwendungen, die dabei entstehen, sind gesellschaftlich betrachtet reine Verschwendung, denn es geht schließlich nur darum, dass die Zertifikate zu Gunsten eines Sektors oder eines Unternehmens anders verteilt werden – zusätzliche Werte werden nicht geschaffen. Ökonominnen nennen diese ineffizienten Aktivitäten „Rent-Seeking". Es ist also nicht verwunderlich, dass im Zuge der kostenfreien Anfangszuteilung eine Vielzahl von Arbeitsgruppen und Gremien bei Ministerien entstanden sind, in denen die Unternehmen versucht haben, die Politik zu ihren Gunsten zu beeinflussen. Die immensen Kosten des Rent-Seekings sind zweifellos ein schwerwiegender Nachteil des Grandfatherings. Darüber hinaus entsteht ein erheblicher bürokratischer Aufwand bei der Erstellung der nationalen Allokationspläne.

Aus ökonomischer Sicht gibt es einen einfachen Weg, solche Probleme zu lösen: Die Zertifikate werden versteigert. Jedes Unternehmen, welches emittieren möchte, muss die benötigten Zertifikate in einer Auktion kaufen. Auch ohne tiefere Kenntnisse in Auktionstheorie kann man sich anhand Abbildung 5.9 klar machen, dass eine Auktion von Zertifikaten unter Wettbewerbsbedingungen zum gleichen Resultat führt wie eine kostenfreie Zuteilung.[34] Entscheidend aus Sicht des Unternehmens i ist dabei wieder der Vergleich der

---

[32] Eine Alternative zur Versteigerung wäre ein brennstoff- und outputunabhängiges Grandfathering. Auch in diesem Fall würden Anreize gesetzt, verstärkt in CO_2-arme Technologien zu investieren.

[33] Vgl. hierzu Abschnitt 5.3.

[34] Die kostenfreie Zuteilung führt – wie in Abschnitt 5.4 erläutert – über den Handel von Zertifikaten

individuellen Grenzvermeidungskosten (GVK_i) mit dem Auktionspreis für Zertifikate (p). Zertifikate zu kaufen reduziert die Kosten solange $GVK_i > p$. Wenn dagegen $GVK_i < p$, ist es kostengünstiger, selbst zu vermeiden. Auch bei einer Auktion werden sich also die Grenzvermeidungskosten aller Unternehmen an den Auktionspreis für Zertifikate angleichen. Sollte es tatsächlich Abweichungen geben – etwa, weil der tatsächliche Auktionspreis von den Unternehmen nicht korrekt antizipiert wurde – wird bei hinreichend vielen Emittentinnen nach der Auktion ein kompetitiver Sekundärmarkt entstehen, der für den Ausgleich der Grenzvermeidungskosten sorgt.

Die EU-Kommission hat 2008 eine solche Weichenstellung in Richtung Auktionierung für das EU ETS vorgeschlagen und schließlich auch umgesetzt.[35] Ziel war es, ab Phase 3 von 2013 bis 2020 die Versteigerung als vorherrschendes Prinzip zur Verteilung der Zertifikate an die Unternehmen einzusetzen (in Phase 3 und 4 wurden ca. 57% aller Zertifikate versteigert). Die Stromerzeuger, die bislang vom Verschenken der Zertifikate profitierten und zugleich kaum im Wettbewerb mit Anbieterinnen außerhalb der EU stehen, müssen ab 2013 praktisch alle benötigten Zertifikate ersteigern. Unternehmen aus anderen energieintensiven Branchen müssen ab 2020 ca. 70% der benötigten Zertifikate ersteigern. Die kostenlose Vergabe wird über harmonisierte Benchmarks realisiert. Für bestimmte Sektoren, die vom Emissionshandel betroffen sind und zugleich im internationalen Wettbewerb stehen, werden jedoch die Zertifikate weiterhin kostenlos vergeben. Hintergrund sind Bedenken, dass diese Unternehmen durch höhere Preise auf Grund der Kosten für den Erwerb von Zertifikaten Marktanteile einbüßen. Als Folge würden dann Produktion und damit auch Emissionen verstärkt ins außereuropäische Ausland fließen, wo CO_2-Emissionen nicht oder weniger stark bepreist werden. Letztlich wird aber auch ein Verschenken der Zertifikate auf lange Sicht nicht verhindern können, dass – ohne entsprechende Gegenmaßnahmen – Unternehmen aus der EU im internationalen Wettbewerb Marktanteile verlieren oder eine geringere Rendite erwirtschaften (vgl. unten zum „Leakage"-Problem). Da die Zertifikate einen Wiederverkaufswert haben, wird der Wert der verschenkten Zertifikate auf die Grenzkosten aufgeschlagen. Je nach Wettbewerbssituation wird dieser Grenzkostenaufschlag dann überwälzt, d.h. an die Nachfrage weitergegeben, wobei der Überwälzungsdruck mit steigendem Wettbewerb steigt. Der Effekt des Emissionshandels auf die Grenzkosten und damit auch auf den Produktpreis ist also unabhängig davon, ob die Zertifikate verschenkt oder versteigert werden (vgl. hierfür Cludius et al. 2020). Die kostenlose Vergabe führt allerdings zu einem Vermögenstransfer vom Staat an die Unternehmen.

Zurück zur Ausgestaltung des EU ETS in Phase 3. Neben der Weichenstellung in Richtung Auktionierung wurde auch festgelegt, dass die Gesamtmenge an Zertifikaten, die in Phase 3 (also von 2013 bis 2020) jährlich vergeben werden, um einen linearen Faktor von 1,74% pro Jahr reduziert wird. Mit der Festlegung auf einen Reduktionsfaktor wurde damit auch das Cap des EU ETS bis 2020 festgelegt. In 2020 lag damit das Cap um 21% unter dem in 2005. Die unbeschränkte Übertragung von nicht genutzten Zertifikaten von einer

---

auf einem Wettbewerbsmarkt zur Angleichung der Grenzvermeidungskosten.
[35] Vgl. Benz et al. (2010).

Phase zur nächsten ist ab Phase 2 zulässig („Banking"). Banking von Phase 1 zu Phase 2 war hingegen nicht gestattet.

Die Änderungen in Phase 4 (also von 2021 bis 2030) betrafen insbesondere die Gesamtmenge der zur Verfügung gestellten Zertifikate, d.h. das Cap. Zunächst wurde der Reduktionsfaktor für das Cap von Phase 3 zu Phase 4 von 1,74% auf 2,2% pro Jahr erhöht. Die Reduzierung des Caps bleibt auch die zentrale „Stellschraube", um den CO_2-Preis im EU-ETS anzuheben. Darüber hinaus dürfen ab Phase 3 nur noch Zertifikate aus projektbezogenen Maßnahmen, die in den ärmsten Entwicklungsländern (Least Developed Countries, LDC) gewonnen wurden, verwendet werden. Schließlich wurde als eine Maßnahme zur Reduzierung des Angebots an Zertifikaten von 2014 bis 2016 die Versteigerung von insgesamt 900 $mtCO_2e$ zurückgehalten („Backloading"). Im Jahr 2019 wurde dann mit der Marktstabilitätsreserve (MSR) ein dauerhafter regelbasierter Mechanismus zur Steuerung des Angebots eingeführt. Die MSR reduziert die jährlichen Auktionsmengen, wenn „zu viele" Zertifikate im Umlauf sind oder sie stockt diese in begrenztem Maße auf, wenn es „zu wenige" Zertifikate im Markt gibt. Als Indikator für den Überschuss wird jedes Jahr ein Wert der Umlaufmenge („total number of allowances in circulation", TNAC) ermittelt. Überschreitet die Umlaufmenge den Wert von 833 $mtCO_2e$, werden die Auktionsmengen des folgenden Jahres um 24% (ab 2024 um 12%) der Umlaufmenge gekürzt und in die MSR überführt. Umgekehrt werden 100 $mtCO_2e$ zusätzlich versteigert, wenn festgestellt wird, dass die Umlaufmenge weniger als 400 $mtCO_2e$ beträgt. Allerdings nur dann, wenn auch ausreichend Zertifikate in der MSR verfügbar sind. Um die Überschüsse dauerhaft zu reduzieren, soll der Bestand an Zertifikaten in der MSR ab 2023 auf einen Umfang beschränkt werden, der den Auktionsmengen des jeweiligen Vorjahres entspricht. Alle darüberhinausgehenden Zertifikate in der MSR werden gelöscht. Damit soll verhindert werden, dass die Überschüsse in nennenswertem Umfang wieder in den Markt zurückgeführt werden und damit mittel- und langfristig zu höheren Emissionen führen.

Wie bereits zu Beginn des Kapitels erwähnt (Voraussetzung (iii)), besteht ein wichtiger Schritt bei der Einrichtung eines Emissionshandels darin, die Existenz eines effizienten Markts zu sichern. Auch wenn unter der Annahme eines vollständigen Grandfathering nur die Differenz zwischen Anfangsausstattung und benötigter Menge an Zertifikaten je Unternehmen als Angebot (positive Differenz) oder Nachfrage (negative Differenz) am Markt aktiv wird, kann unter den gegebenen Bedingungen des EU ETS von einem relativ gut funktionierenden Markt ausgegangen werden. Die große Zahl an Marktteilnehmerinnen (betroffene Unternehmen, Händlerinnen, Banken) sorgt dafür, dass keine Akteurin den Marktpreis systematisch beeinflussen kann. Die Richtlinie trifft keine Festlegung hinsichtlich der Marktinstitutionen für einen Handel der Zertifikate, sondern geht von der Annahme aus, dass diese Mechanismen selbstständig im privaten Sektor entstehen werden. Wie die Praxis zeigt, ist diese Annahme völlig korrekt. Zertifikate des EU ETS werden mittlerweile auf vielen Börsen in Europa gehandelt.

Ein weiterer Punkt auf der „to-do-Liste" der Reguliererinnen ist die Überwachung der Emissionen und die Sanktionierung von Fehlverhalten (Voraussetzung (iv)). Die durch Verbrennung von fossilen Brennstoffen entstehenden CO_2-Emissionen sind relativ leicht zu kontrollieren, da wegen des Fehlens einer End-of-Pipe-Technologie[36] und des festen Koppelungsverhältnisses zwischen der Einsatzmenge fossiler Brennstoffe und den resultierenden Emissionen die Kontrolle unmittelbar über die Inputs und mit Hilfe brennstoffspezifischer Emissionsfaktoren erfolgen kann. CO_2-Prozessemissionen (z.B. bei der Kalkproduktion) werden dagegen entweder direkt gemessen oder indirekt mit Hilfe technologiespezifischer Emissionsfaktoren über den Output bestimmt. Jeder Mitgliedstaat hat ein Register eingerichtet, das in getrennte Konten der Inhaberinnen von Zertifikaten aufgegliedert ist und die Verbuchung von Vergabe, Besitz, Übertragung und Löschung von Zertifikaten organisiert. Eine von der EU-Kommission benannte Zentralverwalterin führt ein unabhängiges Transaktionsprotokoll zur Kontrolle von Buchungen zwischen den Registern. Betreiberinnen einer Anlage müssen die Zertifikate für die Emissionen des Vorjahres bis zum 30. April des nachfolgenden Jahres abgeben. Bis zum 28. Februar jeden Jahres gibt die zuständige nationale Behörde die entsprechenden Zertifikate an die Betreiberinnen aus (im Fall kostenloser Vergabe). Damit ist es möglich, die für ein bestimmtes Jahr ausgegebenen Zertifikate für Emissionen des Vorjahres zu verwenden („Borrowing"). Hat eine Betreiberin bis zum 30. April eines Jahres nicht genügend Zertifikate für ihre Vorjahresemissionen abgegeben, wird ihr eine Sanktion in Höhe von 100 € (zzgl. einem Inflationsaufschlag) je überschrittener Tonne CO_2e auferlegt. Zusätzlich zur Zahlung der Sanktion ist die Betreiberin verpflichtet, im nächsten Kalenderjahr Zertifikate in Höhe der Emissionsüberschreitung abzugeben.

Preisentwicklung für Zertifikate
Der Emissionshandel ermöglicht den Handel von Eigentumsrechten an Emissionen eines Schadstoffs. Durch den Ausgleich von Angebot und Nachfrage an Zertifikaten bildet sich ein Marktpreis heraus. Die Nutzung des Preismechanismus unter Wettbewerbsbedingungen führt schließlich dazu, dass die Eigentumsrechte dort genutzt werden, wo sie den höchsten Wert stiften. Im Fall des EU ETS werden die Zertifikate also dort eingesetzt, wo die Grenzvermeidungskosten für CO_2 (als Indikator für die Kosten der CO_2-Vermeidung) am höchsten sind. Letztlich ist damit der Preis für Zertifikate der Knappheitsindikator für CO_2-Emissionen in den regulierten Sektoren.

Bevor wir konkret auf die Preisentwicklung für Zertifikate im EU ETS eingehen, wollen wir generell überlegen, welche Faktoren diesen Preis beeinflussen sollten. Im Folgenden konzentrieren wir uns auf CO_2 und betrachten CO_2-Emissionen (oder äquivalent CO_2-Zertifikate) als das, was sie seit 2005 in der EU aus ökonomischer Sicht sind, nämlich ein knapper Inputfaktor bei der Produktion energieintensiver Güter. Um die Preisentwicklung zu verstehen, müssen wir daher Angebot und Nachfrage dieses Produktionsfaktors

---

[36] CO_2 kann – wie bereits erläutert – nicht wie andere Schadstoffe, z.B. SO_2 oder Ruß, aus den Abgasen herausgefiltert werden. Eine – allerdings noch nicht praxisreife – Methode hierfür wäre Carbon Capture and Storage (CCS). Unter CCS versteht man die Abscheidung von CO_2 aus Verbrennungsabgasen und deren Einlagerung (Sequestrierung), insbesondere in unterirdischen Speicherstätten.

näher betrachten. Tabelle 5.3 gibt einen Überblick über ausgewählte Determinanten für den CO_2-Preis im EU ETS. Dabei ist dargestellt, ob der CO_2-Preis bei einer ceteris-paribus-Erhöhung des Faktors steigt (+) oder sinkt (−).

Das Angebot von Zertifikaten ergibt sich durch die von den Mitgliedstaaten bzw. der EU-Kommission festgelegte Menge an kostenlos zugeteilten oder versteigerten Emissionsrechten. Werden mehr Zertifikate zugeteilt, sinkt langfristig der Preis für CO_2-Emissionen. Das Angebot kann aber auch durch Zertifikate aus den projektbasierten Maßnahmen des Kyoto-Protokolls (JI und CDM) ausgedehnt werden.[37] Sinkt das Cap bzw. werden Gesetze verabschiedet, die schärfere Emissionsreduktionen beinhalten, ist ein steigender Preis zu erwarten. Das Angebot kann aber auch durch zusätzliche Maßnahmen verknappt werden, etwa durch das Backloading und die Marktstabilitätsreserve (MSR). Darüber hinaus gibt es zwei weitere angebotsseitige Effekte auf den CO_2-Preis: In einem bestimmten Jahr sinkt das Angebot an Zertifikaten und der CO_2-Preis steigt, wenn Zertifikate später genutzt werden („Banking"). Den gegenteiligen Effekt hat das „Vorziehen" von Zertifikaten aus einem Jahr in das Vorjahr („Borrowing").

Die Nachfrage nach Zertifikaten wird letztlich durch die erwarteten Emissionen bestimmt, die wiederum maßgeblich von den verfügbaren Vermeidungstechnologien abhängig sind. Langfristig sorgen neue Vermeidungstechnologien mit geringeren Vermeidungskosten dafür, dass die Nachfrage nach Zertifikaten zurückgeht. Da es – abgesehen von Carbon Capture and Storage und Carbon Capture and Usage keine End-of-Pipe-Technologie für CO_2 gibt, kann CO_2 langfristig nur durch die Nutzung CO_2-armer und CO_2-freier Technologien sowie durch die Erhöhung der Energieeffizienz vermieden werden (vgl. zur Kaya-Identität Abschnitt 6.3.1). Wirtschaftswachstum wird mittelfristig dazu führen, dass sich die Nachfragefunktion nach rechts verschiebt und der CO_2-Preis ansteigt. Man beachte, dass die Gesamtemissionen im EU ETS „gedeckelt" sind und daher auch bei Wirtschaftswachstum (oder einer Rezession) gleich bleiben. Auch ein Ausbau Erneuerbarer Energien führt (wie auch die Erhöhung der Energieeffizienz) zu einer Reduzierung der Nachfrage nach Emissionsrechten und damit zu einer Preissenkung. Kurzfristig wird dagegen die Nachfrage nach Zertifikaten besonders von unerwarteten Schwankungen in der Stromnachfrage und den Preisen für fossile Energieträger beeinflusst. Dies liegt daran, dass (i) Strom- und Wärmeproduktion über 50% der tatsächlichen Emissionen im EU ETS ausmachen und (ii) die CO_2-Emissionen proportional zur Einsatzmenge fossiler Energieträger sind und die Nachfrage nach fossilen Energieträgern wiederum von deren absoluten und relativen Preisen abhängt. Von besonderer Bedeutung sind dabei die fossilen Energieträger Gas, Öl und Steinkohle, da diese im Stromsektor bei der Produktion von Mittel- und

---

[37] Unter projektbasierten Mechanismen versteht man im Rahmen des Kyoto-Protokolls (vgl. Abschnitt 6.1) „Joint Implementation" (JI) und den „Clean Development Mechanism" (CDM). Bei einem JI-Projekt führt ein Unternehmen aus Industrieland A in einem anderen Industrieland B eine emissionsmindernde Maßnahme durch. Die Emissionsminderungen werden gutgeschrieben und können in das EU ETS eingebracht werden. Bei einem CDM-Projekt sind ein Industrie- sowie ein Entwicklungsland beteiligt.

Spitzenlast eingesetzt werden.[38] Durch den erhöhten Einsatz von Gas oder Öl anstelle von Steinkohle kann der CO_2-Ausstoß reduziert werden, da Steinkohle etwa 25% mehr Kohlenstoff enthält als Öl und etwa 70% mehr als Gas. Daher ist zu erwarten, dass ceterisparibus ein Anstieg des Gas- oder Ölpreises zu einem verstärkten Einsatz von Steinkohle führt. Da Steinkohle wiederum relativ kohlenstoffintensiv ist, steigen in diesem Fall die Nachfrage nach Zertifikaten und damit auch der CO_2-Preis. Umgekehrt verhält es sich bei einem Anstieg des Preises für Steinkohle. Allerdings sind nicht nur die absoluten Preise der Energieträger von Bedeutung. Auch die relativen Preise der Energieträger, insbesondere die Preise von Öl zu Steinkohle und von Gas zu Steinkohle, können den CO_2-Preis beeinflussen. Ein weiterer Faktor, der die Nachfrage nach CO_2-Zertifikaten erhöhen kann, sind unerwartete Temperaturen. Bei einer Hitzewelle muss mehr Strom zu Kühlzwecken bereitgestellt werden. Eine Kälteperiode erhöht den Heizbedarf. Darüber hinaus kann ein unerwartet hohes Angebot von Windenergie dazu führen, dass weniger Strom aus fossilen Energieträgern in das Netz eingespeist wird, daher sinkt die Nachfrage nach Zertifikaten. Analog verhält es sich bei einem unerwartet hohen Angebot an Wasserkraft, verursacht durch starke Regenfälle.

Tabelle 5.3 fasst die eben beschriebenen Preiseffekte zusammen. Allerdings können auch andere Ereignisse den Preis im EU ETS beeinflussen.[39] Ein anschauliches Beispiel dafür lieferte die Nuklearkatastrophe im japanischen AKW Fukushima vom 11. März 2011. Praktisch direkt nach dieser Katastrophe, am 14. März 2011, kündigte Bundeskanzlerin Angela Merkel eine dreimonatige Abschaltung von sieben älteren Atomreaktoren in Deutschland an. Darüber hinaus beschloss die Bundesregierung, zum Jahr 2022 endgültig aus der Atomkraft auszusteigen. Der Bundestag stimmte diesem Gesetzentwurf schließlich am 8. Juli 2011 zu. Welche Preiseffekte waren durch diese unvorhersehbaren Ereignisse zu erwarten? Letztlich kam es durch diese Maßnahmen zu einem unerwarteten Ausfall an grundlastfähigem und CO_2-freiem Atomstrom, welcher praktisch nur durch CO_2-intensiven Kohlestrom ersetzt werden konnte. Damit stieg zwangsläufig die Nachfrage nach Zertifikaten, was zu einem (kleinen) Preisanstieg von 1-2 € im März 2011 führte.

---

[38] Die Grundlast bei der Stromerzeugung bezeichnet den Bedarf an elektrischer Leistung, der während eines Zeitraums unabhängig von Lastschwankungen kontinuierlich besteht. Die Spitzenlast ist die maximale Leistung, die während einer Zeitspanne (z.B. Tag, Monat, Jahr) von einer Verbrauchseinrichtung bezogen wird oder über ein Versorgungsnetz aufzubringen ist. Die Mittellast bezeichnet den Lastbereich, der zwischen Grundlast- und Spitzenlastbereich liegt.
[39] Vgl. Climate Brief (2011).

Tab. 5.3 Determinanten für den Preis im EU-Emissionshandel

Faktor	Zeithorizont*	Erwarteter Effekt auf den Preis**
Angebot		
Gesamtzuteilung (Cap)	langfristig	−
Angebot aus projektbasierten Maßnahmen	mittelfristig	−
Banking	langfristig	+
Borrowing	langfristig	−
Nachfrage		
Vermeidungskosten	langfristig	+
Wirtschaftwachstum	mittelfristig	+
Energieeffizienz	mittelfristig	−
Zubau Erneuerbarer Energien	mittelfristig	−
Preise für Öl und Gas	kurz- und langfristig	+
Preis für Steinkohle	kurz- und langfristig	−
Relative Preise für Öl/Steinkohle, Gas/Steinkohle	kurz- und langfristig	+
Extreme Temperaturen	kurzfristig	+
Regen und Wind	kurzfristig	−

* Kurzfristig (mittel-, langfristig): wirksam innerhalb einiger Tage (Monate, Jahre).
** Effekt, wenn der Faktor ceteris-paribus steigt.

Quelle: In Anlehnung an Rickels et al. (2007).

Natürlich bleibt die Frage offen, ob sich die Zusammenhänge aus Tabelle 5.3 tatsächlich auch empirisch nachweisen lassen. Hierzu gibt es mittlerweile eine ganze Reihe von Studien (z.B. Rickels et al. 2007, Hintermann 2010), die den Zusammenhang zwischen Preisentwicklung als abhängige Variable und den Einflussfaktoren als unabhängige Variablen versuchen zu schätzen. Einige der Einflussfaktoren – insbesondere die Effekte für Energieträgerpreise, Extremtemperaturen und Regen – können empirisch nachgewiesen werden. Allerdings ist die Erklärungskraft solcher Modelle häufig relativ gering. Andere Effekte wie für Wirtschaftswachstum und die institutionellen Details des EU ETS sind weitaus schwieriger nachzuweisen. Dies liegt unter anderem daran, dass der Emissionshandel nach wie vor ein recht „junger" Markt ist, auf dem noch immer eine erhebliche Unsicherheit über die Knappheit des gehandelten Guts existiert. Dabei muss man sich klar machen, dass der Emissionshandel einzig und allein auf Grund staatlicher Intervention existiert. Er ist also ein „künstlicher" Markt. Änderungen in der Regulierung oder Verstöße gegen die Regeln können die Marktteilnehmerinnen verunsichern und die Knappheit beeinflussen. Dennoch ist zu erwarten, dass mit der Entwicklung stabiler Rahmenbedingungen

– insbesondere langfristige Zuteilungsperioden und effektive Kontrollmechanismen – die o.g. Einflussfaktoren den Marktpreis für Zertifikate immer stärker bestimmen werden.

Wie hat sich nun der Preis für Zertifikate im EU ETS entwickelt? Abbildung 5.11 zeigt die Preisentwicklung für die Zertifikate seit 2005. Zu Beginn der Zeitreihe ist der Nullpreis zum Ende der Phase 1 (in 2007) auffallend. Ursache hierfür war, dass die Übertragung der Zertifikate von Phase 1 zu Phase 2 („Banking") nicht erlaubt war. Das Verbot des Bankings zwischen den ersten beiden Phasen des EU ETS hatte einen dramatischen Effekt auf den Zertifikatpreis der Phase 1. Für Phase 1 gab es insgesamt gesehen eine Überausstattung an Zertifikaten, d.h., in der Summe der Jahre 2005 bis 2007 lag die Anfangsausstattung über den realisierten Emissionen. Diese Überausstattung war zunächst von den Marktteilnehmerinnen nicht antizipiert worden und wurde erst im April 2006 bekannt. Die Folge war ein massiver Preissturz. Der Marktpreis für Zertifikate der Phase 1 sank schließlich bis zum Jahresende 2007 auf Null, da kein Banking nach Phase 2 möglich war und dementsprechend die Zertifikate aus Phase 1 im Dezember 2007 wertlos waren.

Wie erläutert, konnten hingegen Zertifikate von Phase 2 zu Phase 3 und darüber hinaus übertragen werden. Die Entwicklung des Preises für Zertifikate in den Phasen 2 und 3 zeigt, dass die Zertifikate tatsächlich knapp waren. Zeitweilig (2008) lag der CO_2-Preis bei über 25 €/tCO_2e, dann im Bereich von 15 €/tCO_2e (2009-2011), und schließlich sank der Preis zum Ende von Phase 2 auf nur 5 €/tCO_2e. In Phase 3 lag der Preis zunächst einige Jahre bei 5 €/tCO_2e bevor er 2018 auf etwa 25 €/tCO_2e anstieg. Ein weiterer, deutlicher Preisanstieg wurde 2021 beobachtet. Mittlerweile (August 2023) liegt der Preis für Zertifikate im EU ETS bei etwa 85 €/tCO_2e.

Was waren die Ursachen für den relativ starken Preisverfall im EU ETS in Phase 2 ab 2008? In der Literatur (z.B. Hepburn et al. 2016) werden drei Faktoren genannt. Erstens ist die Nachfrage nach Zertifikaten auf Grund der starken und langanhaltenden Wirtschaftskrise ab 2008 in der EU deutlich zurückgegangen. Zweitens haben nationale Klimapolitiken, insbesondere die Förderung und der Ausbau der Erneuerbaren Energien (z.B. in Deutschland das Erneuerbare-Energien-Gesetz, EEG) die Nachfrage nach Zertifikaten reduziert (vgl. hierzu auch weiter unten in diesem Abschnitt). Drittens wurde das Angebot an Zertifikaten durch den Import von Zertifikaten aus projektbasierten Mechanismen des Kyoto-Protokolls erhöht. Durch diese Faktoren hatte sich im EU ETS eine erhebliche Menge an Zertifikaten im Umlauf („Überangebot") gebildet. Dieses Überangebot wird berechnet als Differenz zwischen der kumulierten Menge an ausgegebenen Zertifikaten und Zertifikaten aus projektbezogenen Mechanismen seit 2008 auf der einen Seite und der Summe der Emissionen im EU ETS auf der anderen Seite. Trotz des Überangebots war jedoch der Preis für Zertifikate positiv, was darauf hindeutet, dass die Marktteilnehmerinnen mit einer geringeren Zuteilung und steigender Knappheit in der Zukunft rechneten.

Für den in Phase 3 ab 2018 zu beobachtenden Preisanstieg dürfte neben der sich abzeichnenden zunehmenden Knappheit an Zertifikaten auch die Ankündigung und schließlich die Realisierung der Marktstabilitätsreserve beigetragen haben. Auffallend ist auch der deutliche Preisrückgang in 2020, bedingt durch den wirtschaftlichen Einbruch auf Grund der Covid-Restriktionen. Der deutliche Preisanstieg in Phase 4 dürfte inbesondere durch

Abb. 5.11 Preise für Zertifikate im EU-Emissionshandel

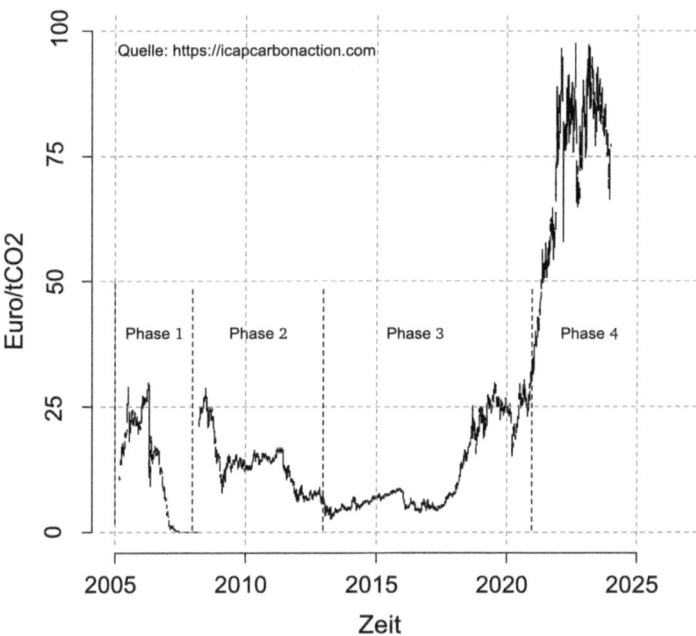

die Vereinbarung schärferer EU-CO_2-Reduktionsziele (Erhöhung des jährlichen Reduktionsfaktors von 1,74% auf 2,2%) und durch die Energiekrise 2021/23 (unerwartet starker Einsatz von Kohle im Vergleich zu Gas) verursacht worden sein.

Das Problem der Regulierungsüberlagerungen oder „weniger ist mehr"

Wie erläutert, ist die Einrichtung des Emissionshandels grundsätzlich aus ökologischer und ökonomischer Sicht sehr zu begrüßen. Das Cap sorgt dafür, dass die Emissionen unter den Business-As-Usual-Emissionen liegen, d.h., es findet Vermeidung statt. Der Handel von Zertifikaten führt zu Kosteneffizienz. In den vom Emissionshandel abgedeckten Sektoren gibt es damit das klimapolitische Instrument der 1. Wahl.[40] So weit – so gut. Betrachten wir aber die politische Diskussion der letzten Jahre, so hat man den Eindruck, dass sich das geforderte staatliche Engagement für den Klimaschutz nicht nur auf den Emissionshandel beschränkt, sondern sich zusätzliche, klimapolitisch motivierte Regulierung zunehmend auf viele andere Bereiche unseres Wirtschaftssystems ausdehnt.[41] Beispiele hierfür gibt es zur Genüge. Verbraucherschützerinnen fordern ein Verbot der Stand-by-Funktion in

---

[40] Dies gilt natürlich nur, wenn man akzeptiert, dass man aus EU-Perspektive die sozial optimale Allokation (first best) mit GVK = GS nicht erreichen kann. Vgl. Abbildung 5.12.

[41] Vgl. zum Problem der Regulierungsüberlagerung von EU ETS und Erneuerbare-Energien-Gesetz (EEG) sowie etwa auch dem Kraftwärmekopplungsgesetz (KWKG) Häder (2010).

elektronischen Geräten. Die EU-Kommission hat sich auf das „Aus" für die herkömmliche Glühlampe festgelegt. Deutschland steigt per Gesetz aus der Kohleverstromung aus.

Hinter all diesen Ansätzen steht die berechtigte Sorge um das Klima. Der Verzicht auf die Stand-by-Funktion oder der Einsatz von Energiesparlampen führt zu geringerem Strombedarf und damit zu höherer Energieeffizienz. Kohlekraftwerke sind in der Stromerzeugung hauptverantwortlich für den CO_2-Ausstoß. Dagegen blasen Erdgaskraftwerke viel weniger und erneuerbare Energien überhaupt kein CO_2 in die Atmosphäre. Doch sind die o.g. Maßnahmen wirklich sinnvoll, wenn man mehr Klimaschutz möchte?

Leider lässt sich relativ leicht zeigen, dass durch all diese Verbote keine zusätzliche Tonne an CO_2 eingespart wird. Der Grund dafür ist nicht technischer, sondern ökonomischer Natur. Bleiben wir beim mittlerweile durchgesetzten Glühlampenverbot. Die EU-Kommission macht Haushalten und Unternehmen Vorgaben, die sich an der Energieeffizienz elektrischer Geräte orientieren. Diese Standards werden schrittweise verschärft, mit der Folge, dass die klassische Glühlampe mittlerweile praktisch vom Markt verschwunden ist. Das Hauptargument für diese Maßnahme war der Klimaschutz: Mehr als 20 Mio. Tonnen CO_2 sollen pro Jahr durch den Verzicht auf die Glühlampe eingespart werden. Leider geht diese Rechnung aber nicht auf. Nehmen wir einmal an, dass wir ab sofort auf den Einsatz von klassischen Glühlampen verzichten. Dadurch würde die Nachfrage nach Strom in Deutschland zurückgehen und damit auch die Stromproduktion. Weniger Stromproduktion bedeutet auch, dass beim aktuellen Energieträger-Mix in Deutschland weniger CO_2 emittiert wird. Doch führt dies nicht dazu, dass insgesamt gesehen die CO_2-Emissionen sinken. Die Ursache hierfür liegt darin, dass die Energiewirtschaft zusammen mit anderen energieintensiven Industrien in Europa dem Emissionshandel unterliegt. Das festgelegte Emissionsziel fixiert die Gesamtmenge an Emissionen. Jede darüber hinausgehende Maßnahme zur Vermeidung von CO_2 in den betroffenen Sektoren ist vergeblich, da dies keinen Effekt auf das Cap hat. Wenn etwa auf Grund des Glühlampenverbots die Stromnachfrage zurückgeht, benötigen die Energieunternehmen weniger Zertifikate, weil sie weniger Strom produzieren und damit auch weniger CO_2 emittieren. Was aber passiert mit den nicht benötigten Zertifikaten? Diese Emissionsrechte werden am Markt verkauft, d.h., sie gehen an Unternehmen, die diese Zertifikate nutzen werden, um ihre Emissionen zu erhöhen. Mit anderen Worten: Emissionsrechte, die einmal ausgegeben wurden, werden auch genutzt. Die Gesamtmenge an Emissionen wird nach wie vor durch das Cap bestimmt – und durch nichts anderes.

Nun mag man einwenden: Das Cap könnte doch enger gesetzt werden, wenn der Rückgang der Stromnachfrage durch den „verordneten" Einsatz von Energiesparlampen vorausgesehen wird. Insofern würde das Glühlampenverbot doch etwas nützen. Doch dieses Argument greift zu kurz. Die Reduzierung des Caps könnte genau so gut auch ohne das Verbot durchgeführt werden – mit dem großen Vorteil, dass die Verbraucherinnen dann selbst entscheiden könnten, wo sie Emissionen vermeiden. Ein engeres Cap hätte zur Folge, dass CO_2-Emissionen knapper und damit teurer würden. Dies würde zu einem Anstieg der Strompreise führen und damit auf der Nachfrageseite Anreize zum verstärkten Einsatz von energieeffizienteren Technologien setzen. Wie letztlich Strom eingespart wird, würde den Verbraucherinnen überlassen werden. Man kann getrost darauf vertrauen, dass diese dort auf Strom verzichten, wo es ihnen die geringsten Einbußen an Lebensqualität (und damit die geringsten Kosten) verursacht. Möglicherweise durch den Einsatz von Energiesparlampen, aber vielleicht auch durch andere Maßnahmen. Ein Zwang zum Einsatz einer bestimmten Stromspartechnologie oder das Verbot einer „alten" Technologie beschränkt dagegen die Verbraucherinnen in ihrer Wahlfreiheit, ohne dass ein ökologischer Zusatznutzen in Form geringerer Emissionen erzielt wird. Aber auch auf der Angebotsseite von Strom wirkt der Emissionshandel und eröffnet Optionen für die CO_2-Vermeidung. Statt pauschal die produzierte Strommenge zu reduzieren, verteuert der Emissionshandel kohlenstoffintensive Energieträger und setzt damit Anreize verstärkt weniger kohlenstoffintensive Energieträger einzusetzen. Mit anderen Worten, durch die administrative Festlegung auf eine Vermeidungstechnologie – in diesem Fall eine höhere Energieeffizienz[42] durch den erzwungenen Einsatz von Energiesparlampen – gibt man die Kosteneffizienz auf, da andere günstigere Vermeidungsoptionen nicht mehr zur Verfügung stehen. Damit wird Klimaschutz unnötig teuer.

Bislang sind wir davon ausgegangen, dass die zusätzliche Regulierung (z.B. das Glühlampenverbot) keinen Effekt auf den Marktpreis für Zertifikate hat. Dies ist plausibel, wenn der Nachfragerückgang durch die Stromersparnis relativ klein ausfällt. Was passiert aber, wenn „gut gemeinte" Klimapolitik außerhalb des EU ETS dazu führt, dass deutlich weniger Strom aus fossilen Energieträgern benötigt wird? Würde dann nicht der Preis für Zertifikate sinken und demnach der Anreiz für die Energieversorger steigen, besonders „schmutzige" Energieträger wie Stein- und Braunkohle verstärkt einzusetzen? Genau das ist der Fall, wie Böhringer und Rosendahl (2010) in einem Artikel gezeigt haben, der mit den markigen Worten „Green Promotes the Dirtiest" überschrieben ist. Dieses Ergebnis ist gar nicht so überraschend, wie es auf den ersten Blick aussieht. Im EU ETS werden besonders kohlenstoffintensive Energieträger wie Braun- und Steinkohle durch den CO_2-Preis relativ zu „sauberen" Energieträgern wie Gas, Kernkraft oder erneuerbaren Energieträgern weniger attraktiv, da sie sich relativ stärker verteuern. Wird nun der Anteil erneuerbarer Energieträger – zum Beispiel durch hohe Einspeisevergütungen für diese Energieträger – deutlich erhöht, sinkt die Nachfrage nach CO_2-Zertifikaten, da weniger Strom aus fossilen Energieträgern benötigt wird. Da das Angebot an Zertifikaten aber fix ist, sinkt der CO_2-Preis und davon profitieren besonders stark die kohlenstoffintensiven, also „schmutzigen" Energieträger. Böhringer und Rosendahl zeigen das Resultat sowohl theoretisch als auch quantitativ mit Daten des deutschen Strommarkts. Letztlich wird durch diese Form der Regulierungsüberlagerung Klimaschutz wieder teurer gemacht als eigentlich nötig wäre. Ohne die massive Förderung der erneuerbaren Energien würden die CO_2-Emissionen unverändert bleiben, die Mittel aus der Förderung hingegen könnten alternativ verwendet werden. Gleichzeitig wird den CO_2-Emittentinnen signalisiert, dass CO_2-Emissionen

---

[42] Unter Energieeffizienz versteht man den Quotienten aus Output (z.B. gemessen in € oder einer Mengeneinheit wie Tonnen) und dem Energieinput (z.B. gemessen in Watt). Vgl. hierzu auch Abschnitt 6.3.1.

ein weniger knappes Gut sind (der CO_2-Preis sinkt!). Damit sinken jedoch die Anreize für Emittentinnen, in neue Vermeidungstechnologien zu investieren – offensichtlich ein falsches Signal.

Was folgt daraus für die Klimapolitik? Zunächst ist es wichtig, die Stärken des Emissionshandels wirklich zu verstehen. Neben der Festlegung der Gesamtemissionen muss die Politik kaum weitere Vorschriften machen.[43] Insbesondere ist es nicht nötig, den Einsatz bestimmter Technologien zu verbieten. Die Politik kann sich darauf beschränken, die CO_2-Emissionen über die Festlegung des Caps zu steuern. Wenn sie dies tut, dann erreicht sie das Emissionsziel zu minimalen Kosten, d.h. kosteneffizient. Und wenn das Klimaziel kosteneffizient erreicht wird, kann man sich mehr Klimaschutz leisten als bei einer Politik, die nicht kosteneffizient ist.

Das heißt auch, dass – so lange der Zertifikatpreis positiv ist – jede nationale Politik zur Reduzierung von CO_2-Emissionen dazu führt, dass die Kosten der Emissionsvermeidung bei gleichen Emissionen steigen. Dies gilt z.B. auch für die massive Förderung der Erneuerbaren Energien durch das EEG oder den Ausstieg aus der Kohleverstromung in Deutschland. Die deutschen Alleingänge bedeuten, dass Vermeidung aus anderen EU-Staaten abgezogen und nach Deutschland verlagert wird, um sie dort zu höheren Kosten zu realisieren. So reduziert eine höhere Einspeisung von Erneuerbaren-Energien-Strom die Nachfrage nach Zertifikaten und senkt den Zertifikatpreis – die Emissionen im EU ETS bleiben aber gleich und werden mit insgesamt höheren Kosten erreicht. Legt Deutschland Kohlekraftwerke still, werden die Emissionsrechte (bei gesunkenen Preisen) an andere Länder im EU ETS veräußert, die daraufhin weniger vermeiden und mehr emittieren. Wieder ändert sich am Cap, den Emissionen im EU ETS, nichts. Man kann es auch so formulieren: Nationale Alleingänge zur Reduzierung der CO_2-Emissionen gefährden letztlich den kosteneffizienten Emissionshandel auf EU-Ebene.[44]

Kosteneffizienz ist fraglos ein ökonomischer Begriff und mag deshalb in den Ohren von ökologisch motivierten Menschen verdächtig klingen. Aber Ökonomik und Ökologie sind nicht die Gegensätze als die man sie gerne ausgibt – im Gegenteil. Jede nicht kosteneffiziente Klimapolitik bleibt unter ihren ökologischen Möglichkeiten. Die Forderung an die Politik ist daher klar: Weniger Aktionismus, nationale Alleingänge und Verbote, dafür mehr intelligente, d.h. kosteneffiziente Klimapolitik.

---

[43] Kennzeichnungspflichten können helfen, dass die Verbraucher „Stromfresser" von energieeffizienten Geräten besser unterscheiden können. Durch ein solches Labeling lässt sich die asymmetrische Informationsverteilung zwischen Verbraucherinnen und Produzentinnen reduzieren. Vgl. Sturm und Vogt (2014) zu adverser Selektion.

[44] Man mag einwenden, dass der deutsche Kohleausstieg ein größeres und dauerhaftes Überangebot an Zertifikaten erzeugt, welches dann durch die MSR vom Markt genommen wird. In diesem Fall würde der deutsche Kohleausstieg tatsächlich zu sinkenden Emissionen in der EU führen. Damit würde aber die Kosteneffizienz des Emissionshandels (und damit die zentrale Idee dieses umweltpolitischen Instruments) verletzt werden, da nur durch das Cap und die Angleichung der Grenzvermeidungskosten sichergestellt werden kann, dass die Vermeidung dort stattfindet, wo sie die geringsten Kosten verursacht.

Das „Leakage"-Problem des EU ETS und der CO_2-Grenzausgleich
Ein wichtiges Problem des EU ETS ist bislang nur angedeutet worden und soll am Ende dieser Fallstudie diskutiert werden. Das EU ETS führt dazu, dass CO_2-Emissionen für Unternehmen der energieintensiven Sektoren in der EU einen knappen Produktionsfaktor darstellen. Gleichartige Unternehmen aus wichtigen Handelspartnern der EU wie den USA oder China müssen hingegen für ihre CO_2-Emissionen keinen oder einen deutlich geringeren Preis zahlen. Offensichtlich können daraus bei einem hinreichend hohen CO_2-Preis für europäische Unternehmen aus energieintensiven Sektoren, die im internationalen Wettbewerb stehen, Kostennachteile resultieren. Mit anderen Worten, der Verlust von Marktanteilen, geringere Renditen und letztlich gar das Abwandern von Industrieunternehmen („Leakage") könnten die Folge des EU ETS sein. Eins ist klar: Dem Klima wäre bei einer Verlagerung von Emissionen aus der EU in Länder ohne CO_2-Preis nicht geholfen. Die Emissionen würden sogar steigen, denn das Cap des EU ETS ist fix und die praktisch nicht beschränkten Emissionen im Ausland würden zunehmen. Auch die wirtschaftlichen Nachteile für Konsumentinnen und Produzentinnen in der EU sind offensichtlich. Wie ist mit dieser Gefahr umzugehen? Zunächst muss man sich klar machen, dass für beide Probleme – sowohl für den Verlust an Wettbewerbsfähigkeit als auch für Leakage – nicht der Emissionshandel an sich die Ursache ist. Verursacht wird das Problem durch die „Insellösung" der EU-Klimapolitik: Während in anderen Industriestaaten praktisch kein CO_2-Preis existiert, ist CO_2 in der EU seit 2005 ein knapper Input. Wir werden uns in Kapitel 6 noch ausführlich mit den Problemen der internationalen Klimapolitik beschäftigen. Grundsätzlich gilt aber, dass eine erfolgreiche globale Klimapolitik CO_2 in möglichst vielen Regionen der Welt bepreisen sollte. Statt auf unilaterale Klimapolitik zu setzen, sollten die EU und Deutschland stärker versuchen, ein koordiniertes internationales Vorgehen gegen den Klimawandel zu erreichen.

Bislang sind die Bedeutung von Leakage und der drohende Verlust an Wettbewerbsfähigkeit als relativ gering einzuschätzen. Studien, die solche klimapolitisch induzierten Verzerrungen analysieren, zeigen bislang nur geringe Effekte.[45] Allerdings muss man berücksichtigen, dass in der EU CO_2 erst relativ kurze Zeit mit einem Preis versehen ist und die Investitionszyklen in den betroffenen Industrien (z.B. Stahl- und Aluminiumerzeugung) relativ lang sind. Darüber hinaus war der CO_2-Preis zumindest bis 2020 noch relativ niedrig (vgl. Abbildung 5.11). Man stelle sich vor, dass über ein Jahrzehnt oder länger der CO_2-Preis in der EU relativ hoch ist, andere Industriestaaten dagegen keinen CO_2-Preis setzen. Ist dann tatsächlich zu erwarten, dass energieintensive Unternehmen in der EU, die im internationalen Wettbewerb stehen, keine Marktanteile verlieren und auf den Rückgang ihrer Wettbewerbsfähigkeit nicht mit Abwanderung reagieren?

Um diese zu erwartenden negativen Effekte zu mildern, plant die EU ab 2026 die Einrichtung eines CO_2-Grenzausgleichs, auch „Carbon Border Adjustment Mechanism" (CBAM) genannt.[46] Mit CBAM wird ein Preis auf die Einfuhr bestimmter, außerhalb der

---

[45] Vgl. für einen Überblick Parker und Blodgett (2008) und BMWi (2021).
[46] Die folgenden Ausführungen basieren auf Söllner (2023).

EU hergestellter Waren auf Grundlage der damit verbundenen CO_2-Emissionen erhoben (N_2O und FKW werden auch erfasst). Zu den Waren zählen Zement, Strom, Düngemittel, Eisen und Stahl, bestimmte Eisen- und Stahlerzeugnisse, Aluminium und bestimmte Aluminiumerzeugnisse (EU 2023, Anhang I). Der Preis im CBAM richtet sich nach dem durchschnittlichen Wochenpreis für Zertifikate aus dem EU ETS (EU 2023, Art. 21). Dieser Preis wird mit der Anzahl an abzugebenden CBAM-Zertifikaten multipliziert, wobei ein CBAM-Zertifikat einer Tonne CO_2, welche im Herstellungsprozess der importierten Waren emittiert wird, entspricht. Können die tatsächlichen Emissionen nicht ermittelt werden, so werden „Standardwerte" zugrundegelegt (Art. 7). Hat eine EU-Importeurin im Herkunftsland bereits einen CO_2-Preis gezahlt, so wird dies bei der Berechnung des endgültigen CBAM-Preises berücksichtigt (Art. 9). Zunächst soll sich das CBAM nur auf „direkte Emissionen" beziehen (auch als „graue Emissionen" bezeichnet, Art. 6 bis 8). Darunter versteht man die bei der Herstellung der betreffenden Waren und Vorprodukte direkt entstehenden Emissionen. Indirekte Emissionen, d.h. Emissionen aus verbrauchtem Strom bzw. verbrauchter Wärme und Kälte, werden zunächst nicht betrachtet.

CBAM soll schrittweise eingeführt werden. In einem Übergangszeitraum (01.01.2023 bis 31.12.2025) sollen EU-Importeurinnen nur über die bei der Produktion der eingeführten Waren entstandenen direkten Emissionen und einem eventuell gezahlten CO_2-Preis Bericht erstatten (Art. 36). CBAM-Zertifikate müssen in diesem Zeitraum noch nicht erworben werden, der offizielle Start des CO_2-Grenzausgleichs ist der 1. Januar 2026. Das Ausmaß, in dem CBAM Zertifikate erworben werden müssen, soll dann ab 2026 schrittweise erhöht werden, so dass ab 2035 100% der eigentlich erforderlichen Zertifikate von den Importeurinnen der zertifikatspflichtigen Waren nachgewiesen werden müssen. Diese allmähliche Steigerung spiegelt den allmählichen Abbau der Gratiszuteilung von ETS-Zertifikaten an EU-Produzentinnen wider, welche 2035 auf Null sinken soll.

Das Ziel des CBAM ist klar: Importe sollen mit der heimischen Produktion in Bezug auf die CO_2-Kosten gleichgestellt werden. Damit verbunden soll die freie Zuteilung für diese Branchen bzw. Produkte schrittweise reduziert werden. Durch CBAM können Unternehmen die EU-ETS-Kosten im EU-Binnenmarkt besser auf die Preise ihrer Produkte überwälzen, da künftig auch für die in den importierten Produkten enthaltenen Emissionen in der EU Zertifikate erworben werden müssen. CBAM ist also ein Klimazoll auf Importe in die EU.

Die CBAM-Regulierung ist aber mit einer Reihe von schwerwiegenden Problemen verbunden. Ein offensichtliches Problem ist, dass zunächst die indirekten Emissionen (also aus dem Verbrauch von Strom, Wärme und Kälte) nicht mitberücksichtigt werden. Daher bestehen weiter Anreize zur Produktionsverlagerung und die Anreize zur Emissionsreduktion in den Exportländern sind nur abgeschwächt wirksam. Es ist daher wohl erwarten, dass CBAM früher oder später auch auf die indirekten Emissionen ausgeweitet wird. Das größte Problem ist dann sicher die Bemessungsgrundlage, also die korrekte Bestimmung der CO_2-Emissionen im Herkunftsland. Dies dürfte nur mit erheblichen administrativen Aufwand verbunden sein. So muss im Herkunftsland ermittelt werden, welche CO_2-Emissionen durch die Produktion vor Ort entstehen. Es ist auch zu erwarten, dass es hier eine Reihe von Umgehungsmöglichkeiten gibt. Bei der Verwendung von Standardwerten reduziert sich für die Emittenten in Exportländern der Anreiz zur Emissionsreduktion. Unklar ist auch, wie die Erstattung von bereits gezahlten CO_2-Steuern konkret durchgeführt werden soll. In vielen Ländern wie z.B. den USA gibt es keine CO_2-Steuern oder Zertifikatpreise, aber eben Kosten durch Auflagen wie CO_2-Emissionsstandards. Ob und wie solche Kosten berücksichtigt werden, bleibt zu klären. Ein weiteres Problem besteht darin, dass der vorgeschlagene CBAM nur Einfuhren erfasst, aber keine Ausfuhren. Wenn bei der Produktion in Europa Kosten durch das EU ETS anfallen und diese Produkte in Länder exportiert werden, in denen keine vergleichbaren Kosten anfallen, wird dies die Wettbewerbsfähigkeit europäischer Unternehmen in diesen Ländern verschlechtern. Besonders gefährdet sind hier Sektoren mit hoher CO_2-Intensität der Produktion und demzufolge hohen Kosten für den Erwerb von Zertifikaten und mit einer hohen Exportintensität. Nach einer aktuellen Studie (UBA 2022) trifft dies insbesondere für ausgewählte Produktgruppen in den Sektoren Eisen und Stahl, Aluminium und Düngemittel zu (und weniger auf Zement, da hier bei relativ hoher CO_2-Intensität der Produktion die Exportintensität sehr gering ist). Ungeachtet der Tatsache, dass nur die Importe durch CBAM erfasst werden, bestehen erhebliche Zweifel an der Vereinbarkeit des CBAM mit den Regeln der World Trade Organization (WTO). Es besteht die Gefahr, dass große Handelsnationen wie die USA oder China mit Vergeltungsmaßnahmen reagieren. Solche Handelskonflikte sind aber insbesondere für Länder wie Deutschland, die relativ stark in die Weltwirtschaft integriert sind, ein potentielles Problem. Es bleibt abzuwarten, welche Effekte CBAM haben wird. Das grundsätzliche Problem in der Klimapolitik, dem Fehlen einer internationalen Kooperation, bleibt aber bestehen.

5.6 Auflagen

Bislang haben wir das klassische Instrument der Umweltpolitik – Auflagen oder auch „Standards" genannt – nicht betrachtet. Dies liegt insbesondere daran, dass Auflagen in vielen Situationen gegenüber den marktbasierten Instrumenten Emissionssteuer und Emissionshandel erhebliche Nachteile aufweisen. In unserer Einführung in die Umweltökonomik haben wir daher die vorzugswürdigen Instrumente zuerst behandelt. Da in der Praxis der Umweltpolitik Auflagen aber immer noch eine große Bedeutung haben, kommen wir nicht umhin, dieses Instrument hier zu behandeln. Bei einer Auflage legt der Staat fest, welche Höchstmenge eines Schadstoffs ein Unternehmen emittieren darf. Üblicherweise gibt es dabei eine einheitliche Auflage für alle Unternehmen. Von besonderer Bedeutung ist dabei die Tatsache, dass die Emittentin keine oder nur sehr eingeschränkte Flexibilität bei der Wahl der Emissionen hat. Sie muss die Auflage erfüllen – andernfalls droht ein Bußgeld oder sogar die Betriebsschließung. Wie wir sehen werden, führt das Fehlen von Wahlmöglichkeiten für die Emittentinnen letztlich dazu, dass die Emissionsvermeidungskosten bei Auflagen höher sind als bei marktbasierten Instrumenten. Die Ausgestaltung von Auflagen kann dabei durchaus unterschiedlich sein, so gibt es relative

Emissionsziele wie Schadstoffmenge je Outputeinheit oder je Zeiteinheit aber auch absolute Höchstgrenzen oder gar Emissionsverbote.

Vergleichen wir den Emissionshandel mit der klassischen Umweltpolitik. Im Zuge einer Auflagenpolitik würde die Gesetzgeberin den Emissionsquellen Höchstwerte vorschreiben. In unserem Fall (vgl. Abbildung 5.9) könnte der Staat die gewünschte Minderung von $\left(\overline{E}_i + \overline{E}_j\right) - \left(E_i^{IA} + E_j^{IA}\right)$ auch dadurch erreichen, dass er beiden Quellen zur Auflage macht, jeweils $\left(\overline{E}_i - E_i^{IA}\right)$ und $\left(\overline{E}_j - E_j^{IA}\right)$ nach dem Stand der Technik zu vermeiden. Was ist der entscheidende Nachteil einer solchen Vorgehensweise? Das gewünschte Vermeidungsziel wird zwar auch in diesem Fall (entsprechende Kontrollen vorausgesetzt) erreicht, aber zu höheren Kosten im Vergleich zur Emissionssteuer und dem Emissionshandel. Es ist ökonomisch nicht wünschenswert, dass die Anlage mit den relativ hohen Grenzvermeidungskosten Vermeidung betreibt. Dazu wird sie aber unter einer Auflagenpolitik gezwungen. Im Regelfall erreicht daher die Auflagenpolitik ihr Ziel zu höheren Kosten, als erforderlich wäre. Der Emissionshandel erzwingt, dass Vermeidung dort durchgeführt wird, wo sie die geringsten Kosten verursacht, also bei den Anlagen mit den relativ niedrigen Grenzvermeidungskosten. Unter ökologischen Gesichtspunkten ist dies unproblematisch – jedenfalls so lange es sich um einen Globalschadstoff handelt, bei dem es egal ist, aus welcher Quelle er emittiert wird. Auch die Emissionssteuer erreicht Kosteneffizienz – somit schneidet die Auflagenlösung hinsichtlich der verursachten Kosten eindeutig schlechter ab als die beiden marktbasierten Instrumente.

Wir halten also fest. Bei einer Auflagenpolitik wird die Angleichung der Grenzvermeidungskosten verhindert. In Abbildung 5.9 sind bei gleichen aggregierten Emissionen die gesamtgesellschaftlichen Kosten um die Fläche C + A höher als im Fall des Emissionshandels, von dem wir wissen, dass er Kosteneffizienz erreicht. Denkbar wäre allerdings auch eine Situation, in der der Staat jeder Emittentin eine solche Auflage erteilt, so dass die Grenzvermeidungskosten aller Akteurinnen angeglichen sind. In Abbildung 5.9 würde also Unternehmen i mit den hohen Grenzvermeidungskosten weniger Vermeidung erbringen müssen (in diesem Fall $E_i(p)$) und Unternehmen j mit den niedrigen Grenzvermeidungskosten mehr Vermeidung ($E_j(p)$). In der Tat wäre dann Kosteneffizienz erreicht und die Auflagenlösung wäre gleichwertig zum Emissionshandel. Aber können wir erwarten, dass eine solche Lösung eintritt? Der Staat muss hierfür den genauen Verlauf der Grenzvermeidungskosten *in jedem Unternehmen* kennen. Hierfür ist er auf private Informationen aus den Unternehmen angewiesen. Es stellt sich damit die Frage, ob die Unternehmen Anreize haben, Informationen über den Verlauf ihrer Grenzvermeidungskosten offenzulegen. Dies ist offensichtlich nicht der Fall, wie man bereits im Beispiel der Abbildung 5.9 erkennen kann. Beide Unternehmen können sich besser stellen, wenn sie höhere Grenzvermeidungskosten angeben. In diesem Fall würde das Unternehmen eine weniger strenge Vermeidungsauflage erhalten, könnte mehr emittieren und hätte geringere Vermeidungskosten. Damit steht fest: Auflagen erreichen *keine Kosteneffizienz*.

Bei aller berechtigten Kritik an der Auflagenlösung gibt es jedoch auch Situationen, in denen Auflagen ein sinnvolles Instrument in der Umweltpolitik darstellen. Hierfür müssen aber zwei Bedingungen erfüllt sein. Erstens muss bei unvollständiger Information über das optimale Emissionsniveau der Anstieg der Grenzschadenskosten höher sein als der betragsmäßige Anstieg der Grenzvermeidungskosten. In diesem Fall – das haben wir in Abschnitt 5.4 (vgl. auch Abbildung 5.10) gezeigt – ist die Mengensteuerung gegenüber der Preissteuerung vorzuziehen. Dies liegt daran, dass ein Fehler bei der Festlegung der Pigou-Steuer bei relativ elastischen Grenzvermeidungskosten und relativ unelastischen Grenzschäden zu sehr hohen Wohlfahrtsverlusten führt. Die Wohlfahrtsverluste bei der Preissteuerung liegen in diesem Fall über denen bei der Mengensteuerung – wenn wir von einem prozentual gleichen Fehler bei der Emissionsmenge oder der Steuer ausgehen. Zweitens muss es sich um einen Schadstoff handeln, der bereits in geringen Konzentrationen zu erheblichen lokalen Schäden, sogenannten hot spots, führt. In diesem Fall könnte der Handel von Emissionsrechten (als alternative Mengensteuerung neben Auflagen) zu einer räumlichen Konzentration der Emissionen führen und solche „hot spots" würden erhebliche lokale Schäden verursachen. Man könnte an dieser Stelle einwenden, dass man durch entsprechende Handelsrestriktionen das Entstehen von hot spots verhindern kann. In der Tat wurden und werden solche Beschränkungen für bestimmte Schadstoffe diskutiert. Aber dabei ist zu beachten, dass solche Restriktionen häufig dazu führen, dass die Annahme eines Wettbewerbsmarkts verletzt wird. Wir können dann nicht mehr davon ausgehen, dass der Zertifikatpreis exogen ist und sich durch den Handel von Emissionsrechten die Grenzvermeidungskosten angleichen werden. Diese Gefahr besteht üblicherweise dann, wenn es nur sehr wenige Emittentinnen gibt. Wenn diese beiden Bedingungen erfüllt sind, dann ist die Anwendung einer Auflagenlösung auch aus Wohlfahrtsperspektive die beste Wahl. Man möge sich aber klar machen, für welche Schadstoffe diese Bedingungen als erfüllt anzusehen sind und für welche nicht. Insbesondere bei lokal wirkenden Giften wie Dioxin sind Auflagen das Instrument der ersten Wahl. Für Globalschadstoffe wie CO_2 oder selbst für regional wirksame Schadstoffe wie SO_2 sind Auflagen dagegen nicht sinnvoll, weil sie Umweltschutz nur zu unnötig hohen Kosten erreichen.

5.7 Fallstudie: Dieselfahrverbote

Mit einem Fahrverbot für ältere Diesel auf zwei Hauptverkehrsstraßen hat Hamburg als erste deutsche Stadt 2018 auf eine Klage der EU-Kommission gegen Deutschland wegen zu hoher Schadstoffkonzentrationen reagiert. Auch in München exististiert mittlerweile ein solches Fahrverbot. Hintergrund der EU-Klage sind wiederholte Überschreitungen der vereinbarten Grenzwerte für die Luftverschmutzung aus Stickoxiden (NOx) in 26 Gebieten Deutschlands. Der mit Abstand größte Verursacher von NOx-Emissionen ist der Straßenverkehr. Etwa 40% des EU-weiten Ausstoßes entfallen auf ihn, davon wiederum sind etwa 80% Dieselfahrzeugen zuzurechnen (Europäische Kommission 2017). Immerhin kommt auch ein Fünftel des Treibhausgases CO_2, das in der EU ausgestoßen wird, von der Straße. Vorschläge zur Problemlösung seitens der Politik gab es in den vergangenen Monaten genug. Woran es allerdings mangelt, ist eine ökonomisch fundierte Langfriststrategie, um Mobilitätsbedürfnisse und Schutz von Umwelt und Gesundheit in Einklang zu bringen.

Grundsätzlich verursacht eine Akteurin bei negativen externen Effekten gesellschaftliche Kosten, die sie selbst nicht oder nicht vollständig zahlen muss. Ohne Regulierung sinkt damit die gesellschaftliche Wohlfahrt im Vergleich zum Optimum. Im Zentrum der verkehrspolitischen Diskussion stehen insbesondere die externen Effekte, die durch die Nutzung der Verkehrswege entstehen. Diese Fallstudie[47] konzentriert sich dabei auf lokale Schadstoffemissionen, wie Feinstaub und NOx sowie auf CO_2-Emissionen und Stau.

Straßennutzung in Städten durch City-Maut steuern
Das Problem verkehrsbedingter Luftverschmutzung in Innenstädten kann mit einer City-Maut effizient gelöst werden. Das Prinzip einer solchen Maut ist einfach: Will eine Autofahrerin innerstädtische Straßen benutzen, wird eine Gebühr fällig – und zwar jedes Mal. Wer viel fährt, zahlt viel, wer nur selten mit dem Auto in die Stadt fährt, wird seltener zur Kasse gebeten. Der Mautbetrag sollte dabei – unabhängig von der eingesetzten Kraftstoffart bzw. der Technologie – nach dem Schadstoffausstoß gestaffelt sein. Die negativen Auswirkungen des Autofahrens, deren Kosten bisher die Gesellschaft zu tragen hatte, werden damit sichtbar und der eigentlichen Verursacherin in Rechnung gestellt. Andere lokal wirksame Externalitäten des Straßenverkehrs wie Staus würden durch eine Maut in entsprechender Höhe ebenfalls adressiert. Städte wie Stockholm und London setzen bereits seit Jahren erfolgreich[48] auf diesen Ansatz.

Eine City-Maut ist aus ökonomischer Sicht den derzeit diskutierten Fahrverboten, d.h. einer Auflagenlösung, für Diesel klar überlegen, insbesondere, weil die Verbesserung der Stadtluft zu geringeren gesellschaftlichen Kosten erreicht wird. Wenn Fahrten in die Stadt durch die City-Maut einen zusätzlichen Preis bekommen, entstehen wirksame Anreize für Autofahrer, ihr Mobilitätsverhalten zu verändern. Umweltfreundlichere Alternativen wie Bus, Bahn oder auch Fahrrad werden damit im Vergleich zum Auto attraktiver. Der zentrale Punkt ist: Mit der City-Maut haben die betroffenen Menschen eine Wahl. Sie können selbst entscheiden, ob ihnen die Fahrt ins Stadtzentrum mit dem eigenen Pkw so viel wert ist. Wann immer der individuelle Nutzen größer ist als die damit verbundenen gesellschaftlichen Kosten, werden sie die Maut zahlen, und andernfalls nach Alternativen suchen. Für die Gesellschaft ist das optimal. Mit Fahrverboten dagegen nehmen die Städte den Menschen die Wahl quasi ab.

---

[47] Die Fallstudie basiert im Wesentlichen auf Achtnicht et al. (2018).
[48] In Stockholm existiert seit 2006 eine City-Maut. Die zwei Studien, die mit einer Kosten-Nutzen-Analyse diese City-Maut untersuchen, kommen aber zu unterschiedlichen Ergebnissen. Während nach Eliasson (2009) der Nutzen der City-Maut die Kosten übersteigt, kommen Kopp and Prud'homme (2010) zum Ergebnis, dass die Kosten größer sind als der Nutzen. Auch für die 2003 eingeführte City-Maut in London gibt es unterschiedliche ökonomische Bewertungen (Leape 2006, Prud'homme und Bocarejo 2005).

Auch die Umweltwirkung der kürzlich in Hamburg und München eingeführten Durchfahrtssperren ist zweifelhaft. Ältere Diesel-Pkw bzw. Lkw weichen nun auf andere Strecken aus, um ihr Fahrtziel zu erreichen. Zwar sollen so die NOx-Grenzwerte in den gesperrten Straßen eingehalten werden. Jedoch steigt natürlich die Belastung auf den Ausweichstrecken, so dass möglicherweise durch die erzwungenen Umwege insgesamt mehr Schadstoffe entstehen als vorher.

Weiträumigere Diesel-Fahrverbote würden vermutlich eine gewisse lokale Umweltwirkung in deutschen Städten erzielen. Allerdings wären die gesellschaftlichen Kosten unverhältnismäßig hoch und zudem ungerecht verteilt. Alle Dieselfahrerinnen, und nur diese, würden durch die Fahrverbote bestraft. Ihre Fahrzeuge wären dann für bestimmte Wege nicht mehr zu gebrauchen. Der Wiederverkaufswert würde drastisch sinken. Das würde auch für solche Diesel gelten, die kaum oder gar nicht auf innerstädtischen Straßen bewegt werden. Auch bei einer City-Maut würde der Wiederverkaufswert eines Pkw vermutlich sinken, allerdings in geringerem Umfang als bei einem Fahrverbot und nicht nahezu pauschal, sondern in Abhängigkeit der Schadstoffbelastung.

Dabei belasten natürlich auch die Abgase aus Ottomotoren die Stadtluft. Ein Fahrverbot für Diesel liefert jedoch kein Signal an Fahrerinnen von Benzinern, ihre Fahrleistung einzuschränken. Im Gegenteil: Kurzfristig werden Stadtfahrten für sie sogar attraktiver, weil mit dem Dieselverbot freiere Straßen locken. Mittelfristig werden diejenigen, die vom Verbot betroffen sind, aber auf ein Auto nicht verzichten können und ihren Diesel vermutlich noch durch einen Benziner ersetzen. Das ist kostspielig und belastet jede Haushaltskasse mehr als eine Maut, die nur einzelne Fahrten teurer macht. Am Ende sind die Straßen jedenfalls wieder verstopft und der Umwelt kaum geholfen. Klar ist also, saubere Luft ist nicht zum Nulltarif zu haben. Eine City-Maut belastet den einzelnen Haushalt. Im Gegensatz zum Fahrverbot oder im Vergleich zu möglichen Überwälzungsreaktionen als Folge von herstellerseitigen Nachrüstverpflichtungen sind die Kosten für die Pkw-Besitzerin jedoch transparent. Darüber hinaus setzt die Regulierung Unternehmen unter Zugzwang, neue Technologien marktfähig zu machen, um im Wettbewerb auch mit anderen Verkehrsmitteln zu bestehen. Schließlich noch ein weiterer Vorteil der City-Maut gegenüber Fahrverboten: Städte können durch die Einführung einer Maut umfangreiche Finanzmittel generieren.

Generell müssen bei einer ökonomisch fundierten Kosten-Nutzen-Analyse für eine City-Maut folgende Aspekte berücksichtigt werden (vgl. Kopp und Prud'homme 2010): i) Eine City-Maut verteuert die Straßennutzung, reduziert das Verkehrsvolumen und führt damit zu einem Zeitgewinn für die verbleibenden Fahrerinnen in der City. ii) Die Umsetzung einer City-Maut verursacht Kosten, z.B. für Kontrolle und Sanktionen, die natürlich abhängig sind von der Umsetzung der Maut vor Ort und von den verfügbaren Technologien. iii) Der verringerte Verkehr führt zu positiven Umwelteffekten, wobei auch Verlagerungseffekte zu berücksichtigen sind, und i.d.R. auch zu geringeren Unfallkosten. iv) Es kann negative Effekte auf auf den ÖPNV geben, z.B., weil die Auslastung von Bussen und Bahnen steigt. v) Eine City-Maut wird positive Effekte auf die öffentlichen Finanzen haben.

Damit eine City-Maut einen positiven Wohlfahrtseffekt generiert, also der Nutzen die Kosten übersteigt, sollten drei Bedingungen erfüllt sein (vgl. Kopp und Prud'homme 2010): i) Das Stau-Niveau vor der Einführung der City-Maut muss relativ hoch sein. Eine City-Maut lohnt sich also eher dort, wo die Straßen durch zu viele Pkw und Lkw relativ stark verstopft sind. ii) Das System der Umsetzung einer City-Maut sollte relativ günstig sein. Hier können neue, digitale Technologien in Zukunft unter Umständen die Kosten reduzieren. iii) Da ein Teil der von einer City-Maut verdrängten Pkw-Nutzerinnen auf den ÖPNV umsteigen wird, muss eine Angebotsausweitung des ÖPNV zu geringen Grenzkosten möglich sein.

Kosteneffizienter Klimaschutz durch einheitlichen CO_2-Preis

Bei der Betrachtung der CO_2-Emissionen des Verkehrs ist zunächst festzuhalten, dass dieser Sektor bereits durch implizite CO_2-Steuern relativ stark belastet wird. In Deutschland beträgt die Energiesteuer auf Diesel ca. 0,47 €/Liter (auf Benzin ca. 0,655 €/Liter). Auf Grund des festen Verhältnisses zwischen der eingesetzten Menge des fossilen Energieträgers und den CO_2-Emissionen lässt sich die Energiesteuer in eine CO_2-Steuer umrechnen. Der derzeit in Deutschland geltende Steuersatz auf jede Tonne CO_2, die durch Dieselverbrennung in Pkw entsteht, liegt damit bei ca. 180 € (ohne MWSt).[49] Dieser implizite Steuersatz auf die CO_2-Emissionen von Diesel-Pkw entspricht zugleich den Grenzvermeidungskosten für CO_2 (Weimann 2008).

Warum aber können wir die Mengensteuer auf Diesel einfach so als CO_2-Steuer uminterpretieren? Schließlich heißt die Steuer doch üblicherweise „Mineralölsteuer" und nicht „Klimaschutzsteuer". Nun, an der Tankstelle fragt niemand nach dem Namen der Steuer. Was zählt ist der Bruttopreis, den die Konsumentinnen zu entrichten haben, und der Nettopreis, den die Anbieterinnen erhalten. Ob die Politik die Mineralölsteuer aus Klimaschutzgründen eingeführt hat (wohl eher nicht) oder ob der Finanzminister hier die treibende Kraft war, spielt keine Rolle. Auch ob andere Externalitäten wie Stickoxide oder Staukosten internalisiert werden sollen, ist an dieser Stelle nicht von Bedeutung. Wichtig ist nur, dass das feste Verhältnis zwischen Dieselmenge und Emissionen existiert. Damit wirkt die Mineralölsteuer ökonomisch wie eine Steuer auf CO_2-Emissionen.

Welche Folgen hat nun eine CO_2-Steuer von 180 €/tCO_2 für das Verhalten der Diesel-Pkw-Nutzerinnen? Diese Steuer hat aus ökonomischer Sicht einen wichtigen Effekt – nämlich auf die Anreize, die die einzelne Autofahrerin hat, Anstrengungen zur CO_2-Vermeidung zu unternehmen (Weimann 2008). Die Rechnung ist dabei relativ einfach. Wenn es der Autofahrerin gelingt, eine Tonne CO_2 weniger zu emittieren, spart sie ungefähr 180 € ein.[50] Man kann also davon ausgehen, dass rationale Akteurinnen Investitionen

---

[49] Auf Grund des festen Verhältnisses zwischen Dieselmenge und CO_2-Emission kann man die Mengensteuer auch in eine CO_2-Steuer umrechnen: $\frac{0,47€/Liter}{2.639 g CO_2/Liter} = 0,0001781€/gCO_2 = 178€/tCO_2$. Pro Liter Benzin entstehen 2.333 gCO_2. Wir konzentrieren uns im Folgenden aber auf Diesel.

[50] Tatsächlich spart sie mehr ein, da zu der Steuerersparnis bei geringeren CO_2-Emissionen noch

in geringeren Dieselverbrauch dann vornehmen, wenn deren Kosten für eine weitere Tonne CO_2-Ersparnis den Betrag von 180 € nicht übersteigen. Mit anderen Worten: Alle Investitionen in verbrauchsärmere Technologien, die weniger als 180 € kosten, stellen die Autofahrerin besser, denn die Kostenersparnis ist höher als die Investitionskosten. Dieses Kalkül kann man sich praktisch veranschaulichen. Beim Kauf eines neuen Pkw kann man sich zwischen unterschiedlichen Ausstattungen, z.B. hinsichtlich der Motorisierung und des Verbrauchs, entscheiden. Bei gleicher Leistung kosten Motoren, die weniger Diesel verbrauchen, mehr. Man muss also abwägen: Höhere Anschaffungskosten gegen geringeren Dieselverbrauch. Genau an dieser Stelle gilt das oben erläuterte Kalkül. Was kostet der sparsame Motor und wie viel spart er ein? Relativ günstige verbrauchsärmere Technologien (unter 180 €/tCO_2) werden nachgefragt, relativ teurere (über 180 €/tCO_2) nicht. Der Einspareffekt auf der Nachfrageseite beim Dieselverbrauch und damit bei den CO_2-Emissionen im Pkw-Verkehr hat aber auch Effekte auf die Angebotsseite. Investitionen in neue, verbrauchsärmere Technologien lohnen sich nur dann, wenn sie weniger als 180 €/tCO_2 kosten. Teurere Technologien werden nicht nachgefragt. Da auf dem Markt für Pkw harter Wettbewerb herrscht, können wir davon ausgehen, dass sich diejenigen Technologien durchgesetzt haben und bereits heute in unseren Autos eingebaut sind, die weniger als 180 €/tCO_2 kosten. Jede Tonne mehr an CO_2-Vermeidung kostet im Diesel-Pkw-Verkehr also mindestens 180 €. Mit anderen Worten: 180 € markieren die *Grenzvermeidungskosten* für CO_2 in diesem Sektor.

Ein zentrales Ergebnis der Umweltökonomik ist, dass eine kosteneffiziente Klimapolitik nur bei Gleichheit der Grenzvermeidungskosten aller Emittentinnen gegeben ist (vgl. Abschnitt 5.2). Sobald sich die Grenzvermeidungskosten unterscheiden, lassen sich entweder bei gleichen Emissionen die Kosten von Klimapolitik reduzieren oder für das gleiche Geld kann mehr Klimaschutz realisiert werden. Für den Verkehrssektor ergibt sich dabei ein fundamentales Problem: Im EU-Emissionshandel für CO_2 (EU ETS) haben die Emittentinnen Grenzvermeidungskosten, die um mehr als die Hälfte unter denen im Pkw-Verkehr liegen. Der Preis für Zertifikate ist gleich den Grenzvermeidungskosten im EU ETS und liegt derzeit (August 2023) bei ca. 85 €/tCO_2.[51] Eine solche Klimapolitik ist nicht sinnvoll, weil sie teurer ist als nötig. Aus Klimaschutzgründen die Energiesteuer im Verkehr weiter zu erhöhen, ist also aus ökonomischer Sicht definitiv der falsche Weg. Zugleich wird deutlich, dass in den Sektoren des EU ETS, also außerhalb des Verkehrssektors, relativ günstige CO_2-Vermeidungsoptionen existieren.

Entscheidend für Kosteneffizienz ist, dass alle CO_2-Emittentinnen in einer Volkswirtschaft das gleiche Knappheitssignal erhalten. Dies gilt unabhängig davon, ob der CO_2-Preis

---

die Ersparnis durch geringere Brennstoffkosten hinzukommt. Dieser Effekt – der das hier skizzierte Argument noch verstärkt – wird im Folgenden vernachlässigt.

[51] Das Verhältnis von Grenzvermeidungskosten im Verkehr für Diesel bzw. Benzin und dem Zertifikatepreis im EU ETS hat sich die letzten Jahre deutlich reduziert. In der 2. Auflage dieses Buchs von 2018 (S. 120) verweisen wir darauf, dass das Verhältnis bei ca. 1 zu 20 liegt. Die deutliche Reduzierung des Verhältnisses auf ca. 1 zu 2 wurde durch den deutlich gestiegenen Zertifikatepreis im EU ETS verursacht.

über eine Steuer oder ein Emissionshandelssystem erzeugt wird. Da der Preis des EU ETS deutlich geringer ist als der CO_2-Preis für den Verkehrssektor, sollte die Zertifikatmenge des EU ETS stärker als bisher reduziert werden. Damit steigt der Preis des EU ETS weiter an und der Unterschied in den Grenzvermeidungskosten wird geringer. Eine weitere Möglichkeit besteht darin, den Verkehrssektor in das EU ETS zu integrieren (Achtnicht et al. 2015). In einem solchen erweiterten EU ETS gibt es dann eine fixe Menge an handelbaren Zertifikaten für die bisherigen Sektoren im EU ETS und den Verkehrssektor. Damit würden zwar die Kraftstoffpreise etwas steigen (allerdings nicht, wenn die Energiesteuer entsprechend gesenkt werden würde), der Vorteil dieser Politik wäre aber, dass eine Ausweitung der CO_2-Emissionen im Verkehrssektor möglich wäre, ohne die Gesamtemissionen der EU zu steigern. Dies würde zu einem Preisanstieg im EU ETS führen und die zusätzliche Vermeidung würde dann in den übrigen ETS-Sektoren außerhalb des Verkehrssektors stattfinden (da hier relativ niedrige Grenzvermeidungskosten vorliegen).

Fazit
In der Diesel-Debatte ist aus ökonomischer Sicht zu fordern, dass die Politik negative externe Effekte adressiert und die entsprechenden Aktivitäten – technologieoffen – mit einem Preis versieht. Eine City-Maut, die die Nutzung von Straßen in Städten verteuert und ein einheitlicher CO_2-Preis für kosteneffizienten Klimaschutz sind dabei geeignete Instrumente in einer zu etablierenden Langfriststrategie.

5.8 Vergleich der Instrumente in der statischen Analyse

Abbildung 5.12 fasst unsere bisherigen Erkenntnisse zu marktbasierten umweltpolitischen Instrumenten zusammen. In einer statischen Analyse und bei vollständiger Information sind Pigou-Steuer und first-best-Emissionshandel die vorzugswürdigen Instrumente, da hier die Summe aus gesamtgesellschaftlichen Vermeidungskosten und Schadenskosten minimiert wird. Wenn diese first-best-Lösung nicht erreicht werden kann, dann sind Emissionssteuer und Emissionshandel, die second-best-Lösungen, die vorzugswürdigen Instrumente, da sie zumindest die Grenzvermeidungskosten der Emittentinnen angleichen und damit für Kosteneffizienz sorgen.

Auflagen sind nur dann empfehlenswert, wenn bei Unsicherheit hinsichtlich des optimalen Emissionsniveaus relativ elastische Grenzvermeidungskosten und relativ unelastische Grenzschäden vorliegen und zugleich eine Mengenlösung über den Emissionshandel nicht praktikabel ist.

5.9 Dynamische Anreizwirkung

Wir hatten festgestellt, dass der Vorteil marktbasierter umweltpolitischer Instrumente gegenüber der Auflagenlösung in ihrer statischen Kosteneffizienz besteht. Unterscheiden

Abb. 5.12 First- und second-best-Allokationen

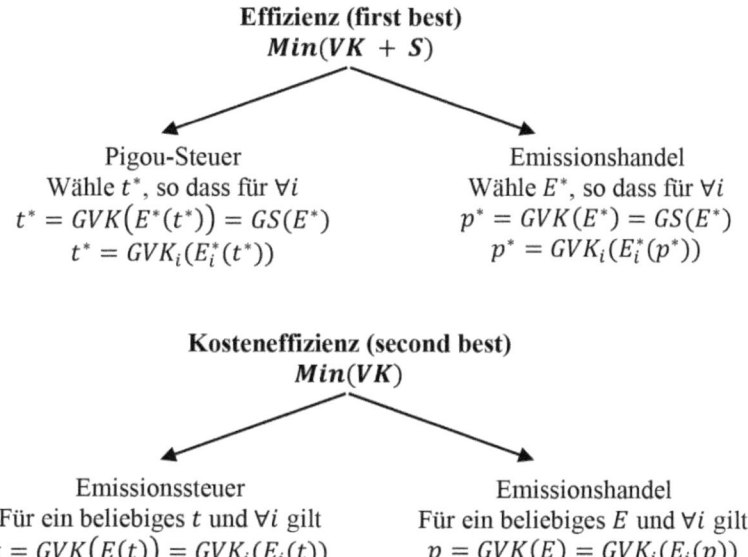

sich die Grenzvermeidungskosten der Unternehmen kann eine kosteneffiziente Umweltpolitik ein Emissionsziel zu geringeren Kosten erreichen als eine Auflagenlösung oder – äquivalent dazu – bei gleichen Kosten kann mehr Umweltschutz erreicht werden. Allerdings stellt sich die Frage, ob marktbasierte Instrumente auch in der *dynamischen Perspektive*, d.h. über die Zeit hinweg, vorzugswürdige Instrumente der Umweltpolitik sind. Dabei kommt es insbesondere darauf an, welche Anreize durch die Instrumente für die Unternehmen gesetzt werden, neue und weniger emissionsintensive Technologien einzusetzen. Hierfür ist eine Betrachtung über mehrere Perioden hinweg nötig, denn solche Technologien erfordern Investitionen, deren Erträge erst in der Zukunft anfallen. Im Folgenden werden wir daher analysieren, ob marktbasierte Instrumente auch die optimalen Anreize setzen, in neue Technologien zu investieren.

In unserem Modell existieren nur die Perioden 1 und 2.[52] In Periode 1 nutzt ein Unternehmen i, $i = 1,\ldots,N$, eine Produktionstechnologie mit Grenzvermeidungskosten GVK_{1i} $(\overline{E}_{1i} - E_{1i})$, wobei E_{1i} die Emissionen und $\overline{E}_{1i}$ das Emissionsniveau ohne Vermeidung (Business As Usual) von i in Periode 1 sind. Damit ist $\overline{E}_{1i} - E_{1i}$ die Vermeidung von i in Periode 1. Mit Beginn der Periode 2 wird eine neue Technologie verfügbar, die mit weniger Emissionen verbunden ist. Diese Technologie kann von jedem der identischen Unternehmen verwendet werden, wobei fixe Kosten in Höhe von K anfallen. Die neue Technologie

---

[52] Die folgenden Ausführungen basieren auf Kennedy und Laplante (1999). Einen allgemeinen Überblick liefert Requate (2005).

Abb. 5.13 Sozialer Nutzen aus der Investition bei einem Unternehmen und linearen Schadenskosten

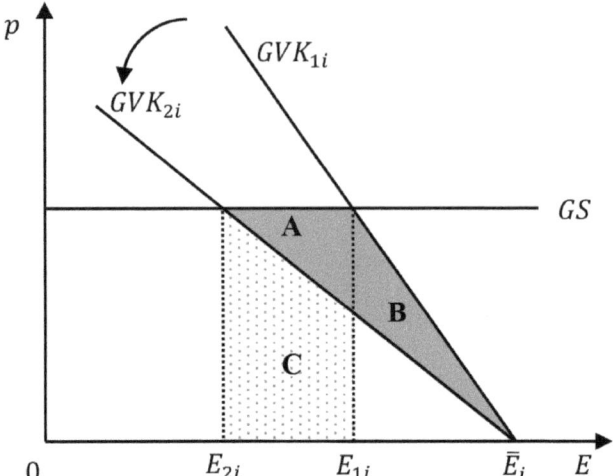

in Periode 2 hat Grenzvermeidungskosten $GVK_{2i}(\bar{E}_{2i} - E_{2i})$ mit $\bar{E}_{2i} \leq \bar{E}_{1i}$ und $GVK_{2i} < GVK_{1i}$ für jedes $E_{2i} < \bar{E}_{1i}$. Das heißt, jedes positive Vermeidungsniveau kann mit der neuen Technologie zu geringeren Kosten erreicht werden.

Das weitere Vorgehen in diesem Abschnitt ist wie folgt. Zunächst stellen wir den optimalen *sozialen Nutzen* aus der Investition in die neue Technologie für den Fall eines Unternehmens und den Fall zweier Unternehmen dar. Dabei unterscheiden wir konvexe[53] und lineare Schadenskosten. Ausgehend vom optimalen sozialen Nutzen stellen wir uns dann die Frage, ob die zur Auswahl stehenden umweltpolitischen Instrumente – Steuern, Emissionshandel und Auflagen – einen *privaten Nutzen* aus der Investition in die neue Technologie stiften, der dem sozialen Nutzen entspricht. Nur in diesem Fall kann man von „richtigen", d.h. dynamisch effizienten, Anreizen auf der Unternehmensebene sprechen.

5.9.1 Sozialer Nutzen im Optimum

Zunächst wollen wir analysieren, wie hoch der soziale Nutzen aus der Einführung der neuen Technologie im Optimum ist. In Abbildung 5.13 wird der soziale Nutzen aus der Investition in die neue Technologie für lineare Schadenskosten durch die grau markierten Flächen A + B dargestellt. Die Investition führt zu niedrigeren Grenzvermeidungskosten und damit auch zu geringeren Emissionen im Optimum ($E_{2i} < E_{1i}$). Die Flächen A + C

---

[53] Wir beziehen uns hier auf strikt konvexe Schadenskosten. Strikte Konvexität der Schadensfunktion $S(E)$ ist erfüllt, wenn $S'(E) > 0$ und $S''(E) > 0$. Die Schadenskosten sind dagegen linear, wenn $S'(E) > 0$ und $S''(E) = 0$.

Abb. 5.14 Sozialer Nutzen aus der Investition bei einem Unternehmen und konvexen Schadenskosten

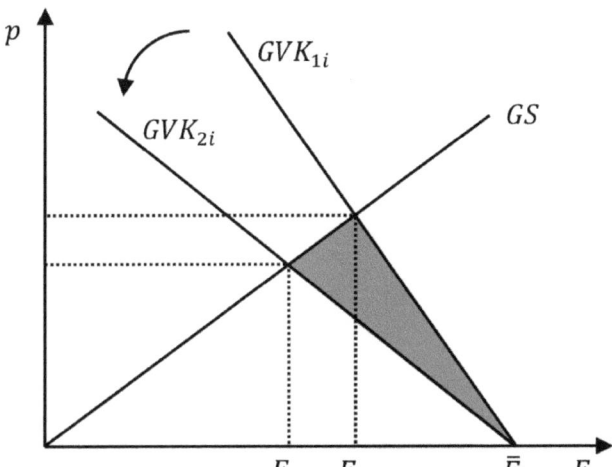

stellen die Reduzierung der Schäden durch geringere Emissionen und B − C die Reduzierung der Vermeidungskosten dar. Man beachte, dass die Vermeidungskosten unter der neuen Technologie höher sein können (wenn B − C < 0), insgesamt jedoch ist der soziale Nutzen aus der Investition in die neue Technologie (die grau markierten Flächen A + B) positiv.

Abbildung 5.14 stellt den sozialen Nutzen für konvexe Schadenskosten dar. Da der Grenzschaden ansteigt, muss im Optimum bei einer Investition in die neue Technologie der effiziente Grenzschaden sinken (dies würde bei einer entsprechenden staatlichen Regulierung eine neue niedrigere Pigou-Steuer bedeuten). In Abbildung 5.14 ist der soziale Nutzen aus der Investition ebenfalls grau markiert. Im Folgenden bezeichnen wir den sozialen Nutzen aus der Investition mit G (in den Abbildungen in diesem Abschnitt grau markiert). Der Nettonutzen aus der Investition ist die Differenz von sozialem Nutzen (G) und Investitionskosten (K).

Ob nun die Investition in die neue Technologie einen Nettonutzen generiert (dies ist die spannende Frage), ist von der Höhe der Investitionskosten K abhängig. Die Investition lohnt aus sozialer Perspektive nur, wenn $G > K$. Offensichtlich ist die Investition in die neue Technologie lohnender, wenn (i) der Grenzschaden relativ hoch ist und (ii) der Unterschied zwischen den Grenzvermeidungskosten der alten und der neuen Technologie relativ groß ist.

In der Realität haben wir es nun häufig mit Situationen zu tun, in denen nicht nur ein Unternehmen am Markt aktiv ist, sondern mehrere Unternehmen vor der Entscheidung stehen, in eine neue Technologie zu investieren. Betrachten wir zunächst den Fall, dass von mehreren Unternehmen *nur eines* investiert. In Abbildung 5.15 wird der soziale Nutzen dargestellt für den Fall, dass bei zwei (identischen) Unternehmen und linearen Schäden nur eines der beiden Unternehmen (hier i) die neue Technologie einführt. In der

Abb. 5.15 Sozialer Nutzen aus der Investition bei zwei Unternehmen und linearen Schadenskosten

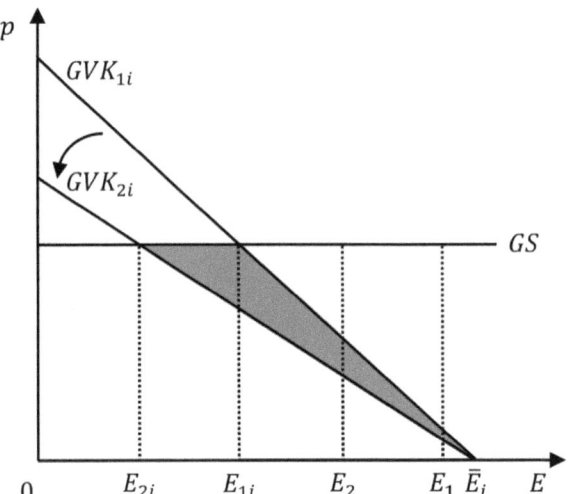

Ausgangssituation (vor der Investition) werden die Grenzvermeidungskosten beider Unternehmen horizontal aggregiert und über den Schnittpunkt von aggregierten Grenzvermeidungskosten und Grenzschäden ergeben sich die aggregierten Emissionen in Periode 1, E_1.[54] Nach der Investition von Unternehmen i in die neue Technologie erfordert Effizienz in Periode 2, dass die Emissionen von i von E_{1i} zu E_{2i} fallen. Die Emissionen des Unternehmens, das nicht investiert, bleiben hingegen gleich. Die aggregierten Emissionen fallen von E_1 auf E_2. Der soziale Nutzen (grau markiert) umfasst die durch den Emissionsrückgang bedingte Reduzierung der Schäden und die Reduzierung der Vermeidungskosten bei dem Unternehmen, das in die neue Technologie investiert. Der Nettonutzen ist die grau markierte Fläche minus die Investitionskosten K.

Bleiben wir noch etwas bei Abbildung 5.15. Wenn wir von identischen Unternehmen und konstanten Investitionskosten, K, ausgehen kann es offensichtlich nicht effizient sein, dass bei linearen Schäden nur ein Unternehmen investiert und das andere Unternehmen nicht. Wenn $G > K$ für ein Unternehmen ist, dann muss dies auch für das andere Unternehmen gelten, denn der Grenzschaden ist konstant und die Grenzvermeidungskosten der Unternehmen sind identisch. Der soziale Nutzen aus der Investition ist hier also unabhängig davon, wie viele Unternehmen investieren. Wir halten daher fest: Bei linearen Schäden ist entweder nur die Investition aller Unternehmen effizient (wenn $G > K$) oder aber kein Unternehmen sollte investieren (wenn $G < K$).

---

[54] Vgl. die Ausführungen zur horizontalen Aggregation von inversen Nachfragekurven bei rivalen Gütern in Abschnitt 4.2. Diese Aggregation und die Bestimmung des Schnittpunkts von GVK mit GS sind in den folgenden Abbildungen nicht eingezeichnet. Da das zweite Unternehmen j identisch zu i ist, verzichten wir auch auf entsprechende Bezeichnungen für j. So ist z.B. GVK_{1i} gleich GVK_{1j}.

Unternehmen i unterscheidet sich nur durch die Investition von j.

Abb. 5.16 Sozialer Nutzen aus der Investition bei zwei Unternehmen und konvexen Schadenskosten

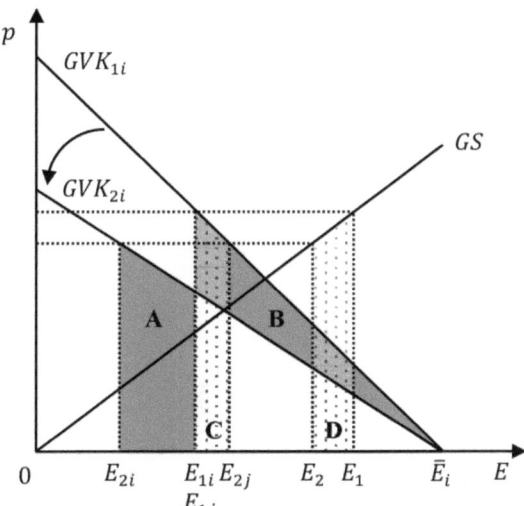

In Abbildung 5.16 ist die – etwas kompliziertere – Situation dargestellt, wenn bei konvexen Schäden eines der beiden Unternehmen (hier i) in die neue Technologie investiert. In der Ausgangssituation (vor der Investition) werden die Grenzvermeidungskosten beider Unternehmen wiederum horizontal aggregiert und es ergeben sich die aggregierten Emissionen E_1. Nach der Investition erfordert Effizienz, dass das investierende Unternehmen seine Emissionen von E_{1i} auf E_{2i} reduziert. Die Emissionen von Unternehmen j, das nicht investiert, steigen dagegen von E_{1j} auf E_{2j}. Der Grund dafür liegt darin, dass die zum neuen optimalen Emissionsniveau E_2 korrespondierende Pigou-Steuer sinkt. Die effizienten Gesamtemissionen sinken von E_1 auf E_2. Die Differenz der grau markierten Flächen (B − A) zeigt den Rückgang der Vermeidungskosten für Unternehmen i an. Die gepunkteten Flächen D und C zeigen die übrigen Komponenten des sozialen Nutzens durch die Investition an: (i) Fläche D ist der Nutzen aus geringeren Schäden durch die Reduzierung der Gesamtemissionen; (ii) Fläche C die Reduzierung der Vermeidungskosten für das nicht investierende Unternehmen, dessen Emissionen steigen. In Abbildung 5.17 ist der gesamte soziale Nutzen (die Flächen B − A + C + D) aus der Investition in die neue Technologie zusammengefasst dargestellt.[55]

Auch im Fall konvexer Schäden müssen wir überlegen, ob es überhaupt möglich ist, dass in einer effizienten Situation nur ein Unternehmen investiert und das andere Unternehmen nicht. Wie zuvor gehen wir von konstanten Investitionskosten aus. Wie man in

---

[55] Dabei muss berücksichtigt werden, dass Fläche A einen Nutzenverlust (Kosten) darstellt. Fläche C wird rechts an der Senkrechten über E_{2i} abgetragen. Rechts von dieser Fläche (bzw. links an der Senkrechten über E_{1i}) wird die Fläche D abgetragen. Dies ergibt die grau markierte Fläche zwischen GVK_{2i} und GVK_{1i} in Abbildung 5.17.

Abb. 5.17 Sozialer Nutzen aus der Investition bei zwei Unternehmen und konvexen Schadenskosten (Zusammenfassung der Flächen B − A + C + D)

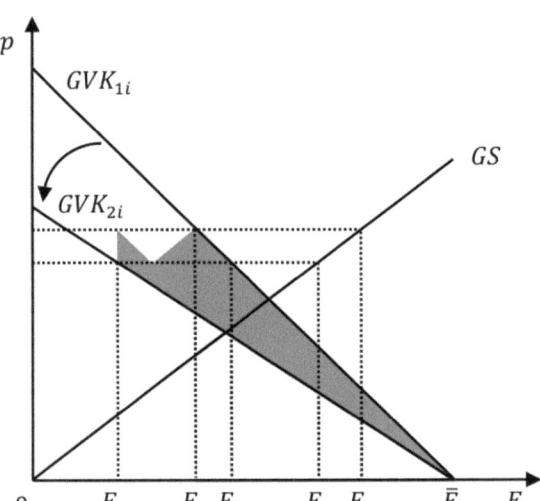

Abbildung 5.16 sieht, ist der soziale Nutzen aus der Investition nicht konstant, sondern der soziale Nutzen wird kleiner je mehr Unternehmen investieren. Der durch die Investition eingesparte Schaden (Fläche D) sinkt und da auch die optimale Steuer sinkt, gehen die investitionsbedingten Einsparungen an Vermeidungskosten zurück. Im Unterschied zum Fall mit linearen Schäden sind damit bei konvexen Schäden Konstellationen möglich, in denen nur ein (oder einige) Unternehmen in der effizienten Situation investieren und andere nicht.

Im Folgenden werden wir nun untersuchen, ob die Pigou-Steuer und der Emissionshandel die richtigen, d.h. sozial optimalen, Anreize setzen, um in die neue Technologie zu investieren. Hierfür wird der soziale Nutzen aus der Investition in die neue Technologie mit dem privaten Nutzen eines Unternehmens (dieser sei im Folgenden mit U bezeichnet) verglichen. Nur wenn der private Nutzen aus der Investition in die neue Technologie gleich dem sozialen Nutzen ist, kann man von effizienten oder optimalen Anreizen zur Investition sprechen. Zugleich muss im Optimum gewährleistet sein, dass Grenzvermeidungskosten gleich Grenzschäden sind. *Dynamische Effizienz* erfordert also Effizienz hinsichtlich der Investition in die neue Technologie und gleichzeitig – gegeben die Technologiewahl – die Gewährleistung eines effizienten Niveaus der aggregierten Emissionen.

Wir analysieren beide Instrumente jeweils für (i) den Fall der kleinstmöglichen Zahl an Unternehmen und (ii) den Fall eines Wettbewerbsmarkts, auf dem praktisch unendlich viele Unternehmen unabhängig voneinander agieren. Für die Pigou-Steuer kann bei (i) der Fall eines Unternehmens betrachtet werden. Für den Emissionshandel muss hierbei – da es einen Handel geben muss – der Fall zweier Unternehmen betrachtet werden.

Abb. 5.18 Privater Nutzen aus der Investition bei einem Unternehmen und konvexen Schadenskosten sowie Steuersatzabsenkung

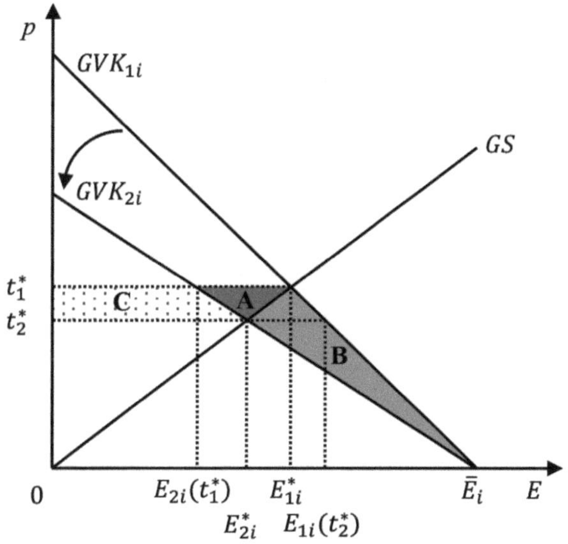

5.9.2 Steuerlösung

Steuerlösung bei einem Unternehmen

Wir erinnern uns zunächst an die Bedingung für die effiziente Wahl des Steuersatzes bei einer Pigou-Steuer (vgl. Abschnitt 5.2). Damit eine Emissionssteuer das effiziente Emissionsniveau induziert, muss der Steuersatz genau gleich dem Grenzschaden im Optimum sein, d.h., es muss $t^* = GS(E^*)$ gelten. Da der Grenzschaden bei konvexen Schäden von der Wahl der Technologie abhängt, ist damit auch der optimale Steuersatz von der gewählten Technologie abhängig. Wie wir gleich sehen werden, sorgt dieser Aspekt dafür, dass bei einem Unternehmen und konvexen Schäden die Pigou-Steuer keine effizienten Anreize zur Investition in die neue Technologie setzen kann.

Bei linearen Schäden gibt es dagegen kein Problem. Auf Grund des konstanten Grenzschadens ist der optimale Steuersatz $t^* = GS(E^*)$ unabhängig von der gewählten Technologie. Wie Abbildung 5.13 zeigt, ist der private Nutzen aus der Investition gleich dem sozialen Nutzen. Damit werden die optimalen Anreize gesetzt, in die neue Technologie zu investieren.

Im Folgenden betrachten wir die Situation bei konvexen Schadenskosten. Zunächst muss man sich folgendes klar machen. Die Investition kann aus gesellschaftlicher Sicht lohnend sein ($G > K$) oder nicht ($G < K$). Zugleich kann die Investition aus Sicht des Unternehmens lohnend sein, d.h., der private Nutzen aus der Investition, U, ist größer als die Kosten ($U > K$) oder nicht ($U < K$). Möglich sind damit vier Fälle, die der folgenden Tabelle 5.4 dargestellt sind.

Tab. 5.4 Fallunterscheidungen für die Investition in Vermeidungstechnologie

	$G > K$	$G < K$
$U > K$	Fall 1	Fall 2
$U < K$	Fall 3	Fall 4

U: Privater Nutzen aus der Investition, G: Gesellschaftlicher Nutzen aus der Investition, K: Kosten der Investition.

Außerdem müssen wir uns noch klar machen, wie sich die Reguliererin verhalten wird. Unterstellen wir der sozialen Planerin wohlfahrtsmaximierendes Verhalten, dann ist der Steuersatz immer so zu wählen (oder entsprechend anzupassen), dass er dem *Grenzschaden im Optimum* entspricht. Führt das Unternehmen also die Investition durch und kommt es daher zum Sinken der Grenzvermeidungskosten, dann muss auch entsprechend der Pigou-Steuersatz nach unten angepasst werden. Die Unternehmen antizipieren das Verhalten der Reguliererin bei ihrer Investitionsentscheidung. Das heißt im Einzelnen: Plant das Unternehmen, zu investieren, so weiß es, dass die Reguliererin den Steuersatz absenken wird. Stellt das Unternehmen fest, dass $U < K$ und unterlässt es daher die Investition, so bleibt der Steuersatz konstant und das Unternehmen weiß dies ebenfalls ex ante. Diese Politik der Steuersatzabsenkung ist in Abbildung 5.18 dargestellt. In Periode 1 ist der optimale Steuersatz t_1^*. Wenn das Unternehmen nicht investiert, bleibt der Steuersatz auch in Periode 2 bei t_1^* und die Emissionen sind E_{1i}^*. Wenn das Unternehmen dagegen investiert, wird in Periode 2 der Steuersatz $t_2^* < t_1^*$ gesetzt und die Emissionen sind E_{2i}^*.

Betrachtet sei zunächst der Fall 1, d.h. $G > K$ und $U > K$. Führt das Unternehmen die Investition durch und sinkt daher der Steuersatz auf $t_2^* < t_1^*$, dann erhöht das Unternehmen seine Vermeidungsmenge (die Emissionen sinken von E_{1i}^* auf E_{2i}^*). Das Unternehmen realisiert insgesamt einen Vorteil, der durch die in Abbildung 5.18 markierten Flächen A + B + C gemessen werden kann. Der ökonomische Vorteil für das Unternehmen speist sich aus zwei Quellen: (i) Die Grenzvermeidungskosten sinken. Jedes denkbare Vermeidungsniveau kann nun zu geringeren Grenzkosten realisiert werden. (ii) Die Steuerzahlung im neuen Optimum reduziert sich, da sowohl der Steuersatz als auch die Restemission abgenommen haben. Zwar steigen die gesamten Vermeidungskosten möglicherweise an, da die Vermeidungsmenge ja ausgedehnt wurde. Allerdings wird dieser potentielle Kostenanstieg in jedem Fall überkompensiert durch die Steuerersparnis. Der private Nutzen aus der Investition war mit U bezeichnet. Gilt nun, dass dieser ökonomische Vorteil die Investitionskosten übersteigt, also: $U > K$, dann ist die Investition aus Unternehmenssicht vorteilhaft und wird tatsächlich durchgeführt. Da außerdem annahmegemäß gilt, dass $G > K$, die Investition also auch aus gesellschaftlicher Sicht wünschenswert ist, kommt es zu keinerlei Konflikt zwischen privatem und gesellschaftlichem Interesse: Das Unternehmen führt die gesellschaftlich vorteilhafte Investition tatsächlich durch. Allerdings wird hier schon das Problem deutlich: Der private Nutzen aus der Investition (Flächen A + B + C) ist größer als der soziale Nutzen (Fläche B, vgl. auch Abbildung 5.14). Im Fall 1 ist dies aber unkritisch, da sowohl $U > K$ als auch $G > K$ angenommen wurden.

Ein Problem ergibt sich im Fall 2. Dort ist die Investition aus gesellschaftlicher Sicht nicht erwünscht ($G < K$), jedoch ist es aus privater Sicht lohnend zu investieren ($U > K$). Tatsächlich führt also die Pigou-Steuer hier nicht mehr zum dynamisch effizienten Ergebnis. Dieses Ergebnis ist möglich, weil bei konvexen Umweltschäden sozialer und privater Nutzen der Investition nicht mehr übereinstimmen. Der private Nutzen aus der Investition ist größer als der soziale Nutzen ($U > G$), und es hängt dann letztlich vom Verhältnis von sozialem Nutzen und Investitionskosten ab, ob es zu einem Konflikt zwischen privatem und gesellschaftlichem Interesse kommt: Ist $G > K$ (vgl. Fall 1), gibt es kein Problem. Falls jedoch $G < K$ ist, erzeugt die Pigou-Steuer hier einen Anreiz, in eine Technologie zu investieren, deren Einführung aus gesellschaftlicher Sicht nicht erwünscht ist.

Fassen wir unsere bisherigen Erkenntnisse kurz zusammen: Falls $U > K$ wird die Investition durchgeführt, der Steuersatz sinkt auf $t_2^* < t_1^*$. Der private Nutzen aus der Investition entspricht den Flächen A + B + C und ist damit größer als der soziale Nutzen (Fläche B). Zwei Fälle sind dann denkbar: $U > G > K$ sowie $U > K > G$. Im letzteren Fall wird investiert, obwohl es gesellschaftlich nicht erwünscht ist. Wir können also nicht davon ausgehen, dass die Pigou-Steuer immer die optimalen Anreize setzt, in eine neue Technologie zu investieren.

Kommen wir nun noch zu den Fällen 3 und 4. Der Fall 4 ist wieder unproblematisch, weil privates und soziales Interesse zusammenfallen. Die Investition ist privat und gesellschaftlich nicht lohnend und unterbleibt daher. Wie man sich leicht klar macht, kann Fall 3 nicht auftreten: Die Konstellation $U < K$ und $K < G$ impliziert offenbar $G > K > U$. Da aber immer gilt, dass der private Nutzen aus der Investition den sozialen Nutzen übersteigt ($U > G$), entsteht hier ein logischer Widerspruch. Ein „Unterinvestitionsproblem" kann offensichtlich also nicht auftreten.

Diese Überlegungen zeigen, dass die Pigou-Steuer bei konvexen Schäden *zu viel* technologischen Wandel erzeugen kann. Dieses Problem entsteht dadurch, dass der Steuersatz nicht nach den Schäden diskriminiert, die jede Schadstoffeinheit verursacht. Der Steuersatz wird schließlich so gesetzt, dass er gleich dem Schaden der marginalen (d.h. der letzten emittierten) Einheit ist und dieser *einheitliche Steuersatz* wird auf jede Schadstoffeinheit angewendet. Dies bedeutet, dass, wenn der Grenzschaden ansteigt, die gesamte Steuerzahlung den verursachten Schaden übersteigt. Bei der Bewertung seiner Optionen richtet sich das Unternehmen nur nach den eingesparten Steuerbeträgen und der Veränderung der Vermeidungskosten, was aber aus sozialer Sicht auch zählt, sind die reduzierten Schäden. Da die Reduzierung der Steuer bei Steuersatzabsenkung den Rückgang des Schadens übersteigt, sind die Anreize des Unternehmens zu Gunsten der Investition in die neue Technologie verzerrt. Dies kann die falsche Technologiewahl bewirken, wenn es effizient ist, die alte Technologie beizubehalten.

Steuerlösung im Wettbewerbsmarkt

In einem Wettbewerbsmarkt hat das einzelne Unternehmen nur einen verschwindend kleinen Anteil an den Gesamtemissionen. Der Grenzschaden durch die Emissionen eines

Unternehmens ist daher praktisch *konstant*. Die Technologieentscheidung des einzelnen Unternehmens hat damit keinen Effekt auf den von der Reguliererin gewählten konstanten Steuersatz. Dies gilt unabhängig davon, ob die aggregierten Schadenskosten konvex oder linear verlaufen.[56] Die Auswirkungen der Tatsache, dass der Grenzschaden der Emissionen eines Wettbewerbsunternehmens konstant ist, werden deutlich, wenn man Abbildung 5.18 betrachtet. Der Steuersatz (t_1^*) bleibt unverändert. Der private Anreiz zu investieren ist gleich dem sozialen Nutzen (jeweils A + B). In diesem Fall erreicht also die Pigou-Steuer die effiziente Technologiewahl.

5.9.3 Emissionshandel

Emissionshandel mit zwei Unternehmen
Wie wir gesehen haben, muss der optimale Steuersatz in der dynamischen Perspektive zwei Eigenschaften erfüllen: Der Steuersatz muss (i) Effizienz hinsichtlich der Investition in die neue Technologie sicherstellen und gleichzeitig (ii) gegeben die Technologiewahl das effiziente Niveau der aggregierten Emissionen induzieren. Wir betrachten nun den Emissionshandel sowohl für konvexe als auch lineare Schadenskosten. Wir untersuchen zunächst den Fall zweier Unternehmen, die Emissionsrechte handeln können. Im Anschluss daran betrachten wir den Fall eines Wettbewerbsmarkts.

Im Abschnitt zur Pigou-Steuer haben wir gezeigt, dass bei einem Unternehmen und konvexen Schadenskosten, die Pigou-Steuer nicht immer in der Lage ist, effiziente Anreize zur Investition in die neue Technologie zu setzen. Bei der notwendigen Steuersatzabsenkung generiert die Steuerlösung zu starke Anreize, in die neue Technologie zu investieren. Ein ähnliches Problem entsteht beim Emissionshandel mit wenigen Unternehmen – nur in umgekehrter Richtung. Die Anreize, in die neue Technologie zu investieren, sind hier geringer als im Optimum.

Beginnen wir mit den konvexen Schäden. Wir gehen davon aus, dass die Reguliererin folgende Politik im Rahmen des Emissionshandels verfolgt und diese auch den Unternehmen bekannt ist. In Periode 2 wird die gleiche Zahl an Emissionsrechten wie in Periode 1 verteilt. Wenn ein Unternehmen in die neue Technologie investiert, kauft die Regulierin Emissionsrechte zurück, um das Angebot in Reaktion auf die Technologieänderung (und damit die Absenkung der Grenzvermeidungskosten) so anzupassen, dass wieder

---

[56] Für den Fall linearer Schäden haben wir gezeigt, dass entweder alle Unternehmen investieren oder kein Unternehmen. Der Steuersatz bleibt gleich – egal ob investiert wird oder nicht. Wenn bei konvexen aggregierten Schadenskosten tatsächlich alle Unternehmen investieren, muss natürlich die Reguliererin den Steuersatz nach unten anpassen. Im Unterschied zur Situation bei nur einem Unternehmen kann auf einem Wettbewerbsmarkt jedoch kein Unternehmen die Steuersenkung durch die Investition beeinflussen. Daher ist ex ante der Steuersatz ein Datum. Das Unternehmen kann nicht mit der Steuersatzabsenkung rechnen und hat daher auch keine überhöhten Anreize zur Investition. Wenn hingegen kein Unternehmen investiert, bleibt der Steuersatz unverändert. Dynamische Effizienz ist in jedem Fall gegeben.

Abb. 5.19 Privater Nutzen aus der Investition bei einem Unternehmen im Emissionshandel und Angebotsreduzierung

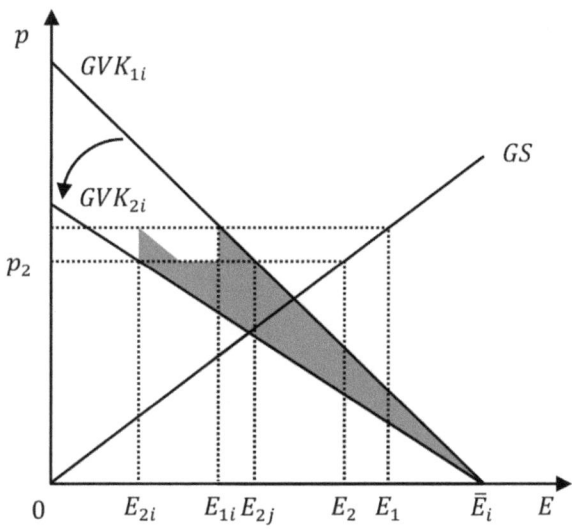

der Grenzschaden gleich dem Preis für Emissionsrechte ist. Wir gehen davon aus, dass es zwei Unternehmen (i und j) gibt, die in Periode 1 beide die alte Technologie nutzen. Die Reguliererin gibt entsprechend Emissionsrechte in Höhe von E_1 aus, so dass in Periode 1 zunächst die effiziente Situation erreicht wird. Angenommen, eines der Unternehmen (i) investiert in Periode 2 in die neue Technologie, das andere Unternehmen (j) dagegen nicht. In diesem Fall sinkt das effiziente Niveau der Emissionen auf E_2. Die Reguliererin ist nun gezwungen, Emissionsrechte zurückzukaufen zum Preis von $p_2 = GS(E_2)$. Zu diesem Preis ist das investierende Unternehmen bereit die Menge $E_{1i} - E_{2i}$ zu verkaufen. Das nicht investierende Unternehmen j ist bereit, einen höheren Preis als p_2 für $E_{2j} - E_{1i}$ zu zahlen, so dass i diese Menge an j verkauft. Die übrige Menge an Emissionsrechten ($E_1 - E_2$) verkauft i an die Reguliererin zum Preis p_2. Der grau markierte Bereich in Abbildung 5.19 zeigt den maximalen privaten Nutzen für ein investierendes Unternehmen an, wenn die Reguliererin diese Politik der effizienten Angebotsreduzierung verfolgt.[57] Der private Nutzen für das investierende Unternehmen i umfasst (i) die Zahlung von der Reguliererin für die zurückgekauften Emissionsrechte, (ii) die maximal möglichen Zahlungen aus dem Verkauf von Emissionsrechten an das andere Unternehmen und (iii) die Reduzierung der Vermeidungskosten. Der Vergleich mit Abbildung 5.17 zeigt, dass der private Nutzen kleiner ist als der soziale Nutzen. Mit anderen Worten: Die Politik der Angebotsanpassung generiert im Emissionshandel zu geringe Anreize, in die neue Technologie zu investieren. Die Ursache hierfür ist analog zu den überhöhten Investitionsanreizen bei

---

[57] Dabei gehen wir analog zur Abbildung 5.17 vor.

der Steuerlösung: Die Zahlungen von der Reguliererin an das investierende Unternehmen sind geringer als der soziale Wert der reduzierten Schäden.

Wie sieht die Situation nun für lineare Schäden aus? Wir erinnern uns: Bei linearen Schäden kann es nur effizient sein, dass entweder beide Unternehmen in die neue Technologie (zu konstanten Kosten K) investieren oder keines von beiden. Die Reguliererin kann dynamische Effizienz daher mit folgender Strategie erreichen. Sie gibt zunächst Emissionsrechte in Höhe von E_1 aus, so dass in Periode 1 die effiziente Situation erreicht wird. Angenommen, beide Unternehmen investieren in Periode 2 in die neue Technologie. In diesem Fall sinkt das effiziente Niveau der Emissionen auf $E_2 < E_1$. Die Reguliererin ist nun gezwungen, Emissionsrechte zurückzukaufen zum Preis von $p = GS(E_2)$. Zu diesem Preis sind die investierenden Unternehmen bereit, genau die Menge $E_1 - E_2$ zu verkaufen. Wichtig ist: Der optimale Preis für Emissionsrechte bleibt wegen des konstanten Grenzschadens gleich. Um diesen Preis den Unternehmen zu signalisieren, muss aber die angebotene Menge an Emissionsrechten reduziert werden, wenn in die neue Technologie investiert wird. Wird hingegen nicht investiert, bleibt die Menge an Emissionsrechten in Periode 2 die gleiche wie in Periode 1. Wir können also festhalten: Für lineare Schäden können im Emissionshandel die optimalen Anreize gesetzt werden, in die neue Technologie zu investieren, wenn die Reguliererin eine Politik der Angebotsanpassung verfolgt.

Emissionshandel im Wettbewerbsmarkt

Wir erinnern uns, dass bei einem Unternehmen und konvexen Schäden die Reguliererin den Steuersatz über die Perioden reduzieren muss, um Effizienz hinsichtlich der Emissionen sicherzustellen („Steuersatzabsenkung"). Diese Steuersatzabsenkung kann aber die Investitionsentscheidung verzerren. Wenn es dagegen in einem Wettbewerbsmarkt sehr viele Unternehmen gibt, die alle einen sehr kleinen Anteil an den Gesamtemissionen haben, verschwindet der Zusammenhang zwischen der Investitionsentscheidung des einzelnen Unternehmens und der Wahl des Steuersatzes. Dies liegt am praktisch konstanten Grenzschaden der individuellen Emissionen eines Unternehmens. Das Gleiche gilt für den Emissionshandel im Wettbewerbsmarkt. Der Grenzschaden des einzelnen Unternehmens ist praktisch *konstant* – unabhängig davon, ob wir es mit linearen oder konvexen aggregierten Schadenskosten zu tun haben. Der Preis für Emissionsrechte ist damit in einem Wettbewerbsmarkt unabhängig von der Technologieentscheidung des einzelnen Unternehmens.[58] Die Ersparnis für ein Unternehmen, welches in die neue Technologie

---

[58] Für den Fall linearer Schäden haben wir gezeigt, dass entweder alle Unternehmen investieren oder kein Unternehmen. Investieren alle, muss die Menge an Emissionsrechten entsprechend reduziert werden. Diese Notwendigkeit zur Anpassung der Emissionsmenge bei linearen Schäden ist im Vergleich zur Pigou-Steuer ein Nachteil (hier muss die Steuer in diesem Fall nicht geändert werden). Ohne Investition bleibt die Menge an Emissionsrechten dagegen unverändert. Wenn bei konvexen aggregierten Schadenskosten tatsächlich alle Unternehmen investieren, muss die Reguliererin die Menge an Emissionsrechten reduzieren. Wie bei der Steuerlösung gibt es jedoch keinen Zusammenhang zwischen der Investitionsentscheidung und der Angebotsreduzierung. Wenn hingegen kein Unternehmen investiert, bleibt die Menge an Emissionsrechten unverändert.

investiert und z.B. ein Emissionsrecht weniger benötigt, entspricht in diesem Fall dem Preis für Emissionsrechte und dieser ist auf Grund des praktisch konstanten Grenzschadens genau gleich der Einsparung an Schäden. Mit anderen Worten: Privater und sozialer Nutzen aus der Emissionsvermeidung sind für einen Emissionsrechtepreis in Höhe der konstanten Grenzschäden gleich hoch. Dynamische Effizienz ist erfüllt.

Fazit

Fassen wir kurz zusammen. Effizienz im dynamischen Kontext erfordert (i) Effizienz hinsichtlich der Technologiewahl und (ii) Effizienz hinsichtlich der Emissionen. Bei wenigen Unternehmen und linearen Schäden kann die Reguliererin sowohl mit der Pigou-Steuer als auch mit dem Emissionshandel dynamische Effizienz erreichen. Bei wenigen Unternehmen und konvexen Schäden ist für die Pigou-Steuer eine Politik der Steuersatzabsenkung notwendig, um Effizienz hinsichtlich der Emissionen zu gewährleisten. Hierbei ist es möglich, dass die Pigou-Steuer zu starke Anreize setzt, in die neue Technologie zu investieren. Hingegen ist in einem Wettbewerbsmarkt die dynamische Effizienz der Pigou-Steuer gewährleistet, da die individuellen Grenzschäden praktisch konstant sind.

Auch für den Emissionshandel ist unter den Bedingungen eines Wettbewerbsmarkts dynamische Effizienz gewährleistet. Gibt es nur wenige Unternehmen auf dem Markt für Emissionsrechte, muss die Reguliererin die Menge an Emissionsrechten anpassen. Diese Anpassungspolitik kann bei konvexen Schäden zu geringe Anreize generieren, in die neue Technologie zu investieren.

5.9.4 Auflagen und Anreize zur Investition

Aus der statischen Betrachtung in Abschnitt 5.6 wissen wir, dass Auflagen das Kriterium der statischen Kosteneffizienz verfehlen. Daher können Auflagen auch nicht in der dynamischen Perspektive optimal sein. Natürlich könnte man einwenden, dass die Reguliererin die kosteneffiziente Auflagenlösung findet, bei der für alle Emittentinnen die Grenzvermeidungskosten gleich sind. Wie bereits in Abschnitt 5.6 dargestellt, ist es jedoch extrem unwahrscheinlich, dass diese Informationen der Regulierin vorliegen und sie die Kapazität hat, diese zu verarbeiten und entsprechende Auflagen zu erlassen und durchzusetzen. Im dynamischen Kontext müsste darüber hinaus die Reguliererin die Auflagen für jedes Unternehmen über die Zeit hinweg so anpassen, dass der private Nutzen aus der Investition in die neue Technologie gleich dem sozialen Nutzen ist – ein hoffnungsloses Unterfangen.

Dynamische Effizienz ist in jedem Fall gegeben.

5.9.5 Fazit zur dynamischen Anreizwirkung

Das Fazit zur dynamischen Anreizwirkung fällt kurz und bündig aus. In Wettbewerbsmärkten sorgen die marktbasierten umweltpolitischen Instrumente Pigou-Steuer und Emissionshandel für optimale Anreize, in neue, emissionsärmere Technologien zu investieren. Die dynamische Effizienz von Pigou-Steuer und Emissionshandel geht jedoch verloren, wenn die Annahme von Wettbewerbsmärkten nicht mehr gültig ist und konvexe Schadenskosten vorliegen. Unter diesen Bedingungen können die Pigou-Steuer zu starke und der Emissionshandel zu schwache Anreize zur Investition in neue Technologien generieren. Dieses Resultat unterstreicht die Bedeutung von kompetitiven Märkten in der Umweltpolitik. Die Auflagenpolitik ist dagegen dynamisch nicht effizient.

5.9.6 Weitere Aspekte in der dynamischen Perspektive

Im Zeitablauf können sich viele Parameter ändern, die einen Einfluss auf das Marktgeschehen haben. Wir haben die Investitionsentscheidung in neue Technologien betrachtet. Darüber hinaus kann sich beispielsweise die Zahl der Marktteilnehmerinnen ändern – es kommt zu Markteintritten oder Marktaustritten. Wie reagieren die beiden marktwirtschaftlichen Instrumente – Pigou-Steuer und Emissionshandel – auf solche dynamischen Einflüsse? Betrachten wir beispielhaft den Fall eines Markteintritts: Eine neue Marktteilnehmerin müsste unter der Steuerlösung für ihre realisierten Emissionen den Pigou-Steuersatz pro Einheit Schadstoff zahlen. Der Preis (hier: der Steuersatz) bliebe also unverändert – es ändert sich jedoch die insgesamt ausgestoßene Menge an Schadstoff. Durch den Marktzutritt steigt offenbar die Emissionsmenge. Soll das ökologische Ziel nicht verletzt werden, muss also in diesem Fall der Pigou-Steuersatz angehoben werden.[59] Dies verursacht Aufwand für die soziale Planerin einerseits, Planungsunsicherheit für die Unternehmen andererseits. Wie würde hingegen der Emissionshandel auf einen Markteintritt reagieren? Die Gesamtemissionen blieben konstant, denn an der insgesamt im Markt verfügbaren Menge an Zertifikaten ändert sich ja nichts. Das neu eintretende Unternehmen müsste sich die erforderlichen Zertifikate im Markt beschaffen. Es entstünde eine zusätzliche Nachfrage nach Zertifikaten, und die würde – bei hinreichend hoher Nachfrage – den Preis steigen lassen. Mit anderen Worten: Im Fall des Emissionshandels reagiert der Preis, während die Menge konstant bleibt. Bei der Steuerlösung ist es genau umgekehrt – der Preis liegt fest, aber die Emissionsmenge passt sich endogen an. Der Emissionshandel gewährleistet also auch bei sich ändernden Marktumständen, dass das ökologisch gewünschte Ziel in jedem Fall – und natürlich weiterhin *kosteneffizient* – erreicht wird. Hierin kann man aus ökologischer Sicht einen gewissen Vorteil des Handels mit Verschmutzungsrechten sehen.

---

[59] Analog kann man für Wirtschaftswachstum argumentieren. Eine Rechtsverschiebung der Nachfragekurve nach Emissionen führt bei konstantem Steuersatz zu höheren Emissionen. Im Emissionshandel würden stattdessen die Emissionen konstant bleiben, aber der Preis für Emissionsrechte steigen.

5.10 Literatur

Achtnicht, M., Kesternich, M. und B. Sturm (2018): Die „Diesel-Debatte": ökonomische Handlungsempfehlungen an die Politik, Wirtschaftsdienst, Heft 8, S. 574-577.

Achtnicht, M., K. von Graevenitz, S. Koesler, A. Löschel, B. Schoeman und M.A.Tovar Reaños (2015): Including Road Transport in the EU-ETS – An Alternative for the Future?, Gutachten, Zentrum für Europäische Wirtschaftsforschung (ZEW), Mannheim.

Bach, S. (2009): Zehn Jahre ökologische Steuerreform: Finanzpolitisch erfolgreich, klimapolitisch halbherzig, DIW Wochenbericht 76(14), 218-227.

Benz, E., A. Löschel und B. Sturm (2010): Auctioning of CO_2-Emission Allowances in Phase 3 of the EU Emissions Trading Scheme, Climate Policy, 10(6), 705-718.

BMWi (2021): Ein CO_2-Grenzausgleich als Baustein eines Klimaclubs, Gutachten des Wissenschaftlichen Beiratsbeim Bundesministerium für Wirtschaft und Energie (BMWi) 22. Februar 2021.

Böhringer, C. und K.E. Rosendahl (2010): Green Promotes the Dirtiest: On the Interaction between Black and Green Quotas in Energy Markets, Journal of Regulatory Economics 37(3), 316-325.

Böhringer, C. und R. Schwager (2003): Die Ökologische Steuerreform in Deutschland – ein umweltpolitisches Feigenblatt, Perspektiven der Wirtschaftspolitik 4, 211-222.

Climate Brief (2011): German Nuclear Phase-Out: Implications for the EU ETS, No. 7, July 2011.

Cludius, J., S. de Bruyn, K. Schumacher und R. Vergeer (2020): Ex-post investigation of cost pass-through in the EU ETS – an analysis for six industry sectors, Energy Economics 91, 104883.

Deutscher Bundestag (2012): Entwurf eines Zweiten Gesetzes zur Änderung des Energiesteuer- und des Stromsteuergesetzes, Drucksache 17/10744.

EU (2003): Richtlinie 2003/87/EG des Europäischen Parlaments und des Rates vom 13. Oktober 2003 über ein System für den Handel mit Treibhausgasemissionszertifikaten in der Gemeinschaft und zur Änderung der Richtlinie 96/61/EG des Rates, Amtsblatt der Europäischen Union.

EU (2009): Richtlinie 2009/29/EG des Europäischen Parlaments und des Rates vom 23. April 2009 zur Änderung der Richtlinie 2003/87/EG zwecks Verbesserung und Ausweitung des Gemeinschaftssystems für den Handel mit Treibhausgasemissionszertifikaten, Amtsblatt der Europäischen Union.

Europäische Kommission (2017): Kommission droht Deutschland, Frankreich, Spanien, Italien und dem Vereinigten Königreich mit Klage wegen anhaltender übermäßiger Luftverschmutzung, Pressemitteilung vom 15.02.2017.

EU (2023): Verordnung (EU) 2023/956 des Europäischen Parlaments und des Rates vom 10. Mai 2023 zur Schaffung eines CO2-Grenzausgleichssystems, Amtsblatt der Europäischen Union, 16.05.2023.

Gottfried, P. und W. Wiegard (1995): Wunderwaffe Ökosteuern?, Wirtschaftswissenschaftliches Studium (WiSt) 24, 500-507.

Goulder, L. (1995): Environmental Taxation and the ‚Double Dividend': A reader's guide, International Tax and Public Finance 2, 157-184.

Häder, M. (2010): Klimaschutzpolitik in Deutschland – eine ökonomische Konsistenzanalyse der Rahmenbedingungen für den Strommarkt, Zeitschrift für Energiewirtschaft 34, 11-19.

Hepburn, C., K. Neuhoff, W. Acworth, D. Burtraw und F. Jotzo (2016): The Economics of the EU ETS Market Stability Reserve, Journal of Environmental Economics and Management 80, 1-5.

Hintermann, B. (2010): Allowance price drivers in the first phase of the EU ETS, Journal of Environmental Economics and Management 59, 43-56.

Kennedy, P.W. und B. Laplante (1999): Environmental Policy and Time Consistency: Emission taxes and Emission trading, in: Petrakis, E., E.S. Sartzetakis und A. Xepapadeas (Eds.): Environmental Regulation and Market Power, Edwar Elgar, Cheltham, U.K.

Löschel, A. (2009): Die Zukunft der Kohle in der Stromerzeugung in Deutschland. Eine umweltökonomische Betrachtung der öffentlichen Diskussion, Friedrich-Ebert-Stiftung, Reihe: Energiepolitik/1/2009.

Parker, L. und J. Blodgett (2008): "Carbon Leakage" and Trade: Issues and Approaches, Congressional Research Service, 7-5700, December 19, 2008.

Requate, T. (2005): Dynamic Incentives by Environmental Policy Instruments – A Survey, Ecological Economics 54, 175-195.

Rickels, W., V. Dusch, A. Keller und S. Peterson (2007): The determinants of allowance prices in the European Emissions Trading Scheme – can we expect an efficient allowance market 2008? Kiel Institute for the World Economy Working Paper No. 1387.

Schöb, R. (2005): The Double Dividend Hypothesis: A Survey, in: H. Folmer und T. Tietenberg (Hrsg.): The International Yearbook of Environmental and Resource Economics 2005/2006, Edward Elgar: Cheltenham, 223-279.

Söllner, F. (2023): Die Pläne der EU-Kommission für einen CO2-Grenzausgleich, Perspektiven der Wirtschaftspolitik 24(2), 247-263.

Sturm, B. und C. Vogt (2014): Mikroökonomik – eine anwendungsorientierte Einführung, Kohlhammer-Verlag.

UBA (2002): Ökosteuer – sparen oder zahlen, Berlin, Umweltbundesamt.

Weimann, J. (2008): Die Klimapolitik-Katastrophe, Metropolis-Verlag, Marburg.

Weitzman, M.L. (1974): Prices vs. Quantities, The Review of Economic Studies, 41, 477-491.

Der Klimawandel als globales Umweltproblem 6

6.1 Charakteristika globaler Umweltprobleme

Dieses Kapitel ist globalen Umweltproblemen gewidmet. Was unterscheidet diese Umweltprobleme von lokalen Umweltproblemen? Der erste, offensichtliche Unterschied besteht darin, dass globale Umweltprobleme nicht vor Landesgrenzen halt machen, sondern in ihren Auswirkungen die gesamte Weltbevölkerung betreffen. Die Erhöhung der Konzentration von CO_2 in der Atmosphäre und der resultierende Klimawandel ist ein globales Problem, da jede Tonne CO_2, unabhängig davon, wo sie emittiert wird, den gleichen Effekt auf die Konzentration dieses Gases in der Atmosphäre hat. Gleichzeitig treffen die Auswirkungen des Klimawandels praktisch alle Länder, wenn auch in unterschiedlichem Ausmaß. Im Unterschied zu einem globalen Umweltproblem ist die Emission von Abwässern in einen Fluss ein lokales Umweltproblem – Schäden entstehen nur für die Anliegerinnen flussabwärts.

Ein zweiter Unterschied zwischen globalen und lokalen Umweltproblemen ist politischer Natur und hat – wie wir sehen werden – erhebliche ökonomische Konsequenzen. Globale Umweltprobleme erfordern im Gegensatz zu lokalen Problemen die Kooperation souveräner Staaten, denn die fundamentalen Anreizprobleme bei der Bereitstellung globaler Umweltgüter können nicht allein durch hoheitliche Eingriffe des Staats gelöst werden. Um zum Beispiel die CO_2-Emissionen weltweit einzuschränken, bedarf es einer Kooperation von unabhängigen Staaten. Jedes Land muss einer solchen Vereinbarung *freiwillig* beitreten. Dies hat – wie wir sehen werden – erhebliche Auswirkungen auf die Erfolgswahrscheinlichkeit für eine kooperative Lösung, bei der die Gesamtemissionen sinken. Für lokale Umweltprobleme stellt sich dieses Problem nicht. Der Staat kann hier Kooperation quasi „erzwingen" und durch umweltpolitische Instrumente (vgl. Kapitel 5) die Bereitstellung des öffentlichen Guts Umweltqualität erreichen. Im Beispiel der Emission von Abwässern in einen Fluss muss er einfach die Schadstoffemissionen besteuern – idealerweise so, dass der Steuersatz dem Grenzschaden im Optimum entspricht – und kann so die Umweltqualität verbessern.[1]

Am Ende dieses Kapitels, in Abschnitt 6.6, werden wir anhand des wohl derzeit prominentesten globalen Umweltproblems, dem Klimawandel, erläutern, welche Konsequenzen aus diesen Unterschieden resultieren. Zunächst werden wir uns jedoch näher mit dem naturwissenschaftlichen Hintergrund des Treibhauseffekts und den durch den Klimawandel resultierenden Risiken und Chancen beschäftigen. Nach einer Analyse der verfügbaren Strategien gegen den Klimawandel und der mit dem Klimawandel einhergehenden Gerechtigkeitsprobleme kommen wir dann zum eigentlichen Kern des Kapitels: Der ökonomischen Analyse von globaler Klimapolitik. Dabei betrachten wir einerseits das Klimaproblem aus Sicht einer globalen Kosten-Nutzen-Analyse und andererseits aus Sicht eines einzelnen Staats, der mit anderen unabhängigen Staaten über die Bereitstellung des öffentlichen Guts Klimaschutz verhandelt.

6.2 Einige Fakten zu Treibhauseffekt und Klimawandel

6.2.1 Naturwissenschaftlicher Hintergrund

Wenn in der Öffentlichkeit über den Treibhauseffekt geredet wird, dann ist damit meistens die in der Zukunft zu erwartende globale Erwärmung des Klimas auf der Erde gemeint. Spätestens seit den achtziger Jahren des vergangenen Jahrhunderts ist in Deutschland auch einer breiteren Öffentlichkeit das Problem des globalen Klimawandels bewusst. Die Menschheit lebt in einer Art Treibhaus, der Atmosphäre, und dieses Treibhaus wird vom Menschen seit Beginn der industriellen Revolution offenbar immer stärker aufgeheizt.

Es gibt ein paar elementare naturwissenschaftliche Zusammenhänge über den Treibhauseffekt, die man sich zunächst einmal klar machen muss, bevor Folgen des Klimawandels und daraus resultierende Handlungsempfehlungen betrachtet werden.[2] Wovon hängt es eigentlich ab, wie warm es auf der Erde ist? Wovon, genauer gesagt, hängt die *globale Durchschnittstemperatur* – denn über die reden wir im Folgenden – eigentlich ab? Zunächst einmal von zwei Dingen: Erstens davon, wie viel Energie von der Sonne auf die Erde eingestrahlt wird. Zweitens davon, wie viel von dieser Energie wieder ins Weltall abgegeben wird. Klar: Ein Teil der Sonneneinstrahlung wird von der Erdoberfläche und den Wolken reflektiert und verbleibt nicht in der Atmosphäre. Bei der Frage, wie viel der eingestrahlten Energie wieder ins Weltall reflektiert wird, spielen nun einige Gase eine ganz herausragende Rolle. Diese Gase entfalten in unserer Atmosphäre eine ausgesprochen segensreiche

---

[1] Natürlich gibt es auch bei lokalen Umweltproblemen Fälle grenzüberschreitender Umweltverschmutzung. In diesem Fall ist die Zahl der beteiligten Länder aber meist relativ gering und eine kooperative Lösung ist leichter zu erreichen.

[2] Unsere kurze Einführung zum naturwissenschaftlichen Hintergrund des Klimawandels basiert auf Rahmstorf und Schellnhuber (2019), im Folgenden mit „RS 2019" abgekürzt, und wird durch weitere Quellen ergänzt.

Wirkung: Sie lassen zwar die ankommende Sonnenstrahlung passieren, jedoch nicht die von der Erdoberfläche abgestrahlte langwellige Wärmestrahlung. Die Wärmestrahlung wird also in der Atmosphäre von diesen Gasen absorbiert. Diese Fähigkeit zur Energieaufnahme führt zu dem erstaunlichen Effekt, dass es auf der Erde um 33 °C wärmer ist, als ohne diese Gase. Mit anderen Worten: Würde die Erdatmosphäre keinerlei dieser Gase enthalten, dann betrüge die globale Durchschnittstemperatur kümmerliche minus 18 °C. Die Atmosphäre heizt sich daher ähnlich einem Treibhaus auf, weshalb die für diesen Effekt verantwortlichen Gase auch als *Treibhausgase* bezeichnet werden. Zu den wichtigsten Treibhausgasen zählen Wasserdampf, Kohlendioxid (CO_2) und Methan (CH_4).

Zwischen der Konzentration dieser Gase und der globalen Durchschnittstemperatur existiert dabei ein einfacher, positiver Zusammenhang: Je höher die Konzentration an Treibhausgasen, desto höher ist die Temperatur, die sich im *Strahlungsgleichgewicht* der Erde einstellen wird. Im Strahlungsgleichgewicht gibt die Erde genau so viel Energie an den Weltraum ab, wie sie über die Sonne an Energie aufnimmt. An dieser Stelle beginnt die Angelegenheit auch für Nicht-Naturwissenschaftlerinnen interessant zu werden. Der Mensch greift durch seine wirtschaftlichen Aktivitäten in dieses Strahlungsgleichgewicht ein – und zwar in signifikanter Weise seit Beginn der industriellen Revolution vor etwa 250 Jahren. Zum einen basiert die industrielle Produktionsweise von Beginn an auf der Nutzung fossiler Energieträger wie Kohle, Erdgas und Öl. Bei der Verbrennung dieser Energieträger wird CO_2 freigesetzt – ein Treibhausgas, das sich seither immer stärker in der Atmosphäre ansammelt. Zum anderen trägt aber auch die Landwirtschaft ihr Scherflein zum Klimawandel bei: Zum Beispiel wird beim Anbau von Reis in erheblichen Mengen CH_4 freigesetzt, aber auch die Rinderhaltung verursacht durchaus beträchtliche CH_4-Emissionen – dieses Gas entsteht nämlich bei der Verdauung. Erhöht sich nun die Konzentration von Treibhausgasen wie CO_2 in der Atmosphäre führt dies dazu, dass das Klimasystem der Erde im Ungleichgewicht ist: Die Erde nimmt mehr an Sonnenenergie auf, als sie wieder ins Weltall abstrahlt. Damit ist unweigerlich eine *Erwärmung* der Erde verbunden – so lange bis im neuen Strahlungsgleichgewicht bei einer höheren globalen Durchschnittstemperatur wieder die aufgenommene Strahlungsenergie gleich der abgegebenen ist.

Maßeinheit für den Treibhauseffekt ist der so genannte Strahlungsantrieb in Watt pro m^2. Diese Kennzahl gibt an, wie stark der Strahlungshaushalt durch ein bestimmtes Gas (oder auch durch eine andere Ursache wie die Änderung der Bewölkung) verändert wird. Der natürliche Treibhauseffekt heizt die Erdoberfläche mit 324 Watt/m^2 auf. Die derzeit durch die anthropogenen Treibhausgase verursachte Störung des Strahlungshaushalts beträgt ca. 3 Watt/m^2. CO_2 ist dabei nicht das einzige, aber das mit Abstand wichtigste anthropogene Treibhausgas: 65% der globalen Erwärmung gehen auf das Konto von CO_2, 35% werden durch andere Gase verursacht (RS 2019, S. 35). Wir konzentrieren uns daher im Folgenden auf CO_2.

Abbildung 6.1 zeigt die Entwicklung der globalen CO_2-Emissionen seit 1850. Insbesondere seit den 1950er Jahren haben die Emissionen stark zugenommen. Das Wachstum der Emissionen wurde von den Wirtschaftskrisen der 1970er und 1990er Jahre nur kurz

Abb. 6.1 Globale CO_2-Emissionen seit 1850

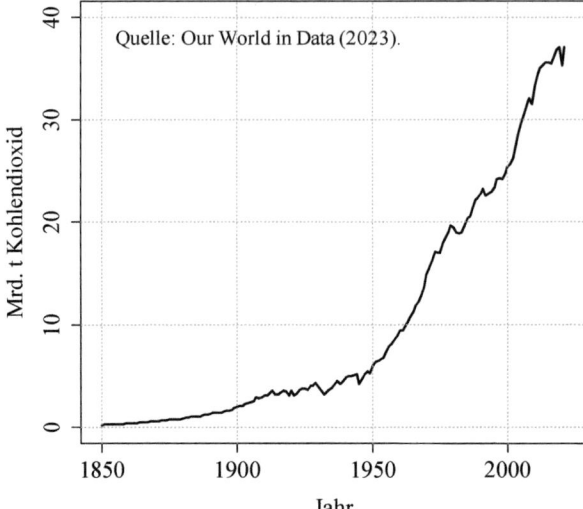

unterbrochen. Zuletzt sorgte die Sars-Cov2-Pandemie für einen kleinen, aber nur vorübergehenden Rückgang der Emissionen in 2020. Der starke Anstieg der Emissionen in diesem Jahrhundert ist insbesondere durch das Wachstum in China verursacht. China ist mittlerweile der weltgrößte CO_2-Emittent.

Wie stark hat sich die Konzentration von CO_2 in der Atmosphäre mittlerweile erhöht? Der CO_2-Gehalt der Atmosphäre wird erst seit den 50er Jahren des letzten Jahrhunderts kontinuierlich gemessen. Diese Messungen wurden begonnen von Charles Keeling, einem amerikanischen Wissenschaftler. Er führte über Jahre fortgesetzte Messungen auf dem Mauna Loa auf Hawaii im Pazifik durch. Die berühmte Keeling-Kurve (vgl. Abbildung 6.2) weist zwei Eigentümlichkeiten auf. Erstens: Sie hat einen deutlich ansteigenden Trend. Zweitens: Sie weist starke zyklische Schwankungen auf, die aus dem Wechsel der Vegetationsphasen im Jahreslauf resultieren.

Mittlerweile ist man in der Lage, den CO_2-Gehalt der Atmosphäre sehr viel weiter in der Vergangenheit zu rekonstruieren. Die folgende Abbildung 6.3 etwa zeigt die Entwicklung der CO_2-Konzentration im Verlauf der letzten zwei Jahrtausende (von 154 bis 1996).

Circa 2.000 Jahre blieb die Konzentration von CO_2 praktisch konstant, bevor sie seit etwa 200 Jahren zu steigen beginnt – erst allmählich, aber dann immer rascher. Mittlerweile, d.h. im August 2023, bewegt sich die CO_2-Konzentration bei einem Wert von ca. 422 ppm.[3] Damit hat die CO_2-Konzentration wohl einen einsamen Höchststand erreicht, zumindest was die vergangenen 800.000 Jahre angeht. So weit ist man nämlich in der Lage,

---

[3] https://gml.noaa.gov/ccgg/trends/, Abruf am 24.08.2023. Ppm ist die Abkürzung für „parts per million" pro Volumeneinheit, die übliche Einheit zur Angabe der CO_2-Konzentration. 422 ppm entsprechen also 0,0422%. In 2011, als dieses Buch in seiner 1. Auflage (Sturm und Vogt 2011) erschien, lag die Konzentration noch bei 392 ppm.

Einige Fakten zu Treibhauseffekt und Klimawandel

Abb. 6.2 Keeling-Kurve

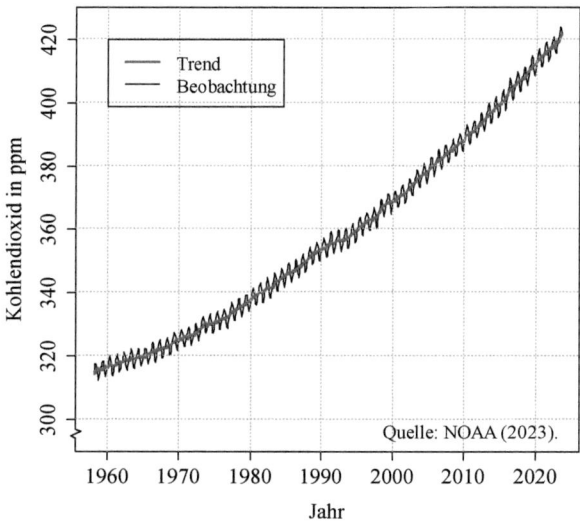

Abb. 6.3 Entwicklung der CO_2-Konzentration in den letzten zwei Jahrtausenden

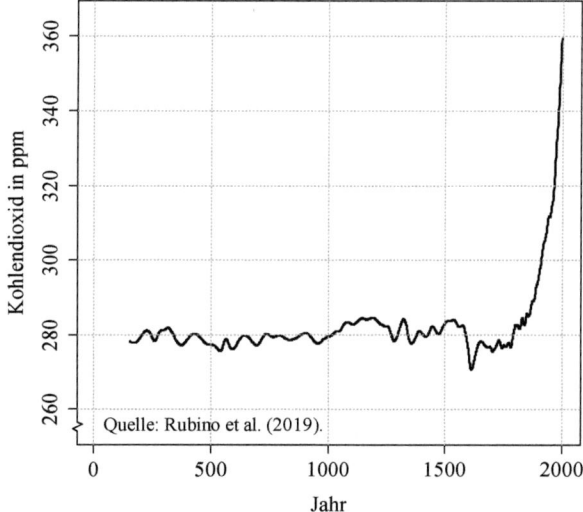

in die Klimageschichte der Erde zurückzublicken. Diese erstaunliche Fähigkeit verdanken wir den „Klimaarchiven" der Erde, den enormen Eispanzern auf Grönland sowie in der Antarktis. Dort gewinnen Klimatologinnen seit etlichen Jahren immer längere „Eisbohrkerne". In denen ist nämlich die chemische Zusammensetzung der historischen Atmosphäre gespeichert. Will man noch weiter in die Vergangenheit zurückschauen, so muss

Abb. 6.4 Globale Temperaturentwicklung seit 1850

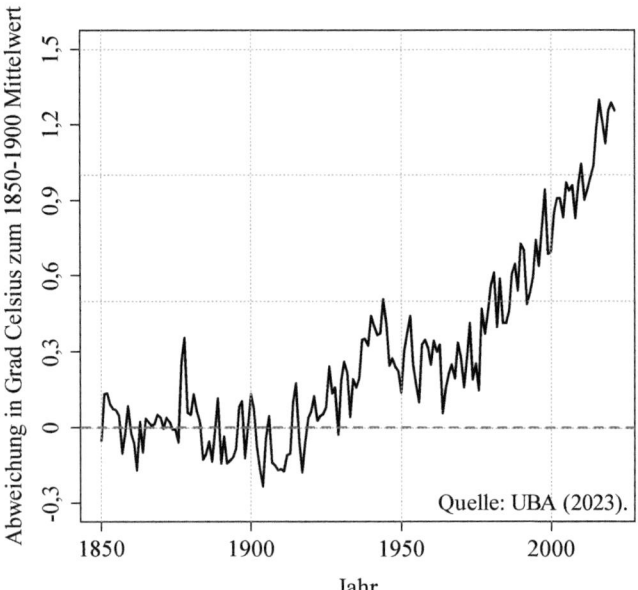

Quelle: UBA (2023).

man sich auf weniger verlässliche Quellen, etwa tiefe Sedimentschichten auf dem Grund der Weltmeere verlassen. Diese Datenquellen legen den Schluss nahe, dass die CO_2-Konzentration seit einigen Millionen Jahren nicht so hoch war wie aktuell. Mit anderen Worten: Der Mensch schafft klimatische Bedingungen, mit denen er es seit seiner Entstehung noch nie zu tun hatte. Kurz und gut: Der historisch einmalige Anstieg der CO_2-Konzentration in der Erdatmosphäre ist eine kaum zu bezweifelnde Tatsache.

Damit ist freilich noch nichts über die Ursache dieses Anstiegs ausgesagt. Könnte es nicht auch sein, dass – trotz des erheblichen Wachstums der CO_2-Emissionen seit 1850 (vgl. Abbildung 6.1) – natürliche Quellen dafür verantwortlich sind? Das ist mit an Sicherheit grenzender Wahrscheinlichkeit auszuschließen, weil CO_2, das aus der Verbrennung fossiler Brennstoffe entsteht, einen typischen chemischen Fingerabdruck aufweist. Daher wissen wir, dass sich tatsächlich „anthropogenes", also menschengemachtes, CO_2 in der Atmosphäre ansammelt. Der drastische Anstieg der CO_2-Konzentration in Abbildung 6.3 spiegelt also eindeutig die wirtschaftliche Entwicklung seit Einsetzen der industriellen Revolution wider – denn erst mit der industriellen Revolution kam es zur massiven Nutzung fossiler Energieträger wie Kohle, Öl und Gas.

Der Anstieg der CO_2-Konzentration wäre nun nicht weiter erwähnenswert, würde sich damit nicht die Erwartung eines globalen Temperaturanstiegs verbinden. Aus unseren anfänglichen Überlegungen zum Strahlungshaushalt der Erde ist klar, dass eine Zunahme des atmosphärischen CO_2 die Temperatur steigen lassen muss – die zentrale Frage ist aber, um wie viel? Zunächst ein Blick auf die globale Temperaturentwicklung der letzten 150 Jahre, d.h. seit Beginn der systematischen Temperaturaufzeichnungen. Abbildung 6.4

zeigt, dass sich seit 1850 die globale Erdmitteltemperatur um etwa 1,2 °C erhöht hat. In Deutschland ist die Temperatur seit 1881, dem Beginn der flächenmäßigen Temperaturaufzeichnungen hierzulande, um rund 1,6 °C gestiegen (DWD 2023).

Der Effekt einer höheren Konzentration an CO_2 auf die Temperatur lässt sich aber auch direkt im Experiment messen. Als eine gängige Maßzahl in den Klimawissenschaften hat sich der Temperaturanstieg eingebürgert, der aus einer Verdopplung der CO_2-Konzentration im Vergleich zum vorindustriellen Niveau resultiert. Dieser Temperaturanstieg wird als *Klimasensitivität* bezeichnet. Im kontrollierten Experiment ergibt sich ein Temperaturanstieg von 1,2 °C, wenn sich die CO_2-Konzentration verdoppelt. Tatsächlich aber sind die Dinge etwas verwickelter. Laborversuche erlauben leider keinen direkten Rückschluss auf die Wirkung von CO_2 „im Feld", also in der Erdatmosphäre. Um zu Aussagen über die Auswirkungen in der Natur zu gelangen, muss man einige weitere Faktoren berücksichtigen: In der Natur hat man es nicht mit kontrollierten Laborbedingungen zu tun, sondern es kommt zu vielfältigen Rückkopplungen. Rückkopplungen können entweder verstärkend oder abschwächend wirken. Ein Beispiel für eine verstärkende Rückkopplung ist der Wasserdampf: Erhöht sich die Temperatur, so verdampft mehr Wasser. Der Wasserdampfgehalt der Atmosphäre erhöht sich, was den Treibhauseffekt nochmals verstärkt. Eine andere positive Rückkopplung resultiert aus dem Abschmelzen der Eismassen: Geht beispielsweise die Eisfläche in der Arktis zurück, so reduziert dies die Reflektionsfähigkeit der Erdoberfläche[4] – denn Wasser reflektiert weniger Sonnenstrahlung als Eis. Damit aber verstärkt sich der Treibhauseffekt wiederum.

Glücklicherweise gibt es auch negative Rückkopplungen. Ein Beispiel: Verdampft mehr Wasser, kommt es auch zu einer vermehrten Wolkenbildung. Entstehen die Wolken dabei in relativ hohen Schichten der Atmosphäre, so reflektieren sie vermehrt einfallende Sonneneinstrahlung und schwächen damit den Treibhauseffekt ab. Klimatologinnen können mittlerweile die Stärke dieser unterschiedlichen Effekte einigermaßen gut abschätzen. Berücksichtigt man diese Rückkopplungen, so kommt man zu einem Intervall für die Klimasensitivität von 1,5 bis 4,5 °C. Die Schwankungsbreite reflektiert dabei die Unsicherheit über die Stärke der verschiedenen Rückkopplungen, insbesondere bei der Wirkung vermehrter Wolkenbildung ist die Unsicherheit noch vergleichsweise groß.

Es gibt auch noch andere Methoden, die Klimasensitivität zu ermitteln. Eine zweite Möglichkeit besteht darin, einfach historische Klimadaten zu analysieren. Eine dritte Methode verwendet Computermodelle des Weltklimas. Entscheidend ist: Alle drei Ansätze kommen völlig unabhängig voneinander zu etwa dem gleichen Intervall für die Klimasensitivität.

Wir haben nun eine gewisse Vorstellung von der Klimasensitivität gewonnen. Kennt man den zu erwartenden Anstieg der CO_2-Emissionen in der Zukunft, dann lässt sich anhand der Maßzahl für die Klimasensitivität auch der zu erwartende globale Temperaturanstieg berechnen. Die Entwicklung der CO_2-Emissionen hängt von einer ganzen Reihe von Faktoren ab: Dem Wirtschaftswachstum, dem Bevölkerungswachstum, der Energiepolitik

---

[4] In der Fachsprache der Klimatologinnen findet man dafür den Begriff der Albedo.

sowie dem Ausmaß des technischen Fortschritts. Natürlich kann kein Mensch die Zukunft vorhersehen. Man kann aber die Grenzen abstecken, innerhalb derer sich die zukünftige Entwicklung bewegen wird. Mit anderen Worten, man schätzt untere und obere Grenzen für Wirtschaftswachstum, Bevölkerungswachstum usw. und berechnet dann die resultierenden CO_2-Emissionen. Das haben Wissenschaftlerinnen für den 6. Sachstandsbericht (6th Assessment Report, AR6) des IPCC getan. Herausgekommen sind fünf zentrale Szenarien, die sogenannten Shared Socioeconomic Pathways (SSP1 bis SSP5), die alle mehr oder weniger plausiblen Möglichkeiten der Emissionsentwicklung im 21. Jahrhundert abdecken.[5] Es gibt Szenarien, die von einem sehr hohen Wirtschaftswachstum ausgehen, andere unterstellen ein niedriges Wachstum. Genauso beim Bevölkerungswachstum, beim technischen Fortschritt usw. Was ist das Ergebnis? In der optimistischsten Variante (SSP1-1.9) steigt die CO_2-Konzentration im Jahr 2100 auf „lediglich" 540 ppm. Das entspricht knapp einer Verdopplung gegenüber dem vorindustriellen Niveau, welches bei 280 ppm lag. In der pessimistischsten Variante (SSP5-8.5) allerdings steigt die CO_2-Konzentration auf gut 1.000 ppm, was einer knappen Vervierfachung entspricht. Speist man diese Information in Klimamodelle[6] ein, so kann man die zu erwartende globale Erwärmung berechnen. Die Spanne der Erderwärmung im Zeitfenster 2081 bis 2100 reicht dabei von 1,4 °C an der unteren Grenze bis hinauf zu 4,4 °C an der oberen Grenze der Simulationen (IPCC 2021b, S. 14).

Zwischenfazit
Was kann damit als gesicherter Stand der Forschung gelten?
1. Die Konzentration von CO_2 ist seit 1850 stark angestiegen, und zwar von 280 ppm auf etwa 422 ppm in 2023. Für diesen Anstieg ist der Mensch verantwortlich, in erster Linie durch die Verbrennung fossiler Brennstoffe.
2. CO_2 ist ein klimawirksames Gas, das den Strahlungshaushalt der Erde verändert. Eine Verdopplung seiner Konzentration in der Atmosphäre führt zu einem Anstieg der globalen Durchschnittstemperatur ggü. dem vorindustriellen Niveau um etwa 1,5 bis 4,5 °C.

---

[5] Die entsprechenden Szenarien aus den Vorläuferberichten AR3 und AR4 waren die SRES-, bzw. RCP-Szenarien. Das Kürzel SRES steht für „Second Report on Emission Scenarios", RCP für „Representative Concentration Pathways".

[6] Unter einem „Klimamodell" versteht man ein mathematisches Modell der Atmosphäre, das in der Regel auf einem Hochleistungsrechner zur Simulation des Klimawandels verwendet wird. Skeptikerinnen des Treibhauseffekts verwiesen in der Vergangenheit gerne darauf, dass die behaupteten Folgen der globalen Erwärmung ja „nur" auf Simulationen basierten und daher zweifelhaft seien. Die Unsicherheit aller zukünftigen Entwicklung wird sich kaum bestreiten, noch beseitigen lassen. Den Skeptikerinnen sei aber entgegengehalten, dass die heutigen Klimamodelle mittlerweile eine sehr große Erklärungskraft aufweisen: Man kann nämlich ein Klimamodell nicht nur in die Zukunft, sondern auch in die Vergangenheit rechnen. Dabei zeigt sich, dass die Modelle der Klimatologinnen den beobachteten Verlauf der historischen Temperaturkurve sehr genau reproduzieren können. Das gibt uns keine absolute Sicherheit über die Richtigkeit von aus solchen Modellen abgeleiteten Prognosen, kann aber als ein starker Indikator für die Prognosegüte gelten.

3. Das Weltklima hat sich im 20. und 21. Jahrhundert deutlich erwärmt. Der globale Temperaturanstieg seit 1850 beträgt etwa 1,2 °C. In Deutschland beträgt der Temperaturanstieg seit 1881 ca. 1,6 °C.
4. Der überwiegende Teil dieser Erwärmung ist auf die gestiegene Konzentration von CO_2 zurückzuführen.

6.2.2 Risiken durch den Klimawandel

Warum befassen wir uns hier überhaupt derart ausführlich mit dem Klimawandel? Die Beantwortung dieser Frage ergibt sich aus der Tatsache, dass der Treibhauseffekt eine enorme ökonomische Dimension hat. Dies wird unmittelbar klar, führt man sich die zu erwartenden negativen Folgen, d.h. die Risiken, des Klimawandels vor Augen. Im Folgenden wollen wir nur einen kurzen Überblick über die wichtigsten geben.[7] Dabei gehen wir zunächst davon aus, dass *keine Anpassung* an die sich verändernden Umweltbedingungen stattfindet – Anpassung wird dann separat in Abschnitt 6.3.2 behandelt.

Gletscherschwund

Zu den sichtbarsten Wirkungen des Klimawandels gehört der Schwund der Gletscher weltweit. In den Alpen etwa haben die Gletscher bereits mehr als die Hälfte ihrer Masse verloren – verglichen mit ihrer Ausdehnung am Beginn der industriellen Revolution (RS 2019, S. 55). Ein ähnlicher Rückgang ist fast überall auf der Welt zu beobachten (dies., S. 55). Wenn Gletscher auf die doch eher geringe Erwärmung des 20. Jahrhunderts bereits sehr sensitiv reagieren, dann muss man befürchten, dass sie bei dem zu erwartenden Temperaturanstieg bis 2100 deutlich zurückgehen und örtlich sogar verschwinden werden. Laut 6. Sachstandsbericht des IPCC muss bis 2100 mit einem mittleren Rückgang der weltweiten Gletschermassen von 18% bis 36% gerechnet werden (IPCC 2021a, S. 77). Eine noch aktuellere Studie (Rounce et al. 2023) beziffert den erwarteten Verlust an Gletschermassen bis zum Jahr 2100 (gegenüber 2015) auf 25% im Fall eines Anstiegs der globalen Durchschnittstemperatur um 1,5 °C und 41% im Falle von 4 °C globaler Erwärmung. Das wird zu erheblichen Problemen führen: Gletscher sind Wasserspeicher, die im Winter Wasser in Form von Eis binden und im Sommer dieses wieder abgeben und damit Flüsse speisen. In vielen Teilen der Welt hängt die Trinkwasserversorgung von solchen Gletscherabflüssen ab – beispielsweise in der peruanischen Hauptstadt Lima in den Anden oder im Himalaja. Das Verschwinden der Gletscher könnte also für viele Millionen Menschen[8] auf der Welt – insbesondere bei Dürreperioden im Sommer – akuten Wassermangel nach sich ziehen.

---

[7] Vgl. RS (2019). Darüber hinaus gehende Literatur wird extra zitiert.
[8] RS (2019), S. 56.

Rückgang des arktischen Eises
Einsam auf isolierten Eisschollen vor sich hintreibende Eisbärinnen sind nicht mehr nur Ergebnis der Phantasie von Kinderbuchautorinnen, sondern längst Realität im arktischen Ozean. Dass sich der Lebensraum der Eisbärinnen auf absehbare Zeit drastisch verkleinern wird, gilt als ausgemacht: Die verfügbaren Daten zeigen, dass die Eisdecke im Sommer in den zurückliegenden Dekaden dramatisch geschrumpft ist. Im Jahr 2012 betrug die sommerliche Eisbedeckung mit 3,5 Mio. km^2 in der Arktis nur noch weniger als die Hälfte der Fläche, die noch in den 1970er und 80er Jahren beobachtet wurde. Modellrechnungen legen nahe, dass bereits gegen Mitte des 21. Jahrhunderts die Arktis im Sommer komplett eisfrei sein könnte.

Dieser Rückgang des arktischen Eises hat eine Reihe von Konsequenzen. Ein erster Effekt betrifft die Reflexion von Sonnenlicht. Eis reflektiert Sonnenlicht in viel stärkerem Ausmaß als Wasser. Ein Abschmelzen des arktischen Eises würde zu einer stärkeren Erwärmung der Polregion führen und den Treibhauseffekt noch verstärken. Zweitens wären zahlreiche Tierarten vom Aussterben bedroht. Drittens: Den Inuit würde ihr Lebensraum und damit ihre Lebensgrundlage entzogen.

Auftauen des Permafrostbodens
In polaren Breiten ist der Erdboden dauerhaft gefroren – bis auf eine dünne Oberflächenschicht, die im Sommer auftaut. Dieses Phänomen nennt man Permafrost. Aufgrund der Erwärmung tauen Permafrostböden auf, was in Anfängen schon heute beobachtbar ist. Auch im Gebirge gibt es in höheren Lagen Permafrostgebiete. Tauen diese auf, kommt es vermehrt zu Abbrüchen von Gestein. Straßen und Ortschaften im Gebirge werden dadurch gefährdet. Spektakulär war etwa der Abbruch von etwa 1.000 m^3 Gestein am Matterhorn im Hitzesommer 2003, nachdem die Nullgradgrenze auf ein Rekordniveau von 4.800 m geklettert war. In polaren Regionen sind Häuser sowie die dortige Infrastruktur (Straßen, Ölpipelines) gefährdet. Der Boden weicht auf, wird schlammig. Die Infrastruktur versinkt einfach im Boden. Einen ersten Eindruck der drohenden Schäden vermittelte die Ölkatastrophe im sibirischen Norilsk 2020: Infolge des tauenden Permafrostbodens zerbarst der Öltank eines Kraftwerks, 20.000 Liter Öl traten aus. Der 6. Sachstandsbericht des IPCC schätzt, dass pro 1 °C globale Erwärmung 25% des Permafrostbodens bis zu einer Tiefe von 3 m auftauen wird, wobei dieser Auftauprozess verbreitet bereits in den vergangenen dreißig bis vierzig Jahren zu beobachten war (IPCC 2021a, S. 76). Fewster et al. (2022) kommen zu dem Ergebnis, dass die europäischen und westsibirischen Permafrostgebiete in Kürze einen „tipping point", einen Kipppunkt erreichen werden, ab dem der Auftauprozess irreversibel wird: In Szenarien[9] einer moderaten (2,7 °C bis 2100) oder aber

---

[9] Die Szenarien beziehen sich auf die im 6. Sachstandsbericht verwendeten „shared socio-economic pathways" (SSP) SSP2-4.5, SSP3-7.0 sowie SSP 5-8.5. SSP2-4.5 nimmt Emissionen bis 2050 auf etwa heutigem Niveau an, danach sinken sie (aber nicht auf Null). SSP3-7.0 geht von einer Verdopplung der CO$_2$-Emissionen bis 2100 aus und SSP5-8.5 von einer Verdreifachung bis 2075.

starken (3,6 °C bis 4,4 °C) globalen Erwärmung kommt es zum Verlust aller europäischen Permafrostgebiete in Finnland und Skandinavien. Die insgesamt dadurch freiwerdende Menge an Kohlenstoff wird auf 37 bis 39,5 Mio. t beziffert.[10] Dies entspricht der doppelten in europäischen Wäldern derzeit gebundenen Menge an Kohlenstoff. Wird dieser Kohlenstoff freigesetzt, kommt es zu einer positiven Rückkopplung im Klimasystem mit der Folge einer Verstärkung des globalen Erwärmungstrends.

Eisschilde in Grönland und der Antarktis
Auf der Erde gibt es derzeit zwei große kontinentale Eisschilde, in Grönland und in der Antarktis. Diese Schilde sind 3 bis 4 km dick. Wie wird sich die globale Erwärmung auf diese Eismassen auswirken? Beim Grönlandeis beobachtet man, dass die Schmelzfläche erheblich zugenommen hat. Von 2002 bis 2011 ist etwa sechsmal so viel Grönlandeis geschmolzen wie in den zehn Jahren davor. Der jährliche Eisverlust auf Grönland wird derzeit auf 300 Mrd. t beziffert. Zum Vergleich: Dies entspricht der fünffachen Masse des Mount Everest (RS 2019, S. 59). Modellrechnungen haben folgendes ergeben: Erwärmt sich Grönland um 3 °C (was schon bei einer globalen Erwärmung von weniger als 2 °C erreicht werden kann[11]), dann schmilzt wahrscheinlich ein Großteil des Grönlandeises ab. Auch in diesem Fall ist das Überschreiten eines tipping points für den irreversiblen Prozess verantwortlich: Mit dem Abtauen des Eises rutscht die Schmelzfläche des Eises unweigerlich in tiefere, und damit wärmere Luftschichten – es kommt zu einem sich selbst verstärkenden Prozess. Unklar ist momentan noch, mit welcher Geschwindigkeit dieser Prozess vor sich gehen wird. Man beobachtet in den letzten Jahren jedoch, dass das Grönlandeis schneller taut als erwartet. Das Abschmelzen des Grönlandeises hätte fatale Auswirkungen auf den Meeresspiegel: Die Eismasse Grönlands bindet eine Wassermenge, die beim vollständigen Abschmelzen den Meeresspiegel um 7 m ansteigen lassen würde! Darüber hinaus könnte ein schnelles Abschmelzen des Grönlandeises die Stabilität von Meeresströmungen beeinträchtigen. Allerdings ist nach derzeitigem Wissenstand zu erwarten, dass der Abschmelzprozess sich über Jahrhunderte hinziehen wird.

In der Antarktis liegen die Dinge etwas anders als in Grönland. Da die Temperatur in der Antarktis deutlich unter dem Gefrierpunkt liegt, wird eine globale Erwärmung um ein paar Grad daran nichts ändern. Allerdings liegen die Dinge in der Westantarktis deutlich anders: Dort schwimmen gewaltige Eismassen vor dem Kontinentalsockel auf dem Wasser auf, als sogenannte Eisschelfe. Diese Schelfe können schmelzen, wenn sie mit erwärmtem Meerwasser in Berührung kommen. Im Februar 2002 zerbrach beispielsweise das Jahrtausende alte Larsen-B-Eisschelf. Da Eisschelfe auf dem Meer aufschwimmen, hat ihr Abschmelzen zunächst einmal keinerlei Konsequenzen für den Meeresspiegel.

---

[10] Dies entspricht einer Menge von 135,79 bis 144,97 Mio. t CO_2. Der Umrechnungsfaktor beträgt 3,67.

[11] Der Treibhauseffekt wird sich regional höchst unterschiedlich auf die Temperatur auswirken. Heutige klimatologische Modelle sind nicht nur in der Lage, die globale Temperatur, sondern auch die regionale Verteilung des Temperaturanstiegs zu berechnen. Die Temperaturen in höheren Breiten steigen stärker als am Äquator.

Nach dem Zerbrechen jedoch beobachtet man seitdem eine starke Beschleunigung des Abschmelzens des dahinterliegenden Kontinentaleises (bis zur achtfachen Geschwindigkeit). Es scheint, dass die schwimmenden Schelfe den Abfluss von auf dem Land liegenden Eismassen bremsen. Kommt es also zum Abschmelzen der Schelfe, so muss mit einem beschleunigten Abfluss auch des Kontinentaleises gerechnet werden. Dies allerdings hätte erhebliche Konsequenzen für den Meeresspiegel. In jüngerer Zeit hat insbesondere der Thwaites-Gletscher[12] in der Westantarktis für einiges Aufsehen gesorgt: Aktuelle Messungen haben ergeben, dass die Wassertemperatur unter dem Thwaites-Gletscher bereits bei 2 °C über dem Gefrierpunkt liegt. Glaziologinnen befürchten, dass auch im Fall dieses mächtigen Gletschers ein Kipppunkt bereits überschritten ist und der Totalverlust des westantarktischen Eisschildes droht – mit der Konsequenz, dass der globale Meeresspiegel im Mittel um mehr als 3 m ansteigen würde (Scambos et al. 2017). Wie lange dieser Prozess andauern wird, ist momentan noch unklar – allerdings scheint es denkbar, dass er innerhalb weniger Jahrhunderte vonstattengehen könnte und damit weit schneller, als früher gedacht. Klar aber ist: Wenn tatsächlich der Kipppunkt in diesem System erreicht worden ist, dann lässt sich dieser Prozess nicht mehr stoppen – selbst, wenn die Weltwirtschaft in kurzer Zeit Kohlenstoff aus ihren Produktionskreisläufen komplett verbannen würde.

Anstieg des Meeresspiegels
Der Anstieg des Meeresspiegels[13] ist eine der wichtigsten, direkten physikalischen Folgen der globalen Erwärmung. Um den Zusammenhang zwischen globaler Durchschnittstemperatur und Meeresspiegel zu verdeutlichen, ist es aufschlussreich, einmal in die jüngere Erdgeschichte zu sehen: Vor 20.000 Jahren, auf dem Höhepunkt der letzten Eiszeit, war das Klima etwa 4 bis 7 °C kälter. Der Meeresspiegel lag damals um 120 m unter dem heutigen! Während der letzten Warmperiode vor 120.000 Jahren hingegen war es nur geringfügig wärmer als heute (etwa 1 °C), der Meeresspiegel lag aber um 2 bis 6 m höher als heute. Diese gewaltigen Unterschiede hängen unmittelbar mit den globalen Eismassen zusammen. Wie gesagt: Das Grönlandeis würde bei seinem kompletten Abschmelzen zu einem Anstieg des Meeresspiegels um 7 m führen. Im Antarktischen Eisschild sind insgesamt sogar gut 58 m Wasserspiegel gespeichert. Eine zweite Ursache für den Meeresspiegelanstieg ist die thermische Ausdehnung des Wassers. Wärmeres Wasser hat ein größeres Volumen, es dehnt sich aus.

---

[12] Der Thwaites-Gletscher hat eine Fläche, die etwa der Großbritanniens entspricht. Zusammen mit dem Pine-Island-Gletscher fungiert er gewissermaßen als Bremsklotz für die dahinterliegenden kontinentalen Eismassen.
[13] Ein hervorragendes, interaktives Tool zur Simulation des Meeresspiegelanstiegs stellen NASA und Jet Propulsion Laboratory bereit: https://vesl.jpl.nasa.gov/sea-level/slr-eustatic/. Das Tool erlaubt allerdings nur die Simulation der Auswirkungen auf US-amerikanische Küstenabschnitte (Florida, Kalifornien, Golf von Mexiko).

Der Anstieg des Meeresspiegels ist bereits jetzt messbar. Seit 1993 wird der globale Meeresspiegel mit Satelliten gemessen. Die Messungen ergeben seitdem einen Anstieg von 3 cm in zehn Jahren. Im Zeitraum von 1901 bis 2010 betrug der Anstieg etwa 19 cm. Das IPCC rechnet in seinem 6. Sachstandsbericht mit einem Anstieg des Meeresspiegels bis 2100 von bis zu einem Meter, bis 2150 sogar bis zu 1,88 m (IPCC 2021b, S. 21).[14]

Dabei muss man aber berücksichtigen, dass der Anstieg des Meeresspiegels ein Prozess ist, der sich über mehrere Jahrhunderte erstrecken wird. Er ist 2100 noch lange nicht beendet. Das liegt daran, dass die thermische Ausdehnung des Meerwassers Zeit benötigt: Das warme Oberflächenwasser muss allmählich in die tieferen Schichten der Ozeane eindringen. Dieser Prozess erfordert viel Zeit. Außerdem ist zu erwarten, dass das Abschmelzen der kontinentalen Eismassen (Grönland und Antarktis) sich über Jahrhunderte erstrecken würde.

Änderungen der Meeresströmungen

Normalerweise sinken im europäischen Nordmeer und in der Labradorsee gewaltige Massen relativ kalten Wassers in die Tiefe. Dieser Prozess erzeugt einen Sog, der warmes Wasser von Süden her in nördliche Breiten lenkt. Dadurch entsteht eine gigantische Umwälzung von Meerwasser im Atlantik, bei der pro Sekunde 15 Mio. m^3 Wasser bewegt werden. Für unsere nördlichen Breiten wirkt dies wie eine Zentralheizung. Die so entstehende Meeresströmung transportiert eine gewaltige Energiemenge in den nördlichen Atlantikraum, nämlich das zweitausendfache der gesamten Kraftwerksleistung Europas.

Durch die globale Erwärmung kann diese Zirkulation zum Erliegen kommen. Die Erwärmung verringert die Dichte des Meerwassers. Weniger dichtes Wasser sinkt aber nicht so leicht ab. Außerdem kommt es durch das Abschmelzen der Eismassen (Grönland) zu Süßwassereinflüssen in das Meer. Dies reduziert den Salzgehalt und damit die Dichte des Meerwassers. Schlimmstenfalls könnte der gesamte Nordatlantikstrom zum Erliegen kommen.[15] Die Folge wäre eine rasche Abkühlung im Nordatlantikraum um mehrere Grad, was vor allem auch Nord- und Westeuropa betreffen würde. Gegenwärtig deutet zwar nichts auf eine plötzliche Abschwächung oder ein gänzliches Versiegen des Nordatlantikstroms hin. Eine fortgesetzte partielle Abschwächung im gesamten 21. Jahrhundert wird im 6. Sachstandsbericht jedoch für „sehr wahrscheinlich" gehalten (IPCC 2021a, S. 27). Seit Beginn des 20. Jahrhunderts jedenfalls beobachtet man tatsächlich, dass der Nordatlantikraum sich als einzige Weltregion – entgegen dem globalen Erwärmungstrend – abgekühlt hat, was als Indikator für eine Abschwächung der nordatlantischen Zirkulation

---

[14] Im Einzelnen ergibt sich bis 2100: Für sehr geringe Emissionen (Szenario SSP1-1.9) bewegt sich der Anstieg im Intervall von 0,32–0,63 m, im mittleren Szenario (SSP2-4.5) beträgt das Intervall 0,44 bis 0,76 m und im Szenario sehr hoher Emissionen (SSP5-8.5) 0,63 bis 1,01 m.

[15] Der Nordatlantikstrom versiegte zuletzt vor ca. 8.200 Jahren, als die letzten Gletschereisschichten in Nordamerika auftauten und sich im heutigen Gebiet der großen Seen ein riesiger Stausee mit Süßwasser bildete. Eines Tages brach der Eisdamm. Eine gewaltige Menge Süßwasser ergoss sich in den Nordatlantik und führte zur Unterbrechung des Nordatlantikstroms. Dieses Ereignis verursachte in Europa eine etwa tausend Jahre anhaltende kleine Eiszeit, wobei die Abkühlung vermutlich etwa 1,5 °C betrug.

Abb. 6.5 Verschiebung der Temperaturverteilung

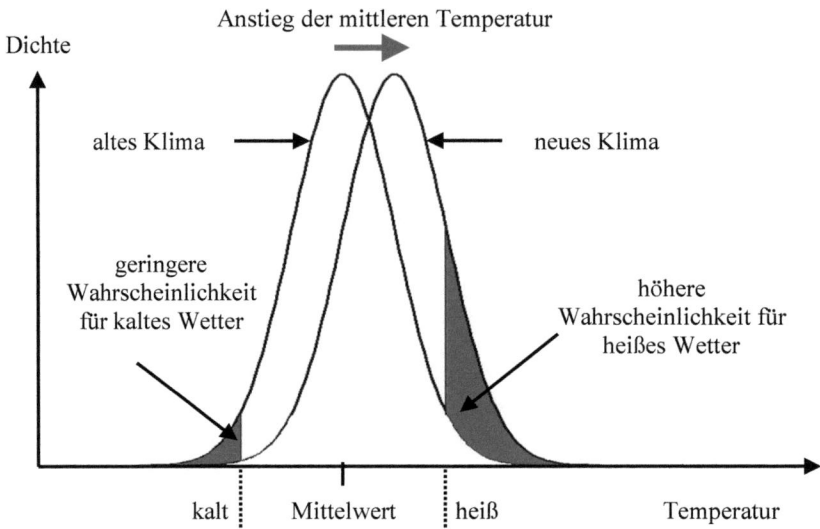

Quelle: Eigene Darstellung nach IPCC (2007a), S. 53.

angesehen wird. Die Messdaten deuten auf eine Abschwächung der Strömung um ca. 15 % hin (RS 2019, S. 66).

Berücksichtigen sollte man noch folgendes: Durch das Absinken von Wasser im Nordatlantik wird CO_2 in tiefere Schichten des Ozeans transportiert – Ozeane sind nämlich, neben der Biosphäre, ein wichtiger Kohlenstoffspeicher des Planeten. Reißt der Nordatlantikstrom ab oder wird er deutlich schwächer, so hätte dies zur Folge, dass der Atlantik weniger CO_2 aufnähme, was zu einer positiven Rückkopplung im Klimasystem führen würde.

Wetterextreme

Bereits mit einfachen statistischen Überlegungen lässt sich zeigen, dass eine relativ kleine Verschiebung der Verteilung einer Klimavariablen wie der Temperatur zu einer deutlichen Veränderung der Wahrscheinlichkeit des Auftretens von extremen Wetterereignissen führen kann. In Abbildung 6.5 ist eine normalverteilte Dichtefunktion für die Wahrscheinlichkeit des Auftretens unterschiedlicher Temperaturen skizziert. Temperaturextreme (mit „kalt" und „heiß" bezeichnet) sind die Temperaturen, die am linken und rechten Rand der Verteilung liegen. Die Eintrittswahrscheinlichkeit für eine Temperatur in einem bestimmten Intervall lässt sich in der Abbildung als Fläche unter der Dichtefunktion von der unteren bis zur oberen Intervallgrenze ablesen. Wie man sieht: Eine kleine Verschiebung der Temperaturverteilung nach rechts, d.h., es wird im Mittel wärmer, führt dazu, dass die Eintrittswahrscheinlichkeit für extrem hohe Temperaturen deutlich zunimmt und für extrem kalte Temperaturen weniger stark abnimmt. Natürlich ist die Abbildung eine starke

Vereinfachung der Realität, so könnte sich z.B. auch die Form der Dichtefunktion durch die Erwärmung ändern. Dennoch macht Abbildung 6.5 deutlich: Die Erwärmung wird einen Effekt auf die Eintrittswahrscheinlichkeiten für extreme Temperaturen haben.

Die globale Erwärmung wird also wahrscheinlich zu einer Zunahme extremer Wetterereignisse führen. Unter extremen Wetterereignissen versteht man vor allem Hitzewellen, Dürren, Starkregen sowie tropische Wirbelstürme. Das Problem bei Extremwetterereignissen ist, dass sie (i) sehr selten auftreten und (ii) sich nicht direkt auf eine bestimmte Ursache zurückführen lassen. Wenn überhaupt, dann kann man zeigen, dass sich die Wahrscheinlichkeit bestimmter Ereignisse durch die globale Erwärmung erhöht.

In Zukunft müssen wir davon ausgehen, dass Hitzewellen häufiger auftreten werden. Hitzewellen führen – zumindest in der kurzen Frist, in der keine ausreichende Akklimatisierung möglich ist – zu einem starken kurzfristigen Anstieg der Sterblichkeit.[16] Ein Beispiel ist die Hitzewelle in Europa in 2003. Es wird geschätzt, dass diese etwa 70.000 Menschenleben europaweit gefordert hat. In allen Altersgruppen über 45 Jahre war die Sterblichkeit in diesem Sommer signifikant erhöht. In einer aktuellen Studie (Vicedo-Cabrera et al. 2021) wird auf einer sehr breiten Datenbasis geschätzt, dass weltweit mehr als ein Drittel der hitzebedingten Sterbefälle auf die globale Erwärmung zurückzuführen ist – in absoluten Zahlen sind das jährlich etwa 100.000 Menschenleben, die der Klimawandel bereits jetzt fordert. Die Studie wertet Daten von 30 Mio. Todesfällen im Zeitraum 1991 bis 2018 aus 730 Städten in 47 Ländern der Welt aus. Insgesamt zeigt sich, dass Temperaturrekorde weltweit signifikant zugenommen haben und heute mit einer fünfmal höheren Wahrscheinlichkeit auftreten als in einem Klima ohne globale Erwärmung. Wie Rahmstorf und Schellnhuber feststellen, entspricht dies ziemlich genau der *„statistischen Erwartung, wenn man die bekannte Häufigkeitsverteilung der Temperaturen um ein Grad zum Wärmeren verschiebt"* (RS 2019, S. 68).

Nachweisbar ist in den Messdaten mittlerweile auch eine signifikante Zunahme von Extremniederschlägen. So konnten Lehmann et al. (2015) zeigen, dass im Zeitraum 1981 bis 2010 globale Extremniederschläge um 12% zugenommen haben und dies durch die seit 1981 beobachtbare Temperaturentwicklung erklärbar ist. Dieser Befund lässt sich physikalisch einfach erklären: Wärmere Luft kann mehr Wasser aufnehmen. Für jedes Grad Celsius Erwärmung kann die Luft etwa 7% mehr Wasserdampf aufnehmen. Starkregen entsteht, wenn mit Feuchtigkeit gesättigte Luft wie ein Schwamm ausgedrückt wird, etwa wenn sie auf ein Gebirge trifft. Bei einem wärmeren Klima enthält der Schwamm also einfach mehr Wasser.

---

[16] Dauerhaft hohe Temperaturen erhöhen die Sterblichkeit insbesondere bei älteren Menschen. Die erhöhte Anfälligkeit und Schwere sonst harmlos verlaufender Erkrankungen ist durch Veränderungen im Wasser- und Salzhaushalt, aber auch durch Störungen der physiologischen Regelkreise und hitzebedingt veränderte Medikamenteninteraktionen begründet. Im Zusammenhang mit Hitzewellen wurde ein erhöhtes Auftreten von akuten Durchblutungsstörungen wie Herzinfarkt und Schlaganfall beschrieben. Durch Veränderungen der Blutsalze und Wasserverlust auf Grund von verstärktem Schwitzen und damit veränderten Fließeigenschaften des Bluts können häufiger Blutgerinnsel auftreten.

Ein weiteres vieldiskutiertes Extremwetterphänomen sind tropische Wirbelstürme. 2005 verwüstete der Hurrikan „Katrina" New Orleans. Mit 1.836 offiziell bestätigten Toten zählt Katrina damit zu den verheerendsten Naturkatastrophen in der Geschichte der USA. Die Gesamtschäden wurden auf etwa 125 Mrd. $ geschätzt, allein die versicherten Schäden beliefen sich auf mehr als 62 Mrd. $. Weitere katastrophale Stürme sollten folgen: *„2012 flutete Sandy die Subway von New York, und 2017 überschwemmte Harvey Houston mit einem neuen Regenrekord für das Festland der USA. Ebenfalls 2017 zerstörte Maria die Insel Puerto Rico – die ein Jahr später ausgewertete Zahl der Todesopfer liegt bei 3.000. Und auf den Philippinen zerstörte der Taifun Haiyan (der stärkste Tropensturm, der je auf Land traf) 2013 die Stadt Tacloban mit einer verheerenden Sturmflut; mehr als 6.000 Menschen starben."* (RS 2019, S. 70) Die Bilanz der tropischen Wirbelstürme der vergangenen zwanzig Jahre gleicht damit fürwahr einem Schreckensszenario. Da es Hurrikane und Taifune jedoch schon immer gab, erhebt sich die Frage, inwieweit der globale Erwärmungstrend für die beschriebenen Verheerungen (mit)-verantwortlich ist.

Es sind drei Kanäle, über die der Klimawandel die Auswirkungen von tropischen Wirbelstürmen beeinflusst. Erstens steigt infolge der globalen Erwärmung der Meeresspiegel und die durch Wirbelstürme verursachten Sturmfluten richten deshalb größeren Schaden an: *„Jeder zusätzliche Zentimeter Sturmflut wird dabei immer teurer, weil Stadtgebiete betroffen werden, die nicht auf Sturmfluten vorbereitet sind. Zweitens steigt – ebenfalls bei gleichbleibender Stärke der Stürme – die Regenmenge, weil wärmere Luft mehr Wasser halten kann."* (dies., S. 70). Der dritte Kanal wird „noch am ehesten kontrovers" (dies., S. 70) diskutiert. Die Zerstörungskraft von Wirbelstürmen hängt von ihrem Energiegehalt ab. Ihre Energie beziehen diese Stürme aus dem Oberflächenwasser der Ozeane in tropischen Breiten. Genau diese Gewässer erwärmen sich infolge des Anstiegs der globalen atmosphärischen Temperatur. Insofern ist die *„Erwartung plausibel, […], dass ein wärmeres Klima stärkere Tropenstürme bedeutet"* (dies., S.70). Was sagt die empirische Evidenz? *„Die verfügbaren Messdatenreihen zeigen tatsächlich eine Zunahme der besonders starken Tropenstürme – dies ist allerdings noch etwas umstritten, da einige frühere Stürme besonders vor der Zeit der Wettersatelliten übersehen worden sein könnten"* (dies., S. 70 f.).

Auswirkungen auf Ökosysteme

Die Wirkungen des Klimawandels auf die Ökosysteme dieser Erde sind kompliziert und zum Teil noch nicht hinreichend verstanden. Deshalb wollen wir an dieser Stelle darauf nicht detailliert eingehen. Nur so viel: Das grundsätzliche Problem für Ökosysteme besteht darin, dass die Geschwindigkeit des anthropogenen Klimawandels voraussichtlich die der meisten historischen Klimaveränderungen weit übertreffen wird. Da Ökosysteme Zeit zur Anpassung brauchen, diese aber nicht haben, droht ein Verlust von Artenvielfalt. Allerdings mehren sich in neuerer Zeit die Anzeichen, dass wichtige Ökosysteme wie der Amazonas-Regenwald selbst relativ moderaten Temperaturanstiegen möglicherweise nicht standhalten können. So stellen Boulton et al. (2022) fest, dass der Amazonas-Regenwald auf etwa 75% seiner Fläche seit dem Jahr 2000 seine Resilienz[17] eingebüßt hat. Auch der Regenwald könnte einen tipping point, einen point of no return, aufweisen: Wird dieser kritische Punkt erreicht und überschritten, wird das gesamte System instabil und strebt einem völlig neuen Zustand zu. Im Fall des Regenwaldes droht eine Umwandlung zu einer Savanne, also Grasland. Dies hätte massive Konsequenzen für den Kohlenstoffkreislauf einerseits, die Artenvielfalt andererseits. Der Verlust des Regenwaldes würde die zur Zeit noch gespeicherte Menge Kohlenstoff in die Atmosphäre freisetzen und damit die globale Erwärmung zusätzlich anheizen. Zum anderen entfiele ein derzeit wichtiger Kohlenstoffspeicher. Und selbstverständlich verschwänden mit dem Regenwald auch zahllose, heute zum Teil noch nicht einmal entdeckte und klassifizierte Tier- und Pflanzenarten. Man sollte sich klarmachen, dass der Regenwald – neben einem möglicherweise ihm zukommenden intrinsischen Wert – auch ein gewaltiges ökonomisches Potenzial darstellt, beispielsweise in der Pharmakologie für die Entwicklung neuer Wirkstoffe.

Landwirtschaft und Ernährungssicherheit
Die Landwirtschaft zählt zweifellos zu den vom Klimawandel am stärksten betroffenen Sektoren. Die Prognosen gehen hier davon aus, dass nördliche und mittlere Breiten von einem gemäßigten Klimawandel eher profitieren werden (vgl. Abschnitt 6.2.3). Dazu zählen etwa Länder wie Kanada und der Norden der USA, in Europa Skandinavien, aber auch Deutschland. Subtropische Breiten hingegen werden massiv vom Klimawandel betroffen sein. Wo es heute schon relativ trocken ist, wird es noch trockener werden. Insbesondere Afrika sowie weite Teile Asiens müssen mit deutlichen Ertragsverlusten (bis zu 30%) rechnen (RS 2019, S. 75). Die Gefahr von Hungersnöten in Teilen der Welt, vor allem Afrika, wird noch weiter zunehmen.[18]

Ausbreitung von Krankheiten
Insbesondere geht es hier um Krankheiten, die durch Insekten übertragen werden, wie Malaria, Dengue-Fieber oder Leishmaniose. Insekten sind Kaltblüter und daher relativ klimaempfindlich. Wird es in Teilen der Welt wärmer – z.B. in Deutschland oder im afrikanischen Hochland – dann können sich Insekten in Gegenden ausbreiten, in denen sie bisher nicht beobachtet wurden. So wird erwartet, dass sich Sandmücken als Überträger von Leishmania-Parasiten in Deutschland ausbreiten werden (UBA 2003). Allerdings muss an dieser Stelle angemerkt werden, dass die Ausbreitung von Krankheiten von einem breiten Spektrum von Einflussfaktoren abhängt. Hierzu zählen neben den Klimabedingungen auch Ernährung, Entwicklung des Gesundheitssystems und Stand der

---

[17] Unter Resilienz versteht man in der Ökologie – grob gesagt – die Fähigkeit, in einer sich ändernden Welt durch Anpassung das ursprüngliche Artengefüge zu erhalten.
[18] Zugleich muss aber auch beachtet werden, dass die landwirtschaftliche Produktion im Referenz-Szenario der Modelle (z.B. Parry et al. 2004) wächst. Trotz eines möglicherweise negativen Effekts des Klimawandels auf die Produktion kann diese netto immer noch zunehmen.

Insektenbekämpfung sowie das verfügbare Einkommen. Auf mögliche Anpassungsstrategien werden wir in Abschnitt 6.3.2 zu sprechen kommen.

6.2.3 Chancen durch den Klimawandel

Zweifellos ist die Liste der Risiken durch den Klimawandel besorgniserregend. Dennoch: Um ein umfassendes Bild der durch den Klimawandel verursachten Effekte zu erhalten, ist es notwendig, auch mögliche positive klimabedingte Effekte, d.h. Chancen, zu betrachten.[19] Da sich die klimatischen Bedingungen auf der Erde regional sehr stark unterscheiden, ist es nicht verwunderlich, dass unterschiedliche Regionen auch unterschiedlich durch den Klimawandel betroffen sind. Auch hier gilt, dass die Liste der Chancen keinen Anspruch auf Vollständigkeit erhebt. Eher geht es darum, die Leserin dafür zu sensibilisieren, sich ein Gesamtbild von den möglichen Klimawirkungen zu machen. Ohne dieses Gesamtbild ist die ökonomische Analyse der Klimapolitik – dazu kommen wir später in diesem Kapitel – nicht möglich.

Weniger Kältetote
Wie wir weiter oben bereits festgestellt haben, führt die klimabedingte Erwärmung schon heute zu einer höheren Zahl an Hitzetoten. Die Erwärmung wird aber auch zu einer Reduzierung der Zahl der Kältetoten führen.[20] Ergebnis einer umfangreichen Studie (Keatinge et al. 2000) zu den Hitze- und Kältewirkungen eines Temperaturanstieg um 2 °C bis 2050 in Europa ist, dass der erwarteten Zunahme der Sterbefälle, die auf gestiegene Temperaturen zurückzuführen sind, ein stärkerer erwarteter Rückgang der durch Kälte verursachten Sterbefälle gegenübersteht.[21] Eine speziell auf Großbritannien ausgerichtete Studie (Donaldson et al. 2001) bestätigt das Ergebnis, dass die erwartete Abnahme von kältebedingten Todesfällen den Anstieg hitzebedingter Todesfälle übersteigen wird. Eine weitere Studie (Bosello et al. 2006) berechnet für das Jahr 2050 die weltweit erwartete Zahl an klimabedingten Sterbefällen. Auch hier ist der Nettoeffekt negativ, d.h., in der Summe verursacht der Klimawandel weniger Sterbefälle. Andere Studien kommen teilweise zu gegenläufigen Ergebnissen: Hübler und Klepper (2007) prognostizieren für Deutschland,

---

[19] Lomborg (2008) gibt einen Überblick über Risiken und Chancen des Kimawandels.
[20] Niedrige Temperaturen erhöhen die Sterblichkeit insbesondere durch das verstärkte Auftreten von Herzinfarkt und anderen arteriellen Durchblutungsstörungen. Diese sind durch kältebedingte Veränderungen der Fließeigenschaften und Blutgerinnung, durch veränderte Blutzirkulation und Erhöhung des Blutdrucks begründet. Potenziert werden diese Effekte durch das zeitgleich verstärkte Auftreten v.a. von Atemwegsinfekten und Grippeepidemien.
[21] Die Angaben beziehen sich dabei auf die kurze Frist, da man davon ausgeht, dass sich nach einem Temperaturanstieg die Zahl der Todesfälle durch Hitze und Kälte nach einer Übergangszeit von einer bis zwei Generationen auf Grund von Akklimatisierung wieder bei den alten Werten einpendeln wird.

dass die hitzebedingte Zunahme der Mortalität im Sommer deren Abnahme im Winter übersteigt (Hübler und Klepper 2007, S. 51). Eine ältere Studie kommt zu ähnlichen Ergebnissen für die USA (Kalkstein und Greene 1997): Einem drastischen Anstieg der hitzebedingten Mortalität in amerikanischen Großstädten steht nur eine geringe Abnahme der kältebedingten Sterblichkeit gegenüber. Das Bild ist also uneinheitlich und offenbar regional differenziert.

Bei der Interpretation dieser Ergebnisse ist – angesichts der existierenden Unsicherheiten etwa über die Wirkungen von Extremtemperaturen auf die Zahl der verlorenen Lebensjahre – sicherlich Vorsicht angeraten. Weiterer Forschungsbedarf existiert, z.B. hinsichtlich des Zusammenhangs zwischen bei Hitze verstärkt auftretender Luftverschmutzung und damit einhergehender erhöhter Sterblichkeit sowie der Bedeutung von Anpassungsmaßnahmen.

Höhere Produktivität in der Landwirtschaft
Eine höhere CO_2-Konzentration in der Atmosphäre kann unter bestimmten Umständen förderlich auf das Pflanzenwachstum wirken, da Pflanzen für die Photosynthese Wasser und CO_2 benötigen. Dieser Effekt – auch als „CO_2-Düngeeffekt" bezeichnet – betrifft einzelne Nutzpflanzen unterschiedlich, z.B. erhöht sich der Ertrag bei Soja besonders stark und bei Mais relativ wenig. Darüber hinaus bewirken höhere Temperaturen eine Verlängerung der Vegetationsphase. Dieser Effekt ist natürlich in nördlichen Breiten besonders stark ausgeprägt. In Deutschland hat aktuell (2021) die Vegetationsperiode, d.h. die Zahl der Tage in denen Pflanzen aktiv wachsen und sich entfalten, eine Länge von 221 Tagen (UBA 2022). In den 1960er Jahren lag sie durchschnittlich noch bei unter 200 Tagen. Legt man ein Szenario zugrunde, in dem die CO_2-Konzentration in der Atmosphäre von heute 380 ppm auf 840 ppm im Jahr 2100 ansteigt, so ergibt sich für Deutschland eine Verlängerung der Vegetationsperiode von über 2 Monaten (Chmielewski 2007).

Globale Modelle der landwirtschaftlichen Produktion prognostizieren selbst für pessimistische Annahmen hinsichtlich der Klimaerwärmung eine leichte Zunahme der Produktion in den Industrieländern (3% in 2080 gegenüber dem Referenz-Szenario ohne Klimawandel, Parry et al. 2004). Auch bei diesen Prognosen sind natürlich regionale Unterschiede zu berücksichtigen sowie die Tatsache, dass solche Modelle die Auswirkungen von Extremwetterereignissen wie Dürren oder Starkregen üblicherweise nicht abbilden können.

Zugang zu Ressourcen und Handelswegen
Die globale Erwärmung kann die Kosten des Zugangs zu natürlichen Ressourcen reduzieren (Winkelmann 2009). Höhere Temperaturen und die resultierende zurückgehende Eisbedeckung erleichtern die Förderung von Gas und Öl in der Arktis. Auch könnten geringere Transportkosten in der Schifffahrt eine positive Folge des Klimawandels sein. Durch die höheren Temperaturen in der Arktis werden die Nordwest-Passage (die Verbindung von Atlantik und Pazifik über den Arktischen Ozean) und die Nordost-Passage (die Verbindung zwischen Atlantik und Pazifik entlang der Russischen Nordküste) zunehmend

eisfrei und damit für herkömmliche Schiffe passierbar. Die mögliche Verkürzung des Seewegs zwischen Europa und Asien durch die Nutzung dieser Routen ist beträchtlich. So verkürzt sich der Seeweg von Hamburg nach Singapur von 15.208 Seemeilen (via Panamakanal) auf 9.730 Seemeilen (via Nordost-Passage).

Natürlich gibt es durch die verstärkte ökonomische Nutzung der Arktis auch Risiken: Zum einen Risiken geopolitischer Natur auf Grund der Tatsache, dass die Eigentumsrechte an Ressourcen und Handelswegen zum Teil strittig sind, zum anderen kann die Ausbeutung von Ressourcen in der Arktis zu negativen externen Effekten wie Umweltverschmutzungen führen.

6.2.4 Fazit

Diese knapp gehaltenen Ausführungen mögen genügen, um eine ansatzweise Vorstellung von den zu erwartenden Auswirkungen der globalen Erwärmung zu gewinnen. Es bleibt festzuhalten, dass es sowohl Verliererinnen als auch Gewinnerinnen geben wird. Das Gesamtbild ist jedoch relativ deutlich: Insbesondere für Szenarien mit stärkerer Erwärmung dominieren die erwarteten negativen Effekte des Klimawandels. Der Klimawandel stellt also eine reale Bedrohung für die Menschheit dar. Hinzu kommt, dass die globale Erwärmung – abhängig von ihrer Stärke und der Geschwindigkeit der Veränderung – irreversible, also nicht wiedergutzumachende, Schäden verursachen kann. Klimaschutz kann also auch als eine Art Versicherung gegen abrupte und irreversible Veränderungen des Klimasystems verstanden werden. Im Folgenden werden wir daher analysieren, welche Strategien zur Verfügung stehen, um auf den Klimawandel zu reagieren.

6.3 Strategien gegen den Klimawandel

Grundsätzlich gibt es zwei Möglichkeiten, auf den Klimawandel zu reagieren: Man kann versuchen, den Klimawandel zu *vermeiden* oder zumindest abzuschwächen, oder man kann sich darauf beschränken, den Klimawandel in Kauf zu nehmen und sich dem Wandel *anpassen*. Üblicherweise wird die kostengünstigste Reaktion einer Gesellschaft beide Optionen zu einem Teil umfassen.

6.3.1 Vermeidung

Den Klimawandel zu vermeiden oder zumindest abzubremsen bedeutet im Wesentlichen nichts anderes, als Emissionen von Treibhausgasen zu vermeiden. Treibhausgase wie CO_2 sind ein globaler Schadstoff, d.h., die Schäden entstehen völlig unabhängig vom Ort der Emission. Eine in China emittierte Tonne CO_2 hat die gleichen Klimaschäden zur Folge wie eine in Deutschland emittierte Tonne. Aus diesem Grunde kommt der Nutzen der vermiedenen Emissionen allen Ländern zugute und nicht allein demjenigen Land, das die Vermeidungsmaßnahme durchführt. Offensichtlich ist der soziale Nutzen von Vermeidung größer als der private Nutzen. Die Kosten der Vermeidung trägt jedoch das Land, in dem die Vermeidung stattfindet. Zugleich ist es nicht vorstellbar, dass man vom Nutzen aus Emissionsvermeidung (wie auch von den Schäden durch Emissionen) ausgeschlossen werden kann. Damit ist die Vermeidung von globalen Treibhausgasemissionen identisch mit der Bereitstellung eines *globalen öffentlichen Guts*, denn ein solches Gut erfüllt – wie wir aus Abschnitt 4.1.3 wissen – die Eigenschaften Nichtrivalität und Nichtausschluss. Wir haben auch festgestellt, dass in einem einfachen öffentlichen-Gut-Spiel Nichtbeitragen zum öffentlichen Gut dominante Strategie ist. Die effiziente Lösung ist hingegen, zur Erstellung des öffentlichen Guts beizutragen. Die Akteurinnen stecken in einem *sozialen Dilemma*. Das dort vorgestellte Modell war aber zu einfach, um reale Beiträge von Staaten zur Klimapolitik zu erklären. Schließlich ist es in der Realität nicht der Fall, dass alle Beteiligten über eine dominante Strategie des Nichtbeitragens verfügen. In Abschnitt 6.6.1 werden wir daher ein realitätsnäheres Modell zur Erstellung öffentlicher Güter kennen lernen.

Doch kommen wir zurück zur Vermeidung. Auf Grund der großen Bedeutung für den anthropogenen Klimaeffekt werden wir uns im Folgenden auf CO_2 und die Vermeidung von CO_2-Emissionen konzentrieren. Wie kann Vermeidung von CO_2 konkret aussehen? Zunächst müssen wir uns nochmals die Besonderheiten von CO_2 als klimarelevantem Schadstoff in Erinnerung rufen: (i) CO_2 ist ein Globalschadstoff, d.h., die Schäden entstehen unabhängig vom Ort der Emissionen; (ii) zwischen dem Einsatz von fossilen Energieträgern und der resultierenden CO_2-Emission gibt es ein proportionales Verhältnis; (iii) es gibt bislang keine Filtertechnologie für CO_2.

Um die Vermeidungsoptionen für CO_2 zu strukturieren, betrachten wir die sogenannte *Kaya-Identität*[22]

$$M \equiv P * \frac{Y}{P} * \frac{E}{Y} * \frac{M}{E}$$

Hierbei steht M für die CO_2-Emissionen (in t), P für die Bevölkerung, Y für das Bruttoinlandsprodukt (BIP, z.B. in € oder $) und damit Y/P für das Pro-Kopf-BIP, E für den Energieeinsatz (z.B. in kwh) und damit E/Y für die Energieintensität der Produktion und M/E für die CO_2-Intensität des Energieeinsatzes. Die Kaya-Identität stellt also die CO_2-Emissionen M als Produkt von insgesamt vier Faktoren, P, Y/P, E/Y und M/E, dar. Wie man leicht sieht, kann man durch Kürzen auf der rechten Seite der Identität wiederum die CO_2-Emissionen M erhalten. Der Vorteil dieser Identität ist nun, dass man mit ihrer Hilfe die CO_2-Vermeidungsoptionen relativ leicht strukturieren und diskutieren kann. Es gibt tatsächlich nur vier Möglichkeiten, CO_2 zu vermeiden (am Ende dieses Abschnitts werden wir kurz auf derzeit noch nicht praxistaugliche Optionen außerhalb der Identität eingehen): Man kann entweder P, Y/P, E/Y oder M/E reduzieren. Betrachten wir diese vier Optionen der Reihe nach.

---

[22] Benannt nach dem japanischen Ingenieur Yoichi Kaya, der eine solche Zerlegung erstmals in Kaya (1995) präsentierte.

Option 1 zur CO_2-Vermeidung ist eine *sinkende Bevölkerung*, also die Reduzierung von P in der Kaya-Identität. Hier lässt sich sicherlich ohne Kontroversen festhalten, dass eine aktive Bevölkerungspolitik, mit welchem Ziel auch immer, für demokratische Staaten keine Option ist. Auch zeigt der Blick auf Staaten wie China, die in der Vergangenheit eine aktive Bevölkerungspolitik (Ein-Kind-Politik) betrieben haben, dass eine solche Politik mit erheblichen sozialen und demographischen Problemen einhergehen kann.

Option 2 zur CO_2-Vermeidung ist *weniger zu produzieren*, also eine Reduzierung des Pro-Kopf-BIP Y/P. Das BIP ist der gesamte Wert aller Waren und Dienstleistungen für den Endverbrauch, die in einem bestimmten Zeitraum im Inland hergestellt werden. Das BIP kann dann für Konsum und Investitionen sowie den Außenbeitrag (Export minus Import) verwendet werden. Es ist offensichtlich keine besonders reizvolle Vorstellung – aber dennoch: Die Reduzierung der Produktion und damit insbesondere des Konsums und der Investitionen ist eine Möglichkeit, die CO_2-Emissionen zu reduzieren. Wir wissen aus der Vergangenheit, dass Wirtschaftseinbrüche, also drastische Rückgänge beim BIP, die CO_2-Emissionen reduzieren. Beispiele hierfür sind der Zusammenbruch des Ostblocks und der Sowjetunion in den 1990er Jahren, die Wirtschafts- und Finanzkrise 2008-09 und zuletzt die Krise durch die Sars-Cov2-Pandemie (vgl. die globalen CO_2-Emissionen in Abbildung 6.1). Dennoch ist es wohl politisch keine Option, durch geringeres oder gar negatives Wirtschaftswachstum die CO_2-Emissionen zu reduzieren. Betrachtet man das weltweite Pro-Kopf-BIP, so liegt dieser Wert 2021 bei 18.605 \$ (in PPP).[23] Wenn selbst in einem Land wie Deutschland, mit einem Pro-Kopf-BIP von 58.276 \$ (in PPP) auf Platz 20 der Liste der einkommensstärksten Länder, keine politische Mehrheit für weniger Wachstum zu Gunsten von CO_2-Vermeidung abzusehen ist, wie sollen solche politischen Mehrheiten in den deutlich ärmeren Schwellen- und Entwicklungsländern zu Stande kommen? In Indien zum Beispiel liegt das Pro-Kopf-BIP bei nur 7.242 \$ (in PPP) und aus gut nachvollziehbaren Gründen streben die Menschen dort nach einem höheren Wohlstand und damit nach wirtschaftlichem Wachstum.

Option 3 zur CO_2-Vermeidung ist eine *sinkende Energieintensität*, also die Reduzierung von E/Y in der Kaya-Identität. Etwas gebräuchlicher ist das Reziprok der Energieintensität, die sogenannte Energieeffizienz Y/E. Unter Energieeffizienz versteht man das Verhältnis der Menge (oder des Werts) produzierter Güter oder Dienstleistungen zur eingesetzten Energie. Ein Beispiel ist der Wirkungsgrad eines Kohlekraftwerks, der das Verhältnis der erzeugten Strommenge zur eingesetzten Brennstoffmenge beschreibt. Ein anderes Beispiel ist die Menge Aluminium, die mit einem bestimmten Stromeinsatz hergestellt werden kann, oder die Beheizung einer Wohnfläche mit einer bestimmten Wärmemenge. Gesamtwirtschaftliche (makroökonomische) Energieeffizienz bezeichnet das Verhältnis des BIP zu dem für seine Herstellung benötigten Energieeinsatz. Die dritte Option für

---

[23] Vgl. Daten der Weltbank unter https://data.worldbank.org/indicator zu „GDP per capita, PPP (current international \$)".

Emissionsvermeidung im Rahmen der Kaya-Identität besteht also darin, eine höhere *Energieeffizienz* zu erreichen. Wenn fossile Energieträger genutzt werden, führt offensichtlich eine höhere Energieeffizienz *ceteris-paribus* (eine wichtige Annahme, vgl. unten zum Rebound-Effekt) zu niedrigeren CO_2-Emissionen. Bleiben wir beim Beispiel der Kohleverstromung. Gelingt es den Wirkungsgrad eines Kraftwerks zu erhöhen, kann man die gleiche Menge Strom produzieren bei geringerem Input an Kohle. Damit sinken auch die CO_2-Emissionen. Aus ökonomischer Sicht wird bei einer Erhöhung der Energieeffizienz der Inputfaktor Energie substituiert durch den Inputfaktor Kapital. Zwei Aspekte sind hierbei besonders wichtig. Erstens: Auch bei der Steigerung von Energieeffizienz entstehen Kosten und zwar steigen diese überproportional mit der erreichten Energieeffizienz. Ein typisches deutsches Kohlekraftwerk hat heutzutage einen Wirkungsgrad von etwa 39%. Ein weiterer Prozentpunkt Wirkungsgrad ist hier mit erheblich höheren Kosten verbunden als die gleiche Steigerung bei einem typischen chinesischen oder russischen Kohlekraftwerk mit 23% Wirkungsgrad.[24] Zweitens: Aus Sicht einer an *Kosteneffizienz* orientierten Klimapolitik ist eine pauschale Erhöhung der Energieeffizienz nicht sinnvoll, schließlich ist nicht Energie an sich das Problem beim anthropogenen Klimawandel, sondern die CO_2-Emissionen fossiler Energieträger. Bei einem gegebenen Strom-Mix mit durchschnittlichen CO_2-Emissionen pro Energieeinheit ist damit CO_2-Vermeidung quasi nur ein Nebenprodukt von höherer Energieeffizienz. Offensichtlich ist es sinnvoller, weil zielgenauer, die CO_2-Emissionen zu reduzieren und nicht pauschal die Energieeffizienz zu erhöhen. Man muss also direkt bei den CO_2-Emissionen ansetzen. Dafür müssen Ressourcen eingesetzt werden und es ist zu fordern, dass dies effizient geschieht, d.h. so, dass pro eingesetztem Euro die eingesparte Menge an CO_2 maximal wird. Mit anderen Worten: Nur wenn wir CO_2 konsequent dort vermeiden, wo die Vermeidung am billigsten ist, haben wir eine Chance, unsere Klimaziele zu erreichen. Es sollte also aus ökonomischer Sicht eher darum gehen, Kosteneffizienz statt Energieeffizienz zu erreichen. Das Ziel „Energieeffizienz" stellt ja nur auf den Energieeinsatz ab, den es zu minimieren gilt, nicht auf die CO_2-Emissionen.

Kosteneffizienz im Klimaschutz setzt voraus, dass wir immer dort ansetzen, wo die Kosten für die Vermeidung der nächsten Tonne CO_2, d.h. die Grenzvermeidungskosten, am niedrigsten sind. Ökonominnen haben zur Umsetzung dieser Forderung eine relativ einfache Regel entwickelt, die wir in Kapitel 5 kennengelernt haben. In einer Volkswirtschaft sollte allen Akteurinnen der gleiche Anreiz gesetzt werden, CO_2 einzusparen. Am besten wird dies erreicht, indem alle CO_2-Emissionen einen einheitlichen Preis erhalten, denn für das Klima spielt die Quelle der Emissionen keine Rolle. Nur wenn jede Akteurin mit den externen Kosten, die ihre Emissionen verursachen, in Form eines höheren Preises konfrontiert wird, werden alle möglichen Substitutionsprozesse hin zu CO_2-freier oder zumindest CO_2-armer Energienutzung in Gang gesetzt. Dies ist umso wichtiger, wenn man berücksichtigt, dass auch unsere Energieversorgung in der näheren Zukunft zumindest teilweise auf fossilen Energieträgern beruhen wird. Wenn wir eine in diesem Sinne rationale CO_2-Politik betreiben, dann verhalten wir uns kosteneffizient. Kosteneffiziente

---

[24] Vgl. Löschel (2009) zu den Wirkungsgraden bei der Kohleverstromung.

CO_2-Vermeidung führt über eine Einpreisung der externen Kosten von CO_2 zu einer Steigerung der Energieeffizienz, aber nicht jede Steigerung der Energieeffizienz ist auch kosteneffizient.

Darüber hinaus ist natürlich die existierende Regulierung zu beachten, wenn man über höhere Energieeffizienz die CO_2-Emissionen reduzieren möchte. So hat in der EU eine höhere Energieeffizienz beim Stromverbrauch keinen Effekt auf die CO_2-Emissionen, da das EU ETS die Gesamtemissionen des Stromsektors deckelt. Gleiches gilt für nationale Alleingänge bei der Förderung Erneuerbarer Energien (vgl. Abschnitt 5.5).[25]

Einen weiteren wichtigen Aspekt gilt es zu beachten, wenn man die Energieeffizienz erhöhen möchte, um letztlich die CO_2-Emissionen zu reduzieren. Energieeffizienzverbesserungen führen häufig zu nicht intendierten Verhaltensreaktionen, die dafür sorgen, dass nicht das volle Potential an möglichen Energieeinsparungen ausgeschöpft wird. Die oben erwähnte ceteris-paribus Annahme gilt in diesem Fall also nicht. Man spricht von einem „Rebound Effekt", wobei der direkte und der indirekte Rebound-Effekt unterschieden werden. Beim direkten Rebound-Effekt führt eine Erhöhung der Energieeffizienz zu einer Verringerung der Grenzkosten der Energiedienstleistung, und damit zu einem Anstieg der Nachfrage. Beispielsweise kann ein verbrauchsärmerer Pkw-Motor (wenn z.B. der Benzinverbrauch von 8 L/100 km auf 6 L/100 km sinkt) zu längeren Fahrten führen oder zu einer besseren bzw. schwereren Ausstattung, was wiederum den Verbrauch erhöht. Beim indirekten Rebound-Effekt verringert eine Energieeffizienzverbesserung die realen Kosten der Energiedienstleistung, so dass das reale Budget der Konsumentin sich vergrößert (beim Tanken für eine Strecke von 1.000 km und einem Benzinpreis von 2 €/L zahlt man im o.g. Beispiel also nicht 160 €, sondern nur 120 € und es verbleiben 40 € für zusätzlichen Konsum). So kann die Konsumentin sich mehr andere Güter, auch energieintensive Güter, leisten und ein höheres Nutzenniveau erreichen. Solche Effekte sind sowohl bei Haushalten als auch in der Industrie zu beobachten.

Aus mikroökonomischer Sicht setzt sich der Rebound-Effekt also aus Substitutionseffekt und Einkommenseffekt zusammen. Eine höhere Energieeffizienz bewirkt a) eine relative Preissenkung für Energiedienstleistungen und wirkt b) wie ein pauschaler Einkommenstransfer. Während die Richtung des Substitutionseffektes eindeutig ist (höhere Nachfrage für relativ billigere Energiedienstleistungen), ist die Richtung des Einkommenseffektes unbestimmt. Wenn wir aber plausiblerweise annehmen, dass Energiedienstleistungen ein normales Gut sind, also die nachgefragte Menge mit zunehmendem Einkommen steigt, wird eine Preissenkung auch in Richtung auf eine Ausweitung der nachgefragten Menge nach Energiedienstleistungen wirken.[26]

Wir illustrieren die Zerlegung einer Preissenkung für Energiedienstleistungen als normales Gut in Abbildung 6.6. In Panel A (links) gibt es zwei Güter: X (Energiedienstleistungen)

---

[25] Ein weiteres Beispiel hierfür ist das Glühlampenverbot in der EU. Offensichtlich erhöht ein solches Verbot die Energieeffizienz im Haushaltssektor, kosteneffiziente CO_2-Vermeidung findet aber nicht statt, da die CO_2-Emissionen des Stromsektors vollständig vom EU ETS abgedeckt sind.
[26] Vgl. Sturm und Vogt (2015), Abschnitt 5.2.2.

Abb. 6.6 Rebound-Effekt – Zerlegung in Substitutions- und Einkommenseffekt

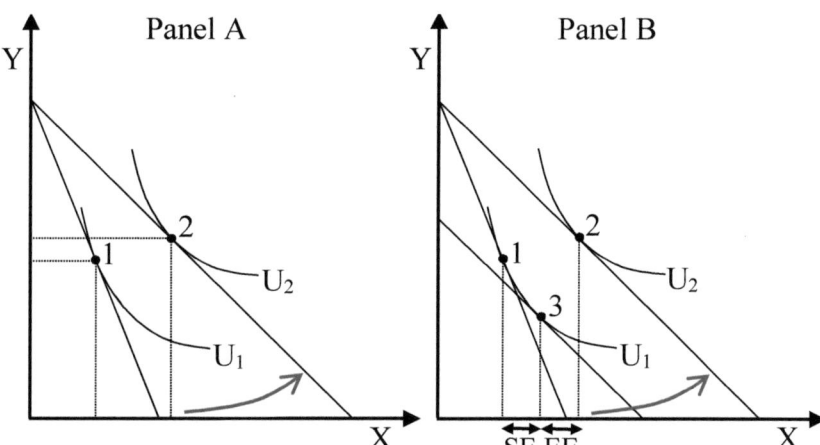

und Y (alle übrigen Güter). Der repräsentative Haushalt maximiert seinen Nutzen unter einer gegebenen Budgetrestriktion, konsumiert das Güterbündel in Punkt 1 auf der Budgetgeraden und erreicht ein Nutzenniveau U_1. Das Nutzenmaximum wird im Punkt 1 erreicht, in dem die Budgetgerade tangential zur Indifferenzkurve zu U_1 ist. Der Anstieg der Budgetgeraden ist gleich dem Preisverhältnis der Güter X und Y. Der Anstieg liefert damit die Information darüber, wie teuer es in Einheiten von Y ist, eine Einheit X mehr zu konsumieren. Eine Energieeffizienzverbesserung reduziert nun den Preis für Energiedienstleistungen X und führt daher zu einer Drehung der Budgetgeraden nach außen, d.h., die neue Budgetgerade verläuft flacher als die alte (eine Einheit X mehr kostet nun weniger Einheiten Y). Der Haushalt kann nun in Punkt 2 mehr Güter X und Y konsumieren und erreicht ein höheres Nutzenniveau U_2. In Panel B (rechts) ist die Zerlegung des Gesamteffektes der Preissenkung für Energiedienstleistungen X (Bewegung von Punkt 1 nach 2) dargestellt. Der Gesamteffekt ist die Summe aus Substitutionseffekt und Einkommenseffekt. Der Substitutionseffekt (SE, von Punkt 1 nach 3) ergibt sich durch die Drehung der Budgetgeraden mit alten Preisen von Punkt 1 entlang der Indifferenzkurve zu U_1 bis die flacher verlaufende Budgetgerade mit neuen Preisen in Punkt 3 erreicht ist. Der Einkommenseffekt (EE, von Punkt 3 nach 2) ergibt sich als Parallelverschiebung der Budgetgeraden mit neuen Preisen und altem Nutzenniveau U_1 (in Punkt 3) zur Budgetgeraden mit neuen Preisen und neuem Nutzenniveau U_2 (in Punkt 2). In diesem Fall mit Energiedienstleistungen als normales Gut geht der Einkommenseffekt in die gleiche Richtung wie der Substitutionseffekt.

Auf gesamtwirtschaftlicher Ebene verändern die geringeren realen Kosten der Energie (durch eine höhere Energieeffizienz) die Gesamtnachfrage, so dass Energie andere Produktionsfaktoren ersetzt. Dadurch wird die Energieeinsparung verringert. Empirische Schätzungen des Rebound-Effektes sind schwierig, weil man nur eine Realität hat, in der eine höhere Energieeffizienz vorliegt. Die kontra-faktische Situation mit der alten, niedrigen Energieeffizienz ist nicht beobachtbar und muss konstruiert werden, wird aber zur Messung der tatsächlichen Einergieeinsparung und damit des Rebound-Effektes benötigt. Schätzungen für den direkten Rebound-Effekt in Industrieländern liegen im Bereich von 10% bis 30% (Maxwell und McAndrew 2011), d.h., die tatsächliche Energieeinsparung nach Verhaltensanpassung durch die höhere Energieeffizienz ist 10% bis 30% kleiner als die potentielle Energieeinsparung ohne Berücksichtigung der Verhaltensanpassung. Schätzungen für den Rebound-Effekt auf gesamtwirtschaftlicher Ebene, also die Summe von direkten und indirekten Rebound-Effekten, liegen deutlich darüber. Berner et al. (2022) ermitteln für eine Stichprobe von EU-Staaten und den USA einen gesamtwirtschaftlichen Rebound-Effekt zwischen 78% und 101% nach zwei Jahren. Das bedeutet, dass Energieeffizienzverbesserungen langfristig nur einen sehr begrenzten Effekt auf den aggregierten Energiekonsum haben.

Option 4 zur CO_2-Vermeidung besteht in der *Verringerung der CO_2-Intensität des Energieeinsatzes*, d.h. in der Reduzierung von M/E. Hierbei geht es um die *Brennstoffsubstitution*. Dabei nutzt man die Tatsache aus, dass die verfügbaren fossilen Energieträger einen unterschiedlichen Gehalt an Kohlenstoff (C)[27] je Energieeinheit aufweisen (z.B. enthält Kohle pro Energieeinheit etwa doppelt so viel Kohlenstoff wie Gas) und nicht-fossile Energieträger wie erneuerbare Energieträger (Biomasse, Geothermie, Photovoltaik, Wasser, Wind) und Kernkraft praktisch ohne CO_2-Emissionen auskommen. Damit kann man zum Beispiel durch den verstärkten Einsatz von Gas anstelle von Kohle bei gleichem Output an Strom und Wärme CO_2-Emissionen vermeiden. An dieser Stelle soll nur kurz auf die ökonomischen Probleme der Brennstoffsubstitution eingegangen werden. Die Substitution von stark C-intensiven Energieträgern wie Braun- und Steinkohle durch weniger C-intensive oder sogar C-freie Energieträger ist offensichtlich mit zum Teil erheblichen *Kosten* verbunden. So lässt sich in der Stromproduktion grundlastfähige Braunkohle (mit sehr geringen variablen Brennstoffkosten aber hohen fixen Kosten) nur sehr begrenzt ersetzen durch Gas (mit relativ niedrigen fixen Kosten aber relativ hohen variablen Kosten). Auch die Substitution durch erneuerbare Energieträger verursacht Kosten. Strom aus Kohle ist praktisch immer verfügbar – Strom aus Wind und Sonne dagegen nur, wenn das Wetter mitspielt. Dabei muss auch beachtet werden, dass in einem Stromnetz das Angebot von Strom ständig gleich der Nachfrage sein muss und dass Strom mit den heute zur Verfügung stehenden Technologien praktisch nicht großtechnisch speicherbar ist (abgesehen von Pumpspeicherwerken, deren Kapazitäten aber begrenzt sind). Darüber hinaus erfordert der verstärkte Ausbau von erneuerbaren Energien einen Ausbau der Übertragungskapazitäten des Netzes (der Strom entsteht üblicherweise nicht dort, wo er verbraucht wird), und es sind zusätzliche Gaskraftwerke nötig, um Strom zu produzieren, wenn keine erneuerbaren Energien bei hoher Stromnachfrage verfügbar sind. Kurz und gut: Das Ersetzen von Kohle durch andere Energieträger ist möglich, aber mit zum Teil erheblichen Kosten

---

[27] Es spielt keine Rolle, ob wir über den Kohlenstoff-Gehalt eines Energieträgers oder dessen CO_2-Emissionen reden. Aus jeder Mengeneinheit C resultieren 3,67 Mengeneinheiten CO_2.

verbunden. Daher gehen praktisch alle renommierten Studien in diesem Bereich davon aus, dass auch in den nächsten Jahrzehnten fossile Energieträger eine abnehmende, aber noch immer wichtige Rolle in der Stromproduktion spielen werden.[28]

Wir halten also als Fazit fest: Mit Hilfe der Kaya-Identität lassen sich vier Optionen zur Vermeidung von CO_2 identifizieren. Zwei dieser Optionen, eine Verringerung der Bevölkerung und eine Verringerung des Pro-Kopf-BIPs, sind praktisch nicht realisierbar. Es verbleiben als „machbare" CO_2-Vermeidungsoptionen die Erhöhung der Energieeffizienz, wobei hier der Rebound-Effekt zu beachten ist, und die Verringerung der CO_2-Intensität des Energieeinsatzes. Diese CO_2-Vermeidungsoptionen gilt es zu geringstmöglichen Kosten zu realisieren.

Schließlich gibt es auch CO_2-Vermeidungsoptionen außerhalb der Kaya-Identität („Beyond Kaya"). Eine Option ist die CO_2-Abscheidung und -Speicherung (englisch „Carbon Capture and Storage", CCS), die jedoch heutzutage erst in der Erprobung ist. Mit der Abscheidung von CO_2 aus Verbrennungsabgasen und dessen Einlagerung (Sequestrierung), insbesondere in unterirdischen Speicherstätten, hätte man tatsächlich eine sogenannte End-of-Pipe-Technologie für CO_2 gefunden. Aber für eine umfassende Bewertung der Einsatzchancen dieser Technologie ist es derzeit noch zu früh. Eine andere Option, die negativen Auswirkungen höherer Treibhausgaskonzentrationen abzuschwächen, ist „Geoengineering". Dieser Begriff beschreibt Methoden und Technologien, die das Ziel haben, das Klimasystem bewusst zu verändern und die Folgen des Klimawandels abzuschwächen. Ein prominenter Ansatz sind Methoden zur Beeinflussung der Sonneneinstrahlung (*Solar Radiation Modification,* SRM), um die globale Durchschnittstemperatur abzusenken, indem Sonnenlicht von der Erdatmosphäre reflektiert wird. SRM-Ansätze gehen jedoch nicht das Problem der steigenden Konzentration von Treibhausgasen in der Atmosphäre an, sodass einige der Auswirkungen erhöhter Treibhausgaskonzentrationen in der Atmosphäre weiterbestehen würden. Laut dem 6. Sachstandsbericht (6th Assessment Report, AR6) des IPCC (IPCC 2021a, S. 104) können durch Anwendung von SRM neue Risiken für Menschen und Ökosysteme entstehen, die noch nicht hinreichend verstanden werden.

Wir werden uns noch ausführlich mit dem Problem der Anreize zur Emissionsvermeidung beschäftigen (vgl. Abschnitt 6.6). Mit unserem Wissen aus Abschnitt 4.1.3 müssen wir zunächst einmal skeptisch sein, was die Chancen der effizienten Bereitstellung des öffentlichen Guts CO_2-Vermeidung anbetrifft. Im Falle eines öffentlichen Guts, welches sowohl durch Nichtrivalität als auch durch Nichtausschluss charakterisiert ist, werden egoistische und nutzenmaximierende Individuen (oder Länder) weniger von diesem öffentlichen Gut bereitstellen als dies im gesamtgesellschaftlichen Interesse wäre. Die Möglichkeit, vom

---

[28] So geht der IEA World Energy Outlook (IEA 2022, S. 438) davon aus, dass auch 2050 im Stated-Policy-Szenario Kohle mit 12% und Erdgas mit 13% noch einen relativ großen Anteil an der weltweiten Stromerzeugung haben werden. Dabei wird es – getrieben durch Unterschiede in der CO_2-Bepreisung – regional erhebliche Unterschiede geben. In Ländern wie China und Indien ist zu erwarten, dass fossile Energieträger in der Stromerzeugung weiterhin relativ wichtig sind. Für die EU wird dagegen erwartet, dass von den fossilen Energieträgern nur noch Erdgas eine relativ kleine Rolle in der Stromerzeugung spielt (IEA 2022, S. 298).

Nutzen der mit Kosten behafteten Vermeidung anderer Länder zu profitieren und gleichzeitig auf eigene Vermeidungsmaßnahmen zu verzichten und diese Mittel für alternative Verwendungen (z.B. Wachstum oder Anpassung an den Klimawandel) auszugeben, dürfte beim Problem des Klimawandels die internationale Kooperation erheblich erschweren.

6.3.2 Anpassung

Im Vergleich zu Vermeidungsmaßnahmen war Anpassung als zweite Handlungsoption zur Bewältigung der Herausforderungen des Klimawandels über lange Zeit in der öffentlichen und wissenschaftlichen Debatte weniger präsent.[29] In Deutschland wurde beispielsweise bereits 1992 der erste Bericht der Enquete-Kommission „Zum Schutz der Erdatmosphäre" veröffentlicht. Der Fokus dieser Kommission lag fast ausschließlich auf Vermeidung. Die offizielle „Deutsche Anpassungsstrategie an den Klimawandel" wurde dagegen erst 2008 verabschiedet (Bundesregierung 2008).[30] Eine solche Konzentration auf Vermeidungsstrategien ist bis zu einem gewissen Grad repräsentativ für europäische Staaten – oder wie Tol (2005, S. 572) es ganz offen ausdrückt: *"For a long time, it was politically incorrect to speak about adaptation to climate change, because it presumably implies accepting defeat in the battle against evil emissions [...] This has changed [...]"*.

Für diese Änderung gibt es mindestens zwei Gründe. Erstens ist der Klimawandel, wie die Sachstandsberichte des Intergovernmental Panel on Climate Change gezeigt haben, bereits wahrnehmbar und wird sich – aufgrund der Trägheit des Klimasystems – unabhängig von den Vermeidungsanstrengungen der nächsten Jahrzehnte verschärfen. Zweitens kann aufgrund der starken Anreize, im globalen Spiel um das öffentliche Gut Klimaschutz als Trittbrettfahrerin aufzutreten, nicht sichergestellt werden, dass sich die globalen Emissionen in einem Maße verringern werden, das zum deutlichen Abbremsen der Erderwärmung ausreicht. Deshalb gewinnen Anpassungsmaßnahmen in der politischen und wissenschaftlichen Debatte an Bedeutung.

Im 4. Sachstandsbericht des IPCC (IPCC 2007b, S. 869) wird Anpassung („adaptation") definiert als *"[a]djustment in natural or human systems in response to actual or expected climatic stimuli or their effects, which moderates harm or exploits beneficial opportunities"*. Zwei Aspekte sind dabei besonders hervorzuheben. Anpassung ist, erstens, eine Kosten verursachende Reaktion auf tatsächliche oder erwartete klimatische Veränderungen und kann, zweitens, Nutzen bringen oder Kosten mindern. Aus ökonomischer Sicht, d.h. ausgehend von der Knappheit von Ressourcen, stellt sich also die Frage nach der Effizienz von Anpassung.

---

[29] Die Ausführungen in diesem Abschnitt basieren auf Dannenberg et al. (2010).

[30] Mittlerweile hat die Bundesregierung auch einen Aktionsplan Anpassung vorgelegt (APA 2011). Bundesland-spezifische Anpassungsstrategien und Aktionspläne wurden daraufhin von der Mehrzahl der Länder vorgelegt. Auch einige Kommunen haben inzwischen eigene Anpassungsstrategien erarbeitet.

Was kann man sich konkret unter Anpassung an den Klimawandel vorstellen? Bleiben wir dabei in Deutschland, denn auch hierzulande macht sich der Klimawandel bereits bemerkbar und Anpassung ist ein Thema für uns alle. In Deutschland werden insbesondere diejenigen Wirtschaftssektoren, die besonders verwundbar gegenüber Klimaveränderungen sind, Anpassungsprozesse durchlaufen müssen. Dabei geht es nicht nur darum, Schäden zu reduzieren, sondern auch positive wirtschaftliche Potenziale, die sich durch den Klimawandel ergeben werden, zu nutzen. Einer der bedeutenden Sektoren ist hierbei der Energiesektor. In Abgrenzung zur Vermeidungsthematik, in der der Energiesektor auf Grund seiner CO_2-Emissionen ebenfalls eine Schlüsselrolle spielt, geht es bei der Anpassung in erster Linie um die sichere und kosteneffiziente Bereitstellung von Energie unter geänderten Umweltbedingungen. Ein Beispiel ist die wassergespeiste Kühlung von Wärmekraftwerken (also hauptsächlich Kohlekraftwerke). Regionale Klimaprojektionen für Deutschland lassen auf geringere Sommerniederschläge und häufigere Hitzeperioden im Laufe dieses Jahrhunderts schließen, was negative Auswirkungen auf die Verfügbarkeit von Kühlwasser in den Flüssen haben wird. Expertinnen erwarten daher, dass die Leistung dieser Kraftwerke in Zukunft während des Sommers häufiger gedrosselt werden muss. Außerdem wird ein häufigeres Auftreten von Starkregen und Stürmen erwartet, die Schäden an der Infrastruktur der Verteilungsnetze verursachen. Beim Küstenschutz stellt sich die Herausforderung eines langsam ansteigenden Meeresspiegels an Nord- und Ostsee, wobei Voraussagen bezüglich der Geschwindigkeit des Anstiegs und der Häufigkeit und Intensität von Sturmfluten noch mit großen Unsicherheiten behaftet sind. Hamburg gehört mit einem gefährdeten Kapitalwert von ca. 40 Mrd. $ zu den weltweit 20 größten gefährdeten Städten, was auch unter den bestehenden Unsicherheiten einen Handlungsbedarf erkennen lässt. Mit größerer Wahrscheinlichkeit sind vermehrte Überflutungen im Landesinneren zu erwarten. Dort können verstärkte Winterniederschläge, frühere Schneeschmelzen und Starkregenereignisse zu häufigeren und stärkeren Flusshochwassern führen. Andererseits werden als Folge einer Niederschlagsverlagerung vom Sommer in den Winter vor allem für Ostdeutschland sommerliche Trockenperioden erwartet. Gebietsweise wird mit einem Rückgang der Sommerniederschläge um 30% gerechnet. Die hiervon betroffenen Sektoren Land- und Forstwirtschaft können jedoch lokal auch vom Klimawandel profitieren. Höhere CO_2-Konzentrationen in der Atmosphäre können unter bestimmten Umständen förderlich auf das Pflanzenwachstum wirken, ebenso wie eine Verlängerung der Vegetationsphase auf Grund höherer Temperaturen. Dem steht ein erhöhtes Risiko von Extremwetterereignissen (Trockenperioden, Hagel, Starkregen) gegenüber, was auch in der Landwirtschaft Anpassungsmaßnahmen zur Schadensbegrenzung notwendig macht. Nicht zuletzt spielt die öffentliche Gesundheit in der Anpassungsdebatte eine wichtige Rolle. Ein häufigeres Auftreten von Hitzeperioden kann vor allem in den städtischen Ballungszentren eine erhöhte gesundheitliche Belastung verursachen. Außerdem werden indirekte gesundheitsschädliche Folgen eines wärmeren Klimas erwartet, wie z.B. eine größere Verbreitung von Zecken und Allergiekrankheiten.

Diese Beispiele zeigen nur einen Ausschnitt von erwarteten klimabedingten Veränderungen unserer Lebens- und Wirtschaftsbedingungen, auf die wir uns früher oder später einstellen müssen. Aus ökonomischer Sicht sind dabei nicht nur die wirtschaftlichen Auswirkungen von Klimawandel und Anpassung von Interesse, sondern vor allem auch eine Analyse der Zuständigkeiten. Wo sind effiziente Anpassungsprozesse der Akteurinnen aus eigenem Interesse zu erwarten? Wo treten bei unregulierter Anpassung Ineffizienzen, z.B. negative Externalitäten, auf? Welche Anpassungsmaßnahmen stellen öffentliche Güter dar und sollten daher vom Staat finanziert werden? Welche weiteren Gründe für staatliches Eingreifen gibt es?

Staatliche Anpassung auf Grund von Marktversagen
Als wichtigstes Unterscheidungskriterium für Anpassung aus privatem Interesse („autonome Anpassung") und staatlich organisierter Anpassung („kollektive Anpassung") gilt das *Konzept des Marktversagens*. Bei funktionierenden Märkten kann private Anpassung ohne Staatseingriff als effizient angesehen werden. Dies ist beispielsweise bei der Pflanzensortenwahl von Landwirtinnen oder bei neuen Transportlösungen in der Binnenschifffahrt (längere Trockenperioden werden die Binnenschifffahrt negativ beeinflussen) der Fall. In diesen Fällen von autonomer Anpassung kann grundsätzlich davon ausgegangen werden, dass alle Kosten und Erlöse der Maßnahmen in das private Kalkül einbezogen werden, und das Marktgeschehen eine effiziente Lösung hervorbringt. Liegt hingegen Marktversagen vor, kann staatliches Eingreifen (etwa die Bereitstellung öffentlicher Güter oder die Regulierung externer Effekte) die ökonomische Effizienz erhöhen. Im deutschen Küstenschutz gibt es mit dem Deichbau als kollektiver Anpassungsmaßnahme an einen steigenden Meeresspiegel ein prominentes Beispiel für ein öffentliches Gut, welches durch Nichtrivalität in der Nutzung und fehlenden Konsumausschluss gekennzeichnet ist. Auf Grund dieser Eigenschaften versagt der Markt bei der Bereitstellung des Guts – ein Staatseingriff kann die allgemeine Wohlfahrt steigern.

In vielen Fällen ist der Staat gefragt, eine effiziente autonome Anpassung durch die Schaffung geeigneter Rahmenbedingungen erst zu ermöglichen. Dies wird vor allem bei der nötigen Bereitstellung von Informationen deutlich. Das Wissen über erwartete Klimaentwicklungen, und sei es auch zurzeit noch relativ unsicher, ist essentiell für die (oftmals langfristigen) Entscheidungen der privaten Akteurinnen wie z.B. Landwirtinnen, Wohnungseigentümerinnen und Kraftwerksbesitzerinnen. Informationen über das sich ändernde Klima sind zugleich ein öffentliches Gut. Die Bereitstellung dieser Informationen ist also eine der wichtigsten Aufgaben des Staats, um private Akteurinnen in die Lage zu versetzen, fundierte Anpassungsentscheidungen zu treffen. Ähnlich verhält es sich mit der Gewährleistung rechtlicher Rahmenbedingungen, vor allem für Versicherungsverträge. Die Bereitstellung von Versicherungen durch Versicherungsunternehmen stellt ohne Zweifel eine der wichtigsten autonomen Anpassungsoptionen dar, seien es Ernteertragsversicherungen in der Landwirtschaft oder Elementarschadensversicherungen bei privaten Immobilien. Hier kommt dem Staat neben der Bereitstellung der rechtlichen Rahmenbedingungen und Informationen über den Klimawandel aber auch eine andere wichtige Rolle zu: In der Vergangenheit kam es immer wieder vor, dass staatliche und private Finanzhilfen nach Flut- oder Dürrekatastrophen gezahlt wurden. Im Falle der Elbeflut von 2002 wurden die Verluste durch Staatshilfen, Versicherungszahlungen und private Spenden sogar überkompensiert. Diese Kompensationen sind zwar bis zu einem gewissen Grad aus Gründen der Nothilfe und Solidarität wünschenswert, sie schmälern jedoch auch die Anreize, in die private Vorsorge für das nächste Schadensereignis zu investieren. Eine wesentliche staatliche Aufgabe im Zusammenhang mit der Anpassung an den Klimawandel wird es also sein, Bedingungen zu schaffen, unter denen private Immobilienbesitzerinnen und Landwirtinnen das individuelle Schadensrisiko durch den Klimawandel einschätzen können, um angemessen vorzubeugen, etwa durch vorsorgliches Bauen und den Abschluss von Versicherungen. Zugleich muss der Staat glaubwürdig signalisieren, dass nach Katastrophen nur eine begrenzte Notfallhilfe gewährt wird und kein vollständiger Schadenersatz.

Als ein weiterer Grund für einen Staatseingriff sind *externe Effekte* von autonomen Anpassungsmaßnahmen zu nennen. So können verlängerte Vegetationsphasen und ein ansteigendes Schädlingsaufkommen zu einer höheren Bodenbelastung durch Pestizide und Pflanzenschutzmittel führen, oder die Kühlwasserentnahme während Hitzeperioden lässt die Flusswassertemperatur über biologisch kritische Grenzwerte steigen. Hier ergeben sich im Rahmen der Anpassungsstrategien privater Akteurinnen neue und stärkere externe Effekte, die in ihrem Wesen sehr ähnlich zu den bekannten Externalitäten aus der Umweltökonomik sind. Auch bei der verstärkten Nutzung von Klimaanlagen in privaten Wohnungen und Arbeitsstätten ist dies prinzipiell durch den höheren Stromverbrauch und verstärkte CO_2-Emissionen der Fall. Allerdings ist diese negative Externalität bereits durch den seit 2005 existierenden EU-Emissionshandel internalisiert (vgl. Abschnitt 5.5).

Nach dieser grundlegenden Unterscheidung von autonomer Anpassung im Falle von funktionierenden Märkten und kollektiver Anpassung bei Marktversagen stellt sich insbesondere in Deutschland die Frage, welche staatliche Ebene für die Regulierung und die Bereitstellung öffentlicher Güter zuständig sein soll. Nach der ökonomisch geleiteten Theorie des fiskalischen Föderalismus[31] sollte genau jene Staatsebene mit der Bereitstellung des öffentlichen Guts betraut werden (und dieses dann auch finanzieren), wo der größte Nutzen des Guts anfällt. Im Falle des Hochwasserschutzes bei Binnengewässern sind dies die Kommunen, da große Teile einer Gebietskörperschaft durch einen Deich geschützt werden. Eine ähnliche Argumentation ist auch für den Küstenschutz denkbar (und in anderen europäischen Ländern ist der Küstenschutz tatsächlich eine kommunale Aufgabe), jedoch sind hier auch immer Abstimmungsprobleme zwischen den lokalen Körperschaften zu beachten. Daher kann im Falle des Küstenschutzes auch eine zentrale Planung – etwa auf Landesebene – sinnvoll sein, wie sie in Deutschland praktiziert wird.

Staatliche Anpassung außerhalb von Marktversagen
Neben dem zentralen ökonomischen Kriterium für kollektive Anpassung, dem Marktversagen, gibt es weitere, politisch motivierte Gründe für ein staatliches Eingreifen bei Anpassung. Vor allem handelt es sich hier um vertikale und horizontale Gleichheit (d.h.

---

[31] Vgl. Oates (1999).

Ausgleich zwischen Arm und Reich und Gleichheit vor dem Gesetz). Anpassung kann zwar effizient sein, muss dadurch aber nicht automatisch als fair angesehen werden. Dass *Gerechtigkeitsaspekte* in der deutschen Klimadebatte relevant werden können, zeigt ein Beispiel aus dem Wohnungswesen. In der sozialen Sicherung gilt eine geheizte Wohnung als ein Grundbedürfnis, das bedürftigen Mitgliedern der Gesellschaft vom Staat zur Verfügung gestellt wird. Bei einer weiteren Klimaerwärmung wird von der Politik zu klären sein, inwieweit auch einzelne Anpassungsmaßnahmen (z.B. klimatisierte Räume während Hitzewellen) als neue Grundbedürfnisse anzusehen sind und daher Bedürftigen finanziert werden sollten. Aus Sicht von Ökonominnen wäre dies effizient mit Pauschaltransfers zu erreichen, da auf diesem Wege nicht in die freie Preisbildung eingegriffen wird.

Ein weiteres, nicht primär durch Marktversagen begründetes Motiv für staatliche Anpassungspolitik ist die *Versorgungssicherheit*. Dass die Thematik der Versorgungssicherheit im Zusammenhang mit Anpassung an den Klimawandel von Bedeutung ist, zeigt ein Blick auf die davon betroffenen Güter: Energie, Nahrungsmittel und Trinkwasser sind für eine Volkswirtschaft lebensnotwendig. Gleichzeitig gehören die entsprechenden Wirtschaftssektoren zu den anfälligsten bezüglich des Klimawandels. Selbst wenn bei diesen privaten Gütern kein Marktversagen vorliegen sollte, greift der Staat doch auf eine Weise in das Marktgeschehen ein, die eine sichere Versorgung für alle Bürgerinnen gewährleisten soll. Dies liegt an den enormen negativen Folgen für Wirtschaft und persönliches Wohlergehen, sollte eines dieser Güter über einen längeren Zeitpunkt nicht für alle Bürgerinnen zur Verfügung stehen. Ein Beispiel aus dem Bereich der Energieversorgung ist die Bundesnetzagentur, eine Bundeseinrichtung, die die rechtliche Verpflichtung der privaten Stromerzeuger zur sicheren Stromversorgung überwacht.

Wie im Falle der Gerechtigkeitsproblematik wirft Anpassung an den Klimawandel ein neues Licht auf alte Fragen der Versorgungssicherheit: Welche Waren und Dienstleistungen sind elementar, so dass staatliche Intervention die Versorgungssicherheit gewährleisten sollte? Wie hoch sind die Kosten einer solchen Politik? Was ist ein akzeptables Niveau an Versorgungssicherheit, z.B. im Falle von Trinkwasser? Staatliche Anpassungspolitik wird Antworten auf diese Fragen finden müssen.

Eigenschaften von Anpassung

Aus ökonomischer Sicht unterscheiden sich Maßnahmen zur Anpassung an den Klimawandel grundlegend von Vermeidungsmaßnahmen. Vermeidung stellt sowohl aus Sicht des Individuums als auch aus Sicht des Staats in der globalen Klimapolitik ein öffentliches Gut dar (vgl. Abschnitt 6.3.1). Kollektive Anpassung an den Klimawandel ist dagegen im Kern eine lokale oder nationale Angelegenheit. Ein Staat (bzw. seine Bürgerinnen), der Anpassungsmaßnahmen ergreift, um seine Anfälligkeit für Klimaschäden zu verringern, investiert in seine eigene Absicherung. Kosten und Nutzen der Maßnahmen fallen weitgehend nur bei einem Akteur an (in diesem Fall: dem Staat). So muss die Verbesserung der Deichanlagen in den Niederlanden von den dortigen Steuerzahlerinnen in Marktpreisen bezahlt werden, zugleich profitieren aber auch mehr oder weniger alle Einwohnerinnen der Niederlande von dieser Maßnahme – und niemand anderes. Im Unterschied zum öffentlichen Gut Vermeidung hat Anpassung auf nationaler Ebene also die Eigenschaften eines privaten Guts. In gewisser Hinsicht ist das eine gute Nachricht in Bezug auf die Bewältigung der Herausforderungen des Klimawandels, da die nötigen Investitionen leichter aufgebracht werden können: Jede Regierung kann das für ihre Bevölkerung optimale Maß an kollektiver Anpassung bestimmen und dann entsprechende Projekte umsetzen, die beispielsweise durch Steuern finanziert werden. Im Fall von grenzüberschreitenden Anpassungsmaßnahmen (zum Beispiel beim Hochwasserschutz an Flüssen) sind nur wenige Staaten beteiligt und die Kooperationswahrscheinlichkeit daher hoch. Autonome Anpassung wird effizient über Märkte bereitgestellt, eventuelle externe Effekte sind durch einen Staatseingriff zu internalisieren.

Damit ist klar: Bei Anpassung können wir davon ausgehen, dass kollektive und autonome Anpassung die effiziente Lösung erreichen werden. Bei Vermeidung ist dies nicht der Fall, da zumindest in der globalen Klimapolitik starke Freifahreranreize die effiziente Bereitstellung des öffentlichen Guts Klimaschutz verhindern werden.

6.4   Klimawandel und Gerechtigkeit

Bislang haben wir uns auf Fragen der Effizienz bei der Bereitstellung von Umweltgütern konzentriert. Neben dem Marktversagen durch externe Effekte bringt der Klimawandel aber auch ein erhebliches *Gerechtigkeitsproblem* mit sich.[32] Dieses Problem wird verursacht von der extremen Entkopplung der Verantwortung für den anthropogenen Klimawandel und der Betroffenheit durch Klimaschäden. Ohne Zweifel stammt der größte Anteil der CO_2-Emissionen der Vergangenheit von den Industriestaaten. Wie Abbildung 6.7 verdeutlicht, verantworten die G7-Staaten rund die Hälfte der weltweiten CO_2-Emissionen zwischen 1850 und 2013. Der größte Einzelemittent waren die USA (26,6% der gesamten Emissionen) und die Europäische Union (23,8%). China, seit 2010 der weltgrößte CO_2-Emittent, verantwortet lediglich einen Anteil von 11,4% der Gesamtemissionen. Der Anteil Indiens liegt bei nur 2,7%. Diese Größenordnungen verdeutlichen die unterschiedlichen Verantwortlichkeiten für die Ursachen des Klimaproblems.

Während also die Hauptverantwortung für den starken Anstieg der CO_2-Emissionen innerhalb des vergangenen Jahrhunderts bei den Industriestaaten liegt, werden die größten Schäden in den Entwicklungsländern erwartet. Eine Reihe von Studien (z.B. Parry et al. 2005) hat den Einfluss des Klimawandels auf die Nahrungsmittelproduktion und das Hunger-Risiko analysiert. Sie kommen zu dem Ergebnis, dass die Regionen mit dem höchsten Risiko in Afrika liegen. Abbildung 6.8 illustriert die unterschiedliche Empfindlichkeit verschiedener Länder gegenüber den klimatischen Verhältnissen und die Anpassungsfähigkeit dieser Länder. Die Grafik zeigt eine Punktwolke, in der in vertikaler Richtung der Anteil der Landwirtschaft an der Wirtschaftsleistung des Landes (Bruttoinlandsprodukt, BIP) und in horizontaler Richtung das BIP pro Kopf abgetragen ist. Dargestellt sind die

---

[32]   Vgl. Moslener und Sturm (2009).

Abb. 6.7 Anteile an den gesamten CO_2-Emissionen von 1850 bis 2013

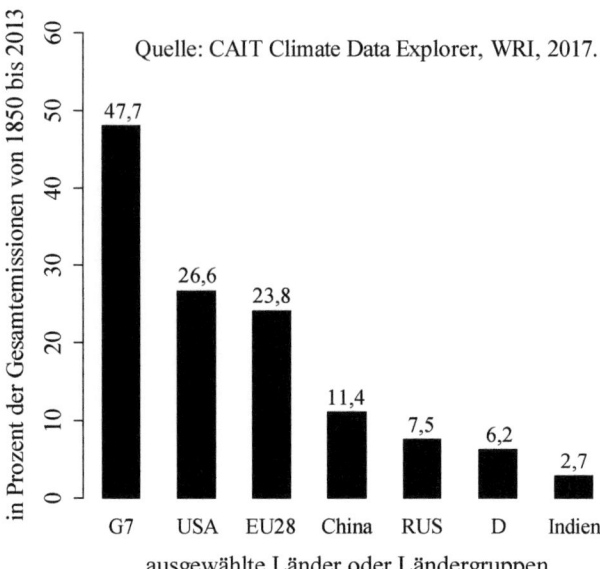

verfügbaren Daten für Länder Afrikas, die G7-Länder, Schwellenländer in Asien und Südamerika und europäische Länder. Da uns keine etablierten Indikatoren für die Verwundbarkeit gegenüber dem Klimawandel vorliegen, behelfen wir uns mit dem Anteil der Landwirtschaft am BIP, denn die Landwirtschaft ist der Sektor der Wirtschaft eines Landes, der vermutlich besonders stark vom Klima und dessen Wandel sowie extremen Wetterereignissen abhängig ist. Der Anteil, den die Landwirtschaft zur Wirtschaftsleistung beiträgt, könnte eine erste grobe Näherung dafür sein, wie „klimaabhängig" die Wirtschaftsleistung eines Landes ist. Das BIP pro Kopf ist dagegen ein Indikator für die durchschnittliche Zahlungsfähigkeit der Bevölkerung eines Landes. Dieser zeigt beispielsweise an, in wieweit die Bevölkerung eines Landes durchschnittlich in der Lage ist, etwa Nahrungsmittel zu gestiegenen Weltmarktpreisen zu kaufen oder in Anpassungsmaßnahmen zu investieren, um Klimaschäden abzuwenden. Abbildung 6.8 zeigt, dass in den Ländern Afrikas das BIP pro Kopf deutlich geringer ist als in den Industrieländern, aber dort gleichzeitig die Landwirtschaft eine hervorgehobene Rolle spielt und bis zu einem Drittel zur Wirtschaftsleistung des jeweiligen Landes beiträgt. Während dieser oft lebenswichtige Beitrag zum Wohlstand des Landes im Falle von extremen Wetterereignissen auf dem Spiel steht, liegt das Pro-Kopf-Einkommen in Afrika nicht selten unter 3.000$. Dies ist weniger als ein Zehntel des Niveaus von Industriestaaten wie Deutschland oder Italien.

An dieser Stelle sei auch auf die bereits zitierte Studie von Parry et al. (2004) verwiesen, in der mit einem globalen Modell der landwirtschaftlichen Produktion die klimawandelbedingten Effekte in der Landwirtschaft prognostiziert werden. Für pessimistische Annahmen hinsichtlich der Klimaerwärmung wird in den Industrieländern bis 2080 eine Zunahme der Produktion um 3% gegenüber dem Referenz-Szenario ohne Klimawandel

Abb. 6.8 Verletzlichkeit durch den Klimawandel und Anpassungsfähigkeit

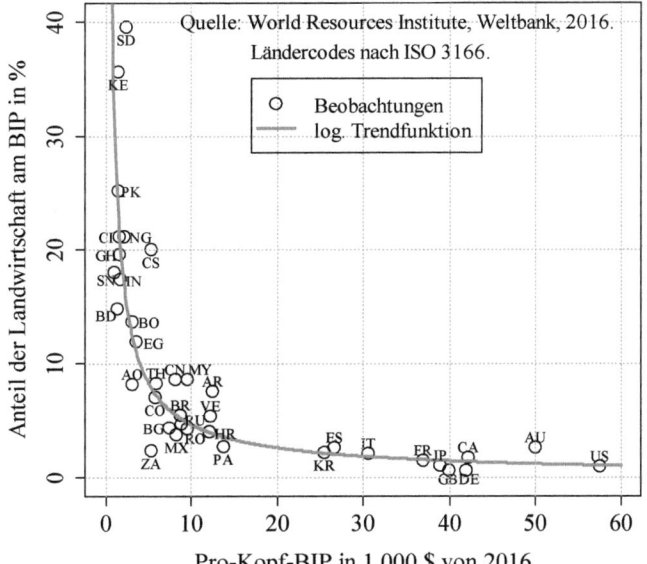

erwartet, für die Entwicklungsländer dagegen ein Rückgang um 7%. Der Klimawandel vergrößert also in der Landwirtschaft die Schere zwischen Arm und Reich.

Zusammenfassend kann man sagen: Den Löwenanteil der anthropogenen CO_2-Emissionen der Vergangenheit haben die Industriestaaten verursacht, die ihre wirtschaftliche Entwicklung mit der Verbrennung von fossilen Energieträgern angetrieben haben. Betrachtet man daneben, dass die schwerste Bürde der Klimaschäden auf den Schultern der am wenigsten entwickelten Länder lasten wird, dann wird offensichtlich, dass der Klimawandel auch schwerwiegende Verteilungskonflikte mit sich bringen wird. Damit wird man – um künftig Fortschritte in der internationalen Klimapolitik zu erreichen – zusätzlich zu Effizienzüberlegungen auch Verteilungs- und Gerechtigkeitsaspekte mit besonderer Priorität in die Verhandlungen einbeziehen müssen.

6.5 Ökonomische Dimension I: Kosten und Nutzen von Klimaschutz aus der globalen Perspektive

6.5.1 Optimaler Klimaschutz – Eine qualitative Analyse

Jede aus ökonomischer Sicht sinnvolle Klimapolitik muss die heute anfallenden Kosten klimapolitischer Maßnahmen mit dem zukünftigen ökonomischen und ökologischen Nutzen vergleichen. Bevor wir im nächsten Abschnitt in die *quantitative* Analyse von globaler Klimapolitik einsteigen, werden wir in diesem Abschnitt zunächst einige grundlegende Einsichten mit *qualitativer* Analyse gewinnen. Dabei sprechen wir von qualitativer

Analyse, wenn es „nur" um die Richtung von Effekten geht, und von quantitativer Analyse, wenn Wert- oder Mengengrößen bestimmt werden.

Aus globaler Perspektive sind Anpassung und Vermeidung – bis zu einem gewissen Grad – austauschbar, da beide Politikstrategien letztlich die negativen Auswirkungen des Klimawandels reduzieren. Eine gemeinsame Analyse ist daher notwendig. Aus ökonomischer Sicht ist die Kosten-Nutzen-Analyse (KNA) das geeignete Instrument zur Beantwortung der Frage, wie viel Anpassung und Vermeidung erforderlich ist. Es muss also eine Antwort auf folgende Frage gefunden werden: *„If the world were ruled by a benevolent dictator, who is in control of the entire planet and is up to speed with the latest scientific insights, what would she do about climate change?"* (Tol 2005, S. 573). Da reale Politik unmöglich ein besseres Ergebnis liefern kann, stellt die globale KNA einen nützlichen Orientierungspunkt zur Bewertung tatsächlicher politischer Maßnahmen dar.

Zunächst aber soll die Frage beantwortet werden, welche Faktoren die *Gesamtkosten des Klimawandels* bestimmen. Letztlich gibt es drei klimabedingte Kostenfaktoren: (i) Vermeidung, (ii) Anpassung und (iii) Residualschäden. Die Auswirkungen dieser drei Faktoren auf die Gesamtkosten des Klimawandels sind in Abbildung 6.9 dargestellt. Die Summe der Vermeidungsanstrengungen der Staaten der Welt beeinflusst die globalen CO_2-Emissionen und damit den Klimawandel. Je stärker der Klimawandel, desto höher die klimabedingte Gefährdung. Die potentiellen Auswirkungen hängen von der Empfindlichkeit der verschiedenen Regionen und von den Lebens- und Wirtschaftsbereichen ab, die den verschiedenen physischen Auswirkungen des Klimawandels ausgesetzt sind. Menschliche und ökologische Systeme sind darüber hinaus durch ihre *Anpassungsfähigkeit* gekennzeichnet, die wiederum von sozioökonomischen und institutionellen Kapazitäten sowie der Reaktionsfähigkeit von Flora und Fauna im Ökosystem abhängt. Anpassungsfähigkeit ist die Fähigkeit eines Systems, die erforderlichen Ressourcen bereitzustellen, um sich an den Klimawandel anzupassen. Die potentiellen Auswirkungen bestimmen gemeinsam mit der Anpassungsfähigkeit eines Landes dessen Verwundbarkeit und schließlich die durch den Klimawandel – trotz Anpassung und Vermeidung – verursachten *Residualkosten*. Anpassung – als die zweite mögliche Antwort auf den Klimawandel – ist die direkte Reaktion menschlicher und ökologischer Systeme auf den Klimawandel, um potentielle Schäden zu reduzieren und potentielle positive Auswirkungen zu nutzen.

Die wohlwollende globale Planerin muss daher entscheiden, in welchem Ausmaß in Anpassung (A) oder Vermeidung (V) investiert werden soll, um die Gesamtkosten des Klimawandels zu minimieren. Wir suchen also das Minimum von

$$TK = VK(V) + AK(A) + RK(A, V) \tag{6.1},$$

wobei TK die Gesamtkosten des Klimawandels sind. $VK(V)$ mit $\frac{\partial VK}{\partial V} > 0$ sind die Kosten der Emissionsvermeidung und $AK(A)$ mit $\frac{\partial AK}{\partial A} > 0$ sind die Kosten von Anpassungsmaßnahmen. $RK(A, V)$ mit $\frac{\partial RK}{\partial V} < 0$ und $\frac{\partial RK}{\partial A} < 0$ sind die Residualkosten eines abgemilderten Klimawandels, d.h. die Klimaschäden, die trotz Vermeidungs- und Anpassungsmaßnahmen nicht verhindert werden können. Die Residualkosten, $RK(A, V)$, hängen also sowohl

Abb. 6.9 Vermeidung, Anpassung und Residualkosten

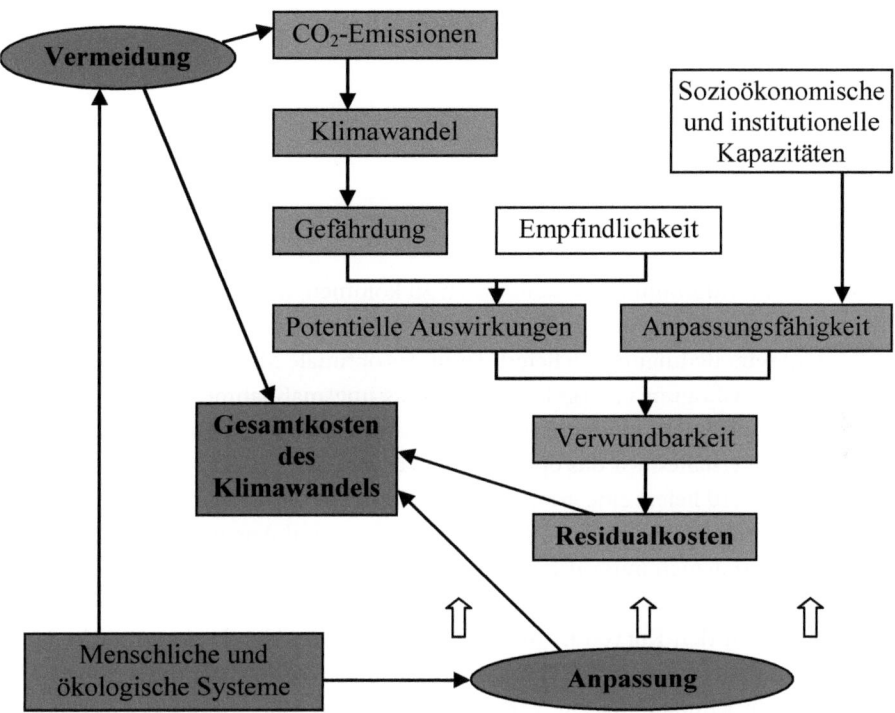

von Anpassung und Vermeidung ab. Alle Kostengrößen sind Nettogrößen, d.h., eventuelle Nutzen sind berücksichtigt, und Gegenwartswerte. Mehr Vermeidung und mehr Anpassung erhöhen offensichtlich die Vermeidungs- und Anpassungskosten. Dagegen reduzieren zusätzliche Anpassungs- und Vermeidungsanstrengungen die Residualkosten.

Die Grenzkosten der Vermeidung verlaufen steigend in Vermeidung (vgl. Abschnitt 3.1). Auch die Grenzkosten der Anpassung sind eine ansteigende Funktion von Anpassung. Dies hängt schlicht damit zusammen, dass zunächst effektivere und weniger kostenintensive Anpassungsmaßnahmen durchgeführt werden, bevor man zu teureren und weniger effektiven Maßnahmen übergehen wird.

Das Minimierungsproblem 6.1 führt zu zwei Bedingungen erster Ordnung, und zwar

$$V: \frac{\partial VK(V)}{\partial V} + \frac{\partial RK(A,V)}{\partial V} = 0 \iff \frac{\partial VK(V)}{\partial V} = -\frac{\partial RK(A,V)}{\partial V} \quad (6.2),$$

$$A: \frac{\partial AK(V)}{\partial A} + \frac{\partial RK(A,V)}{\partial A} = 0 \iff \frac{\partial AK(A)}{\partial A} = -\frac{\partial RK(A,V)}{\partial A} \quad (6.3).$$

Vermiedene Grenzkosten lassen sich als Grenznutzen („*GN*") darstellen, d.h.

$$-\frac{\partial RK(A,V)}{\partial V} = GN(V) \text{ und } -\frac{\partial RK(A,V)}{\partial A} = GN(A) \tag{6.4}.$$

Aus 6.2 und 6.3 erhalten wir damit

$$\frac{\partial VK(V^*)}{\partial V} = GN(V^*) \tag{6.5},$$

$$\frac{\partial AK(A^*)}{\partial A} = GN(A^*) \tag{6.6}.$$

Um auf ein Minimum an Gesamtkosten zu kommen, müssen die Grenzvermeidungskosten gleich dem Grenznutzen der Vermeidung (d.h. den marginalen vermiedenen Residualkosten) sein. Bedingung 6.5 liefert damit das optimale Maß an Emissionsvermeidung, V^*. Die zweite Bedingung 6.6 legt fest, dass Anpassungsmaßnahmen so lange durchgeführt werden sollten, bis der Grenznutzen der Anpassung gleich den Grenzkosten der Anpassung ist. Damit erhalten wir das optimale Maß an Anpassung, A^*.

Abbildung 6.10 liefert eine grafische Darstellung für das Problem der Kostenminimierung 6.1 und stellt das optimale Maß von Vermeidung und Anpassung, V^* und A^*, dar. Bei beiden Politikstrategien muss also der Grenznutzen (vermiedene marginale Schäden) den Grenzkosten entsprechen.

Basierend auf den Kurven in Abbildung 6.10 können durch eine einfache komparativ-statische Analyse wichtige Erkenntnisse gewonnen werden, wie das optimale Maß der in der globalen Klimapolitik zur Verfügung stehenden Maßnahmen auf Veränderungen der Annahmen im Modell reagiert. Hier sollen zwei Aspekte beachtet werden: Erstens führt eine neue Technologie, die Vermeidung von CO_2-Emissionen zu geringeren Kosten ermöglicht, zu einer Rechtsverschiebung der Grenzvermeidungskostenkurve (zu jedem Preisniveau kann mehr Vermeidung betrieben werden) und somit zu mehr Vermeidung im Optimum. Andererseits wird durch das nun höhere Niveau an Vermeidung weniger Anpassung erforderlich, da der Grenznutzen der Anpassung sich nach links verschiebt.[33] In diesem Fall besteht also ein *trade-off* zwischen Vermeidung und Anpassung: Mehr Vermeidung macht weniger Anpassung notwendig. Zweitens werden, wenn neue Informationen bezüglich künftiger Klimaveränderungen zu höheren erwarteten Schäden infolge des Klimawandels führen, sowohl der Grenznutzen der Vermeidung als auch der Grenznutzen der Anpassung steigen. In diesem Fall werden mehr Vermeidung und mehr Anpassung erforderlich sein. Eine erhöhte Risikoaversion in Bezug auf das Risiko von zukünftigen Klimaschäden hat die gleichen Auswirkungen. In diesem Fall wächst das Gewicht des unsicheren negativen Resultats, was zu höheren erwarteten Grenzschäden führt.

---

[33] Wie erläutert beeinflussen sowohl Anpassung als auch Vermeidung die Residualkosten durch Klimaschäden negativ. Ein erhöhtes Maß an Vermeidung führt zu einer Linksverschiebung in den Residualgrenzkosten der Anpassung und somit auch zu einer Linksverschiebung beim Grenznutzen der Anpassung.

Abb. 6.10 Komparative Statik für Anpassung und Vermeidung

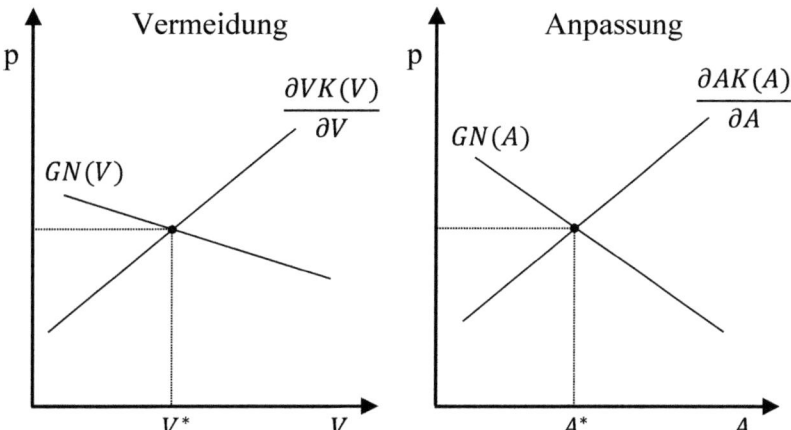

6.5.2 Optimaler Klimaschutz – Eine quantitative Analyse

Jede sinnvolle Klimapolitik steht vor der Aufgabe, heute anfallende ökonomische Kosten durch Emissionsvermeidung mit dem zukünftigen ökonomischen und ökologischen Nutzen in Form geringerer Klimaschäden zu vergleichen. Im Prinzip kennen wir die Lösung dieses Problems bereits: Das optimale Emissionsniveau für einen Globalschadstoff wie CO_2 findet sich dort, wo Grenzschaden und Grenzvermeidungskosten übereinstimmen (vgl. Kap. 5). Allerdings hilft uns hier unser theoretisches Grundmodell optimaler Umweltpolitik nur sehr bedingt weiter: Es ist zweifelsohne geeignet, die besondere ökonomische Herangehensweise an Umweltprobleme zu verdeutlichen. Allerdings lassen sich aus ihm leider keine operationalen Empfehlungen für eine optimale Klimapolitik ableiten.

Was benötigt wird, sind Modelle, die in der Lage sind, die optimale gesellschaftliche Reaktion auf den Klimawandel zu bestimmen. Dabei reicht es definitiv nicht aus, bei qualitativen Aussagen stehen zu bleiben. Was vielmehr erforderlich ist, ist eine Vorstellung darüber, welche Emissionspfade in der näheren und ferneren Zukunft vertretbar wären und welcher Temperaturanstieg in den nächsten Jahrzehnten tolerabel wäre. Hierzu reichen theoretische Modelle nicht mehr aus. Was vielmehr erforderlich ist, um Fragen nach optimalen Emissionen, Emissionsvermeidungen und dem Temperaturanstieg zu beantworten, sind Modelle, die quantitative Aussagen erlauben. In diesem Abschnitt wollen wir daher mit DICE ein prominentes Beispiel für eine modellbasierte quantitative Kosten-Nutzen-Analyse in der Klimapolitik etwas genauer betrachten. *DICE* steht für "*Dynamic Integrated Model of Climate and the Economy*". Das Modell wurde von William Nordhaus von der Yale University entwickelt. Wir beziehen uns hier auf die DICE-Version 2016R (Nordhaus 2016).

DICE – Eine Einführung

DICE betrachtet die Ökonomik des Klimawandels aus Sicht der neoklassischen Wachstumstheorie. Dafür gibt es gute Gründe. Die Eindämmung des Klimawandels ist offensichtlich ein Problem, das sich über einen längeren Zeithorizont erstreckt. Statische Modelle, wie das Grundmodell der optimalen Umweltpolitik mit einer rein zeitpunktbezogenen Abwägung von Schäden und Vermeidungskosten reichen dann nicht mehr aus. Wendet man sich dem Problem des Klimawandels aus einer dynamischen Perspektive zu, dann wird schnell klar, dass einige grundlegende Zusammenhänge existieren, die dringend berücksichtigt werden müssen: Zum einen ist ersichtlich, dass heutige Vermeidungsaktivitäten ihren klimastabilisierenden Effekt zum großen Teil erst in der Zukunft entfalten. Die Vermeidung von CO_2-Emissionen belastet aber vor allem die heute lebende Generation mit den entsprechenden Kosten. Die Nutzen aus einer solchen Klimaschutzpolitik fallen größtenteils aber bei zukünftig lebenden Generationen an. Das führt sofort zu der keineswegs einfachen Frage, wie die Wohlfahrt unterschiedlicher Generationen berücksichtigt werden soll. Wie stark sollen die Belange künftiger Generationen gegenüber den Belangen der heute lebenden Generation gewichtet werden? Dies ist eine durchaus komplizierte und strittige Frage, die auch aus ganz anderen Politikkontexten (Stichwort: Rentenpolitik) bekannt ist. Bereits an dieser Stelle dürfte klar sein, dass diese Frage möglicherweise nicht rein ökonomisch zu lösen, sondern in einem größeren ethischen Kontext zu diskutieren ist.

Bei der Entscheidung über das Maß heutiger Emissionsvermeidung ist die heute lebende Generation dabei mit ein paar elementaren Zielkonflikten konfrontiert. Die Vermeidung von CO_2-Emissionen ist nämlich auch mit Opportunitätskosten verbunden. Entscheidet sich eine Generation, in die Vermeidung von CO_2-Emissionen zu investieren, so werden hierdurch knappe volkswirtschaftliche Ressourcen gebunden, die nicht mehr für andere Zwecke zur Verfügung stehen. Diese Problematik offenbart sich am deutlichsten in Entwicklungs- und Schwellenländern: Entscheidet sich ein Land wie Indien beispielsweise, Klimaschutz zu betreiben, so können die dadurch gebundenen finanziellen Mittel nicht mehr in die Armutsbekämpfung, die Alphabetisierung, das öffentliche Gesundheitswesen etc. gelenkt werden. Natürlich erscheint es vordergründig als völlig evident, dass Klimaschutz von hoher Dringlichkeit ist. Aber man darf nicht vergessen, dass nun einmal jeder Euro, jeder Dollar oder jede Rupie immer nur einmal verausgabt werden kann. Dann stellt sich offenbar ein weiteres Abwägungsproblem: Neben der Frage der intertemporalen Wohlfahrtsgewichtung taucht das Problem der intragenerationalen Abwägung der skizzierten Zielkonflikte auf. Klimaschutz, so könnte man es auch formulieren, muss dabei immer diskutiert werden im Kontext der Verwendungsalternativen knapper volkswirtschaftlicher Ressourcen.

DICE ist ein globales Modell, welches die Länder der Erde in *eine* Ökonomie zusammenfasst. Es gibt also jeweils nur einen Wert für Output, Kapitalstock, Technologie und Emissionen. Die Schätzungen hierfür basieren auf möglichst realitätsnahen Angaben zu allen großen Ländern der Erde. Zugleich gibt es auch nur *eine* globale Entscheiderin. Darüber hinaus wird in DICE die Annahme getroffen, dass eine wohldefinierte Präferenzordnung über die möglichen Zustände der Welt existiert. Diese Präferenzordnung wird durch eine *soziale Wohlfahrtsfunktion* repräsentiert, welche die unterschiedlichen Konsumpfade nach ihrer Vorzugswürdigkeit ordnet. Die soziale Wohlfahrtsfunktion in DICE steigt mit dem Pro-Kopf-Konsum jeder Generation, wobei der Grenznutzen des Konsums abnehmend ist. Das Gewicht des Pro-Kopf-Konsums einer Generation ist abhängig von der Größe dieser Generation, d.h. von der Bevölkerungszahl. Die relative Bedeutung unterschiedlicher Generationen in der sozialen Wohlfahrtsfunktion ist abhängig von zwei zentralen normativen Parametern: (i) der sozialen Zeitpräferenzrate und (ii) der Elastizität des Grenznutzens aus Konsum. Beide Parameter interagieren im Modell und bestimmen letztlich die reale *Kapitalrendite*, welche für intertemporale Entscheidungen auf Gütermärkten von zentraler Bedeutung ist. Wir werden auf die Frage der Diskontierung im nächsten Abschnitt noch genauer zu sprechen kommen. Hier nur so viel: Beide Parameter, die soziale Zeitpräferenzrate und die Elastizität des Grenznutzens aus Konsum, werden in DICE so gesetzt, dass die resultierende reale Kapitalrendite mit dem in der Realität tatsächlich beobachteten Verhalten auf Kapitalmärkten konsistent ist.

Der Konsumpfad in DICE ist begrenzt durch ökonomische und geophysikalische Restriktionen. Die Ökonomie hat dabei zwei Entscheidungsvariablen: (i) die Spar- oder *Investitionsrate* und (ii) die *Emissionsvermeidungsrate* für Treibhausgase. Über die Investitionsrate wird bestimmt, wie viel Output in einer Periode nicht konsumiert, sondern gespart und damit investiert wird. Die Emissionsvermeidungsrate für Treibhausgase gibt an, wie viel Emissionen im Vergleich zur Situation ohne Klimapolitik vermieden werden.

Die zentralen kausalen Zusammenhänge im ökonomischen Teilmodul von DICE sind in Abbildung 6.11 dargestellt (eine detaillierte, mathematische Beschreibung des Modells findet sich im Appendix zu diesem Kapitel). Im Zentrum steht der Output der globalen Ökonomie, der entweder für Konsum, Investition oder Vermeidungszwecke verwendet werden kann. Wird investiert, so bildet die Ökonomie einen höheren Kapitalstock, der die Produktion in der Zukunft steigert. Neben Kapital benötigt die Ökonomie für die Erstellung des Outputs Arbeitskräfte. Die Höhe des Arbeitskräftepotenzials hängt dabei zentral vom Bevökerungswachstum ab. Die Investition in Vermeidung reduziert die CO_2-Emissionen und damit die erwarteten Klimaschäden.

Die Zusammenhänge des DICE-Klimamoduls enthält Abbildung 6.12 (man beachte zugleich die Verknüpfung mit Abbildung 6.11). CO_2-Emissionen akkumulieren in der Atmosphäre, erhöhen so den Strahlungsantrieb, der die Erdmitteltemperatur steigen lässt. Die Folge sind höhere Klimaschäden.

Von zentraler Bedeutung für die Modellresultate ist die verwendete Schadensfunktion. Es scheint daher gerechtfertigt, einen etwas genaueren Blick auf die Modellierung der Klimaschäden zu werfen. Die Schadensfunktion bildet den Zusammenhang zwischen erwarteter Temperaturerhöhung und den daraus folgenden klimawandelbedingten Schäden ab. DICE verwendet, wie nicht anders zu erwarten, eine konvexe Schadensfunktion, d.h., die Klimaschäden steigen überproportional mit der Temperaturerhöhung an. Dies impliziert steigende Grenzklimaschäden, was mit unseren theoretischen Erörterungen aus Kapitel 3 und 5 absolut konsistent ist. Die funktionale Form lautet:

$$\Omega(t) = \Psi_1 T_{AT}(t) + \Psi_2 T_{AT}(t)^2$$

Abb. 6.11 Ökonomiemodul in DICE

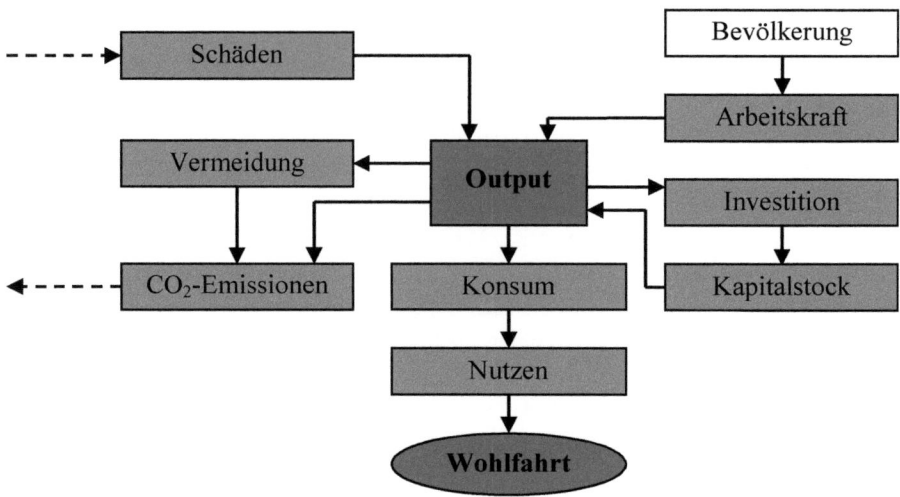

Die ψ-Werte sind Parameter, die aus empirischen Daten geschätzt werden, so dass die Gleichung die beobachtbaren oder erwarteten Schäden möglichst zutreffend beschreibt. T_{AT} bezeichnet dabei die athmosphärische, globale Durchschnittstemperatur. Nordhaus stützt sich dabei auf eine Auswertung von 26 Studien zu Klimaschäden (Nordhaus 2017). Man sollte sich darüber im Klaren sein, dass die o.g. Schadensfunktion längst nicht alle möglichen Schäden des Klimawandels abbildet. Wie Nordhaus selbst feststellt, fehlen beispielsweise Kosten durch den Verlust von Biodiversität – eine Größe, die empirisch extrem schwer zu messen ist. Ebenso fehlen Schäden aus katastrophischen Ereignissen, wie etwa einem Abriss der ozeanischen Zirkulation (Nordhaus 2014). Um diese Kosten dennoch zu berücksichtigen, schlägt Nordhaus 25% auf die Schadensfunktion auf – eine Vorgehensweise, die allerdings als ad hoc qualifiziert werden muss. Zu beachten ist ferner, dass Anpassung in DICE nur implizit vorkommt, d.h., in den Schäden ist optimale Anpassung bereits berücksichtigt.

Abbildung 6.13 zeigt die Schäden in Prozent des Outputs. Wie man sieht: Die Schäden steigen mit höheren Temperaturen überproportional, d.h., die Schadensfunktion ist konvex. Zum Beispiel würde ein Temperaturanstieg um 3 °C zu Schäden in Höhe von etwa 2,1% des Outputs führen, ein Temperaturanstieg um 6 °C hätte dagegen Schäden in Höhe von etwa 8,5% des Outputs zur Folge. Allerdings mahnt Nordhaus selbst zur Vorsicht bei der Anwendung seiner Schadensfunktion für extrem hohe Temperaturänderungen wie etwa die erwähnten 6 °C. Die Funktion wurde kalibriert auf Studien, denen Szenarien zumeist von Temperaturentwicklungen bis zu 4 °C zugrunde liegen. Es wäre höchst gewagt, die funktionale Form darüber hinaus einfach zu extrapolieren (Nordhaus 2014).

Abb. 6.12 Klimamodul in DICE

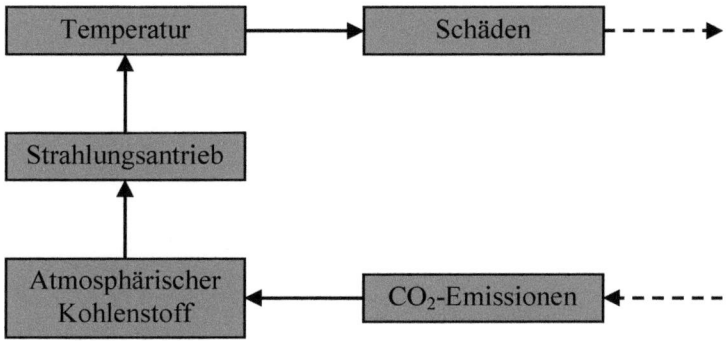

Resultate

Ein großer Vorteil von integrierten Klimamodellen[34] (d.h., man betrachtet sowohl Ökonomie als auch Klimasystem) wie DICE besteht darin, dass unterschiedliche Politiken in ihrer Wirkung auf Klima und Ökonomie in einem konsistenten Modellrahmen untersucht werden können. Wir wollen im Folgenden die wichtigsten Resultate von DICE vorstellen. Dabei konzentrieren wir uns auf zwei Szenarien:

- *Referenz („Baseline")*: In diesem Szenario gibt es keine Politik, die den Klimawandel abschwächt oder gar verhindert. Individuen und Unternehmen verhalten sich individuell rational, und die Regierung unternimmt keine Vermeidungsanstrengungen. Bestimmt wird also der nutzenmaximale Pfad der Investitionen (und damit des Konsums) über die Zeit, ohne dass es eine kollektive Politik zur Emissionsvermeidung gibt.
- *Intertemporales Optimum („Optimum")*: In diesem Szenario wird die globale, intertemporale Wohlfahrt maximiert, d.h., Investitionen und Emissionsvermeidungsrate werden so gewählt, dass die Summe des diskontierten Konsums maximal wird. Damit wird der optimale, *intertemporal effiziente Konsumpfad* ermittelt. Dieser hat eine wichtige Eigenschaft: Ausgehend vom optimalen Konsumpfad kann keine Generation besser gestellt werden, ohne eine andere Generation schlechter zu stellen. Natürlich ist dieses Szenario extrem optimistisch: Es unterstellt vollständige Beteiligung aller Länder und die effiziente Vermeidung über die Zeit. Mit anderen Worten: Die Grenzvermeidungskosten sind überall und zu jedem Zeitpunkt gleich dem Grenznutzen aus Vermeidung, d.h. den vermiedenen marginalen Klimaschäden. Diese optimale Politik dient in erster Linie als Referenzpunkt, zeigt sie uns doch, was mit einer effizienten Politik, dem bestmöglichen Einsatz der Ressourcen in der Ökonomie, machbar ist. Dabei ist zu beachten, dass ein stabiles Klima in DICE keinen intrinsischen oder nicht-anthropogenen

---

[34] Im Englischen: Integrated assessment models, kurz IAM.

Abb. 6.13 DICE – Schäden in Prozent des Outputs

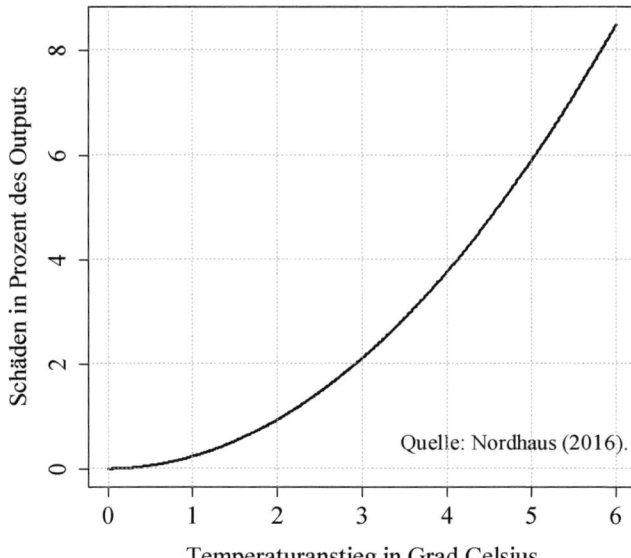

Quelle: Nordhaus (2016).

Wert besitzt. Schäden für marktfähige und nichtmarktfähige Güter werden zwar berücksichtigt, aber eben nur soweit wie sie für Menschen einen Wert besitzen.

Bei der Darstellung der Ergebnisse gehen wir folgendermaßen vor. Zuerst werden wir die beiden Szenarien hinsichtlich ihrer Effekte auf Wohlfahrt, Klimaschäden und Vermeidungskosten betrachten. Im Anschluss daran werden wir mit Hilfe von Abbildungen die Variablen Emissionsvermeidungsrate, CO_2-Preis, CO_2-Konzentration und Temperaturveränderung analysieren.

Im Optimum ist der diskontierte Nutzen um etwa 32 Bio. $ höher als im Baseline. Dieser absolut sehr große Betrag ist jedoch relativ zum diskontierten Gesamtnutzen (also dem Wert der Zielfunktion) mit etwa 0,7% relativ klein. Dennoch zeigt dieses Ergebnis auf, dass sich – wie zu erwarten – durch die sozial optimale Internalisierung der Externalität ein Wohlfahrtsgewinn erzielen lässt.

Tab. 6.1 DICE – Output, Klimaschäden und Vermeidungskosten in 2120

Szenario	(1) Output	(2) Klimaschäden	(3) Vermeidungskosten
Baseline	1064,49	58,08	0,08
Optimum	1075,25	36,85	10,25

* Werte für 2120 (in Bio. $). Quelle: Nordhaus (2016).

Man erkennt in Tabelle 6.1, worauf ein Teil des Nutzengewinns zurückzuführen ist. Wir haben hier exemplarisch Output, Klimaschäden und Vermeidungskosten für das

Jahr 2120 dargestellt. Im Optimum entstehen höhere Vermeidungskosten als im Baseline, aber dieser Kostenanstieg wird durch die Reduzierung der Klimaschäden überkompensiert. Bemerkenswert sind die immer noch relativ hohen Schadenskosten im Optimum (36,85 Bio. $). Offensichtlich ist es nicht effizient, diese weiter zu reduzieren, da die hierfür benötigte zusätzliche Vermeidung teurer wäre als die erzielten Einsparungen bei den Schadenskosten.

Abbildung 6.14 zeigt die Entwicklung der Emissionsvermeidungsrate in den beiden Szenarien von 2015 bis 2120. Im Baseline ist diese Rate relativ gering und steigt zum Ende dieses Jahrhunderts auf gerade einmal 11%. Im Optimum steigt die Emissionsvermeidungsrate zunächst deutlich und dann ab 2020 etwas schwächer an. Im Jahr 2100 werden im Optimum ca. 84% der Emissionen gegenüber der Situation ohne jede Klimapolitik vermieden. Ab 2115 ist die Welt CO_2-frei.

Zur Umsetzung der Emissionsvermeidung wird in DICE ein effizienter Preis für CO_2-Emissionen gesetzt.[35] Die Höhe des CO_2-Preises ist so bemessen, dass für die realisierten Emissionen zu jedem Zeitpunkt die Grenzvermeidungskosten gleich den Grenzschäden sind (vgl. Abschnitt 5.2). Abbildung 6.15 zeigt den Preisverlauf bis 2120. Im Baseline ist – wie zu erwarten – der CO_2-Preis praktisch Null. Im Jahr 2100 liegt hier der CO_2-Preis bei gerade einmal 11 $/t$CO_2$. Im Optimum steigt der globale CO_2-Preis von ca. 37 $/t$CO_2$ in 2020 auf ca. 270 $/t$CO_2$ in 2100 an. Zur Mitte unseres Jahrhunderts liegt der optimale globale CO_2-Preis bei 90 $/t$CO_2$.

Kommen wir schließlich zu den klimarelevanten Resultaten von DICE (diese sind bis 2200 dargestellt). Abbildung 6.16 zeigt die Entwicklung der CO_2-Konzentration in den beiden Szenarien. Ausgangspunkt ist jeweils die CO_2-Konzentration in 2015 (400 ppm). Im Baseline ohne jegliche staatliche Klimapolitik steigt die CO_2-Konzentration praktisch ungebremst auf 1.244 ppm in 2200. Im Optimum steigt die Konzentration auf 630 ppm in 2105 und sinkt dann auf immerhin noch 543 ppm in 2200.

Abbildung 6.17 zeigt schließlich die Temperaturentwicklung (als Veränderung gegenüber dem vorindustriellen Niveau) in beiden Szenarien. Im Baseline ist bis 2200 ein Anstieg um ca. 6,7 °C zu erwarten. Im Optimum wird der Anstieg der Temperatur auf ca. 4 °C bis 2200 begrenzt.

Aus Abbildung 6.17 wird deutlich, dass eine Begrenzung der Temperaturerhöhung auf 2 °C im Vergleich zum vorindustriellen Niveau (das Erreichen des sogenannten 2-Grad-Ziels) nicht sinnvoll ist. Der Grund ist einfach: Um dieses Ziel auch nur annähernd zu erreichen, wären extrem hohe Vermeidungskosten nötig. Der Zuwachs an Vermeidungskosten würde die Einsparung an Klimaschäden deutlich übersteigen – das Ergebnis wäre ein deutlicher Wohlfahrtsverlust im Vergleich zum Optimum.[36]

---

[35] An dieser Stelle kommt es nur auf die Existenz des Knappheitssignals für CO_2 – also den CO_2-Preis – an. Welches umweltpolitische Instrument (eine direkte Preissteuerung über die Pigou-Steuer oder eine Mengensteuerung über den Emissionshandel) zur Umsetzung dieser Politik in Frage kommt, spielt hier keine Rolle.

[36] Tatsächlich ist die Begrenzung der Temperaturerhöhung auf 2 °C modelltechnisch gar nicht möglich. Die Begrenzung der Temperaturerhöhung auf 2,5 °C wäre nur mit erheblichen negativen

Abb. 6.14 DICE – Emissionsvermeidungsrate

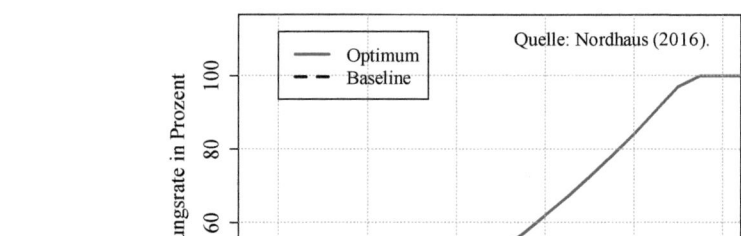

Abb. 6.15 DICE – CO$_2$-Preis

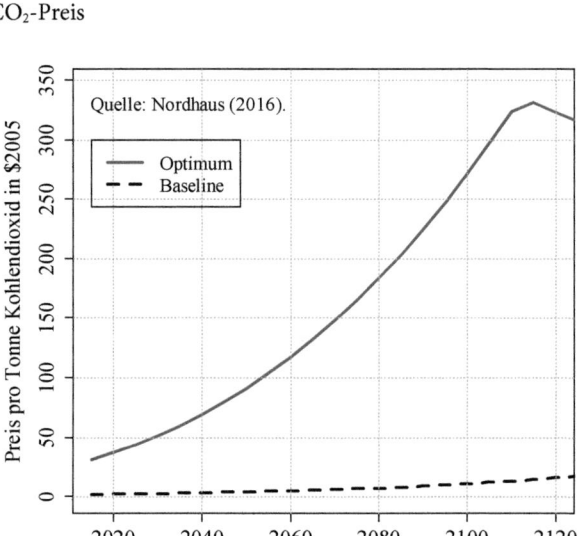

DICE – Ein Fazit

Das vielleicht verblüffendste Resultat aus dem DICE-Modell ist der erstaunlich hohe, optimale Temperaturanstieg. Die ca. 3,5 °C Temperaturzunahme im Jahr 2100 gegenüber dem vorindustriellen Niveau stehen in scharfem Kontrast zu den in der klimapolitischen

---

Emissionen ab 2050 möglich. Vgl. Nordhaus (2017).

Abb. 6.16 DICE – CO_2-Konzentration

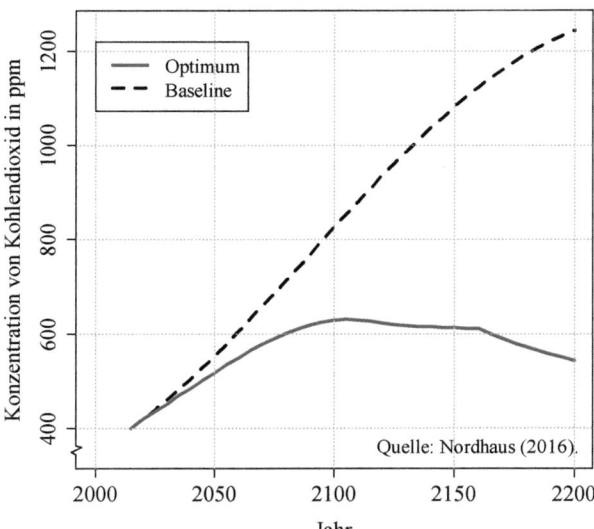

Quelle: Nordhaus (2016).

Diskussion favorisierten Zielen, wie sie etwa auch im Pariser Abkommen (vgl. Kapitel 7) niedergelegt sind. Politischer Konsens der Staatengemeinschaft, oder doch zumindest der mehr als 160 Staaten, die das Pariser Abkommen mittlerweile signiert und ratifiziert haben, ist, die Temperaturzunahme in diesem Jahrhundert auf maximal 2 °C zu begrenzen, besser noch auf 1,5 °C. Gemessen daran erscheint das Nordhaus-Resultat geradezu apokalyptisch.

Man muss sich klar machen, woran das liegt. Zunächst einmal lässt sich aus der Beschäftigung mit Integrated-Assessment-Modellen offenbar lernen, dass ökonomische und naturwissenschaftlich motivierte Politikempfehlungen nicht notwendigerweise koinzidieren. Das liegt an der besonderen ökonomischen Perspektive: DICE maximiert den intertemporalen gesellschaftlichen Weltnutzen. Damit ist klar, dass letztlich die menschliche Wohlfahrt die alles entscheidende Zielgröße ist. Klar ist damit auch, dass offenbar Bewertungen in das so erzielte Resultat einfließen – ein Umstand, der Naturwissenschaftlerinnen wie beispielsweise Klimatologinnen merkwürdig erscheinen muss.

Jedes Modell ist letztlich nur so gut, wie die Annahmen, die ihm zugrunde gelegt werden. Machen wir uns also kurz klar, welches die zentralen Treiber für die überraschenden Ergebnisse in DICE sind. Zum einen: Natürlich die Schadensfunktion. Es verwundert kaum, dass um die Angemessenheit der Schadensfunktion in DICE eine lebhafte wissenschaftliche Debatte entbrannt ist. Spiegelt die Funktion tatsächlich die zu erwartenden Klimaschäden akkurat wider? Zweifel sind durchaus angebracht. Das Wissen über Klimaschäden, die sich insbesondere bei hohen Temperaturanstiegen ergeben könnten, ist nach wie vor lückenhaft. Was geschieht tatsächlich, wenn „tipping points", Kipppunkte im Klimasystem, erreicht werden und beispielsweise die thermohaline nordatlantische Zirkulation teilweise oder sogar ganz zum Erliegen kommt? Die Folgen sind gegenwärtig kaum abzusehen. Tatsächlich bildet die Schadensfunktion in DICE derartige katastrophische

Abb. 6.17 DICE – Temperaturveränderung ggü. vorindustriellem Niveau

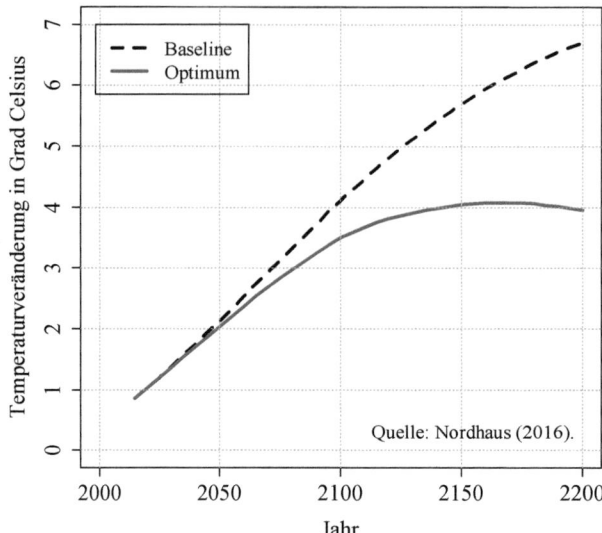

Quelle: Nordhaus (2016).

Schäden nur sehr rudimentär ab. Nordhaus veranschlagt einen pauschalen Kostenaufschlag von 25% auf die modellierten Klimaschäden. Ob das ausreicht, ist völlig ungewiss. Immerhin erfährt dieses Vorgehen eine gewisse Rechtfertigung durch eine neuere Studie: Dietz et al. (2021) schätzen, dass sich durch die Berücksichtigung von tipping points die Kosten des Klimawandels um etwa 25% erhöhen dürften, betonen aber gleichzeitig, dass dies vermutlich eher eine Unterschätzung der wahren Kosten darstellt. Zudem weisen die Autoren darauf hin, dass es mit einer immerhin 10%igen Wahrscheinlichkeit auch zu einer Verdopplung der Klimaschäden kommen könnte. Außerdem: Die klimawandelbedingten Verluste an Biodiversität sind sehr schwer zu beziffern. Teilweise überlappt dieses Problem mit dem erstgenannten der tipping points: Ein weiterer kritischer Kipppunkt existiert in dem für das Klimasystem so wichtigen tropischen Amazonasregenwald. Für durchaus wahrscheinlich gehalten wird mittlerweile, dass der Amazonasregenwald komplett verschwinden kann und sich in eine Savanne verwandelt. Die Auswirkungen auf das Klimasystem dürften in diesem Fall komplex sein. Aber insbesondere ist auch ausgesprochen schwierig, die damit einhergehenden ökonomischen Verluste an Biodiversität zu beziffern. Klar ist: Der Amazonasregenwald ist das artenreichste Ökosystem der Erde und viele der Tier- und Pflanzenarten, die dann verloren gingen, sind heute noch nicht einmal entdeckt, geschweige denn wurde ihr ökonomischer Wert beziffert. Eine Reihe von Arbeiten hat sich mit der Schadensfunktion und ihren möglichen Defiziten genauer beschäftigt. Exemplarisch seien hier genannt: Für die Problematik katastrophischer Schäden Ackerman et al. (2010), Botzen und van den Bergh (2012), Weitzman (2012) sowie Howard und Sterner (2017) und für den Einfluss von Unsicherheit Roughgarden und Schneider (1999) sowie Diaz und Moore (2017).

Zum anderen: Die effektive Höhe der berücksichtigten Klimaschäden hängt außerdem auch noch von der Diskontierung ab. Schließlich gehen in die Kosten-Nutzen-Abwägung die Gegenwartswerte zukünftiger Schäden ein. Dabei hatten wir gesehen, dass die Wahl der Diskontierungsrate von entscheidender Bedeutung ist. Hohe Diskontierungsraten, wie etwa die in DICE gewählten gut 4% pro Jahr, die sich an der langfristigen, durchschnittlichen Kapitalmarktrendite orientieren, führen zu einer relativ geringen Gewichtung künftiger Schäden. Eine Diskontrate von etwa 4% pro Jahr lässt sich folgendermaßen interpretieren: Nehmen wir an, dass infolge heute unterlassener Klimaschutzmaßnahmen nach 100 Jahren ein Schaden in Höhe von 1 Bio. € resultiert. Bei einer Diskontrate von 1% beträgt der Barwert dieses Schadens ca. 370 Mrd. €. Er sinkt auf 20 Mrd. €, wenn man stattdessen 4% als Diskontrate verwendet. Diese Zahlen besagen, dass heutige Klimaschutzmaßnahmen bei einer Diskontrate von 1% achtzehnmal mehr kosten dürfen als bei einer Diskontrate von 4%. Welche Umweltschutzmaßnahmen oder allgemeiner Zukunftsinvestitionen lohnend sind, hängt somit in entscheidendem Maße von der gewählten Diskontrate ab.

Angesichts dieser Zahlen möchte man sofort fordern: Da Klimaschutz wichtig ist, sollten wir Investitionen in Klimaschutzprojekte mit einer möglichst niedrigen Diskontrate (hier z.B. 1%) behandeln.[37] Aber Achtung: Aus ökonomischer Sicht ist zu berücksichtigen, dass Kapital knapp und produktiv ist. Wenn die herrschende reale Kapitalrendite 4% ist, bedeutet dies: Eine Investition von 1€ in Kapital heute bringt im nächsten Jahr einen Ertrag von 1,04€. Jede Kapitalinvestition in Klimaschutz muss daher, damit sie gesellschaftlich sinnvoll ist, mindestens eine Rendite von 4% erwirtschaften. Würden Investitionen in Klimaschutz durchgeführt, die eine geringere Rendite als 4% erbringen, wäre dies nicht effizient, denn der knappe Produktionsfaktor Kapital könnte nicht in alternative Investitionsprojekte (mit 4% Rendite) fließen. Die Wohlfahrt wäre dann suboptimal. Die Diskontierung mit 4% ist damit ein Signal für die *Knappheit* des Produktionsfaktors Kapital. Diese Knappheit gilt für alle Investitionen – unabhängig davon, ob es sich um Humankapital, physisches Kapital oder Klimaschutz handelt.

Auch um die „richtige" Wahl der Diskontrate hat sich eine wissenschaftliche Diskussion entsponnen. Beispielhaft seien hier genannt Dietz und Asheim (2012), Dennig et al. (2015), Botzen et al. (2018), Hänsel und Quaas (2018), Glanemann et al. (2020), Hänsel et al. (2020) sowie Gazzotti et al. (2021).

---

[37] Tatsächlich gibt es Studien, die so vorgehen. Ein prominentes Beispiel ist der 2006 veröffentlichte Stern-Review (benannt nach dem ehemaligen Weltbank-Chefökonomen Nicholas Stern). Der im Auftrag der britischen Regierung erstellte rund 650 Seiten starke Bericht (Stern 2006) untersucht insbesondere die wirtschaftlichen Folgen der globalen Erwärmung. Zentrale Aussage von Stern ist, dass auf Grund der Höhe der zu erwartenden diskontierten Klimaschäden massive Investitionen in Vermeidung nicht erst in der fernen Zukunft, sondern bereits heute sinnvoll sind. Stern nimmt im zentralen Modelldurchlauf folgende Parameter (vgl. den Appendix zu diesem Kapitel) an: $\rho = 0{,}1\%$, $\alpha = 1$ und $g = 1{,}3\%$. Dies impliziert $r = 1{,}4\%$. Vgl. die Diskussion zum Stern-Report in Sturm und Vogt (2011).

Ein weiteres Problem ist es, über sehr lange Zeiträume hinweg die technologische Entwicklung zu prognostizieren. Schließlich treffen wir in der Kosten-Nutzen-Analyse eine Annahme über die Produktivität der Ökonomie am Ende dieses Jahrhunderts (oder noch weiter in der Zukunft). Man stelle sich einmal vor, im Jahr 1920 hätte man eine Prognose über die Produktivität im Jahr 2020 abgeben müssen. Jede noch so begabte Wissenschaftlerin wäre an dieser Aufgabe kläglich gescheitert, denn das Ausmaß und die Struktur des Wandels von Produktion und Werten hätte selbst die größte menschliche Phantasie hoffnungslos überfordert.[38] All diese Unsicherheiten existieren und können auch nicht wegdiskutiert werden. Hier gibt es erheblichen Forschungsbedarf, insbesondere bei der Ermittlung von belastbaren Angaben zu klimawandelbedingten Schäden und ihrer Monetarisierung.

Dennoch: Die Kosten-Nutzen-Analyse stellt ein wertvolles Werkzeug der Ökonomik dar, um herauszufinden, wie eine *effiziente Klimapolitik* über die Zeit hinweg aussieht, wenn man den jeweils aktuellen Kenntnisstand über Kosten und Nutzen des Klimawandels berücksichtigt. Mit DICE haben wir die Grundstruktur einer solchen Klimapolitik kennengelernt. Um die global optimale Politik zu erreichen, benötigen wir einen globalen CO_2-Preis, der von ca. 37 \$/tCO_2 in 2020 bis auf ca. 270 \$/tCO_2 in 2100 ansteigt. Jeder andere Pfad für diesen CO_2-Preis ist nicht effizient. Dies bedeutet, dass man ausgehend von einem ineffizienten CO_2-Preispfad mindestens eine Generation nutzenmäßig besser stellen kann, ohne eine andere Generation schlechter zu stellen. Ein solcher, ineffizienter Pfad wäre nichts anderes als eine *Verschwendung* von Ressourcen und dies ist angesichts einer Welt, in der Armut vielerorts immer noch alltäglich ist, ethisch nur schwer zu begründen.

Außerdem macht der Gebrauch von Modellen die zugrundeliegenden Annahmen – man vergleiche nur unsere obige Diskussion über Schadensfunktion und Diskontierung – explizit und trägt damit zweifelsohne zur Versachlichung der Debatte bei. Modelle erlauben in transparenter Weise Ursache-Wirkungs-Zusammenhänge nachzuvollziehen.

6.6 Ökonomische Dimension II: Anreizprobleme der Klimapolitik

Wir wollen uns der ökonomischen Dimension des Klimaproblems nun von einer anderen Seite her nähern. Bislang sind wir davon ausgegangen, dass eine Art „Weltregierung" über das optimale Ausmaß an Klimapolitik bestimmt. Diese Annahme hat offensichtlich nicht viel mit der Realität gemein. In der internationalen Klimapolitik sind unabhängige Staaten die Akteure. Daher werden wir in diesem Abschnitt Modelle beschreiben, welche die tatsächlichen individuellen Anreize in der globalen Klimapolitik abbilden.

---

[38] Vgl. hierzu Paqué (2008).

Ökonomische Dimension II: Anreizprobleme der Klimapolitik

6.6.1 Soziale Dilemmata

Wir haben in Abschnitt 4.1 erläutert, dass Umweltgüter entweder öffentliche Güter oder Common Pool Resources sind. Für beide Güter ist das Ausschlussprinzip nicht durchsetzbar, was letztlich dazu führt, dass der Preismechanismus nicht genutzt werden kann. Wir haben auch gezeigt, dass bei öffentlichen Gütern und Common Pool Resources individuell rationales Verhalten nicht zu einem kollektiv rationalen Ergebnis führt. Bei öffentlichen Gütern tragen die Akteurinnen zu wenig zur Erstellung des Guts bei, bei Common Pool Resources wird hingegen die Ressource übernutzt. Situationen, bei denen individuell rationales Verhalten von kollektiver Rationalität abweicht, haben wir als „soziale Dilemmata" bezeichnet. Wie wir sehen werden, ist auch der Klimaschutz ein solches soziales Dilemma.

Das öffentliche-Gut-Spiel aus Abschnitt 4.1.3 bildet das zentrale Anreizproblem bei der Bereitstellung eines öffentlichen Guts ab. Unabhängig vom Verhalten der anderen Spielerinnen ist es immer beste Antwort nichts beizutragen. Effizienz erfordert dagegen den vollständigen Beitrag zum öffentlichen Gut. Dennoch mag man einwenden, dass dieses Spiel zur Darstellung der Anreize in der globalen Klimapolitik nicht sinnvoll ist. Schließlich haben viele Länder einen – wenn auch geringen – privaten Anreiz, Klimaschutz zu betreiben. Zum Beispiel würde eine deutliche Absenkung der CO_2-Emissionen in der EU (bei einem Anteil der EU-Emissionen an den weltweiten CO_2-Emissionen von etwa 15%) in geringem Maße zur Stabilisierung des Weltklimas beitragen. Eine Randlösung, in der jede Akteurin *nichts* zur Erstellung des öffentlichen Guts beiträgt, ist nicht plausibel. Wir werden daher im Folgenden ein alternatives Modell für die Entscheidungssituation eines Landes in der globalen Klimapolitik darstellen (Carraro und Siniscalco 1993, Barrett 1994). Dieses Modell wird dann im Abschnitt 6.6.2 mit einem Koalitionsmechanismus erweitert. Wie in Abschnitt 4.1.3 wird nur Vermeidung (also der Beitrag zum öffentlichen Gut) betrachtet. Anpassung wird nicht berücksichtigt, da davon auszugehen ist, dass jedes Land private Anreize hat, Anpassung auf optimalem Niveau zu erbringen.

Jedes Land i, $i = 1 \ldots N$, kann einen Beitrag q_i zum öffentlichen Gut Klimaschutz leisten. Dieser Beitrag ist die Emissionsvermeidung im eigenen Land. Jedes Land hat die Gewinnfunktion

$$\pi_i = -q_i^2 + \gamma Q \text{ mit } Q = \sum_{i=1}^{N} q_i \text{ und } \gamma > 0 \tag{6.7}$$

Dabei sind q_i^2 die privaten Kosten von Land i, während der Nutzen von i aus Klimaschutz mit dem Faktor γ proportional zum Gesamtbeitrag aller Akteurinnen ist. Aus der Gewinnfunktion 6.7 lassen sich sofort die Grenzkosten, $2q_i$, ablesen, welche zunehmend im individuellen Beitrag zum Klimaschutz sind. Der private Grenznutzen aus Klimaschutz, γ, ist hingegen positiv und konstant. Steigende Grenzkosten sind bei Klimaschutzmaßnahmen eine plausible Annahme: Mit zunehmender Vermeidung wird die Einsparung einer weiteren Tonne CO_2 immer teurer. Hingegen ist der Grenzschaden der Emission einer weiteren Tonne CO_2 – und damit der Grenznutzen aus Vermeidung – bei einem

Globalschadstoff wie CO_2, dessen Konzentration sich in der Atmosphäre langsam erhöht, praktisch konstant.

Im Fall von individuell rationalem Verhalten maximiert jedes Land i seinen Gewinn gegeben das Verhalten der anderen Länder. Die Bedingung erster Ordnung für das Gewinnmaximum ist

$$\frac{\partial \pi_i}{\partial q_i} = -2q_i + \gamma = 0 \tag{6.8}$$

oder umgeformt

$$2q_i = \gamma \tag{6.9}.$$

Im individuellen Gewinnmaximum müssen also die Grenzkosten des Beitrags (linke Seite von 6.9) gleich dem privaten Grenznutzen (rechte Seite von 6.9) sein. Im symmetrischen Nash-Gleichgewicht („NE") gilt somit

$$q_i^{NE} = \tfrac{\gamma}{2} \text{ und } Q^{NE} = N\tfrac{\gamma}{2} \tag{6.10}.$$

Zwei Eigenschaften der Nash-Lösung in 6.10 sind bemerkenswert. Erstens: Wir haben es wiederum mit einem Nash-Gleichgewicht in dominanten Strategien zu tun, d.h., die beste Antwort jeder Akteurin im Gleichgewicht ist unabhängig davon, was die anderen Akteurinnen zum öffentlichen Gut beitragen (der individuelle Beitrag im Gleichgewicht ist nur abhängig von γ und nicht von den Beiträgen der anderen Akteurinnen). Zweitens: Im Nash-Gleichgewicht werden positive Beiträge zum öffentlichen Gut geleistet! Es liegt also keine Randlösung wie in Abschnitt 4.1.3 vor.

Vergleichen wir nun das Ergebnis individuell rationalen Verhaltens mit der kollektiv rationalen Lösung. In diesem Fall wird die Summe der Gewinne aller Länder, Π, maximiert. Da die N Länder symmetrisch sind, können wir davon ausgehen, dass jedes Land i den gleichen Beitrag zum öffentlichen Gut leistet. Damit ist der Gesamtbeitrag $Q = Nq_i$.
Der Gesamtgewinn ist dann

$$\Pi = N\pi_i = N(-q_i^2 + \gamma Q) = -\tfrac{1}{N}Q^2 + \gamma NQ \tag{6.11}.$$

Die Bedingung erster Ordnung für ein kollektives Gewinnmaximum ist

$$\frac{\partial \Pi}{\partial Q} = -2\tfrac{Q}{N} + \gamma N = 0 \tag{6.12}$$

oder umgeformt

$$2\tfrac{Q}{N} = 2q_i = \gamma N \tag{6.13}.$$

Im kollektiven Gewinnmaximum sind die Grenzkosten des Beitrags zum Klimaschutz (linke Seite von 6.13) gleich dem sozialen Grenznutzen des Beitrags (rechte Seite von 6.13). Im sozialen Optimum („Opt") ist daher

$$q_i^{Opt} = N\frac{\gamma}{2} \text{ und } Q^{Opt} = N^2\frac{\gamma}{2} \tag{6.14}.$$

Beim Vergleich der Beiträge im Nash-Gleichgewicht (6.10) und im sozialen Optimum (6.14) sieht man sofort, dass die Beiträge im sozialen Optimum um den Faktor N größer sind als die Nash-Lösung. Es wird also aus kollektiver Sicht zu wenig beigetragen, wenn sich die Akteurinnen individuell rational verhalten. Um die individuellen Gewinne bei individuell rationalem Verhalten mit denen bei sozial optimalem Verhalten vergleichen zu können, müssen wir die Nash-Lösung und das sozial optimale Beitragsniveau in die Gewinnfunktion 6.7 einsetzen. Wir erhalten für den Gewinn im Nash-Gleichgewicht

$$\pi_i^{NE} = (2N - 1)\frac{\gamma^2}{4} \tag{6.15}$$

und für den Gewinn im sozialen Optimum

$$\pi_i^{Opt} = N^2\frac{\gamma^2}{4} \tag{6.16}.$$

Für $N \geq 2$ gilt offensichtlich $\pi_i^{Opt} > \pi_i^{NE}$, d.h., auch hier sind die Akteurinnen in einem sozialen Dilemma gefangen: Der Gewinn im Nash-Gleichgewicht ist kleiner als im sozialen Optimum.

Betrachten wir das Entscheidungsproblem nochmals anhand eines Beispiel mit $N = 10$ und $\gamma = 10$. Abbildung 6.18 macht deutlich, dass das Auseinanderfallen von privatem Grenznutzen, γ, und sozialem Grenznutzen, 10γ, letztlich die Ursache des sozialen Dilemmas ist. Eine Akteurin, die eine Einheit mehr zum öffentlichen Gut beiträgt, berücksichtigt nur den privaten Nutzen ihres Beitrags, nicht jedoch den Nutzen, der bei allen anderen Akteurinnen anfällt. Aus sozial optimaler Perspektive würden diese externen Nutzen jedoch berücksichtigt werden. Daher ist im sozialen Optimum (Schnittpunkt von Grenzkosten und sozialem Grenznutzen) der Beitrag, $q_i^{Opt} = 50$, höher als im Nash-Gleichgewicht (Schnittpunkt von Grenzkosten und privaten Grenznutzen), $q_i^{NE} = 5$. Die Gewinne sind im Nash-Gleichgewicht $\pi_i^{NE} = 475$ und im sozialen Optimum $\pi_i^{Opt} = 2.500$.[39] Am Beispiel lassen sich auch die starken Freifahreranreize verdeutlichen. Gegeben, dass alle anderen Akteurinnen j das sozial optimale Beitragsniveau von $q_j^{Opt} = 50$ wählen, kann Akteurin i mit der besten Antwort („bA") ihren Gewinn auf $\pi_i^{bA}(q_i, q_j^{Opt}) = 4.525$ steigern. Freifahren auf Kosten der Anderen erhöht also in dieser Situation den Gewinn um über 80%.

---

[39] Die Einheit der Gewinne ($\$$, €, usw.) spielt hier keine Rolle und wird im Folgenden weggelassen.

Abb. 6.18 Beitrag zum Klimaschutz im Beispiel mit $N = 10$ und $\gamma = 10$

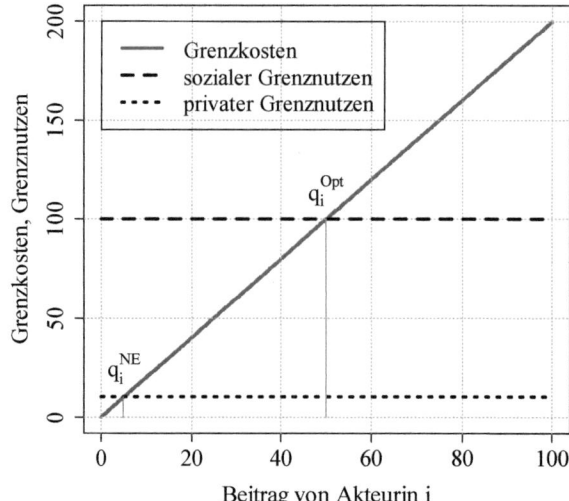

Wir halten fest: Die pessimistische Prognose des öffentlichen-Gut-Spiels aus Abschnitt 4.1.3 bleibt also erhalten. Es wird aus kollektiver Sicht zu wenig Klimaschutz betrieben.

Dennoch bleibt die Frage offen, ob das hier vorgestellte Modell reale Klimapolitik – oder allgemeiner Umweltpolitik in der internationalen Arena – richtig abbildet. Hierbei kann man durchaus skeptisch sein, denn in der Realität sieht Umweltpolitik anders aus. Die Länder entscheiden selten völlig allein über ihren Beitrag zum Umweltgut.[40] Üblicherweise bilden hier diejenigen Länder, die – warum auch immer – einen Beitrag leisten wollen, eine *Koalition*. Die Unterzeichnerinnen des Koalitionsvertrags leisten dann einen höheren Beitrag als die Nichtunterzeichnerinnen. Ein Beispiel hierfür ist das Kyoto-Protokoll von 1997, in dem sich die Industriestaaten zu einer Reduzierung der CO_2-Emissionen verpflichtet haben (vgl. Abschnitt 7.1). Könnte also ein solcher *Koalitionsmechanismus* die Lösung für das soziale Dilemma Klimaschutz sein?

---

[40] Ein weiterer, hier nicht betrachteter Aspekt ist die zeitliche Abfolge der Beiträge zum öffentlichen Gut Klimaschutz. So könnte man z.B. davon ausgehen, dass eine „Vorreiterin" mit hohen Beiträgen zum öffentlichen Gut vorangeht und die anderen Akteurinnen – nach dem Beitrag der Vorreiterin – mit entsprechend höheren Beiträgen nachziehen. Offensichtlich verfolgt die EU diese Strategie, schließlich nimmt sie seit Jahren eine führende Position in der globalen Klimapolitik ein. Aus theoretischer wie auch aus empirischer Sicht muss man aber sehr skeptisch bzgl. der Erfolgschancen einer solchen Vorreiterinnenrolle in der Klimapolitik sein. Eher ist zu erwarten, dass die anderen Akteurinnen nicht nachziehen oder sogar ihre Beiträge zum öffentlichen Gut reduzieren. Vgl. hierzu Weimann (2010) und Sturm und Weimann (2008).

6.6.2 Koalitionsmodelle

Betrachten wir folgende zweistufige Entscheidungssituation. Auf *Stufe 1*, die wir „Beitrittsentscheidung" nennen, entscheidet jedes Land i, ob es Mitglied der Koalition wird oder nicht. Die Mitglieder einer solchen Koalition verhalten sich aus Sicht der Koalition sozial optimal, d.h., es wird der Gesamtgewinn der Koalition maximiert oder – anders formuliert – der positive externe Effekt des Beitrags der Koalitionärinnen wird vollständig internalisiert. Nichtkoalitionärinnen verhalten sich hingegen individuell rational. Auf *Stufe 2*, die wir „Beitragsentscheidung" nennen, entscheidet schließlich jedes Land, wie viel es zum öffentlichen Gut Klimaschutz beiträgt. Der Beitrag einer Koalitionärin ist dann nur noch davon abhängig, wie viele Mitglieder die Koalition hat.[41]

Die Zahl der Mitglieder der Koalition sei k. Aus Abschnitt 6.6.1 wissen wir, dass der individuelle Beitrag im sozialen Optimum $q_i^{Opt} = N\frac{y}{2}$ ist. Auf eine Koalition mit der Größe k übertragen bedeutet dies, dass jede Koalitionärin („C") einen Beitrag von $q_i^C = k\frac{y}{2}$ leisten wird, denn die Koalition verhält sich gegeben die Zahl ihrer Mitglieder sozial optimal. Jede Nichtkoalitionärin („NC") wird dagegen $q_i^{NC} = \frac{y}{2}$ beitragen. An der dominanten Strategie ändert sich schließlich für eine Nichtkoalitionärin nichts.

Die eigentlich spannende Frage ist nun: Wie groß ist die Koalition, die sich in diesem Spiel bildet? Lässt sich das soziale Dilemma im Klimaschutz durch die Änderung der Spielregeln – in diesem Fall durch die Einführung des Koalitionsmechanismus – abschwächen oder gar lösen? Wenn hinreichend viele Akteurinnen zur Koalition beitreten, rückt das individuelle Beitragsniveau einer Koalitionärin schließlich immer näher an das soziale Optimum heran.

Um diese Frage zu beantworten, müssen wir die Größe der stabilen Koalition bestimmen. Die Zahl der Koalitionärinnen in einer solchen stabilen Koalition sei mit k^* bezeichnet. Es lassen sich nun zwei Bedingungen identifizieren, die eine stabile Koalition auszeichnen. Erstens: Der Eintritt in eine solche stabile Koalition darf sich nicht lohnen, sonst wäre diese nicht extern stabil. Es muss also folgende Bedingung für *externe Stabilität* gelten

$$\pi_i^{NC}(k) \geq \pi_i^C(k+1) \qquad (6.17).$$

Nach Bedingung 6.17 darf der Gewinn einer Koalitionärin bei $k+1$ Koalitionärinnen nicht größer sein als der Gewinn einer Nichtkoalitionärin bei k Koalitionärinnen. Zweitens: Die Koalition muss intern stabil sein. *Interne Stabilität* bedeutet, dass sich der Austritt aus einer stabilen Koalition nicht lohnen darf. Für eine Koalitionsgröße k muss also folgende Bedingung gelten

$$\pi_i^C(k) \geq \pi_i^{NC}(k-1) \qquad (6.18).$$

---

[41] Die klassischen Arbeiten zu Koalitionsmodellen sind Carraro und Siniscalco (1993) und Barrett (1994).

Nach Bedingung 6.18 darf der Gewinn einer Nichtkoalitionärin bei $k-1$ Koalitionärinnen nicht größer sein als der Gewinn einer Koalitionärin bei k Koalitionärinnen. Damit wir nun von einer stabilen Koalition mit Größe k^* sprechen können, müssen beide Bedingungen, 6.17 und 6.18, erfüllt sein. Aus Bedingung 6.17 für die externe Stabilität folgt

$$-(\tfrac{\gamma}{2})^2 + \gamma(k^2\tfrac{\gamma}{2} + (N-k)\tfrac{\gamma}{2}) \geq -((k+1)\tfrac{\gamma}{2})^2 + \gamma((k+1)^2\tfrac{\gamma}{2} + (N-k-1)\tfrac{\gamma}{2}) \quad (6.19).$$

Mit etwas Umformen kann man zeigen, dass 6.19 sich vereinfachen lässt zu

$$k \geq 2 \quad (6.20).$$

Das ist zunächst einmal eine gute Nachricht! Die Zahl der Koalitionärinnen in der stabilen Koalition liegt bei zwei oder darüber. Wir müssen nun noch überprüfen, was aus der Bedingung 6.18 für die interne Stabilität folgt. Hier kann man zeigen, dass

$$-(k\tfrac{\gamma}{2})^2 + \gamma(k^2\tfrac{\gamma}{2} + (N-k)\tfrac{\gamma}{2}) \geq -(\tfrac{\gamma}{2})^2 + \gamma((k-1)^2\tfrac{\gamma}{2} + (N-k+1)\tfrac{\gamma}{2}) \quad (6.21)$$

sich vereinfachen lässt zu der Bedingung

$$2k \geq \tfrac{1}{2}k^2 + \tfrac{3}{2} \iff k \leq 3 \quad (6.22).$$

Bedingung 6.22 ist also nur für die ganzen Zahlen 1, 2 und 3 erfüllt. Wir müssen daher feststellen, dass die Zahl der Koalitionärinnen in der stabilen Koalition bei 2 oder 3 liegt. Es ist also $k^* \in \{2,3\}$. Die Hoffnung, mit dem Koalitionsmechanismus das öffentliche-Gut-Problem zu lösen, hat sich damit nicht erfüllt. Im Gleichgewicht treten nur wenige Länder der Koalition bei. Der eigentliche Grund hierfür sind die starken *Freifahreranreize* im zugrundeliegenden öffentlichen-Gut-Spiel. Wenn eine Koalition hinreichend groß ist, lohnt es sich für eine Koalitionärin aus der Koalition auszutreten und die Freifahreroption wahrzunehmen. Gleichzeitig würde der Beitritt einer Nichtkoalitionärin diese schlechter stellen. Unter diesen Bedingungen kommt keine stabile Koalition mit vielen Mitgliedern zustande. $\pi_i^C(k=3) = 575 = \pi_i^{NC}(k=2) = 575$

Die Freifahreranreize im öffentlichen-Gut-Spiel mit Koalitionsmechanismus sollen nun anhand des Beispiels aus Abschnitt 6.6.1 verdeutlich werden. Es gilt die Gewinnfunktion 6.7 mit $N = 10$ und $\gamma = 10$. Ausgangspunkt ist die Überlegung einer Akteurin i, der Koalition beizutreten. Die Entscheidung zum Beitritt ist offensichtlich davon abhängig, was die anderen Akteurinnen machen. Wenn niemand beitritt, ist i indifferent zwischen Beitritt und Nichtbeitritt, in beiden Fällen ist der Gewinn von i gleich $\pi_i^C(k=1) = \pi_i^{NC}(k=1) = 475$. Wenn hingegen eine andere Akteurin j beigetreten ist, lohnt sich für i der Beitritt zur Koalition, denn $\pi_i^C(k=2) = 500 > \pi_i^{NC}(k=1) = 475$. Wenn bereits zwei Akteurinnen j beigetreten sind, ist Akteurin i wiederum indifferent zwischen Beitritt und Nichtbeitritt, denn es ist $\pi_i^C(k=3) = 575 = \pi_i^{NC}(k=2) = 575$. Wenn dagegen drei Akteurinnen j bereits eine Koalition bilden, ist es für i beste Antwort

Abb. 6.19 Gewinne einer Koalitionärin im Beispiel mit N = 10 und γ = 10

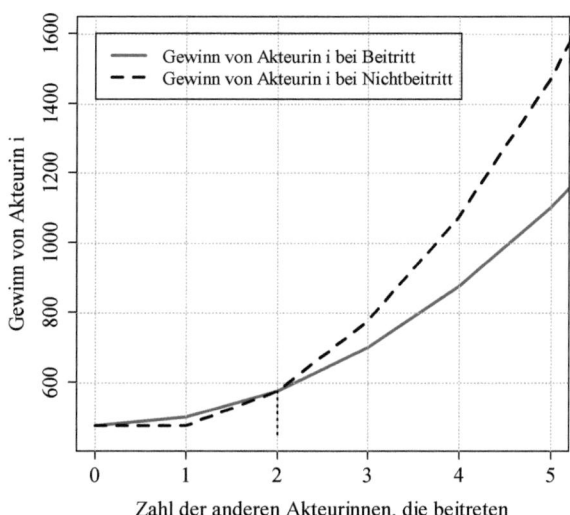

darauf, nicht beizutreten und die Freifahrerposition einer Nichtkoalitionärin einzunehmen. In diesem Fall ist $\pi_i^C(k = 4) = 700 < \pi_i^{NC}(k = 3) = 775$. Abbildung 6.19 stellt die Gewinne von *i* in Abhängigkeit von der Beitrittsentscheidung aller anderen Akteurinnen dar. Wie man sieht, gibt es Freifahreranreize für Akteurin *i*, wenn die Zahl der anderen Akteurinnen in der Koalition größer ist als zwei: Der Gewinn bei Nichtbeitritt liegt in diesem Fall über dem Gewinn bei Beitritt. Die steigende Differenz zwischen dem Gewinn von *i* bei Nichtbeitritt und Beitritt macht deutlich, dass die Freifahreranreize für *i* mit der Zahl der anderen Akteurinnen in der Koalition steigen.

Wir müssen also festhalten: Auch der hier vorgestellte zweistufige Koalitionsmechanismus ist nicht in der Lage, das öffentliche-Gut-Problem beim Klimaschutz zu lösen. Die Zahl der Koalitionärinnen in einer stabilen Koalition und der mit der stabilen Koalition verbundene Wohlfahrtsgewinn sind gering.

6.7 Literatur

Ackerman, F., E.A. Stanton und R. Bueno (2010): Fat tails, exponents, extreme uncertainty: simulating catastrophe in DICE, Ecological Economics 69(8), 1657-1665.

APA (2011): Aktionsplan Anpassung der Deutschen Anpassungsstrategie an den Klimawandel vom Bundeskabinett am 31. August 2011 beschlossen.

Barrett, S. (1994): Self-Enforcing International Environmental Agreements, Oxford Economic Papers 46, 878-894.

Berner, A., S. Bruns, A. Moneta und D.I. Stern (2022): Do energy efficiency improvements reduce energy use? Empirical evidence on the economy-wide rebound effect in Europe and the United States, Energy Economics 110, 105939, ISSN 0140-9883, https://doi.org/10.1016/j.eneco.2022.105939.

Bosello, F., R. Roson und R.S.J. Tol (2006): Economy-wide estimates of the implications of climate change: Human health, Ecological Economics 58, 579-591.

Botzen, W.W. und J.C. van den Bergh (2012): How sensitive is Nordhaus to Weitzman? Climate policy in DICE with an alternative damage function, Economics Letters 117(1), 372-374.

Botzen, W.W., J.C. van den Bergh und G. Chichilnisky (2018): Climate policy without intertemporal dictatorship: Chichilnisky criterion versus classical utilitarianism in DICE, Climate Change Economics 9(2), 1850002.

Boulton, C.A., T.M. Lenton und N. Boers (2022): Pronounced loss of Amazon rainforest resilience since the early 2000s, Nature Climate Change 12, 271-278.

Buchholz, W. und J. Schumacher (2009): Die Wahl der Diskontrate bei der Bewertung von Kosten und Nutzen in der Klimapolitik, Jahrbuch Ökologische Ökonomik, Band 6, 1-33.

Bundesregierung (2008): Deutsche Anpassungsstrategie an den Klimawandel. http://www.bmu.de/klimaschutz/downloads/doc/42783.php

Carraro, C. und D. Siniscalco (1993): Strategies for the International Protection of the Environment, Journal of Public Economics 52, 309-328.

Chmielewski, F.M. (2007): Folgen des Klimawandels für Land- und Forstwirtschaft. In: Endlicher, W. und F.-W. Gerstengarbe (Hrsg.): Der Klimawandel. Einblicke, Rückblicke, Ausblicke, 75-85.
http://edoc.hu-berlin.de/miscellanies/klimawandel-28044/75/PDF/75.pdf

Dannenberg, A., T. Mennel, D. Osberghaus und B. Sturm (2010): The Role of Government in Adaptation to Climate Change, Environment & Planning C: Government & Policy 28(5), 834-850.

Diaz D. und F. Moore (2017): Quantifying the economic risks of climate change, Nature Climate Change 7(11), 774-782.

Dietz, S., J. Rising, T. Stoerk und G. Wagner (2021): PNAS, 188(34), https://doi.org/10.1073/pnas.2103081118.

Dietz S. und G.B. Asheim (2012): Climate policy under sustainable discounted utilitarianism, Journal of Environmental Economics and Management 63(3), 321-335.

Donaldson, G., R.S. Kovats, W.R. Keatinge und A.J. McMichael (2001): Overview of Climate Change Impacts on Human Health in the UK, in: Health Effects of Climate Change in the UK, 2001/2002 Report, Department of Health.

DWD (2023): https://www.dwd.de, Zugriff am 07.04.2023.

Dennig F., M.B. Budolfson, M. Fleurbaey, A. Siebert und R.H. Socolow (2015): Inequality, climate impacts on the future poor, and carbon prices, Proceedings of the National Academy of Sciences 112(52), 15827-15832.

Fewster, R.E., P.J. Morris, R.F. Ivanovic, G. T. Swindles, A.M. Peregon und C. J. Smith (2022): Imminent loss of climate space for permafrost peatlands in Europe and Western Siberia. Nature Climate Change 12, 373-379. https://doi.org/10.1038/s41558-022-01296-7.

Gazzotti. P., J. Emmerling, G. Marangoni, A. Castelletti, K.I. van der Wijst, A. Hof und M. Tavoni (2021): Persistent inequality in economically optimal climate policies, Nature Communications 12(1), 1-10.

Glanemann N., S.N. Willner und A. Levermann (2020): Paris Climate Agreement passes the cost-benefit test, Nature Communications 11(1), 1-11.

Hänsel M.C. und M.F. Quaas (2018): Intertemporal distribution, sufficiency, and the social cost of carbon, Ecological Economics 146, 520-535.

Hänsel M.C., M.A. Drupp, D.J. Johansson, F. Nesje, C. Azar, M.C. Freeman, B. Groom und T. Sterner (2020): Climate economics support for the UN climate targets, Nature Climate Change 10(8), 781-789.

Howard P.H. und T. Sterner (2017): Few and not so far between: a meta-analysis of climate damage estimates, Environmental and Resource Economics 68(1), 197-225.

Hutcheson, F. (1725): An Inquiry into the Original of our Ideas of Beauty and Virtue, 2004 Liberty Fund, Inc.

Hübler, M. und G. Klepper (2007): Kosten des Klimawandels. Die Wirkung steigender Temperaturen auf Gesundheit und Leistungsfähigkeit, Frankfurt a.M.

IEA (2022): World Energy Outlook, www.iea.org.

IPCC (2007a): Climate Change 2007: WG I. Technical Summary, IPCC, Geneva, Switzerland.

IPCC (2007b): Climate Change 2007: Impacts, Adaptation and Vulnerability. Contribution of Working Group II to the Fourth Assessment Report of the Intergovernmental Panel on Climate Change, Cambridge University Press, Cambridge, UK.

IPCC (2021a): Technical Summary. The Physical Science Basis. Contribution of Working Group I to the Sixth Assessment Report of the Intergovernmental Panel on Climate Change doi:10.1017/9781009157896.002.

IPCC (2021b): Summary for Policymakers. The Physical Science Basis. Contribution of Working Group I to the Sixth Assessment Report of the Intergovernmental Panel on Climate Change, doi:10.1017/9781009157896.001.

Kalkstein, L.S. und J.S. Greene (1997): An Evaluation of Climate/Mortality Relationships in Large U.S. Cities and the Possible Impacts of a Climate Change, Environmental Health Perspectives 105, 84-93.

Keatinge, W.R., G.C. Donaldson, E. Cordioli, M. Martinelli, A.E. Kunst, J.P. Mackenbach, S. Nayha und I. Vuori (2000): Heat Related Mortality in Warm and Cold Regions of Europe: Observational Study, British Medical Journal 321, 670-673.

Kaya, Y. (1995): The role of CO_2 Removal and Disposal, Energy Conversation Management 36, 375-380.

Lehmann, J., D. Coumou und K. Frieler (2015): Increased record-breaking precipitation events under global warming, Climatic Change 132, 501-515.

Lomborg, B. (2008): Cool it. Warum wir trotz Klimawandels einen kühlen Kopf bewahren sollten, Deutsche Verlags-Anstalt.

Löschel, A. (2009): Die Zukunft der Kohle in der Stromerzeugung in Deutschland. Eine umweltökonomische Betrachtung der öffentlichen Diskussion, Friedrich-Ebert-Stiftung, Reihe: Energiepolitik/1/2009.

Maxwell, D. und L. McAndrew (2011): Addressing the Rebound Effect, European Commission DG ENV, Final Report, 26. April 2011.

Moslener, U. und B. Sturm (2009): Remarks on Equity and Efficiency in Climate Policy, in: K.D. John and D.T.G. Rübbelke (Eds.): Benefits of Environmental Policy, Conference Volume of the 6th Chemnitz Symposium 'Europe and Environment', Routledge, London and New York, 61-77.

NOAA (2023): Trends in Atmospheric Carbon Dioxide, https://gml.noaa.gov/ccgg/trends/, Zugriff am 01.03.2023.

Nordhaus, W.D. (2017): Revisiting the Social Cost of Carbon, PNAS, 114(7), 1518-1523.

Nordhaus, W.D. (2016): DICE 2016R, http://www.econ.yale.edu/~nordhaus/homepage/DICEmodels09302016.htm.

Nordhaus, W.D. (2014): Estimates of the Social Cost of Carbon: Concepts and Results from the DICE-2013R Model and Alternative Approaches, Journal of the Association of Environmental and Resource Economists 1, 273-312.

Nordhaus, W.D. (2008): A Question of Balance: Economic Modeling of Global Warming, Yale University Press. http://www.econ.yale.edu/~nordhaus/homepage/

Nordhaus, W.D. (1997): Discounting in Economics and Climate Change. An Editorial Comment, Climatic Change 37, 315-328.

Oates, W.E. (1999): An Essay on Fiscal Federalism, Journal of Economic Literature 37, 1120-49.

Our World in Data (2023): CO_2 and Greenhouse Gas Emissions, Zugriff am 01.03.2023.

Parry, L.L., C. Rosenzweig, A. Iglesias, M. Livermore und G. Fischer (2004): Effects of climate change on global food production under SRES emissions and socio-economic scenarios, Global Environmental Change 14, 53-67.

Parry, M.L, C. Rosenzweig und M. Livermore (2005): Climate Change, Global Food Supply and Risk of Hunger, Philosophical Transactions of the Royal Society B 360, 2125-2136.

Paqué, K.H. (2008): Zins, Zeit, und Zukunft. Zu Ökonomie und Ethik globaler Klimamodelle, in: Gischer, H. (Hrsg.): Transformation in der Ökonomie. Festschrift für Gerhard Schwödiauer zum 65. Geburtstag, Wiesbaden, 268-286.

Rahmstorf, S. und H.J. Schellnhuber (2019): Klimawandel, München, 9. Aufl.

Roughgarden T. und S.H. Schneider (1999): Climate change policy: quantifying uncertainties for damages and optimal carbon taxes, Energy Policy 27(7), 415-429.

Rounce, D.R., R. Hock, F. Maussion, R. Hugonnet, W. Kochtitzky, M. Huss, E. Berthier, D. Brinkerhoff, L. Compagno, L. Copland, D. Farinotti, B. Menounos und R.W. McNabb (2023): Global glacier change in the 21st century: Every increase in temperature matters, Science 379, 78-83.

Rubino, M., D. Etheridge, D. Thornton, C. Allison, R. Francey, R. Langenfelds, P. Steele, C. Trudinger, D. Spencer, M. Curran, T. Van Ommen und A. Smith (2019): Law Dome Ice Core 2000-Year CO2, CH4, N2O and d13C-CO2, https://data.csiro.au/collection/csiro:37077, Zugriff am 01.03.2023.

Scambos, T.A., R.E. Bell, R.B. Alley, S. Anandakrishnan, D.H. Bromwich, K. Brunt, K. Christianson, T. Creyts, S.B. Das, R. DeConto, P. Dutrieux, H.A. Fricker, D. Holland, J. MacGregor, B. Medley, J.P. Nicolas, D. Pollard, M.R. Siegfried, A.M. Smith, E.J. Steig, L.D. Trusel, D.G. Vaughan und P.L. Yager (2017): How much, how fast?: A science review and outlook for research on the instability of Antarctica's Thwaites Glacier in the 21st century, Global and Planetary Change 153, 16-34.

Stern, N. (2006): The Economics of Climate Change – The Stern Review, Cambridge University Press.

Sturm, B. und C. Vogt (2011): Umweltökonomik – Eine anwendungsorientierte Einführung, Physica-Verlag, 1. Auflage.

Sturm, B. und C. Vogt (2015): Mikroökonomik – Eine anwendungsorientierte Einführung, Kohlhammer-Verlag.

Sturm, B. und J. Weimann (2008): Unilateral Emissions Abatement: An Experiment, in: Todd C., J. Shogren, and S. Kroll (Eds.): Environmental Economics, Experimental Methods, London and New York, 157-183.

Tol, R.S.J. (2005): Adaptation and mitigation: trade-offs in substance and methods, Environmental Science and Policy 8, 572-578.

UBA (2003): Mögliche Auswirkungen von Klimaveränderungen auf die Ausbreitung von primär humanmedizinisch relevanten Krankheitserregern über tierische Vektoren sowie auf die wichtigen Humanparasiten in Deutschland, Forschungsbericht 200 61 218/11, UBA-FB 000454.

UBA (2022): Entwicklung der Vegetationsperiode in Deutschland 1961 bis 2021, in: Statista, https://de.statista.com/statistik/daten/studie/1240324/umfrage/vegetations-periode-in-deutschland/, Zugriff am 08.03.2023.

UBA (2023): Abweichung der globalen Lufttemperatur vom Durchschnitt der Jahre 1850 bis 1900, Met Office Hadley Centre, Climate Reseach Unit; Modell HadCRUT.5.0.1.0; Median der 200 berechneten Zeitreihen.

Vicedo-Cabrera, A.M., Scovronick, N., Sera, F. et al. (2021): The burden of heat-related mortality attributable to recent human-induced climate change, Nature Climate Change 11, 492-500, doi: 10.1038/s41558-021-01058-x.

Winkelmann, I. (2009): Klimawandel und Sicherheit in der arktischen Region, Diskussionspapier FG 8, 2009/2, SWP Berlin.

Weimann, J. (2010): Politikberatung und die Verhaltensökonomie: Eine Fallstudie zu einem schwierigen Verhältnis, Working Paper 13/2010, Faculty of Economics and Management, Otto-von-Guericke Universität Magdeburg.

Weitzman, M.L. (2012): GHG Targets as insurance against catastrophic climate damages, Journal of Public Economic Theory 14(2), 221-244.

6.8 Appendix: DICE – eine mathematische Darstellung

Im Folgenden werden wir die ökonomischen und geophysikalischen Variablen in DICE erläutern und die Gleichungen vorstellen, mit denen DICE Ökonomie und Klimasystem verbindet.

Zielfunktion

Die wohl wichtigste Gleichung eines Modells ist die Zielfunktion – schließlich bestimmt sie, was das Ziel aller Entscheidungen in der Modellwelt ist. In DICE hat die soziale Planerin das Ziel, die soziale Wohlfahrtsfunktion, W, zu maximieren. W ist die mit der sozialen Zeitpräferenzrate, ρ, diskontierte Summe des gesellschaftlichen Nutzens, U, über alle Perioden, d.h.

$$W = \sum_{t=1}^{T_{max}} U[c(t), L(t)] (1 + \rho)^{-t} \tag{A6.1}$$

DICE operiert also mit einer utilitaristischen[42] sozialen Wohlfahrtsfunktion, welche die Nutzenwerte einzelner Generationen aufaddiert. Der gesellschaftliche Nutzen, U, in Periode t ist abhängig vom Pro-Kopf-Konsum, $c(t)$, und von der Bevölkerungszahl, $L(t)$. Um die Nutzenwerte aus unterschiedlichen Perioden vergleichen zu können, müssen alle Nutzenwerte auf eine Periode – üblicherweise die Startperiode – diskontiert werden. DICE wählt eine konstante soziale Zeitpräferenzrate von $\rho = 1{,}5\%$ pro Jahr. Das Nutzenniveau eines Jahres wird also stets um 1,5% höher bewertet als das gleiche Nutzenniveau des nächstfolgenden Jahres. Wie man in Gleichung A6.1 sieht, fungiert der Diskontfaktor einer Periode t, $(1 + \rho)^{-t}$, damit zugleich als Gewichtungsfaktor für den Nutzen aus dieser Periode.

Die Nutzenfunktion in DICE ist

$$U(c(t), L(t)) = L(t) \left(\frac{c(t)^{1-\alpha}}{1 - \alpha} \right) \tag{A6.2}$$

wobei α die konstante Elastizität des Grenznutzens aus Konsum ist. Der Parameter α ist wichtig: Nutzentheoretisch ist α ein Maß für die Krümmung der Nutzenfunktion, ökonomisch ist er ein Maß für die Aversion der Gesellschaft gegenüber interpersoneller Ungleichheit im Konsum. Für $\alpha > 1$ erhalten im Sinne des Konsumniveaus ärmere Akteurinnen eine höhere Gewichtung in der sozialen Wohlfahrtsfunktion als reichere Menschen. DICE unterstellt einen Wert $\alpha = 1{,}45$.[43]

---

[42] Der utilitaristische Ansatz geht davon aus, dass *"that action is best, which procures the greatest happiness for the greatest numbers"* (Hutcheson, 1725, sec. 111, §8). Dies bedeutet, die individuellen Nutzenwerte zu summieren und die Summe zu maximieren.

[43] Die Aussage der Elastizität des Grenznutzens aus Konsum ist: Steigt der Konsum um 1%, dann verändert sich der Anstieg der Nutzenfunktion, d.h. der Grenznutzen, um α%. Mit Hilfe einer einfachen Skizze lässt sich schnell erkennen, dass eine marginale Erhöhung des Konsums einen besonders

Um die Bedeutung der beiden in DICE exogen gegebenen Parameter ρ und α besser einschätzen zu können, müssen wir einen kurzen Ausflug in die intertemporale Wohlfahrtsmaximierung der neoklassischen Wachstumstheorie unternehmen.[44] Unter der Annahme einer konstanten Bevölkerung und einer konstanten Wachstumsrate des Pro-Kopf-Konsums, g^*, gilt für die reale Kapitalrendite, r^*, der folgende Zusammenhang

$$r^* = \rho + \alpha g^* \tag{A6.3}.$$

Dies ist die sogenannte Ramsey-Gleichung. Sie stellt fest: Die reale Kapitalrendite, r^*, ist im sozialen Optimum gleich der Summe der sozialen Zeitpräferenzrate, ρ, und der Wachstumsrate des Konsums, g^*, wobei diese mit der Elastizität des Grenznutzens aus Konsum, α, gewichtet wird.

Für Klimamodelle wie DICE bedeutet dies: Wer Annahmen über die Parameter ρ, g^* und α trifft, der legt gleichzeitig die reale Kapitalrendite, r^*, fest. Die reale Kapitalrendite ist zugleich die im Modell gültige *Diskontrate* auf Gütermärkten. DICE trifft – wie bereits erläutert – die Annahmen $\rho = 1{,}5\%$ und $\alpha = 1{,}45$. Für die Wachstumsrate des Konsums wird im Mittel $g^* = 1{,}9\%$ pro Jahr angenommen. Damit erhält man für DICE (für den Zeitraum bis 2100) eine jährliche reale Kapitalrendite von

$$r^* = 1{,}5\% + 1{,}45 * 1{,}9\% \approx 4{,}25\% \tag{A6.4}.$$

An dieser Stelle sei nur darauf hingewiesen, dass die Wahl der Parameter auf der rechten Seite der Ramsey-Gleichung A6.3 die reale Kapitalrendite auf der linken Seite der Gleichung bestimmt. Führt die Parameterwahl zu einer geringeren realen Kapitalrendite, wird die Zukunft bei Investitionsentscheidungen wichtiger. Beim Klimaschutz fallen dann Schäden, die weit in der Zukunft anfallen, stärker ins Gewicht. DICE entscheidet sich für eine Wahl der Parameter, die letztlich zu einer realen Kapitalrendite führt, die mit dem tatsächlichen Verhalten der Akteurinnen auf Kapitalmärkten konsistent ist. Man muss diese Entscheidung nicht teilen, letztlich ist dies eine normative oder man kann auch sagen ethische Entscheidung.[45]

Ökonomische Gleichungen

Im Modell sind das Wachstum der Bevölkerung und damit der Zahl der Arbeitskräfte exogen gegeben. Dabei wird angenommen, dass langfristig 11,5 Mrd. Menschen auf der

---

starken nutzensteigernden Effekt (Grenznutzen) bei ärmeren Akteurinnen hat. Je höher α ist, desto stärker wird die angenommene Aversion gegen Ungleichheit in der Gesellschaft. In DICE gehen unterschiedliche Regionen mit unterschiedlichem Konsumniveau ein, insofern spielt die Aversion gegen Ungleichheit bei der Wohlfahrtsmaximierung eine Rolle.

[44] Vgl. Nordhaus (1997) und Paqué (2008).
[45] Die interessierte Leserin sei auf die Diskussion in Paqué (2008), Nordhaus (1997, 2008) und Buchholz und Schumacher (2009) verwiesen.

Erde leben werden. Es gibt 12 Weltregionen. Jede Region produziert mit Hilfe einer Cobb-Douglas-Produktionsfunktion mit konstanten Skalenerträgen

$$Q(t) = [1 - \Lambda(t)]A(t)K(t)^\gamma L(t)^{1-\gamma} \frac{1}{1+\Omega(t)} \tag{A6.5}$$

Dabei sind $K(t)$ und $L(t)$ der Kapitalbestand und der Arbeitskräfteinput in Periode t. $A(t)$ ist der exogen gegebene technologische Fortschritt. Die Konstante γ ist die partielle Produktionselastizität des Faktors Kapital. Zusätzliche endogene Variablen in der Produktionsfunktion sind die Klimaschäden, $\Omega(t)$, und die Vermeidungskosten, $\Lambda(t)$. Der Output verhält sich also invers zu den Klimaschäden, mit anderen Worten, steigende Klimaschäden reduzieren den Output. Gleichung A6.5 beschreibt also den Nettooutput, d.h. den Output, der sich abzüglich der Vermeidungskosten und den dann noch resultierenden Klimaschäden ergibt.

Das Herzstück von DICE ist die Schadensfunktion A6.6. Die Funktion wurde im Text bereits ausführlich diskutiert, wir beschränken uns daher hier auf die Wiedergabe der spezifischen funktionalen Form:

$$\Omega(t) = \Psi_1 T_{AT}(t) + \Psi_2 T_{AT}(t)^2 \tag{A6.6}$$

Die Vermeidungskostenfunktion A6.7 stellt die Kosten aus Vermeidung als polynomiale Funktion der Emissionsvermeidungsrate, $\mu(t)$, dar. Die Kostenfunktion ist konvex, d.h., die Grenzvermeidungskosten verlaufen steigend, und hat folgende Form (die θ-Werte sind Parameter, die aus empirischen Daten geschätzt werden, so dass die Gleichung die Vermeidungskosten möglichst zutreffend beschreibt)

$$\Lambda(t) = \pi(t)\theta_1\mu(t)^{\theta_2} \tag{A6.7}$$

Zusätzlich entsteht ein Aufschlag, $\pi(t)$, auf die Vermeidungskosten, wenn sich nicht alle Länder an der Klimapolitik beteiligen oder nicht alle Treibhausgase in die Emissionsvermeidung miteinbezogen werden

$$\pi(t) = \varphi(t)^{1-\theta_2} \tag{A6.8}$$

Der Aufschlag, $\pi(t)$, erklärt sich dadurch, dass z.B. bei unvollständiger Beteiligung an der Klimapolitik die beteiligten Länder für ein bestimmtes globales Emissionsziel mit höheren Kosten verbundene Vermeidungsmaßnahmen durchführen müssen.

Der Output in einer Periode t, $Q(t)$, ist die Summe aus Konsum, $C(t)$, und Investitionen, $I(t)$, in dieser Periode

$$Q(t) = C(t) + I(t) \tag{A6.9}$$

Der Pro-Kopf-Konsum in einer Periode t, $c(t)$, ist der Quotient aus Gesamtkonsum und Bevölkerung in dieser Periode

$$c(t) = C(t)/L(t) \tag{A6.10}.$$

Der Kapitalbestand in einer Periode t, $K(t)$, ist gleich der Investition in dieser Periode plus dem Kapitalbestand aus der Vorperiode bereinigt um die Abschreibungen, wobei δ_K die (konstante und ebenfalls empirisch geschätzte) Abschreibungsrate ist,

$$K(t) = I(t) + (1 - \delta_K)K(t-1) \tag{A6.11}.$$

Die Emissionsgleichung A6.12 stellt zunächst die unkontrollierten industriellen CO_2-Emissionen dar. Dabei wird die Kohlenstoffintensität, $\sigma(t)$, mit dem Weltoutput multipliziert. Die entstehenden Emissionen werden dann um die Emissionsvermeidungsrate, $\mu(t)$, reduziert. Die Kohlenstoffintensität wird als exogen angenommen und baut auf Schätzungen aus 12 Weltregionen auf. Die Emissionsgleichung hat dann folgendes Aussehen

$$E_{Ind}(t) = \sigma(t)[1 - \mu(t)]A(t)K(t)^\gamma L(t)^{1-\gamma} \tag{A6.12}.$$

Geophysikalische Gleichungen
Eine Reihe von Gleichungen im Modell hat die Aufgabe, ökonomische Aktivität und resultierende Treibhausgasemissionen einerseits und den Kohlenstoffzyklus der Atmosphäre, Erwärmung und Klimawandel andererseits zu verbinden. Offensichtlich sind hier erhebliche Vereinfachungen nötig, da komplexe dynamische Zusammenhänge des Klimasystems auf eine geringe Zahl an Gleichungen reduziert werden müssen, um diese in ein ökonomisch-geophysikalisches Modell zu integrieren.

In DICE sind nur die industriellen CO_2-Emissionen, $E_{Ind}(t)$, endogen, d.h., nur diese werden vom Modell erklärt. Alle übrigen Treibhausgasemissionen inklusive der Emissionen durch veränderte Landnutzung, $E_{Land}(t)$, werden exogen in das Modell eingespeist und basieren auf Schätzungen anderer Forscherinnen. Die gesamten Treibhausgasemissionen, $E(t)$, sind

$$E(t) = E_{Ind}(t) + E_{Land}(t) \tag{A6.13}.$$

Die folgenden drei Gleichungen bilden den globalen Kohlenstoff-(C)-Kreislauf ab. Es gibt drei C-Speicher auf der Erde: (i) die Atmosphäre, (ii) die oberen Schichten der Ozeane und die Biosphäre und (iii) die tiefen Schichten der Ozeane. Diese drei Speicher stehen in einem dynamischen Austauschprozess, welcher von den Gleichungen A6.14 bis A6.16 abgebildet wird (die φ-Werte sind wiederum Konstanten, die aus Klimamodellen geschätzt werden). Die Atmosphäre ist das direkte Aufnahmemedium für Emissionen. Die oberen Schichten der Ozeane und die Biosphäre nehmen C noch relativ schnell auf, während die tiefen Schichten der Ozeane nur extrem langsam C binden. $M_{AT}(t)$ ist die Masse an C, die von der Atmosphäre in einer Periode gebunden ist, $M_{UP}(t)$ ist der in den oberen Schichten der Ozeane und der Biosphäre gebundene C und $M_{LO}(t)$ der in den tiefen Schichten der Ozeane gebundene C. Der C-Kreislauf ist dann folgendermaßen modelliert

$$M_{AT}(t) = E(t) + \phi_{11} M_{AT}(t-1) + \phi_{21} M_{UP}(t-1) \quad (A6.14),$$

$$M_{UP}(t) = \phi_{12} M_{AT}(t-1) + \phi_{22} M_{UP}(t-1) + \phi_{32} M_{LO}(t-1) \quad (A6.15),$$

$$M_{LO}(t) = \phi_{23} M_{UP}(t-1) + \phi_{33} M_{LO}(t-1) \quad (A6.16).$$

Wie man in A6.14 sieht, ergibt sich die in der Atmosphäre vorhandene C-Menge aus den in dieser Periode getätigten Treibhausgasemissionen, $E(t)$, der atmosphärischen C-Menge der Vorperiode, $M_{AT}(t-1)$, und der in den oberen Schichten der Ozeane und der Biosphäre gebundenen C-Menge aus der Vorperiode, $M_{UP}(t-1)$. In A6.14 kann $1 - \phi_{11}$ als Abbaurate von C in der Atmosphäre interpretiert werden, ϕ_{21} ist der Transitionskoeffizient von C aus den oberen Schichten der Ozeane und der Biosphäre in die Atmosphäre. Dieser Koeffizient gibt also an, wie viel C aus der Biosphäre (z.B. durch Verrottung) und den oberen Schichten der Ozeane in die Atmosphäre abgegeben wird. Die C-Menge in den oberen Schichten der Ozeane und der Biosphäre in einer Periode, $M_{UP}(t)$, hängt in A6.15 wiederum ab von der atmosphärischen C-Menge in der Vorperiode und der C-Menge in den oberen und tiefen Schichten der Ozeane aus der Vorperiode. Hier ist ϕ_{12} der Transitionskoeffizient von C aus der Atmosphäre in die oberen Schichten der Ozeane und der Biosphäre, $1 - \phi_{22}$ die Abbaurate von C in den oberen Schichten der Ozeane und der Biosphäre sowie ϕ_{32} der Transitionskoeffizient von C aus den tiefen Schichten der Ozeane in die oberen Schichten der Ozeane und der Biosphäre. Schließlich ergibt sich in A6.16 die C-Menge in den tiefen Schichten der Ozeane in einer Periode, $M_{LO}(t)$, aus den C-Werten der Vorperiode sowie aus der C-Menge in den oberen Schichten der Ozeane und der Biosphäre in der Vorperiode. Hier ist ϕ_{23} der Transitionskoeffizient von C aus den oberen Schichten der Ozeane und der Biosphäre in die tiefen Schichten der Ozeane und $1 - \phi_{33}$ die Abbaurate von C in den tiefen Schichten der Ozeane.

Der nächste Schritt beinhaltet die Beziehung zwischen der kumulierten Menge an Treibhausgasen (und damit der Menge an C) in der Atmosphäre und dem resultierenden Klimawandel. Ein Anstieg der in der Atmosphäre verfügbaren Menge an C führt zu einer Erhöhung des Strahlungsantriebs der Atmosphäre.[46] Die Beziehung zwischen dem Strahlungsantrieb (in Watt pro m²) und der in der Atmosphäre verfügbaren Menge an C ist aus Messungen und Klimamodellen abgeleitet. Da DICE nur CO_2 betrachtet, wird der Strahlungsantrieb anderer Treibhausgase, $F_{EX}(t)$, als exogen angesehen. Der Strahlungsantrieb, $F(t)$, bestimmt sich folgendermaßen

---

[46] Vgl. zum Strahlungsantrieb die Ausführungen in Abschnitt 6.2.1.

$$F(t) = \eta\left[\log_2\left(M_{AT}(t)/M_{AT}(1750)\right)\right] + F_{EX}(t) \tag{A6.17}.$$

Letztlich wird also der Strahlungsantrieb der betrachteten CO_2-Emissionen verursacht durch den Anstieg der C-Menge in der Atmosphäre, $M_{AT}(t)$, im Vergleich zum vorindustriellen Wert, $M_{AT}(1750)$. Der Wachstumsfaktor aus beiden Größen wird logarithmiert und mit einer Konstanten, η, multipliziert.

Die beiden letzten Gleichungen A6.18 und A6.19 stellen das eigentliche Klimamodell dar. Bestimmt wird die globale atmosphärische Erdmitteltemperatur, $T_{AT}(t)$, und die Temperatur der tiefen Ozeane, $T_{LO}(t)$. Das Klimamodell in DICE hat folgende Gestalt

$$T_{AT}(t) = T_{AT}(t-1) +$$

$$\xi_1\left[F(t) - \xi_2 T_{AT}(t-1) - \xi_3\left(T_{AT}(t-1) - T_{LO}(t-1)\right)\right] \tag{A6.18},$$

$$T_{LO}(t) = T_{LO}(t-1) + \xi_4\left(T_{AT}(t-1) - T_{LO}(t-1)\right) \tag{A6.19}.$$

Die globale Erdmitteltemperatur in einer Periode, $T_{AT}(t)$, ergibt sich aus dem Wert der Vorperiode, dem Strahlungsantrieb in der Periode und der Differenz der globalen Erdmitteltemperatur und der Temperatur der tiefen Ozeane in der Vorperiode. Die Temperatur der tiefen Ozeane in einer Periode, $T_{LO}(t)$, ergibt sich aus dem Wert der Vorperiode sowie aus der Differenz der globalen Erdmitteltemperatur und der Temperatur der tiefen Ozeane in der Vorperiode (alle ξ-Werte sind aus Klimamodellen geschätzt und konstant). Damit schließt sich das Modell: Der aus der ökonomischen Aktivität resultierende Temperaturanstieg, $T_{AT}(t)$, in A6.18 verursacht in A6.6 die Klimaschäden, $\Omega(t)$, die wiederum den Output in A6.5 reduzieren.

7

Empirische Evidenz zur Bereitstellung öffentlicher Güter

Kapitel 6 zeichnet ein recht pessimistisches Bild, was die Möglichkeiten zur freiwilligen Bereitstellung öffentlicher Güter angeht: Unabhängig davon, wie komplex wir unser Modell gestaltet haben, zeigte sich, dass rationale Akteurinnen hierbei versagen und das Gut nicht oder in ineffizient geringer Menge bereitstellen werden. In Kapitel 7 soll nun diese theoretische Prognose mit der Empirie konfrontiert werden, und zwar auf zwei Ebenen: Zunächst werden wir in Abschnitt 7.1 untersuchen, ob das von der Theorie prognostizierte Kooperationsversagen auch in der realen Klimapolitik zu beobachten ist. Wir werden uns daher etwas ausführlicher mit dem Kyoto-Protokoll und seiner Verhandlungsgeschichte auseinandersetzen. Das Paris-Abkommen als jüngstes Ergebnis der klimapolitischen Bemühungen der Staatengemeinschaft wird ebenfalls einer ersten kritischen Betrachtung unterzogen. In Abschnitt 7.2 werden wir dann die mittlerweile sehr umfangreiche empirische Evidenz aus der experimentellen Wirtschaftsforschung in Grundzügen kennenlernen. Es zeigt sich: Während sich die ökonomische Theorie bei der Erklärung der realen Klimapolitik recht gut behauptet, versagt sie bei der Erklärung der experimentellen Befunde: Es zeigt sich nämlich, dass ein beträchtlicher Teil von Teilnehmenden in Experimenten sich durchaus kooperativ verhält und zur Bereitstellung von öffentlichen Gütern beiträgt.

Abschnitt 7.3 präsentiert eine Fallstudie, in der eine laborexperimentelle Untersuchung des Ratcheting-Mechanismus im Paris-Abkommen dargestellt wird. In Abschnitt 7.4 wird ein prominenter theoretischer Ansatz vorgestellt, der in der Lage ist, kooperatives Verhalten in sozialen Dilemma-Situationen zu erklären. Es handelt sich um die Theorie von Fehr und Schmidt (1999), die zentral auf der Idee von Ungleichheitsaversion beruht. In Abschnitt 7.5 werden wir diesen Ansatz auf das Geschehen in der realen Klimapolitik anwenden und eine alternative Deutung für das bisher beobachtbare Kooperationsversagen in der Klimapolitik versuchen.

7.1 Feldevidenz: Das Kyoto-Protokoll – nur symbolische Politik?

Der globale Klimawandel stellt – trotz aller Unsicherheit, die es bei der Einschätzung der künftig zu erwartenden Schäden sicherlich noch gibt – eine der großen Herausforderungen der Menschheit im 21. Jahrhundert dar. Seit Jahrzehnten bemüht sich die Staatengemeinschaft, einer Lösung des Problems näher zu kommen. Doch wie weit sind die Fortschritte bislang gediehen?

Unsere bisherigen Überlegungen im Kapitel 6 lassen keine allzu großen Hoffnungen aufkeimen, dass die Lösung des Problems einfach ist. Die Bekämpfung oder Eindämmung des Klimawandels ist aus ökonomischer Sicht mit fatalen Anreizproblemen verbunden. Klimaschutz stellt ein globales öffentliches Gut dar, denn von der Nutzung der Erdatmosphäre kann kein Staat wirksam ausgeschlossen werden und außerdem existiert keinerlei Rivalität bei der Nutzung. Wir haben uns in Kapitel 6 klar gemacht, dass nicht mit der freiwilligen Bereitstellung öffentlicher Güter zu rechnen ist: Ökonomisch rational handelnde Akteurinnen werden letztlich keine oder ineffizient geringe Beiträge leisten. Das Gut „Stabilisierung des Erdklimas" wird nicht (im Fall einer Randlösung) oder nur in ineffizient geringer Menge bereitgestellt. Ursache hierfür ist die Wahrnehmung der sich bietenden Freifahreroption. Im 2006 publizierten Stern-Report (Stern 2006, S. 1) wird dieses Problem folgendermaßen beschrieben: *„Climate change presents a unique challenge for economics: it is the greatest example of market failure we have ever seen".*

Auf den ersten Blick scheint die Realität die ökonomische Theorie zu widerlegen. Hat sich die internationale Gemeinschaft nicht 1997 zu einem bahnbrechenden Klimaschutzabkommen, dem Kyoto-Protokoll, durchgerungen? Und existiert mit dem Paris-Abkommen von 2015 nicht eine Übereinkunft, die weitere Emissionsminderungen in der näheren Zukunft vorsieht?

Eine vorsichtige und notwendigerweise vorläufige, kurze Beurteilung des Paris-Abkommens erfolgt in Abschnitt 7.1.4. Bezüglich des Kyoto-Protokolls allerdings existiert reichlich empirische Evidenz, um die ökonomische Theorie einem Faktencheck zu unterziehen. Das Kyoto-Protokoll ist in der Tat seinerzeit als ein Meilenstein der internationalen Klimapolitik gefeiert worden, viele Teilnehmende des Verhandlungsprozesses sprachen damals von einem Durchbruch. Mittlerweile ist die Euphorie von damals einer sehr viel skeptischeren Sicht gewichen. Bevor wir uns aber mit der Bewertung des Kyoto-Protokolls beschäftigen, sollen zunächst die wesentlichen Inhalte kurz dargestellt werden.

7.1.1 Das Kyoto-Protokoll: Bedeutung und wesentliche Inhalte

Die historisch herausragende Bedeutung des Kyoto-Protokolls liegt in der Tatsache begründet, dass sich in diesem völkerrechtlichen Vertrag die industrialisierten Länder dieser Welt erstmals zu einer quantitativen Begrenzung ihrer Treibhausgasemissionen verpflichtet haben. Dies unterscheidet das Kyoto-Protokoll von der früheren Klimarahmenkonvention (KRK) der Vereinten Nationen. Dieses Vertragswerk aus dem Jahre 1991 begnügt sich nämlich noch mit vagen Absichtserklärungen. So verpflichten sich die Unterzeichnerstaaten in der KRK dazu, die Treibhausgasemissionen auf einem Niveau zu stabilisieren, das gefährliche anthropogene Störungen des Klimasystems vermeidet. Wie aber ein solches Niveau genau aussieht und wie es zu erreichen wäre, wird nicht weiter konkretisiert. Die Klimarahmenkonvention ist aber dennoch bedeutsam: Zum einen, weil mit ihr erstmals der Klimawandel als ernstzunehmendes Problem der internationalen Politik anerkannt wird. Zum anderen, weil in ihr das Prinzip der „gemeinsamen, aber unterschiedlichen Verantwortlichkeit" festgeschrieben wird. Damit haben insbesondere die Entwicklungsländer einen Pflock in die Verhandlungsarena eingeschlagen, der bis heute wirkt. Mit diesem Prinzip wird nämlich begründet, dass die Industrieländer, aufgrund ihrer größeren historisch kumulierten Emissionen (vgl. Abschnitt 6.4), bei der Bekämpfung des Klimawandels größere Lasten tragen müssen. Verhandlungstheoretisch kann die Klimarahmenkonvention als eine Begrenzung der Menge der möglichen Verhandlungsergebnisse begriffen werden. Auch wenn die KRK damit letztlich keine konkreten Minderungspflichten vorsieht, ist sie dennoch für die weiteren Verhandlungen von gewisser Bedeutung.

Im Kyoto-Protokoll von 1997 wird die erforderliche Konkretisierung der Minderungspflichten dann nachgeholt. Die industrialisierten Länder – vor allem die Länder der Europäischen Union, die USA, Russland, Kanada, Japan und Australien – verpflichten sich im Kyoto-Protokoll zu einer durchschnittlichen Minderung ihrer Treibhausgasemissionen um 5,2% gegenüber dem Emissionsniveau von 1990. Die Schwellen- und Entwicklungsländer gehen dagegen keine Reduktionsverpflichtungen ein. Das Jahr 1990 fungiert als sogenanntes Basisjahr des Protokolls. Obwohl das Protokoll explizit sechs Treibhausgase reguliert, wird faktisch ausschließlich über eine Reduzierung der CO_2-Emissionen gesprochen. Dabei fallen die Minderungspflichten recht unterschiedlich aus (vgl. Tabelle 7.1): Während die EU sich zu einer Reduktion um 8% verpflichtet hat, musste ein Land wie Russland seine Emissionen lediglich auf dem Niveau von 1990 stabilisieren. Die USA hatten sich ursprünglich zu einer Minderung ihrer Emissionen um 7% verpflichtet.

Tab. 7.1 Emissionsziele für 2008-2012 unter dem Kyoto-Protokoll

Land	Veränderung ggü. 1990 (in %)
Australien	8
Europäische Gemeinschaft (EU-15)	−8
Kanada	−6
Japan	−6
Russland	0
USA	−7

Innerhalb der EU fielen die Reduktionslasten sehr unterschiedlich aus (vgl. Tabelle 7.2). Das interne „EU Burden Sharing Agreement" sah beispielsweise vor, dass ein Land wie Spanien seine CO_2-Emissionen gegenüber 1990 um 15% ausweiten durfte, Deutschland hingegen hatte ein sehr ambitioniertes Minderungsziel von 21% übernommen.

Tab. 7.2 Burden Sharing Agreement für die EU-15

Land	Veränderung ggü. 1990 (in %)
Belgien	−8,0
Dänemark	−21,0
Deutschland	−21,0
Finnland	0
Frankreich	0
Griechenland	25,0
Großbritannien	−12,5
Irland	13,0
Italien	−6,5
Luxemburg	−28,0
Niederlande	−6,0
Österreich	−13,0
Portugal	27,0
Schweden	4,0
Spanien	15,0

Die Minderungspflichten mussten im Mittel der Jahre 2008 bis 2012 erreicht werden. Das Kyoto-Protokoll wurde nach seiner Unterzeichnung vor allem deshalb als ein Meilenstein der internationalen Klimapolitik gefeiert, weil es verbindliche Minderungsziele und klare Zeitvorgaben für die Erreichung dieser Reduktionen vorsieht. Erinnern wir uns, was aus Sicht der ökonomischen Theorie eigentlich in der internationalen Klimapolitik zu erwarten wäre: Ökonomisch rational wäre es, sich nicht an der Bereitstellung des öffentlichen Guts „Stabilisierung des Erdklimas" zu beteiligen, bzw. lediglich auf einem ineffizient niedrigen Niveau. Die Existenz eines völkerrechtlich verbindlichen Klimaschutzabkommens mit substanziellen Minderungszielen, das von mehr als 180 Staaten ratifiziert worden ist, scheint diese theoretische Prognose klar zu widerlegen.

7.1.2 Die Aufweichung des Kyoto-Protokolls

Der Widerspruch zwischen Theorie und Empirie ist aber nur ein scheinbarer. Ein etwas genauerer Blick auf das Kyoto-Protokoll ist durchaus geeignet, für Ernüchterung zu sorgen. Schauen wir uns dazu in groben Zügen an, was mit dem Kyoto-Protokoll im Zeitraum von 1997 bis zu seinem Inkrafttreten im Jahre 2005 geschah.

Die 3. Vertragsstaatenkonferenz der UN-Klimarahmenkonvention (COP3) in Kyoto hatte zahlreiche Streitfragen ungeklärt gelassen. Der Verhandlungserfolg von Kyoto war also zum Teil wenigstens der Tatsache geschuldet, dass man zentrale Streitpunkte, die zuvor die Klimaverhandlungen belastet hatten, ausklammerte. Dazu gehörten vor allem zwei Fragen: Zum einen die Frage, inwieweit Kohlenstoffsenken auf die Erfüllung der Kyoto-Ziele anrechenbar sind. Zum zweiten die Frage, ob der Emissionshandel zwischen den Vertragsstaaten limitiert werden sollte. Unter Kohlenstoffsenken versteht man natürliche

Reservoire, die in der Lage sind, Kohlenstoff, zumindest für eine gewisse Zeit, zu speichern und damit der Atmosphäre zu entziehen. Zu den wichtigsten Senken gehören die Ozeane, in deren tiefen Schichten enorme Mengen Kohlenstoff gebunden werden sowie die Biomasse an Land, in erster Linie Wälder und landwirtschaftliche Nutzflächen. Das Kyoto-Protokoll sieht in Artikel 3.3 explizit vor, Kohlenstoffsenken zu berücksichtigen. Strittig war allerdings immer, welche Senken in welchem Umfang einbezogen werden können. Man braucht nicht viel Phantasie sich vorzustellen, dass Länder wie Kanada, aber auch Russland, die beide sowohl über enorme Waldflächen wie auch gewaltige landwirtschaftliche Nutzflächen verfügen, für eine eher großzügige Anrechnung von Senken plädiert haben. Die EU hingegen vertrat in den Verhandlungen eine eher skeptische Position und versuchte, die Anrechnung von Senken weitestgehend zu begrenzen.

Ein zweiter wichtiger Streitpunkt war die Frage, in welchem Umfang nationale Minderungsziele durch den Zukauf von Emissionsrechten erfüllt werden durften. Auch hier vertrat die EU eine eher restriktive Position. Minderungsziele sollten vornehmlich durch nationale Minderungsmaßnahmen erreicht werden, nicht aber durch den internationalen Emissionshandel. Diese Position wird erst verständlich, wenn man sich vergegenwärtigt, dass Länder wie Russland und die Ukraine über enorme Mengen sogenannter heißer Luft (engl. „hot air") verfügten. Unter hot air wird in der einschlägigen Literatur die Menge der überschüssigen Emissionsrechte in diesen Ländern verstanden, die Russland und die Ukraine effektiv nicht benötigten. Dieser Zertifikatüberschuss resultierte einfach aus der Tatsache, dass mit der Transformation der ehemaligen sozialistischen Planwirtschaften zu Marktwirtschaften die Wirtschaftsleistung in Osteuropa massiv einbrach. So sank etwa das reale russische Bruttoinlandsprodukt im Zeitraum von 1990 bis 1997 um fast 40%. Die Folge war, dass die tatsächlichen CO_2-Emissionen proportional einbrachen. Nun muss man sich klar machen, dass Russland und die Ukraine Emissionsrechte auf der Grundlage des Jahres 1990 zugeteilt bekamen, dem Basisjahr des Kyoto-Protokolls. 1990 aber lagen Wirtschaftsleistung und Emissionen noch weit höher. Mit der Beschränkung des Emissionshandels wollte die EU vor allem verhindern, dass die heiße Luft Russlands und der Ukraine gehandelt werden konnte, um damit beispielsweise Reduktionsziele in EU-Mitgliedstaaten zu erfüllen.

Um das Schicksal des Kyoto-Protokolls aber vollends verstehen zu können, fehlt noch ein weiterer Mosaikstein in unserer Geschichte: Im Jahr 2000 erklärten die USA (unter Präsident G.W. Bush) auf der 6. Vertragsstaatenkonferenz (COP6) in Den Haag, sich nicht mehr aktiv an den Klimaverhandlungen zu beteiligen und das Kyoto-Protokoll nicht zu ratifizieren. Tatsächlich standen die USA schon immer einem Klimaschutzabkommen eher skeptisch gegenüber. Zwar war die Administration Clinton-Gore (1997 im Amt) durchaus aufgeschlossen für klimapolitische Belange. Aber selbst Clinton und Gore waren in ihrem Handlungsspielraum massiv eingeschränkt. Der Grund hierfür ist in der Byrd-Hagel-Resolution zu sehen, die im Vorfeld von COP3 vom US-Senat – und zwar einstimmig mit 95 zu 0 Stimmen! – verabschiedet worden war. Der US-Senat macht darin unmissverständlich deutlich, dass eine unabdingbare Voraussetzung für die Ratifizierung des Kyoto-Protokolls Minderungsverpflichtungen wichtiger Entwicklungs- und Schwellenländer sind.[1]

Die USA wurden seinerzeit für ihren Ausstieg aus dem Kyoto-Prozess massiv gescholten. Paradoxerweise könnte es aber gerade der Ausstieg der USA gewesen sein, der den dann folgenden Verhandlungen zum „Durchbruch" verhalf. Diese Aussage wird erst dann verständlich, wenn man sich vergegenwärtigt, an welche Bedingungen das Inkrafttreten des Kyoto-Protokolls geknüpft war. Die Literatur hat hierfür den Begriff „double trigger" geprägt. Es waren zwei Bedingungen, die beide erfüllt sein mussten, damit das Kyoto-Protokoll völkerrechtlich verbindlich werden konnte: Erstens musste es von mindestens 55 Staaten ratifiziert werden. Zweitens, und viel wichtiger aber, mussten diese 55 Staaten mindestens 55% des weltweiten CO_2-Ausstoßes in 1990 repräsentieren.

Die USA waren 1990 der weltweit größte Emittent von CO_2. Der Ausstieg der USA bewirkte nun, dass ein Inkrafttreten des Protokolls nur noch möglich war, wenn neben der EU Russland, Kanada und Japan das Protokoll ratifizieren würden. Dieser Umstand verlieh den betreffenden Staaten einen enormen Zuwachs an Verhandlungsmacht. Tatsächlich erlangten die Staaten die Position einer „Veto-Spielerin": Jede einzelne von ihnen konnte mit ihrem Nein den Vertrag scheitern lassen.

Für die EU war dies eine sicherlich prekäre Lage. Sie war nun gezwungen, in zentralen Streitfragen weitgehende Zugeständnisse zu machen: So verständigte man sich auf COP7 in Marrakesch denn auch auf eine großzügige Anrechenbarkeit von Kohlenstoffsenken einerseits, einen im Grunde unbeschränkten Emissionshandel andererseits. Die EU-Verhandlerinnen mussten diese Kröten schlucken, um das Kyoto-Protokoll zu retten. Ein Scheitern des Protokolls wäre für die EU einem mittleren Desaster gleichgekommen, hatte sich die EU doch immer schon zur Vorreiterin der internationalen Klimapolitik erklärt.

Was waren die Wirkungen dieser sogenannten Marrakech accords? Böhringer und Vogt (2003) sind dieser Frage im Rahmen eines numerischen allgemeinen Gleichgewichtsmodells nachgegangen. Die Ergebnisse sind erhellend und ernüchternd zugleich: Tatsächlich, wie Tabelle 7.3 belegt, gelang es, die Implementierungskosten des Protokolls durch diese Maßnahmen weitgehend abzusenken. So reduziert sich der jährliche Einkommensverlust pro Kopf und Jahr für ein Land wie Kanada von ursprünglich $162 auf $15, interessanterweise profitiert aber auch die EU von Kostensenkungen (von $23 auf $8).

---

[1] In der Resolution (S. 98 1997, S. 4) heißt es *"...the United States should not be a signatory to any ... agreement ... which would (A) mandate new commitments to limit or reduce greenhouse gas emissions ..., unless the ... agreement also mandates new specific scheduled commitments to limit or reduce greenhouse gas emissions for Developing Country Parties within the same compliance period, or (B) would result in serious harm to the economy of the United States ..."*.

Tab. 7.3 Effekte der Nachverhandlung des Kyoto-Protokolls

	Szenario 1: "Kyoto-Protokoll ursprüngliche Fassung"	Szenario 2: "Kyoto-Protokoll nachverhandelte Fassung"
	Änderung des privaten Konsums ggü. BAU 2010 (in %)	
AUN	−1,18	−0,29
CAN	−1,48	−0,13
EUR	−0,17	−0,06
JPN	−0,26	−0,05
CEA	0,49	0,75
FSU	−0,93	0,38
USA	−0,51	0,00
ROW	−0,35	−0,03
TOTAL	−0,24	−0,01
	Veränderung des privaten Pro-Kopf-Konsums (USD$_{1997}$)	
AUN	−114	−28
CAN	−162	−15
EUR	−23	−8
JPN	−53	−9
CEA	8	12
FSU	−12	5
USA	−92	−
	Änderung der CO$_2$-Emissionen ggü. BAU 2010 (in %)	
TOTAL	−9,6	−0,7

Quelle: Böhringer und Vogt (2003).

Anmerkungen:

1. AUN – Australien und Neuseeland, CAN – Kanada, EUR – OECD Europa (inkl. EFTA), JPN – Japan, CEA – Zentral- und Osteuropa, FSU – ehemalige UdSSR (inkl. Ukraine), ROW – sonstige. BAU – Business As Usual.

2. Szenario 1 unterstellt, dass die USA am Kyoto-Protokoll teilnehmen und ihr Minderungsziel von 7% erfüllen, Außerdem wird angenommen, dass keine Senken angerechnet werden und alle Minderungspflichten ausschließlich durch nationale Politiken, nicht aber durch den Emissionshandel erfüllt werden. In Szenario 2 nehmen die USA nicht am Protokoll teil, Senken werden, gemäß der Beschlüsse von COP7 angerechnet und der Emissionshandel wird nicht beschränkt.

Die Kehrseite der Medaille ist allerdings, dass die ökologische Effektivität des Abkommens weitestgehend geopfert wurde: Gegenüber den ursprünglich avisierten etwa 9% Emissionsminderungen gegenüber Business As Usual bleibt unter Berücksichtigung der Schlupflöcher gerade einmal knapp 1% übrig. Ein wahrhaft mageres Ergebnis – freilich eines, dass sich mit der bis jetzt zu beobachtenden Emissionsentwicklung recht gut deckt.

Tab. 7.4 Tatsächliche Emissionsentwicklung ausgewählter Länder

Land	Kyoto-Ziel (in %)	Tatsächliche Emissionen 2007 ggü. 1990 (in %)	Tatsächliche Emissionen 2012 ggü. 1990 (in %)
Australien	8,0	30,0	44,1
Deutschland	-21,0	-21,3	-21,1
Großbritannien	-12,5	-17,3	-18,3
Italien	-6,5	7,1	-11,0
Japan	-6,0	8,2	11,8
Kanada	-6,0	26,2	19,9
Niederlande	-6,0	3,9	3,8
Österreich	-13,0	11,3	9,2
Russland	0	-32,4	-33,9
Spanien	15,0	53,5	21,6
USA	-7,0	16,8	5,4

Quelle: UNFCCC (2017).

Man sieht aus Tabelle 7.4 deutlich, dass viele Vertragsstaaten ihre Kyoto-Ziele nicht erreicht haben, wie etwa Spanien. Auch Kanada und Japan verfehlen ihre Kyoto-Ziele deutlich. Und innerhalb der EU sind es im Wesentlichen nur Deutschland[2] und Großbritannien, die ihre Ziele erreicht haben (auf beide Länder entfallen jedoch gerade einmal ca. 4% der weltweiten Treibhausgasemissionen). Italiens Emissionen sinken vor allem wegen der Rezession infolge der Finanzkrise von 2008/2009.

Betrachtet man darüber hinaus die Emissionsentwicklung der Schwellen- und Entwicklungsländer außerhalb des Kyoto-Protokolls, so lässt sich erkennen, dass die globale Klimapolitik tatsächlich vor einer sehr ambitionierten Aufgabe steht. China und Indien (verantwortlich für ca. 35% der weltweiten CO_2-Emissionen in 2012) haben von 1990, dem Basisjahr des Kyoto-Protokolls, bis 2012 ihre CO_2-Emissionen um ca. 346% (China) und ca. 241% (Indien) erhöht. Mit anderen Worten: Selbst die geringen Vermeidungsanstrengungen einzelner Vertragsstaaten des Kyoto-Protokolls wurden durch zusätzliche Emissionen von Staaten außerhalb des Protokolls überkompensiert.

Versuchen wir ein erstes Fazit zu ziehen: Tatsächlich wurde das zunächst aus ökologischer Sicht vielversprechende Kyoto-Protokoll durch hartnäckige Nachverhandlungen aufgeweicht. Die Kosten der Umsetzung des Vertrags konnten deutlich abgesenkt werden, was vielen Staaten die Ratifizierung des Protokolls erleichtert haben dürfte. Einen nennenswerten Beitrag zum Klimaschutz hat das Protokoll nicht geleistet. Darüber hinaus sind die Emissionen der Länder außerhalb des Protokolls massiv angestiegen. Bei genauerem Hinsehen stellt sich also heraus, dass die Prognose der ökonomischen Theorie

---

[2] Im Falle Deutschlands sind außerdem noch die „wall fall profits" – die vereinigungsbedingten Emissionsminderungen durch den Zusammenbruch der ostdeutschen Industrie – zu berücksichtigen. Ohne diesen Effekt sähe die deutsche Bilanz der Klimapolitik bei weitem nicht so glänzend aus.

– nämlich keinen oder ineffizient wenig Klimaschutz bereitzustellen – letzten Endes durch die Ergebnisse der realen Klimaverhandlungen nicht widerlegt werden kann. Es stellt sich allerdings die Frage, warum dann überhaupt mit solch erheblichem Aufwand um ein Klimaschutzabkommen gerungen wurde.

7.1.3 Die politische Ökonomik des Klimaschutzes

Man darf nicht vergessen, dass in vielen Ländern der Klimawandel als ein durchaus besorgniserregendes Problem angesehen wird. Besonders ausgeprägt ist die Sorge über den Treibhauseffekt in Ländern wie etwa Deutschland[3], aber auch in anderen europäischen Ländern, etwa den Niederlanden oder Dänemark. Dies mag erklären, warum insbesondere die EU eine vorwärtstreibende Rolle in der internationalen Klimapolitik eingenommen hat. In den USA hingegen ist die Sorge der Öffentlichkeit über die globale Erwärmung weniger stark ausgeprägt. Auch der Grad der Informiertheit über den Klimawandel ist in Europa deutlich höher als in den USA. Der Grad der Besorgnis ist nun das eine. Etwas völlig Anderes ist aber die Frage, ob dieselbe zutiefst besorgte Öffentlichkeit auch bereit ist, persönliche Opfer für den Klimaschutz zu erbringen. Und hier dürfte eine gesunde Skepsis angebracht sein. Meinungsumfragen (vgl. die zitierten Umfragen bei Böhringer und Vogt 2004) zeichnen hier ein eher trübes Bild: Viele Befragte lehnen z.B. höhere Umweltsteuern oder Einschnitte beim persönlichen Lebensstandard ab. Aus ökonomischer Sicht stellt sich hier die zentrale Frage nach der *Zahlungsbereitschaft für Klimaschutz*. Die Messung dieser Zahlungsbereitschaft ist nun mit einigen Problemen verbunden (Klimaschutz ist ein öffentliches Gut), kann man sie doch schließlich nicht so ohne weiteres auf Märkten beobachten, wie etwa die Zahlungsbereitschaft für Brötchen (ein privates Gut).

In der wissenschaftlichen Literatur hat man sich beholfen, indem man Menschen letztlich nach ihrer Zahlungsbereitschaft befragt hat. Dies geschah und geschieht in mehr oder weniger komplexen Fragebogenstudien, in denen die Probandinnen über Folgen des Klimawandels aufgeklärt werden, ihnen verschiedene Politikoptionen zur Bekämpfung des Klimawandels erläutert werden usw. Schließlich fragt man die Teilnehmenden solcher Studien dann, was sie bereit wären zu opfern (z.B. von ihrem monatlichen Einkommen), um eine Tonne CO_2 zu vermeiden, oder beispielsweise die globale Erwärmung auf ein bestimmtes Niveau (z.B. 2° C) zu begrenzen. Alternativ werden Entscheidungen über den Kauf von Gütern erfragt, aus denen sich die Zahlungsbereitschaft für CO_2-Vermeidung ableiten lässt. Das Bild, das diese Studien zeichnen, ist sehr uneinheitlich. Die durchschnittliche Zahlungsbereitschaft für die Vermeidung einer Tonne CO_2 reicht etwa von 25€ bei Brouwer et al. (2008) bis zu 476 € bei Achtnicht (2012).

Aus ökonomischer Sicht sind diese erhobenen Werte durchaus mit Vorsicht zu genießen, und zwar aus einem zentralen Grund: Die Zahlungsbereitschaft wird dort in einem

---

[3] Als Beispiel lässt sich die Wahl des Worts „Klimakatastrophe" zum Wort des Jahres 2007 anführen. Das Wort des Jahres wird von der Gesellschaft für Deutsche Sprache bestimmt.

gänzlich *hypothetischen Kontext* erhoben! Keine der Teilnehmenden dieser Studien sieht sich genötigt, den genannten Geldbetrag tatsächlich von ihrem Einkommen zu opfern.

Löschel et al. (2013) haben daher versucht, die Zahlungsbereitschaft für Klimaschutz in einem Kontext zu messen, in dem die Versuchspersonen tatsächlich eigenes, *reales Geld* für die Vermeidung von CO_2 einsetzen konnten. Den Teilnehmenden wurden pro Kopf 40€ als Aufwandsentschädigung für die Teilnahme an der Studie ausgehändigt. Die Versuchspersonen nahmen anschließend an einem Experiment teil, in dem sie unter anderem über die wesentlichen erwarteten Effekte des Klimawandels aufgeklärt wurden. Außerdem wurde ihnen die Funktionsweise des EU-Emissionshandels erklärt. Die Teilnehmenden (es handelte sich um 202 zufällig ausgewählte Einwohner und Einwohnerinnen Mannheims, die hinsichtlich der Merkmale Alter und Geschlecht repräsentativ für die Mannheimer Stadtbevölkerung waren) konnten dann Emissionsrechte aus dem EU-Emissionshandel erwerben. Es wurde ihnen wahrheitsgemäß erklärt, dass nach dem Experiment die entsprechende Menge an Zertifikaten an der Leipziger Strombörse gekauft und stillgelegt wird. Die Stilllegung der Zertifikate erfolgte durch Überweisung der gekauften Emissionsrechte auf das Stilllegungskonto der Deutschen Emissionshandelsstelle (DEHSt). Emissionsrechte, die auf diesem Konto befindlich sind, werden am Ende eines Kalenderjahres gelöscht und können daher definitiv nicht mehr gehandelt werden. Mit anderen Worten: Durch den Kauf eines Emissionsrechts in diesem Experiment hatten die Teilnehmenden die Chance, die insgesamt in Europa emittierte Menge an CO_2 zu reduzieren. Jede Tonne CO_2, die Teilnehmende in diesem Experiment kauften, steht Emittentinnen (wie den deutschen Kraftwerken beispielsweise) nicht mehr zur Verfügung. Die Teilnehmenden wurden explizit darauf hingewiesen, dass sie durch ihre Kaufentscheidung einen aktiven *Beitrag zum Klimaschutz* leisten konnten. Aus den Kaufentscheidungen der Teilnehmenden kann dann die reale Zahlungsbereitschaft für die Vermeidung einer Tonne CO_2 abgeleitet werden. Was waren die Ergebnisse dieses Experiments?

Wir können uns auf zwei Größen beschränken: Die durchschnittliche Zahlungsbereitschaft für die Vermeidung einer Tonne CO_2 lag bei etwa 12 €. Erstes Resultat der Studie war also, dass eine im Durchschnitt geringe, aber positive Zahlungsbereitschaft für Klimaschutz existiert. Es ist aber ein anderes Ergebnis der Studie, das viel interessanter und bedeutsamer ist: Für mehr als 60% der Teilnehmenden lag die individuelle Zahlungsbereitschaft bei 0 €, d.h., mehr als die Hälfte der Versuchspersonen kauften überhaupt keine Zertifikate! Etwas technischer kann man diesen Befund auch wie folgt formulieren: Die Median-Zahlungsbereitschaft für Klimaschutz in diesem Experiment lag bei Null Euro!

Man muss sich nun nur noch klar machen, dass der Median-Zahlungsbereitschaft in der ökonomischen Theorie der Politik eine herausragende Bedeutung zukommt. Es ist ein wohlbekanntes Resultat dieser Forschungsrichtung, dass in einer Demokratie letztlich die *Medianwählerin* Wahlen entscheidet. Sie ist „das Zünglein an der Waage", das einer Partei oder einer Kandidatin die absolute Mehrheit verschafft. Eine Partei, die Wahlen gewinnen will, muss sich daher letztlich an den Präferenzen dieser Medianwählerin orientieren.

Was bedeutet das bezogen auf unser Problem der Klimapolitik? Angenommen, die Stichprobe des Experiments sei repräsentativ gewesen.[4] Dann läge in Deutschland die Zahlungsbereitschaft der Medianwählerin für Klimaschutz (Vermeidung von CO_2) bei 0 €. Dies wohlgemerkt in Deutschland – einem Land mit hohen Einkommen, hohem Bildungsstand, hohem Grad der Informiertheit und Besorgtheit über Umweltprobleme im Allgemeinen und den Klimawandel im Speziellen. Es liegt nahe zu vermuten, dass die Zahlungsbereitschaft für Klimaschutz in Deutschland im internationalen Vergleich eher an der oberen Grenze liegt. Oder anders formuliert: Es ist kaum zu erwarten, dass die Zahlungsbereitschaft in anderen Ländern der Welt höher liegt als in Deutschland. Wenn dies der Fall sein sollte: Welchen Anreiz hätten Regierungsvertreterinnen der Länder dieser Welt dann, sich auf Klimakonferenzen auf kostspielige Klimaschutzabkommen zu einigen, die zu spürbaren Einbußen an ökonomischer Wohlfahrt für die heimischen Wählerinnen führen würden? Die Antwort ist klar: Keinen.[5]

Damit sind wir nun in der Lage, etwas besser zu erklären, warum es einerseits das Kyoto-Protokoll überhaupt gibt, andererseits dieses Abkommen aber weitgehend ausgehöhlt wurde: Einerseits ist die Öffentlichkeit durchaus besorgt über das Problem der globalen Erwärmung und erwartet daher, dass die Politik handelt. Andererseits aber darf Klimapolitik nicht wirklich weh tun, sie darf nicht zu kostspielig sein, weil die Zahlungsbereitschaft der Wählerinnen letztlich zu gering ist. Das Resultat einer solchen Konstellation wird in der Literatur oft als *symbolische Politik* bezeichnet (Endres et al. 2000 sowie Böhringer und Vogt 2004). Dieser Kategorie von Politik muss letztlich auch das Kyoto-Protokoll zugerechnet werden.

7.1.4 Das Paris-Abkommen

Mittlerweile existiert in Gestalt des Paris-Abkommens ein neuer internationaler Vertrag zum Klimaschutz. Das Abkommen wurde Ende 2015 auf der COP21 in Paris angenommen. Im November 2016 trat das Abkommen völkerrechtlich in Kraft, da am 4. November erstmals die erforderliche Mindestzahl von Ratifikationen von 55 Staaten erreicht wurde, die mindestens 55% der globalen CO_2-Emissionen repräsentieren.

---

[4] Eine Überprüfung der Ergebnisse auf der Basis einer repräsentativen Stichprobe steht noch aus. Die Autoren erwarten aber kaum optimistischere Resultate: So war in dem Mannheimer Experiment der Anteil von Wählerinnen der Grünen beispielsweise deutlich überrepräsentiert. Teilnehmende mit Präferenz für die Partei der Grünen kauften aber statistisch signifikant mehr Zertifikate als Teilnehmende ohne diese Präferenz.

[5] Einen potentiellen Einwand gegen diese Argumentation gibt es allerdings: In diesem Experiment wurde der Beitrag für ein globales öffentliches Gut erhoben *ohne* Information über die Beiträge anderer Akteurinnen. Es gibt erste Hinweise darauf, dass auch bei globalen öffentlichen Gütern die indviduellen Beiträge steigen, wenn man sicher sein kann, dass auch andere Akteurinnen einen Beitrag leisten. Vgl. Uehleke und Sturm (2017) und Löschel et al. (2017).

Für eine umfassende Bewertung des Vertrages hinsichtlich seiner Effektivität ist es sicherlich noch zu früh. Anders als beim Kyoto-Protokoll liegen noch keine ausreichenden Beobachtungen über das Minderungsverhalten der Vertragsstaaten vor, so dass ein Soll-Ist-Vergleich noch nicht möglich ist. Dennoch lohnt ein Blick auf das Paris-Abkommen, insbesondere hinsichtlich seiner gänzlich anderen Architektur.

Das Kyoto-Protokoll wurde seinerzeit gefeiert, da es verbindliche Minderungsziele sowie Erfüllungsperioden vorsah. Beim Paris-Abkommen hat man von vornherein auf die Festschreibung verbindlicher Reduktionsziele für die Vertragsstaaten verzichtet. Stattdessen verständigte man sich darauf, dass die Vertragsstaaten sogenannte Nationally Determined Contributions (NDCs) abgeben – das sind freiwillige und nicht verbindliche Treibhausgasminderungen. Die NDCs werden dabei für einen Zeithorizont bis 2025 oder 2030 formuliert. So hat etwa die EU erklärt, ihre CO_2-Emissionen bis 2030 um 55% gegenüber 1990 reduzieren zu wollen (UNFCCC 2020).

Bezüglich der NDCs ergeben sich mindestens zwei Probleme. Erstens sind die deklarierten, beabsichtigten Minderungen nicht unmittelbar vergleichbar. Das liegt daran, dass einige Länder bzw. Staatengruppen wie die EU absolute Minderungsziele formuliert haben, andere Länder aber relative Ziele. China z.B. hat ein NDC bezüglich der CO_2-Intensität seiner Produktion formuliert. So soll der CO_2-Einsatz pro erzeugter Einheit BIP in China bis 2030 ausgehend von 2005 um über 65% gesenkt werden (UNFCCC 2022b). Das impliziert aber natürlich nicht notwendigerweise, dass auch die absoluten CO_2-Emissionen in China sinken werden. Der absolute Emissionsverlauf hängt wesentlich vom Wirtschaftswachstum Chinas und vom Bevölkerungswachstum ab.

Das zweite Problem ergibt sich im Hinblick auf das mit dem Paris-Abkommen verfolgte klimapolitische Ziel. Anders als im Kyoto-Protokoll legt das Paris-Abkommen ein Temperaturziel fest. Die globale Erwärmung soll im 21. Jahrhundert auf einen Temperaturanstieg von maximal 2 °C ggü. dem vorindustriellen Niveau beschränkt werden, besser noch auf höchstens 1,5 °C. Dieses Temperaturziel wurde nicht in nationale Minderungspflichten herunter gebrochen. Damit taucht die zentrale Frage auf, ob die bisher abgegebenen NDCs ausreichen, das avisierte Temperaturziel einzuhalten. Die Antwort ist ein klares Nein. Werden die bisher kommunizierten NDCs umgesetzt, dann belaufen sich die jährlichen globalen CO_2-Emissionen auf 52,4 Gt in 2030. Das sind 16 Gigatonnen CO_2 in 2030 mehr als mit dem Zweigradziel vereinbar wäre (UNFCCC 2022a). Offenbar existiert eine erhebliche Minderungslücke. Daher sieht das Abkommen vor, dass in regelmäßigen Abständen von etwa fünf Jahren eine Bestandsaufnahme („global stocktake") erfolgt und die Staaten ihre NDCs im Zeitablauf verschärfen (sogenannter Ratcheting-Mechanismus, vgl. hierzu die Fallstudie in Abschnitt 7.3). Abschließend sei erwähnt, dass das Paris-Abkommen keinerlei formelle Sanktionen im Fall der Nichteinhaltung von NDCs vorsieht.

Was ist nun nach bisherigem Kenntnisstand von dieser Vertragsarchitektur zu halten? Viele wissenschaftliche Beobachterinnen und Kommentatorinnen der Klimapolitik zeigten sich vom Paris-Abkommen enttäuscht.[6] Der Verzicht auf völkerrechtlich verbindliche

---

[6] So äußerte sich der führende US-amerikanische Klimatologe James Hansen von der NASA mehr

Minderungsziele ist ein Schritt zurück hinter das Kyoto-Protokoll. Nun kann man argumentieren, dass die Verhandlungsparteien möglicherweise gerade wegen der negativen Erfahrungen mit den verbindlichen Zielen des Kyoto-Protokolls auf dieses Element im Paris-Vertrag von vornherein verzichtet haben. Sicherlich dürfte der nicht bindende Charakter der NDCs es vielen Regierungen erleichtert haben, das Abkommen zu signieren und zu ratifizieren. Andererseits ist jedoch nicht klar, wie auf der Basis rein freiwilliger Absichtserklärungen das Temperaturziel erreicht werden soll.

Ein weiterer Kritikpunkt, der insbesondere von ökonomischer Seite vorgetragen wurde, wiegt möglicherweise noch schwerer: Für Ökonominnen ist klar, dass CO_2-Minderungen nur das Ergebnis eines positiven und im Zeitablauf steigenden CO_2-Preises sein können. Für die Generierung eines CO_2-Preises bieten sich entweder eine Pigou-Steuer oder ein Emissionsrechtehandel an. Umweltsteuern waren noch nie eine realistische Option in der internationalen Klimapolitik. Der Emissionsrechtehandel hingegen war im Kyoto-Protokoll das zentrale Instrument, mit dem die Vertragsstaaten ihre Minderungsziele bewerkstelligen wollten. Das Paris-Abkommen schweigt sich über die Rolle des CO_2-Emissionsrechtehandels komplett aus. Wie aber dann der erforderliche globale CO_2-Preis entstehen soll, bleibt rätselhaft.[7]

Insgesamt bleibt das Paris-Abkommen nach bisherigem Kenntnisstand nicht viel mehr als die Absichtserklärung, den Temperaturanstieg auf 1,5° bis 2° C begrenzen zu wollen. Wie das gesetzte Ziel erreicht werden soll, ist bis jetzt unklar. Die nächsten Jahre werden zeigen, ob es den Vertragsstaaten gelingt, das Abkommen substanziell nachzubessern.

7.1.5 Die Idee eines Klimaclubs

Vor dem Hintergrund des bisherigen weitgehenden Versagens der internationalen Klimapolitik stellt sich umso dringender die Frage, wie die zwingend erforderliche globale Kooperation erreicht werden kann. Rekapitulieren wir kurz die zentrale Ursache des bislang beobachtbaren Kooperationsversagens: Klimaschutz stellt ein globales öffentliches Gut dar. Da im internationalen Kontext eine übergeordnete Zwangsgewalt fehlt, die kooperatives Verhalten zur Bereitstellung dieses Guts erzwingen könnte, muss jede Vereinbarung zum globalen Klimaschutz zwingend auf Freiwilligkeit basieren. Diese scheint aber an den fatalen Anreizproblemen bei der Bereitstellung öffentlicher Güter zu scheitern: Ökonomisch rational handelnde Akteurinnen werden die sich bietende Freifahreroption wahrnehmen – eine scheinbar ausweglose Situation.

---

als enttäuscht. In einem Interview mit dem britischen Guardian titulierte er das Paris-Abkommen als „a fraud really, a fake". (The Guardian 2015).

[7] Jean Tirole, Nobelpreisträger in 2014, formuliert es so: *"Carbon pricing, recommended by the vast majority of economists and many policymakers, but a no-starter for Venezuela and Saudi Arabia, was light-heartedly discarded by the negotiators. This seriously jeopardizes the achievement of the climate target. A universal carbon price is indeed essential to meet the 1.5 or 2 °C goal."* (Tirole 2015).

Einen möglichen Ausweg aus dem sozialen Dilemma der Staatengemeinschaft hat im Jahr 2015 der US-amerikanische Ökonom William Nordhaus aufgezeigt, der uns bereits aus der Diskussion des DICE-Modells (vgl. Kapitel 6) bekannt ist. Die Idee ist unter dem Label eines Klimaclubs bekannt geworden und wurde auch im politischen Raum aufgegriffen.[8]

Der Vorschlag von Nordhaus basiert auf der Einsicht, dass Kooperation zwar im internationalen Kontext nicht durch eine übergeordnete Autorität „verordnet" werden, möglicherweise aber durch eine Koalition der Willigen durch Sanktionen erzwungen werden kann. Staaten, die zu substanziellem Klimaschutz bereit sind, finden sich zu einem Klimaclub zusammen, der die Outsider, die dem Klub nicht beitreten wollen, sanktioniert. Die erforderlichen Sanktionsmittel gedenkt Nordhaus dabei durch eine Verbindung der internationalen Klima- und Handelspolitik[9] bereit zu stellen: Outsider sollen mit Hilfe von Strafzöllen, die an den Außengrenzen des Clubs erhoben werden, bewogen werden, über kurz oder lang dem Club beizutreten. Dabei sind zwei mögliche Ausgestaltungen eines solchen Sanktionsregimes denkbar: Nichtmitglieder könnten mit einheitlichen Handelszöllen auf ihre Wareneinfuhren in das Clubgebiet belegt werden. Diese Variante bevorzugt Nordhaus wegen ihrer Einfachhheit. Alternativ könnte ein kohlenstoffbezogener Einfuhrzoll erhoben werden, der die kohlenstoffintensiveren Produkte aus dem Clubausland mit einem Kohlenstoffpreis belegt, den der Klimaclub definiert. Ein solches „Border Tax Adjustment" wäre mit relativ größerem erhebungstechnischem Aufwand verbunden (vgl. Abschnitt 5.5 zum CBAM im EU ETS).

Mit Hilfe numerischer Simulationen eines Koalitionsmodells im Rahmen seines DICE-Modells kann Nordhaus zeigen, dass tatsächlich stabile, große und vergleichsweise effektive Klimaclubs entstehen könnten. Die beiden Parameter, die hier ein institutionelles Arrangement charakterisieren, sind der CO_2-Preis einerseits, der erforderliche Strafzoll andererseits. Für niedrige Preise pro Tonne CO_2 von 12,50\$ oder 25\$ reichen bereits niedrige Zölle von 2%, um die Kooperation aller betrachteten 15 Staaten bzw. Weltregionen zu erreichen. Für einen moderaten CO_2-Preis von 50\$ sind schon deutlich höhere Zolltarife von 5% oder mehr nötig, um 12 bis zu 14 der 15 Staaten(gruppen) zum Beitritt in den Klimaclub zu bewegen. Für den höchsten aller betrachteten CO_2-Preise von 100\$ stößt der Ansatz an seine Grenzen: Selbst hohe Strafzölle von 10% schaffen es lediglich, einen Klimaclub von sechs Staaten hervorzubringen (vgl. Nordhaus 2015, Abb. 3).

Klimaclubs sind theoretisch stringent und prinzipiell geeignet, die Anreizproblematik in der internationalen Klimapolitik zu lösen. Ob das Instrument praktische Relevanz erlangen wird, kann an dieser Stelle nicht abschließend geklärt werden. Als kritisch könnte sich die avisierte Verknüpfung von Klima- und Handelspolitik erweisen: Zum einen müsste das etablierte juristische Regelwerk der Welthandelsorganisation WTO möglicherweise entsprechend angepasst werden – wobei völlig unklar ist, ob eine solche Anpassung

---

[8] So wirbt etwa der deutsche Bundeskanzler Olaf Scholz für einen Klimaclub u.a. im Kreis der G7-Staaten.
[9] Die spieltheoretische Literatur kennt hierfür den Begriff des Issue Linkage. Tatsächlich ist die kooperationsfördernde Wirkung eines solchen Linkage schon relativ lange bekannt, vgl. hierzu etwa Finus (2001).

die erforderlichen politischen Mehrheiten bekäme.[10] Zum anderen birgt die Instrumentalisierung der Handelspolitik die Gefahr von „Handelskriegen", zumindest aber einer Zolleskalation als Folge der klimapolitisch motivierten Einfuhrzölle. Dies wäre letztlich aus handelspolitischer Sicht unerwünscht wegen der damit einhergehenden Reduktion des Handelsvolumens und der geringeren Wohlfahrtsgewinne durch internationalen Handel.

7.2 Experimentelle Evidenz: Öffentliche Güter und Kooperation

7.2.1 Warum Ökonominnen Laborexperimente durchführen

Lange Zeit galt die Wirtschaftswissenschaft im Unterschied zu den Naturwissenschaften als nicht-experimentelle Disziplin. Samuelson und Nordhaus, zwei bekannte US-amerikanische Ökonomen, haben dies folgendermaßen formuliert: *„Economics ... cannot perform the controlled experiments of chemists or biologists because [it] cannot easily control other important factors. Like astronomers or meteorologists, [it] generally must be content largely to observe."* (Samuelson und Nordhaus 1985, S. 8). Zwar wurden die ersten ökonomischen Laborexperimente bereits in den 50er und 60er Jahren des letzten Jahrhunderts in Deutschland und den USA durchgeführt.[11] Dennoch blieben ökonomische Laborexperimente lange Zeit relativ exotisch und wenig beachtet. Dies änderte sich in den 1980er Jahren, als ökonomisch relevante Fragestellungen verstärkt experimentell untersucht wurden. Hierzu zählen das individuelle Verhalten in Auktionen (z.B. Cox et al. 1984), Verhandlungen (z.B. Güth et al. 1982) und sozialen Dilemmata (z.B. Isaac und Walker 1988). Mittlerweile gehören Experimente fest zum methodischen Instrumentarium der Wirtschaftswissenschaft.

Was aber zeichnet die experimentelle Methode aus? Kurz gesagt: Die zentralen Elemente der experimentellen Methode sind Reproduzierbarkeit und Kontrolle. *Reproduzierbarkeit* bedeutet, dass andere Forscherinnen über die Möglichkeit verfügen, ein bestimmtes Experiment zu wiederholen und dabei das Resultat dieses Experiments unabhängig zu bestätigen. In der Wirtschaftswissenschaft erlauben Laborexperimente eine relativ günstige, unabhängige Reproduktion von Beobachtungen, während Felddaten (z.B. Daten von statistischen Ämtern) meist nicht direkt von Ökonominnen erhoben werden und daher häufig nicht exakt für ihre wissenschaftlichen Zwecke geeignet sind. *Kontrolle* ist die Fähigkeit, die Laborbedingungen so zu gestalten, dass das beobachtete Verhalten genutzt werden kann, um Theorien und institutionelle Lösungsansätze zu bewerten. Felddaten mangelt es dagegen häufig an Kontrolle. Zum einen können die relevanten Daten nicht

---

[10] Ein umweltpolitisch motivierter Strafzoll könnte gegen das Meistbegünstigungsprinzip des GATT Art. I verstoßen. Vgl. hierzu Bierbrauer et al. (2021) sowie die dort zitierte Literatur.

[11] Zu den ersten publizierten experimentellen Arbeiten zählen Sauermann und Selten (1959) und Smith (1962). Vernon Smith erhielt 2002 (zusammen mit Daniel Kahneman) den Nobelpreis für Wirtschaftswissenschaften. In der Begründung der Preisverleihung heißt es *„[The prize was awarded] for having established laboratory experiments as a tool in empirical economic analysis, especially in the study of alternative market mechanisms"* (http://nobelprize.org).

erhoben werden, da die Bedingungen im Feld nicht den Annahmen der zu prüfenden Theorie entsprechen. Zum anderen sind erhobene Felddaten häufig zu ungenau, um zwischen verschiedenen Theorien diskriminieren zu können.

Laborexperimente sind dagegen besonders gut geeignet, um ökonomische Theorien zu testen. Was aber ist eigentlich eine *Theorie*?[12] Um es ganz einfach auszudrücken: Eine Theorie ist nichts anderes als ein geschlossenes System, dass es erlaubt, „Wenn-Dann-Aussagen" zu formulieren. Das Gesetz der Nachfrage aus der Konsumtheorie (vgl. Abschnitt 1.1) ist nichts anderes als eine solche Wenn-Dann-Aussage: Wenn der Preis für ein Gut steigt, dann geht die Nachfrage nach diesem Gut zurück. In diesem Sinne stellt die Theorie eine *Prognose* hinsichtlich des zu erwartenden Ergebnisses auf – in diesem Fall des zu erwartenden Verhaltens der Konsumentinnen. Eine Theorie besteht aber nicht nur aus einer Wenn-Dann-Beziehung. Zu einer Theorie gehören immer auch Angaben, unter welchen Bedingungen die behauptete Gesetzmäßigkeit gilt. Beim Gesetz der Nachfrage zählt hierzu insbesondere die ceteris-paribus-Bedingung, die in diesem Fall besagt, dass sich nur der Preis des Guts ändert, alles andere aber konstant bleibt. Konkret: Die Gesetzmäßigkeit, dass mit steigendem Preis die Nachfrage zurückgeht und mit sinkendem Preis steigt, gilt nur dann, wenn die Preise der übrigen Güter, das Einkommen der Konsumentinnen und ihre Präferenzen gleich bleiben. Alle ökonomischen Theorien (und nicht nur diese) haben diese Grundstruktur und oft ist die ceteris-paribus-Bedingung Teil der zugrundeliegenden Annahmen der Theorie.

Die Bedingungen, unter denen eine Theorie Gültigkeit beansprucht, sind nun von entscheidender Bedeutung, wenn es darum geht, die Theorie wissenschaftlich *zu überprüfen* oder – mit anderen Worten – *zu testen*. Schließlich will man wissen, ob aus einer Theorie die richtigen Prognosen folgen. Eine Theorie, die systematisch falsche Prognosen abgibt, wird sich keiner großen Beliebtheit erfreuen. Wissenschaftlich bedeutet hierbei nichts anderes, als dass der Wahrheitsgehalt von Aussagen intersubjektiv nachvollziehbar und überprüfbar ist. Offensichtlich kann eine Theorie nur dann widerlegt oder falsifiziert werden, wenn sich bei Gültigkeit *aller* Annahmen der Theorie die aufgestellte Prognose als falsch herausstellt. Liegt hingegen eine Beobachtung vor, die nicht in Einklang mit der theoretischen Prognose ist, sind aber zugleich nicht alle Annahmen der Theorie erfüllt, kann man die Theorie nicht widerlegen. Schließlich gilt diese ja nur bei Gültigkeit aller Annahmen. Die Abweichung zwischen Beobachtung und theoretischer Prognose könnte durch die nicht erfüllten Annahmen verursacht sein. Wir wollen an dieser Stelle nicht weiter in die Wissenschaftstheorie eindringen. Wir halten aber fest: Der wissenschaftliche Test von ökonomischen Theorien verlangt, dass man alle Annahmen einer Theorie erfüllt und dann die theoretische Prognose mit dem beobachteten Verhalten vergleicht.

An dieser Stelle kommen nun wieder die Laborexperimente ins Spiel. Kennzeichen von Laborexperimenten war die Möglichkeit, die Bedingungen zu kontrollieren, unter denen Individuen interagieren. Wir können also im Labor genau die Bedingungen schaffen, unter denen die ökonomische Theorie Gültigkeit beansprucht. Insbesondere kann man auch

---

[12] Vgl. Weimann (2004).

reale Anreize setzen, denn die Versuchspersonen in ökonomischen Laborexperimenten erhalten *reales Geld* für ihre Teilnahme am Experiment. Die individuelle Auszahlung ist dabei üblicherweise abhängig vom eigenen Verhalten und dem Verhalten der Mitspielerinnen. Beobachtet man unter kontrollierten und der Theorie entsprechenden Bedingungen individuelles Verhalten, welches systematisch nicht in Einklang mit der theoretischen Prognose steht, ist die Theorie widerlegt. Sie beschreibt das menschliche Verhalten nicht richtig. Ziel ist es dann, eine neue, bessere Theorie mit höherer Erklärungskraft zu finden.[13]

7.2.2 Laborexperimente zur Bereitstellung öffentlicher Güter

Wir wollen nun konkret zeigen, wie Laborexperimente benutzt werden, um ökonomische Theorie zu testen. Ausgangspunkt ist das öffentliche-Gut-Spiel, welches wir in Abschnitt 4.1.3 ausführlich vorgestellt haben. Zur Erinnerung: In diesem Spiel verfügen die Spielerinnen über eine Anfangsausstattung an privatem Gut, welche sie entweder behalten oder in ein öffentliches Gut investieren können. Das Verhältnis von Erlös zu Kosten aus der Investition einer Einheit privaten Guts in das öffentliche Gut – bezeichnet als „Marginal Per Capita Return" (MPCR) – ist konstant und es gilt MPCR < 1. Daraus folgt, dass das Nash-Gleichgewicht in dominanten Strategien darin besteht, nichts zum öffentlichen Gut beizutragen. Sozial optimal wäre es hingegen, wenn jede Spielerin ihre gesamte Ausstattung an privatem Gut in das öffentliche Gut investiert. Individuell rationales Verhalten führt also nicht zu einem sozial rationalen Resultat – die Akteurinnen stecken in einem sozialen Dilemma. Auf Grund der spieltheoretischen Prognose, in diesem Fall die Freifahrerposition einzunehmen und nichts beizutragen, werden Laborexperimente mit dem öffentlichen-Gut-Spiel aus Abschnitt 4.1.3 auch als „Freifahrerexperimente" bezeichnet.

Ein bekanntes ökonomisches Freifahrerexperiment ist Isaac und Walker (1988). Wir wollen uns dieses Experiment etwas näher ansehen, da es typisch für eine ganze Reihe von Freifahrerexperimenten ist.[14] In diesem Experiment wird das in Abschnitt 4.1.3 vorgestellte öffentliche-Gut-Spiel über 10 Perioden gespielt, d.h., die Spielerinnen hatten 10 Mal die Gelegenheit, ihre Ausstattung an privatem Gut (dargestellt durch Spielmarken im Wert von 1 Cent) entweder zu behalten oder in das öffentliche Gut zu investieren. Die

---

[13] Der Theorietest ist nur ein – wenn auch wohl das wichtigste – Ziel von ökonomischen Laborexperimenten. Daneben haben Laborexperimente auch die Funktion, „stilisierte Fakten" zu erzeugen, d.h. Beobachtungen, die sich als reproduzierbar und robust hinsichtlich der Variation von Elementen der Laborumgebung erweisen. Auf Basis dieser Verhaltensmuster können dann neue Theorien mit höherer Erklärungskraft entwickelt werden. Eine weitere Anwendungsmöglichkeit für Experimente besteht darin, die Performance neu entwickelter Institutionen noch vor ihrer Implementierung in der Realität zu untersuchen und damit die der Einführung solcher Institutionen (z.B. Auktionen) inhärente Unsicherheit zu reduzieren. Schließlich sind für eine Reihe von Gütern, insbesondere im Umweltbereich, individuelle Präferenzen nicht beobachtbar, sondern müssen durch spezielle Befragungstechniken ermittelt werden. Experimente können benutzt werden, um diese Techniken zu testen und weiterzuentwickeln. Vgl. Sturm und Weimann (2006).

[14] Vgl. Weimann (2004).

Anzahl der zu spielenden Perioden war den Spielerinnen vor dem Experiment bekannt, ebenso die Auszahlungsfunktion. Darüber hinaus wurde Anonymität garantiert. Isaac und Walker variieren in ihrem Experiment zwei Parameter, nämlich die Gruppengröße, N, und den MPCR.

Tab. 7.5 Anordnungen im Experiment von Isaac und Walker (1988)

Anordnungen		Marginal Per Capita Return (MPCR)	
		MPCR = high (H)	MPCR = low (L)
Gruppengröße	$N = 4$	4H	4L
(N)	$N = 10$	10H	10L

Um eine „große" und eine „kleine" Gruppe zu erzeugen, wurde das Experiment in Gruppen zu 4 und 10 Spielerinnen gespielt. In beiden Fällen wurde der MPCR variiert und zwar war dieser Parameter entweder „high" (H, MPCR = 0,75) oder „low" (L, MPCR = 0,3). Mit anderen Worten: Während das Einbehalten einer Spielmarke immer einen privaten Ertrag von 1 Cent erbrachte, erzielte eine in das öffentliche Gut investierte Spielmarke einen Ertrag von 0,75 oder 0,3 Cent für alle Spielerinnen. Tabelle 7.5 stellt die 2 x 2 = 4 Anordnungen dar.

Bevor wir uns die Ergebnisse des Experiments ansehen, bedarf es noch einer Ergänzung zur Prognose der Spieltheorie hinsichtlich des individuellen Verhaltens. Bislang sind wir davon ausgegangen, dass das Spiel nur *einmal* gespielt wird. Das Nash-Gleichgewicht in dominanten Strategien bestand darin, nicht beizutragen. Wie man sich leicht klar macht, verändert sich die theoretische Prognose nicht, wenn wir das Spiel *endlich wiederholt* durchführen. Gehen wir zum Beispiel von zehn Perioden aus. In diesem Fall hat das eigentliche Spiel zehn Teilspiele, denn in jeder der zehn Perioden wird das Spiel einmal gespielt. Versetzen wir uns in die letzte Periode dieses 10-Perioden-Spiels. In dieser Periode wird das Spiel nur noch einmal gespielt und wir kennen die theoretische Lösung in diesem Teilspiel: Es wird nichts beigetragen. Wie sieht es in der vorletzten Runde aus? Nun, da in der letzten Periode nichts beigetragen wird, ist auch in diesem Teilspiel die gleichgewichtige Lösung, nichts beizutragen. Rationale Spielerinnen werden das Gleichgewicht in der letzten Periode antizipieren. Diese Logik der sogenannten Rückwärtsinduktion kann man bis zur ersten Periode fortsetzen und man erkennt, dass die gleichgewichtige Lösung darin besteht, in jeder Periode nichts beizutragen.[15] Wir halten also fest: Die theoretische Prognose im endlich wiederholten Freifahrerexperiment besteht darin, dass die Spielerinnen keinen Beitrag zum öffentlichen Gut leisten. Diese Prognose wird auch als „*Freifahrerhypothese*" bezeichnet.

In Abbildung 7.1 sind die Beiträge zum öffentlichen Gut in Prozent der Anfangsausstattung für die vier Anordnungen des Experiments von Isaac und Walker dargestellt. Auf den ersten Blick fällt auf, dass die theoretisch hergeleitete Freifahrerhypothese nicht

---

[15] Spieltheoretisch formuliert haben wir es mit einem „teilspielperfekten Gleichgewicht" zu tun. Eine Strategie ist dann teilspielperfekt, wenn sie in jedem Teilspiel ein Nash-Gleichgewicht darstellt.

Abb. 7.1 Beiträge zum öffentlichen Gut in Isaac und Walker (1988)

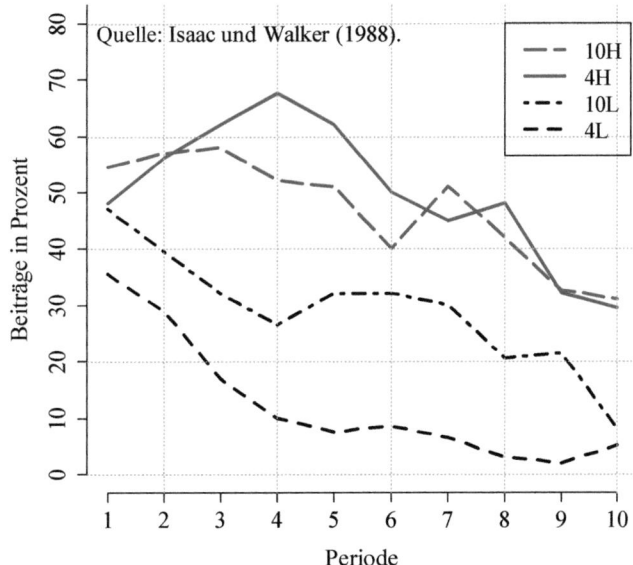

aufrechterhalten werden kann. In allen Perioden liegen die Beiträge deutlich über Null. Bemerkenswert ist dies insbesondere in der letzten Periode. In diesem Teilspiel ist Nichtbeitragen dominante Strategie. Offensichtlich spielen aber die Spielerinnen im Durchschnitt diese Strategie nicht, sondern leisten Beiträge zur Erstellung des öffentlichen Guts. Andererseits ist auch klar, dass es in keiner Periode zur effizienten Lösung kommt. Im Durchschnitt liegen die Beiträge bei etwa 30% bis 40%. Es kommt also zu erheblichen Effizienzverlusten. Das Beitragsverhalten in Abbildung 7.1 ist typisch für Freifahrerexperimente: Wir beobachten zwar kaum striktes Freifahrerverhalten, aber die effiziente Lösung wird deutlich verfehlt und die Wohlfahrtsverluste sind entsprechend hoch.

Ein weiterer Effekt fällt bei näherer Betrachtung von Abbildung 7.1 auf: Die Beiträge der Spielerinnen zum öffentlichen Gut fallen im Spielverlauf. Die Beiträge liegen zu Beginn teilweise deutlich über 50% und fallen dann mehr oder weniger deutlich. Darüber hinaus fällt auf, dass in der letzten Runde die Beiträge üblicherweise besonders stark abfallen. Dieser „Schlussrundeneffekt" deutet darauf hin, dass die Rückwärtsinduktion, mit der die Spieltheorie nachweist, dass nur ein teilspielperfektes Gleichgewicht im Freifahrerexperiment existiert, offensichtlich nicht stattfindet. Wäre dies der Fall, würden rationale Spielerinnen nicht erst in der letzten Periode ihre Beiträge reduzieren, sondern bereits davor.

Schließlich lassen die Ergebnisse von Isaac und Walker noch einen weiteren Schluss zu: Während die Gruppengröße keinen besonderen Einfluss auf die Kooperationsbereitschaft zu haben scheint, hat der MPCR einen deutlichen Effekt auf das Beitragsverhalten. Je höher der MPCR, desto mehr Beiträge werden zur Erstellung des öffentlichen Guts geleistet. Dieser Effekt ist durchaus intuitiv, denn je höher der MPCR ist, desto billiger ist der Beitrag zum öffentlichen Gut. Mit anderen Worten: Bei einem hohen MPCR verliert eine Spielerin weniger, wenn sie beiträgt.[16] Dennoch ist auch dieser Effekt nicht mit der Theorie zu vereinbaren. Unabhängig davon, wie groß der MPCR < 1 ist, bleibt es bei der dominanten Strategie, nicht beizutragen.

Bei der Beurteilung experimenteller Ergebnisse muss in Rechnung gestellt werden, dass einzelne Beobachtungen allenfalls als Hinweise auf die Existenz reproduzierbarer, stabiler Verhaltensmuster gewertet werden können. Die Möglichkeit, dass es sich um ein Artefakt handelt oder um ein Ergebnis, das stark von Effekten beeinflusst wird, die nicht expliziter Bestandteil der Versuchsanordnung sind, kann nur selten völlig ausgeschlossen werden. Aus diesem Grund gewinnen Beobachtungen vor allem dann an Bedeutung, wenn sie sich in unterschiedlichen Experimenten als reproduzierbar und robust hinsichtlich Variationen der Laborumgebung erweisen. In Bezug auf die Versuchsanordnung des Freifahrerexperiments existiert mittlerweile eine relativ große Zahl solcher *stilisierter Fakten*, weil diese Anordnung in vielen Experimenten angewendet worden ist. Das hier vorgestellte Experiment von Isaac und Walker (1988) bildet diese stilisierten Fakten relativ gut ab. Fassen wir diese noch einmal zusammen:[17]

- Die Anfangsbeiträge für das öffentliche Gut schwanken zwischen 40% und 60% der Anfangsausstattung an privatem Gut. Die Freifahrerhypothese muss daher als weitgehend falsifiziert angesehen werden. Dennoch wird die sozial optimale Lösung deutlich verfehlt.
- Die individuellen Beiträge fallen bei wiederholter Durchführung des Experiments.
- Bei bekannter Anzahl von Durchführungen ist ein deutlicher Schlussrundeneffekt festzustellen, d.h., der Durchschnittsbeitrag erreicht in der letzten Runde mit hoher Wahrscheinlichkeit sein absolutes Minimum.
- Auch in der einmal gespielten Version wählen die Versuchspersonen nicht ihre dominante Strategie. Dies gilt sowohl für nur einmal durchgeführte Spiele als auch für die Schlussrunden in wiederholten Spielen.
- Die Höhe des MPCR aus dem öffentlichen Gut hat dann einen signifikant positiven Einfluss auf die Kooperationsbereitschaft, wenn die Gruppen relativ klein sind.

Angesichts dieser Resultate stellt man sich natürlich sofort die Frage, welche Mechanismen das Beitragsniveau in Freifahrerexperimenten erhöhen können. Schließlich kommt es zu erheblichen Wohlfahrtsverlusten, da die Spielerinnen nur einen Teil ihrer Ausstattung an privatem Gut zur Erstellung des öffentlichen Guts beitragen. Laborexperimente bieten sich für die Untersuchung solcher Mechanismen an, schließlich können wir im Labor genau die Bedingungen kontrollieren, unter denen die Spielerinnen interagieren. Dies erlaubt, diejenigen Bedingungen zu identifizieren, die Kooperation in sozialen Dilemmata

---

[16] Allerdings scheint der Effekt zwischen MPCR und Beitragsniveau für sehr große Gruppen ($N = 40$ und $N = 100$) verloren zu gehen. Vgl. Isaac et al. (1994).

[17] Vgl. Sturm und Weimann (2006) und die Meta-Studie von Zelmer (2003).

fördern. Zwei der wichtigsten und bereits experimentell sehr gut untersuchten Mechanismen sind *Kommunikation* und *Sanktionen*.

Kommunikation

Es ist naheliegend, die Standardanordnung des Freifahrerexperiments zu erweitern, um Kommunikations- und Reputationseffekte kontrolliert zu untersuchen. Laborversuche werden überwiegend in anonymen Anordnungen durchgeführt, d.h., die Versuchspersonen können sich in der Regel nicht gegenseitig identifizieren und haben keine Gelegenheit, miteinander zu kommunizieren. Diese Praxis hat den Vorteil, dass dadurch eine bessere Kontrolle der Entscheidungsbedingungen erreicht wird, als dies in nicht anonymen Situationen der Fall ist. Persönliche Interaktion der Versuchspersonen kann das Verhalten in nicht kontrollierbarer Weise beeinflussen. Gleichwohl wird damit ein zentrales Element realer Entscheidungen systematisch vernachlässigt. Menschen kommunizieren und sie bewegen sich in nicht anonymen Kontexten. Aus diesem Grund ist es notwendig, beide Aspekte unter möglichst kontrollierten Bedingungen in die experimentelle Analyse zu integrieren.

Dabei muss man berücksichtigen, dass Kommunikation im herkömmlichen Sinne, also von Angesicht zu Angesicht, zwei Effekte hat. Erstens, die eigentliche Kommunikation, also der reine *Informationsaustausch* zwischen zwei oder mehreren Personen. Aus theoretischer Sicht verändert der reine Informationsaustausch die Anreize im Freifahrerexperiment – gegeben durch die Auszahlungsfunktion – nicht. Nichtbeitragen bleibt die dominante Strategie. Kommunikation ist also nichts weiter als „cheap talk". Zweitens gibt es einen *Reputationseffekt* durch die Aufhebung der Anonymität. Beispielsweise könnte eine Spielerin A in einem Freifahrerexperiment eine andere Spielerin B in der Kommunikationsphase erkennen. Wenn A erfährt, dass B nicht zum öffentlichen Gut beiträgt, könnte sie dies im Freundeskreis kommunizieren. Die Reputation von B könnte darunter leiden. Wenn B dies antizipiert, wird sie zum öffentlichen Gut beitragen. Reputation könnte also aus theoretischer Sicht durchaus kooperationsfördernde Effekte haben. Wer will schließlich schon auf dem Campus der Hochschule als Freifahrerin erkannt werden?

Vor diesem Hintergrund untersuchen Brosig et al. (2003) die Kommunikationswirkung in einem öffentlichen-Gut-Spiel, indem sie unter ansonsten konstanten Bedingungen die Kommunikationsmedien, die den Spielerinnen zur Verfügung stehen, systematisch variieren. Dazu wird vor dem eigentlichen Freifahrerexperiment eine Kommunikationsphase eingeführt, in der sieben verschiedene Kommunikationsmodi verwendet werden. Neben aktiver Kommunikation über eine Audio-Konferenz und eine Video-Konferenz sowie direkter Kommunikation innerhalb eines Raumes, werden auch indirekte Kommunikationsformen (z.B. ein Vortrag über das Spiel) verwendet. Um Reputationseffekte zu testen, wird eine anonyme Anordnung ohne Kommunikation mit einer Anordnung verglichen, in der die Spielerinnen sich via Videobild identifizieren können, aber keine Kommunikation erlaubt ist. Die zentralen Resultate lassen sich wie folgt zusammenfassen:

- Reputationseffekte spielen keine Rolle.
- Kommunikation vor der Beitragsentscheidung wird dazu benutzt, eine Verhaltensabstimmung herbeizuführen, mit dem Ziel, die effiziente Lösung zu realisieren.
- Diese Abstimmung gelingt nur dann vollständig, wenn die Kommunikation vollständig audiovisuell erfolgt. Fehlt der Blickkontakt, scheitert die Abstimmung, eine reine Video-Konferenz ist dagegen mit dem unmittelbaren Gespräch gleichwertig.

Diese Resultate deuten darauf hin, dass Reputationseffekte eine weitaus geringere Rolle spielen, als ihnen von der Standardtheorie zugeschrieben wird. Im Gegensatz dazu kann standardtheoretisch bedeutungsloses Cheap Talk stark effizienzsteigernde Effekte auslösen.[18]

Sanktionen
Bei der privaten Bereitstellung öffentlicher Güter spielen Sanktionen eine erhebliche Rolle. Im Umweltbereich sind solche Sanktionsmechanismen besonders ausgeprägt. Umweltkonformes Verhalten erfährt häufig positive soziale Anerkennung, und explizites Freifahrerverhalten von Individuen einer Gruppe kann zu Sanktionen in Form von sozialer Missachtung führen. Es ist daher naheliegend, die Wirkung von endogenen Sanktionen, d.h., die Bestrafung wird von den Spielerinnen selbst durchgeführt, in Freifahrerexperimenten zu überprüfen. Fehr und Gächter (2000) können in einem entsprechenden Experiment zeigen, dass die Möglichkeit, Mitspielerinnen unter Kosten bestrafen zu können, zu einer massiven Steigerung der Beiträge zum öffentlichen Gut führt, obwohl der Sanktionsmechanismus die Gleichgewichtsstrategie nicht verändert.[19] In einer mit der Standardanordnung im Abschnitt 7.2.1 vergleichbaren Anordnung steigen die Beiträge in Richtung vollständige Kooperation, wenn die Akteurinnen den Sanktionierungsmechanismus nutzen können. Der Nettoeffekt der Sanktionsoption auf die aggregierten Auszahlungen ist dabei bereits ab Periode 4 positiv, d.h., die Spielerinnen erhalten höhere Auszahlungen mit dem Sanktionsmechanismus als in der Standardanordnung ohne Sanktionen. Bemerkenswert ist die Beobachtung, dass eine Akteurin umso stärker bestraft wird, je deutlicher ihr Beitrag unter den mittleren Beitrag der Gruppenmitglieder fällt, d.h., die Akteurinnen zeigen eine deutliche *Ausbeutungsaversion*.

---

[18] In die gleiche Richtung gehen die Resultate von Brosig et al. (2004), die die Wirkung von Reputation und Kommunikation in zwei-Personen-Verhandlungsspielen untersuchen. Eine Video-Konferenz zwischen den Teilnehmenden steigert die Kooperationsrate um 90%, aber auch eine anonyme E-Mail-Kommunikation – die Reputationseffekte ausschließt – führt zu 70% höherer Kooperation.

[19] Die Sanktion verringert die Auszahlung der Sanktionierten, verursacht aber auch Kosten beim Sanktionierenden. Daher ist es aus Sicht der ökonomischen Standardtheorie individuell nicht rational, eine Mitspielerin, die beispielsweise weniger zum öffentlichen Gut beigetragen hat als man selbst, zu bestrafen.

7.3 Fallstudie: Ratcheting in der internationalen Klimapolitik

Das Paris-Abkommen von 2015 ist mit der großen Hoffnung verbunden, die globale Erwärmung auf das vereinbarte 2-Grad-Ziel zu beschränken (vgl. Abschnitt 7.1.4). Dazu sind substanzielle Klimaschutzbeiträge unabdingbar. Zentraler Baustein des Abkommens ist ein dynamisches Anreizsystem, das sogenannte Ratcheting. Es gibt den Vertragsstaaten vor, ihre Beiträge zum Klimaschutz in regelmäßigen Abständen transparent darzulegen und über die Zeit schrittweise zu erhöhen. Die Auswirkungen dieses Anreizmechanismus auf das Verhalten der beteiligten Akteurinnen sind jedoch weitestgehend unklar. Unklar ist somit auch, ob sich die in Paris vereinbarte neue Vorgehensweise überhaupt als ein gangbarer Weg erweist, um das 2-Grad-Ziel zu erreichen. Diese Fallstudie präsentiert Ergebnisse von Gallier und Sturm (2021), die den Effekt des Ratcheting unter den kontrollierten Bedingungen eines ökonomischen Laborexperiments systematisch untersucht haben. Die gewonnenen Einsichten geben wenig Anlass zu Optimismus.[20]

Ausgangslage im Klimaschutz

Das Paris-Abkommen von 2015 wurde von Politik und Medien in weiten Teilen als großer Erfolg der internationalen Klimadiplomatie gefeiert. Ziel der Vereinbarung ist es, die Erderwärmung im Vergleich zum vorindustriellen Niveau auf mindestens unter zwei Grad Celsius zu begrenzen. Hinsichtlich der Wirksamkeit des Abkommens bestehen jedoch nach wie vor erhebliche Zweifel. Die angekündigten nationalen Klimaschutzbeiträge sind unverbindlich und – aus heutiger Perspektive – unzureichend, um das langfristige Klimaschutzziel zu erreichen (Cooper et al. 2017, Rogelj et al. 2016, UNFCCC 2022a).

Von besonderer Bedeutung ist daher, dass sich die Vertragsstaaten nicht nur an ihre bisherigen Zusagen halten, sondern insbesondere ihre Ambitionen über die Zeit hinweg intensivieren. Hierzu setzt das Abkommen auf eine wiederholte kollektive Bestandsaufnahme der weltweiten Klimaschutzmaßnahmen („global stocktake") in Verbindung mit einer vorgeschriebenen schrittweisen Verschärfung der nationalen Klimaschutzbemühungen. Dies bedeutet, dass die Vertragsstaaten bei der Ankündigung und Festlegung ihrer gegenwärtigen Klimaschutzbemühungen bereits heute berücksichtigen, dass sie ihre Anstrengungen in der Zukunft schrittweise verschärfen müssen. Ob und, wenn ja, wie dieser Aspekt des Abkommens die Entscheidungen der Akteurinnen beeinflusst und welche Auswirkungen auf das gemeinsame Ambitionsniveau in Bezug auf den Klimaschutz zu erwarten sind, wird von Gallier und Sturm (2021) untersucht.

Schrittweise steigende Klimaschutzbeiträge mit Ratcheting

Die globale Klimapolitik hat seit 1991 (Abschluss der Klimarahmenkonvention der UN) versucht, mit einem „top-down"-Ansatz ein Abkommen zu erzielen, in dem man sich auf

---

[20] Die Fallstudie basiert im Wesentlichen auf dem ZEW Policy Brief 08-19, der die Ergebnisse von Gallier und Sturm (2021) für ein eher anwendungsorientiertes Publikum zusammenfasst.

ein global aggregiertes Minderungsziel einigt und die damit verbundenen Reduktionsmengen unter den Staaten aufteilt. Das Kyoto-Protokoll von 1997 (vgl. Abschnitt 7.1) galt hierbei zunächst als Meilenstein. Nachdem der Versuch, das Kyoto-Protokoll zu verlängern beziehungsweise ein neues, umfassenderes Abkommen mit einem aggregierten, globalen Minderungsziel abzuschließen, gescheitert war, kam es mit der Pariser Klimakonferenz 2015 zu einem Paradigmenwechsel. Das Paris-Abkommen verzichtet auf ein globales Minderungsziel. Die Staaten geben sich stattdessen selbst Ziele vor („nationally determined contributions", NDCs). Folglich wird dieser Ansatz auch als „bottom-up" bezeichnet. Das Paris-Abkommen wurde in der Wissenschaft deutlich kritisiert, weil die bisher vorgebrachten NDCs bei weitem nicht ausreichen, um das 2-Grad-Ziel zu erreichen, aber auch, weil das Abkommen das eigentliche soziale Dilemma und die Freifahreranreize nicht adressiert (Cooper et al. 2007).

Als möglichen Lösungsweg beinhaltet das Paris-Abkommen eine Regel, die den Mitgliedstaaten vorschreibt, dass sie ihre Beiträge zum Klimaschutz über die Zeit hinweg schrittweise erhöhen sollen. Das schrittweise steigende Beitragsniveau wird als Ratcheting bezeichnet.[21] So sieht der aktuelle Rahmen vor, dass diejenigen Staaten, die im Jahr 2015 ihre Ziele bis zum Berichtsjahr 2025 kommuniziert hatten, bereits in 2020 neue nationale Klimaschutzbeiträge formulieren. Länder mit Zielen für 2030 werden wiederum im nächsten Jahr zumindest zu einer kritischen Bestandsaufnahme und etwaiger Nachjustierung ihrer Ziele aufgefordert, so dass dann im Jahr 2023 erstmalig eine kollektive Bestandsaufnahme erfolgen kann.

Im Abkommen heißt es dazu konkret: *"As nationally determined contributions to the global response to climate change, all Parties are to undertake and communicate efforts [...] the efforts of all Parties will present progression over time [...]"* und *"Each Party's successive nationally determined contribution will represent a progression beyond the Party's then current nationally determined contribution and reflect its highest possible ambition, [...]"* (UNFCCC 2015, Article 3 and 4.3).

Mit Ratcheting ist somit die Hoffnung verbunden, dass ausgehend von einer Situation, in der die global aggregierten Klimaschutzbeiträge unzureichend sind, die Bemühungen in Zukunft ambitionierter werden und so im Zeitablauf das 2-Grad-Ziel dennoch erreicht wird. Fraglich bleibt allerdings, welche Anreizwirkungen Ratcheting im internationalen Klimaschutz hat. Im Bereich der Arbeitsmarktökonomik zeigt sich beispielsweise, dass Arbeitnehmerinnen, deren Vergütung an ihre Produktivität gekoppelt ist, ihr Anstrengungsniveau zunächst reduzieren, wenn sie davon ausgehen müssen, dass in Zukunft die Anforderungen an ihre Tätigkeit durch Ratcheting steigen (Weitzman 1980, Charness et al. 2011).

Methodische Grundlagen der experimentellen Analyse
Um herauszufinden, welche Effekte Ratcheting auf die Klimaschutzbeiträge hat, müsste man eigentlich eine Welt A, in der Staaten solche Beiträge ohne Ratcheting leisten,

---

[21] Direkt lässt sich „to ratchet up" übersetzen mit „verschärfen" oder „anheben".

vergleichen mit einer Welt B, die sich von A allein dadurch unterscheidet, dass die Staaten ihre Beiträge mit Ratcheting erbringen. Dies ist offensichtlich unmöglich. Somit fehlt die „kontrafaktische Situation". An dieser Stelle wird der Vorzug von ökonomischen Laborexperimenten deutlich (vgl. Abschnitt 7.2.1). Im Labor lassen sich Entscheidungssituationen systematisch variieren, mit monetären Anreizen versehen, kontrollieren und reproduzieren. Wir können also eine Situation schaffen, die wesentliche Elemente des globalen Klimaschutzdilemmas beinhaltet und dann eine Situation A ohne Ratcheting mit einer Situation B mit Ratcheting vergleichen. Genau das ist das Ziel des Laborexperiments, das im Folgenden skizziert wird.

Dazu werden zunächst Gruppen bestehend aus vier Spielerinnen definiert, die über das gesamte Experiment in der gleichen Gruppe miteinander interagieren. Das Experiment besteht aus fünf Phasen mit je fünf Runden. Die Phasen sind unabhängig voneinander. In einer Phase spielen die Teilnehmenden immer das gleiche öffentliche-Gut-Spiel, angelehnt an ein etabliertes Konzept aus der ökonomischen Spieltheorie (vgl. das Modell in Abschnitt 6.6.1). In jeder Runde erhalten die Teilnehmenden eine anfängliche Ausstattung von 100 Labordollar (LD). Von dieser Ausstattung können die Teilnehmenden einen Beitrag zu einem öffentlichen Gut leisten. Beiträge in das öffentliche Gut kommen jeder Mitspielerin zu Gute. Damit profitieren die Spielerinnen auch von Beiträgen in das öffentliche Gut, die durch die Mitspielerinnen getätigt werden. Geld, das die Teilnehmenden nicht in das öffentliche Gut investieren, verbleibt für sie privat. Auch die Mitspielerinnen verfügen wiederum jeweils über diese für sie exklusive Anlage. Am Ende jeder Phase erhalten die Teilnehmenden die Summe der Auszahlungen aus ihrer privaten Anlage und die Summe der Auszahlungen aus dem öffentlichen Gut, wobei diese wie beschrieben davon abhängen, was alle Gruppenmitglieder über die fünf Runden einzahlen. Die Beträge in LD werden am Ende in Euro umgerechnet und eine zufällig ausgeloste Phase wird ausgezahlt.

In der Studie wird zwischen drei unterschiedlichen Versuchsanordnungen dieser Entscheidungssituation unterschieden. In welcher der drei Anordnungen die Akteurinnen ihre Entscheidungen treffen, wird vor Beginn des Experiments per Zufall entschieden. Somit werden systematische Unterschiede zwischen den Versuchspersonen in den jeweiligen Anordnungen ausgeschlossen. Die drei Versuchsanordnungen unterscheiden sich dabei wie folgt: Die erste spiegelt die sogenannte Kontrollgruppe wider, also eine (hypothetische) Welt ohne Ratcheting. In baseline wählen die Teilnehmenden in jeder Runde anonym und simultan ihren Beitrag zum öffentlichen Gut.

Die beiden folgenden Varianten bilden jeweils Entscheidungssituationen mit einem Ratcheting-Mechanismus ab, einmal in einer „schwachen" und einmal in einer „starken" Form.

- schwaches Ratcheting: Wie in baseline, nur muss der Beitrag in jeder Runde zumindest so hoch sein, wie in der Runde zuvor.
- starkes Ratcheting: Wie in baseline, nur muss der Beitrag in jeder Runde höher sein als in der Runde zuvor.

Der Beitrag pro Runde, der für alle Spielerinnen aus jeweils individueller Sicht zur maximalen Auszahlung[22] führt, ist für baseline und schwaches Ratcheting 15LD. Bezogen auf die Klimapolitik stellt dieses Entscheidungsverhalten damit die Freifahrerposition dar. Unabhängig davon, wie hoch das Ambitionsniveau der anderen Spielerinnen ist, ist es aus individueller Sicht rational, weitestgehend keine kostenpflichtigen Maßnahmen zu ergreifen. Sozial optimal, also auszahlungsmaximal aus Sicht der Gruppe und damit effizient, ist hingegen ein Beitrag von 90LD. Dies wiederum spiegelt das aus globaler Sicht erstrebenswerte Ambitionsniveau in der Klimapolitik wider. Da im schwachen Ratcheting eine Verschärfung der individuellen Anstrengungen über die Zeit nicht notwendig ist, sollte also keine Verhaltensänderung zu erwarten sein: Wie in einer Welt ohne Ratcheting ist zu vermuten, dass die Beiträge im schwachen Ratcheting auf niedrigem Anfangsniveau verharren. Dies gilt insbesondere auch, da auf internationaler Ebene derzeit kein glaubhafter Sanktionsmechanismus durchsetzbar erscheint. Im starken Ratcheting ist dieses Verharren nicht möglich, da die Beiträge über die Zeit steigen müssen. Zwar sollten die Beiträge am Ende aus theoretischer Sicht leicht über dem Niveau bei individuell rationalem Verhalten in baseline liegen, gleichzeitig ist aber interessanterweise zunächst ein Absinken des Ambitionsniveaus zu Beginn zu erwarten. Im Mittel über die Runden sollten die Beiträge für alle drei Anordnungen gleich sein. Die Summe der Auszahlungen im sozialen Optimum ist um 60% höher als die Summe der Auszahlungen bei individuell rationalem Verhalten. Es liegt also ein soziales Dilemma vor, in dem individuell rationales Verhalten nicht zu einem kollektiv rationalen Resultat führt.

Das Laborexperiment wurde im Mai und Juni 2019 an der Universität Magdeburg durchgeführt. Das Experiment dauerte im Mittel eine Stunde und der durchschnittliche Verdienst lag bei 9,50 €. Die Zahl der unabhängigen Beobachtungen (Gruppen) war bei der Variante baseline 30 und bei schwachem Ratcheting (starkem Ratcheting) 27 (28). Die Zahl der Teilnehmenden war somit (30+27+28)x4 = 340.

Ergebnisse des Laborexperiments
Abbildung 7.2 fasst die zentralen Ergebnisse der Studie zusammen.[23] Einen wichtigen Indikator für eine erfolgreiche Zusammenarbeit der Spielerinnen in den verschiedenen Versuchsanordnungen stellt die durchschnittliche Kooperationsrate dar. Sie gibt an, in welchem Maß die Spielerinnen über das für sie individuell rationale Niveau zum öffentlichen Gut beitragen. Eine Kooperationsrate von 100% bedeutet damit, dass, im übertragenen Sinne, das global optimale Klimaschutzniveau erreicht wird. Die durchschnittliche Kooperationsrate in Runde 1 liegt sowohl im schwachen (11%) als auch im starken Ratcheting (10%) deutlich unter der in baseline (49%).[24] Wie auch in anderen öffentlichen-Gut-Spie-

---

22 Dies ist der der Beitrag im sogenannten Nash-Gleichgewicht bei individuell rationalem Verhalten.

23 Dargestellt ist die mittlere Kooperationsrate in Prozent pro Runde, Phase und Versuchsanordnung. Die Kooperationsrate entspricht 0%, wenn sich alle Teilnehmenden individuell rational verhalten, und 100%, wenn sich alle sozial optimal verhalten.

24 Alle hier erwähnten Unterschiede sind statistisch signifikant (p-value < 5%), d.h., es sehr unwahrscheinlich, dass die Unterschiede zufällig bedingt sind.

len (vgl. Abschnitt 7.2) sinkt die mittlere Kooperationsrate in baseline über die Runden. Ratcheting führt zwar, wie im Paris-Abkommen anvisiert, zu einem Anstieg der mittleren Kooperationsrate über die Zeit hinweg, aber dieser Anstieg ist bei weitem nicht stark genug, um die anfängliche Zurückhaltung bei der Kooperation auszugleichen. In anderen Worten bedeutet dies, dass die Akteurinnen vor dem Hintergrund der zu erwartenden Intensivierung der Klimaschutzanstrengungen zunächst relativ wenig ambitionierte Vorschläge auf den Tisch legen, um künftig ausreichend (kostengünstiges) Potenzial für den verlangten „Nachschlag" in der Hinterhand zu haben. Darüber hinaus fällt auf, dass die mittlere Kooperationsrate in beiden Anordnungen mit Ratcheting über die Phasen sinkt. Die mittlere Kooperationsrate über alle Phasen und Runden liegt sowohl für schwaches Ratcheting (22%) als auch für starkes Ratcheting (20%) deutlich unter der in baseline (40%). Ratcheting halbiert also praktisch die Kooperationsrate im Vergleich zum identischen Spiel ohne Ratcheting.

Offensichtlich reduzieren die Teilnehmenden zu Beginn einer Phase ihre Beiträge, wenn sie damit rechnen können, dass sie diese im Folgenden entweder nicht senken können (schwaches Ratcheting) oder gar erhöhen müssen (starkes Ratcheting). Unterstellt man, dass ein hinreichend hoher Anteil von Teilnehmenden „ausbeutungsavers" ist, das heißt, darauf bedacht ist, eigene Nachteile durch das Freifahrerverhalten der anderen unter allen Umständen zu vermeiden (z.B. Fischbacher und Gächter 2010), dann lässt sich dieses Verhalten wie folgt erklären: Unter Ratcheting ergibt sich für solche Akteurinnen, die zu einem öffentlichen Gut nur dann beitragen, wenn auch andere dies tun, das Problem, dass sie von sehr ambitionierten Beitragsniveaus nicht mehr „runterkommen" und damit anfällig für das Freifahrerverhalten anderer sind. Unter „Ausbeutungsaversion" führt dies dann zu einer unerwünschten Verhaltensanpassung. Entweder antizipieren diese Akteurinnen das Risiko unter Ratcheting von den anderen im Stich gelassen zu werden und reduzieren schon zu Beginn ihre Beiträge oder sie lernen im Zeitverlauf, dass mit Ratcheting ein höheres Risiko besteht „ausgebeutet" zu werden. Dieser Effekt des Ratcheting lässt sich auch mit den Daten zeigen. Teilnehmende, die in einer Phase unter dem Freifahrerverhalten der anderen leiden, das heißt mehr als der Gruppendurchschnitt zum öffentlichen Gut beigetragen haben, reduzieren unter Ratcheting ihr Beitragsniveau in der nachfolgenden Phase stärker als Teilnehmende, die nicht ausgebeutet wurden.

Bei der Interpretation der Ergebnisse ist zu beachten, dass in der Studie die Einhaltung der Regeln („Compliance") im Abkommen unterstellt wird. Dies ist in der Realität natürlich nicht notwendigerweise gegeben. Staaten können das Paris-Abkommen verlassen (wie die USA unter Präsident Trump) und sie brauchen im Abkommen auch, wie bereits angedeutet, derzeit keine Sanktionen zu befürchten, wenn sie ihr Beitragsniveau nicht, wie intendiert, anheben. Allerdings basieren die mit dem Ratcheting verbundenen Hoffnungen auf ein höheres Beitragsniveau in der Klimapolitik gerade auf Compliance, das heißt, man unterstellt, dass die Teilnehmenden die Regeln des Abkommens einhalten. Genau diese Situation bildet das Experiment ab.

Was lässt sich aus der Studie für die internationale Klimapolitik lernen? Es zeigt sich, dass in einem öffentlichen-Gut-Spiel mit realen Anreizen Ratcheting zu Effizienzverlusten

Abb. 7.2 Mittlere Kooperationsrate pro Versuchsanordnung

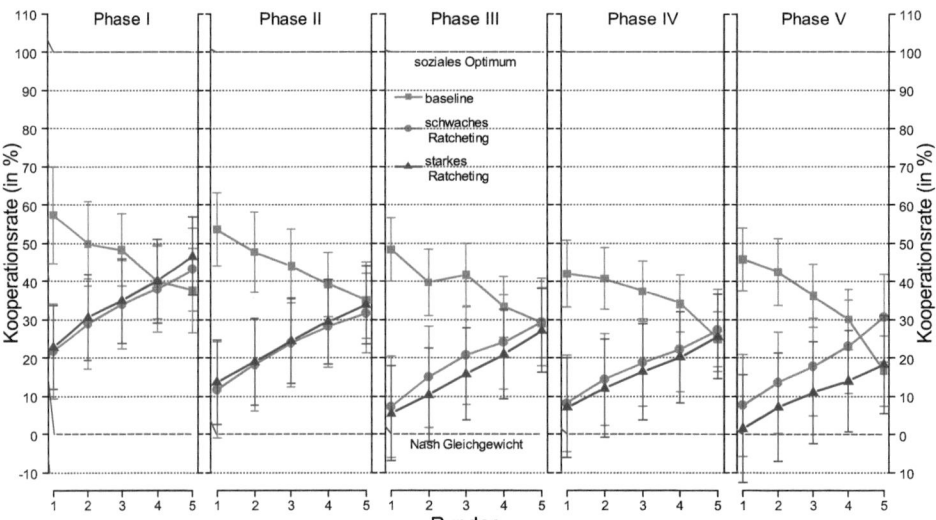

Erläuterung: Dargestellt sind die mittlere Kooperationsrate in Prozent und das 90%-Konfidenzintervall mit unterer und oberer Grenze. Man kann also zu 90% darauf vertrauen, dass ein mit dieser Methode erzeugtes Intervall die wahre mittlere Kooperationsrate beinhaltet. Die Kooperationsrate von Spielerin i in Runde t ist definiert als $\left(\frac{g_{i,t} - g_{i,t}^*}{g_{i,t}^{**} - g_{i,t}^*}\right) \times 100\%$ mit $g_{i,t}^* = 15LD$ als Beitrag im Nash-Gleichgewicht und $g_{i,t}^{**} = 90LD$ als Beitrag im sozialen Optimum. Die Kooperationsrate ist 0%, wenn alle Teilnehmenden den Beitrag im Nash-Gleichgewicht wählen, und 100%, wenn sich alle sozial optimal verhalten. Wenn zum Beispiel der Beitrag zum öffentlichen Gut $g_{i,t} = 40LD$ ist, ergibt sich eine Kooperationsrate von $\left(\frac{40-15}{90-15}\right) \times 100\% = 33\%$.

statt der erhofften Effizienzgewinne führt. Da das Laborexperiment, wenn auch stark vereinfacht, wesentliche Eigenschaften der Entscheidungssituation in der internationalen Klimapolitik beinhaltet, muss man hinsichtlich der positiven Wirkungen von Ratcheting „im Feld" skeptisch sein. Es gibt also weder theoretische noch empirische Hinweise darauf, dass Ratcheting das Kooperationsproblem abschwächt oder gar löst. Statt wie im Paris-Abkommen darauf zu vertrauen, dass die Klimaschutzbeiträge mit Ratcheting quasi „automatisch" steigen, sollte die Klimapolitik daher stärker als bisher die Freifahreranreize adressieren, insbesondere durch bedingt kooperative Maßnahmen, die auf Reziprozität abzielen (MacKay et al. 2015). Ein aussichtsreicher Kandidat ist dabei ein „Klimaclub" (vgl. Abschnitt 7.1.5). Ziel ist hierbei eine höhere inländische Bepreisung von CO_2 unter der Bedingung, dass auch andere Staaten eine solche Bepreisung durchsetzen. Staaten, die CO_2 nicht bepreisen, also sich nicht kooperativ verhalten, müssten dann von kooperativen Staaten sanktioniert werden, z.B. durch CO_2-Zölle auf die Importe oder durch eine pauschale Besteuerung von Importen.

Fazit

Ratcheting, das heißt der schrittweise Anstieg der Beiträge, führt in einem öffentlichen-Gut-Spiel mit monetären Anreizen zu einer deutlichen Reduzierung der Kooperationsrate der Akteurinnen und damit zu Effizienzverlusten. Die Daten deuten zudem darauf hin, dass Ausbeutungsaversion dazu führt, dass Akteurinnen ihr Ambitionsniveau bei der Bereitstellung des öffentlichen Guts mit Ratcheting absenken. Für die internationale Klimapolitik bedeuten unsere Ergebnisse, dass man bezüglich der positiven Effekte von Ratcheting auf die Zusammenarbeit beim Klimaschutz skeptisch sein sollte. Stattdessen sollten direkt die Freifahreranreize im sozialen Dilemma adressiert werden.

7.4 Ein Erklärungsansatz für Kooperation: Die Theorie von Fehr und Schmidt

Wie wir gesehen haben, existiert offensichtlich eine Inkonsistenz zwischen den Verhaltensprognosen, die sich auf der Grundlage des ökonomischen Standardmodells ergeben, und dem experimentell beobachtbaren Verhalten realer Versuchspersonen in Freifahrersituationen. Wie in Abschnitt 7.2 deutlich wurde, beobachtet man weder, dass alle Versuchspersonen in öffentlichen-Gut-Spielen freifahren, noch dass die effiziente Lösung erreicht wird. Ein Teil der Versuchspersonen verhält sich kooperativ und trägt zur Produktion des öffentlichen Guts bei. Dabei handelt es sich nicht um einzelne Beobachtungen in wenigen Experimenten, sondern um ein vielfach reproduziertes Resultat der experimentellen Wirtschaftsforschung. Wir haben es daher mit einem hartnäckigen Widerspruch zwischen Theorie und empirischer Beobachtung zu tun.

Die Theorie hat mittlerweile auf diesen Befund reagiert. In den letzten 25 Jahren wurden zahlreiche Modelle entwickelt, um die beschriebene Inkonsistenz zu beheben. Wir beschränken uns hier darauf, den weithin beachteten Ansatz von Fehr und Schmidt[25] (1999) zu skizzieren.

Die Grundidee dieser Theorie lässt sich vielleicht am besten an einem Beispiel verstehen. Nehmen wir an, Ihre Professorin teilt Ihnen nach Besuch ihres Seminars mit, dass Sie in der Seminararbeit eine 2,0 erreicht haben. Diese Nachricht löst bei Ihnen ein gewisses Gefühl der Zufriedenheit aus. Natürlich hängt Ihre Nutzenempfindung von vielen Dingen ab – z.B. davon, welche Note Sie erwartet hatten. Aber nehmen wir einmal an, Sie sind mit der 2,0 rundum zufrieden, ja glücklich. Betrachten wir jetzt folgende Situation: Die betreffende Professorin teilt Ihnen die Note nicht persönlich mit, sondern hängt eine Notenliste aus, aus der auch die Noten aller übrigen Teilnehmenden ersichtlich sind. Wie zuvor haben Sie eine 2,0 erreicht. Aus der ausgehängten Liste können Sie aber erkennen,

---

[25] Ein sehr ähnliches Modell wurde von Bolton und Ockenfels (2000) vorgestellt. Es basiert ebenfalls auf der zentralen Annahme von Ungleichheitsaversion und kommt zu weitgehend identischen Verhaltensprognosen für zentrale Spiele, die in der experimentellen Wirtschaftsforschung analysiert wurden. Dass hier das Modell von Fehr und Schmidt (1999) gewählt wird, erklärt sich vornehmlich aus der größeren mathematischen Einfachheit.

dass alle anderen Studierenden im Seminar eine bessere Note erreicht haben. Und nun die entscheidende Frage: Werden Sie sich in diesem Fall noch genauso über Ihre 2,0 freuen (können), wie zuvor?

Das Beispiel wirft die sehr grundlegende Frage auf, von welchen Motiven reales menschliches Verhalten eigentlich geleitet wird. Im Normalfall gehen wir in der Wirtschaftswissenschaft vom Menschenbild des Homo Oeconomicus (HO) aus. Machen wir uns kurz noch einmal klar, was die konstituierenden Bestandteile dieses Menschenbilds sind: (i) Der HO handelt strikt rational, d.h., er maximiert seine Nutzenfunktion; (ii) Der HO handelt strikt egoistisch, d.h., als Argument geht lediglich seine *eigene* Auszahlung in die Nutzenfunktion ein. Ein Homo Oeconomicus würde in unserem Beispiel also tatsächlich nur auf seine eigene Note schauen – die Ergebnisse seiner Kommilitoninnen würden ihn komplett kalt lassen.

Vielleicht mag es in der realen Welt tatsächlich den einen oder anderen Menschen geben, der in der Lage ist, den sozialen Kontext (in unserem Beispiel also: die Noten der anderen), komplett auszublenden. Vermutlich den meisten Menschen dürfte dies jedoch nicht sehr gut gelingen. Vieles spricht dafür, dass Menschen sich mit anderen Menschen in ihrem Umfeld vergleichen – ob es sich nun um eine Seminarnote handelt oder die Entlohnung im Vergleich zu den Kolleginnen im Betrieb. Wenn Menschen sich aber mit Menschen ihrer jeweiligen Bezugsgruppe vergleichen und ihre Nutzenempfindung davon abhängt, dann hat dies erhebliche Konsequenzen – letztlich für das gesamte wirtschaftswissenschaftliche Weltbild und daraus abgeleitete Politikempfehlungen, wie weiter unten klar werden wird.

Das Modell von Fehr und Schmidt versucht zunächst einmal dieses Phänomen des sozialen Vergleichs formal abzubilden. Fehr und Schmidt (1999) schlagen folgende Nutzenfunktion vor (hier für den Fall von lediglich zwei Spielerinnen):

$$U_i(\pi_i, \pi_j) = \pi_i - \alpha_i \, max\{\pi_j - \pi_i, 0\} - \beta_i \, max\{\pi_i - \pi_j, 0\} \quad (7.1).$$

Dabei bezeichnet π_i die eigene Auszahlung und π_j die Auszahlung der anderen Spielerin. Offenbar hängt der Nutzen der Spielerin i damit von drei Faktoren ab: Erstens, von der eigenen Auszahlung natürlich. Der Einfachheit halber wird hier unterstellt, dass der Nutzen linear in π_i steigt. Zweitens: Es gibt einen negativen Nutzen (einen Disnutzen) aus *unvorteilhafter* Ungleichheit (wenn also die Auszahlung der anderen Spielerin die eigene Auszahlung übersteigt). Dies wird durch den zweiten Summanden $\alpha_i \, max\{\pi_j - \pi_i, 0\}$[26] zum Ausdruck gebracht. Wie stark dieser Disnutzen ins Gewicht fällt, hängt vom Parameter α_i ab. Je größer α_i, desto stärker mindert unvorteilhafte Ungleichheit den Nutzen von i. Drittens: Es kann sein, dass Menschen auch einen Disnutzen empfinden, wenn sie mehr bekommen als die andere. Dieser Disnutzen aus *vorteilhafter* Ungleichheit wird durch den dritten Summanden $\beta_i \, max\{\pi_i - \pi_j, 0\}$ abgebildet. Die Stärke dieses Effekts wird durch den

---

[26] Die Schreibweise $max\{\pi_j - \pi_i, 0\}$ bedeutet, dass die Nutzendifferenz $\pi_j - \pi_i$ nur „gezählt" und mit α_i gewichtet wird, wenn sie positiv ist.

Parameter β_i gemessen. Gilt $\alpha_i = \beta_i = 0$ sind wir wieder im Modell mit Standardpräferenzen, d.h., Spielerin i zieht Nutzen nur aus der eigenen Auszahlung.

Das Modell von Fehr und Schmidt ist in unserem Kontext deshalb höchst interessant, weil Präferenzen, wie sie durch 7.1 beschrieben werden, sehr leicht erklären können, warum rationale Akteurinnen in einem sozialen Dilemma kooperieren sollten, auch wenn Kooperation bei Standardpräferenzen kein Nash-Gleichgewicht darstellt. Machen wir uns die Wirkung von Ungleichheitsaversion anhand des in Abschnitt 4.1.3 eingeführten öffentlichen-Gut-Spiels klar. Zur Erinnerung: Die Auszahlungsfunktion war dort gegeben als

$$\pi_i = (z_i - q_i)p + \gamma \sum_{i=1}^{N} q_i \tag{7.2}$$

Dabei ist z_i die Anfangsausstattung, q_i der Beitrag zum öffentlichen Gut und N die Zahl der Spielerinnen. Der Parameter p gibt an, auf wie viel Einheiten vom privaten Gut verzichtet wird, wenn man eine Einheit mehr in das öffentliche Gut investiert. Der Grenznutzen aus einer weiteren Einheit des öffentlichen Guts ist γ. Es gilt $N\gamma > p > \gamma$. Wir hatten uns bereits klar gemacht, dass es unter der Annahme von Standardpräferenzen rational ist, keinen Beitrag zur Erstellung des öffentlichen Guts zu leisten. Was ändert sich nun, wenn wir annehmen, dass die Akteurinnen auch durch Ungleichheitsaversion geleitet sind? Machen wir uns die Wirkung von Fehr-Schmidt-Präferenzen am einfachstmöglichen Fall klar: Wir gehen im Folgenden von nur zwei Spielerinnen aus ($N = 2$, $i = 1, 2$) und wir nehmen an, dass es sich um identische Spielerinnen handelt (Symmetrieannahme). Die Spielerinnen stehen vor der Frage, ob sie einen (beliebigen, aber positiven) Beitrag zur Erstellung des öffentlichen Guts leisten wollen ($q_i > 0$) oder nicht ($q_i = 0$). Wir können dann das resultierende Spiel durch eine 2x2 Auszahlungsmatrix repräsentieren, deren Einträge leicht hergeleitet werden können:

1. Tragen beide Spielerinnen zur Erstellung des öffentlichen Guts bei ($q_1 = q_2 = q > 0$), dann ergibt sich der Payoff jeder Spielerin als $\pi_1 = \pi_2 = (z - q)p + 2\gamma q$.
2. Tragen beide Spielerinnen nichts bei ($q_1 = q_2 = q = 0$), so erzielen beide einen Payoff von $\pi_1 = \pi_2 = zp$.
3. Trägt eine Spielerin bei, die andere jedoch nicht, dann erhält die beitragende Spielerin einen Payoff von $(z-q)p + \gamma q$, die freifahrende Spielerin erzielt den höheren Payoff $zp + \gamma q$.

Zusammengefasst ergibt sich die Auszahlungsmatrix in Tabelle 7.6.

Tab. 7.6 Auszahlungsmatrix im symmetrischen öffentlichen-Gut-Spiel für $N = 2$

	Beitragen (B)	Nicht beitragen (NB)
Beitragen (B)	$(z - q)p + 2\gamma q$, $(z - q)p + 2\gamma q$	$(z - q)p + \gamma q$, $zp + \gamma q$
Nicht beitragen (NB)	$zp + \gamma q$, $(z - q)p + \gamma q$	zp, zp

Zunächst muss man sich folgendes klar machen: Sind die Akteurinnen neben ihrer eigenen Auszahlung auch durch Ungleichheitsaversion motiviert, dann sind nicht mehr die Werte in der Auszahlungsmatrix entscheidungsrelevant, sondern die korrespondierenden Nutzenwerte. Wir müssen also zunächst einmal die Werte in der Auszahlungsmatrix in Tabelle 7.6 mit Hilfe von 7.1 in Nutzenwerte transformieren. Dabei spielt Ungleichheitsaversion offenbar nur eine Rolle in den Fällen, in denen eine Spielerin beiträgt, die andere jedoch nicht. Machen wir uns klar, wann es besser ist, zu kooperieren, statt die Partnerin auszubeuten und auf ihre Kosten freizufahren. Beitragen ist genau dann beste Antwort auf Beitragen, wenn der daraus resultierende Nutzen höher ist als der Nutzen, der sich einstellt, wenn man die Partnerin ausbeutet. Formal muss gelten:

$$U(B, B) > U(NB, B) \iff$$

$$(z - q)p + 2\gamma q > zp + \gamma q - \beta(zp + \gamma q - ((z - q)p + \gamma q)) \iff$$

$$\beta > \frac{p - \gamma}{p} \tag{7.3}$$

Es zeigt sich damit, dass Beitragen ($q_1 = q_2 = q > 0$) ein Nash-Gleichgewicht sein kann. Zentrale Voraussetzung für dieses Ergebnis ist, dass beide Spielerinnen hinreichend starke Aversion gegen vorteilhafte Ungleichheit zeigen. Dieses Resultat ist auch intuitiv sofort einsichtig: Die Ausbeutung der Partnerin durch Wahl der nicht-kooperativen Option erzeugt eine asymmetrische Payoffverteilung: Die Freifahrerin erzielt einen hohen, die Ausgebeutete einen sehr niedrigen Payoff. Wenn nun eine Spielerin hinreichend avers ist gegenüber vorteilhafter Ungleichheit, dann wird sie von der Ausbeutung ihrer Partnerin absehen und freiwillig auf die Wahrnehmung der Freifahreroption verzichten. Die Theorie von Fehr und Schmidt erlaubt damit auf höchst einfache und intuitive Weise zu erklären, warum sich rationale Individuen in Dilemmata kooperativ verhalten können. Dies ist eine der ausgesprochenen Stärken des Ansatzes: Eine extrem kurze und elegante Brücke zwischen fairnessorientiertem (ausbeutungsaversem) Verhalten einerseits, kooperativem Verhalten in Dilemma-Situationen andererseits gebaut zu haben.

Es sei nur kurz darauf hingewiesen, dass dieser kooperationsfördernde Effekt von Ungleichheitsaversion auch in komplexeren Spielen nachgewiesen werden kann. So haben Lange und Vogt (2003) in einem Koalitionsmodell (vgl. Abschnitt 6.6.2) gezeigt, dass sich bei hinreichend starker Aversion gegen vorteilhafte Ungleichheit die sogenannte große Koalition, also eine Koalition, an der sich alle Akteurinnen beteiligen (z.B. Staaten im Klimaschutz), als Nash-Gleichgewicht stabilisiert werden kann.

Wir hatten in Abschnitt 7.2 die stilisierten Fakten der experimentellen Forschung zum endlich wiederholten öffentlichen-Gut-Spiel kennengelernt: In Periode 1 werden positive Beiträge zum öffentlichen Gut geleistet, die dann aber mit zunehmender Zahl der Wiederholungen abnehmen und in der Schlussrunde ihr Minimum erreichen. Es stellt sich natürlich die Frage, ob dieser Befund mit Ungleichheitsaversion erklärt werden kann. In der Tat haben Fischbacher und Gächter (2010) gezeigt, dass dieses Muster sehr gut mit

Ungleichheitsaversion erklärbar ist, wenn man außerdem unterstellt, dass die Akteurinnen die Erfahrungen, die sie im Spielverlauf sammeln, benutzen, um ihre Erwartungen über das Beitragsverhalten der anderen Spielerinnen zu aktualisieren.

Andere experimentelle Studien kommen freilich zu nicht ganz so euphorischen Schlussfolgerungen. Blanco et al. (2011) finden zwar experimentelle Evidenz dafür, dass ihre Versuchspersonen durch Ungleichheitsaversion beiden Typs motiviert sind. Die Fairnessorientierung der Versuchspersonen kann zumindest im *Aggregat* ganz gut erklären, warum in einem öffentlichen-Gut-Spiel kooperiert wird. Allerdings ist irritierend, dass Ungleichheitsaversion das *individuelle* Verhalten nicht zu erklären vermag.

Wir wollen zum Schluss dieses Kapitels noch kurz auf die erheblichen wirtschaftspolitischen Implikationen von Ungleichheitsaversion eingehen. Am einfachsten gelingt dies wieder mit Hilfe eines kleinen Beispiels. Stellen wir uns eine Gesellschaft vor, die nur aus zwei Individuen A und B besteht. Nehmen wir an, zunächst erhalten beide dasselbe Einkommen, z.B. 10 €. Angenommen, es ist nun möglich, das Einkommen von A auf 13 €, das von B auf 11 € zu steigern. Sollen die Einkommen erhöht werden? Die neoklassische Wohlfahrtstheorie würde dies klar bejahen, denn es ist möglich, beide zu verbessern. Nach der Einkommenserhöhung ist das Gesamteinkommen der Gesellschaft gestiegen: Es beträgt 24 € gegenüber 20 € in der Ausgangssituation. Anders formuliert: Die Situation {13 €, 11 €} ist unter Effizienzgesichtspunkten einer Situation {10 €, 10 €} vorzuziehen. Allerdings: Diese Argumentation ist nur zwingend bei Standardpräferenzen. Wenn die Nutzenempfindungen der Akteurinnen durch Ungleichheitsaversion beeinflusst werden, dann ist {13 €, 11 €} nicht mehr notwendigerweise {10 €, 10 €} vorzuziehen: Ist nämlich B hinreichend stark avers gegen unvorteilhafte Ungleichheit, dann verschlechtert sie sich gegenüber der Ausgangssituation.[27]

Man sieht an diesem einfachen Beispiel: Wenn der Nutzen der Gesellschaftsmitglieder durch Ungleichheitsaversion tangiert wird, ist es nicht mehr ohne weiteres möglich, Politikempfehlungen nur nach dem reinen Effizienzkriterium auszusprechen. Es kann sein, dass eine Situation, die unter Effizienzgesichtspunkten inferior ist, wegen ihrer größeren Gleichheit (von Einkommen etc.) vorgezogen wird. Die scheinbar harmlose Erweiterung der Nutzenfunktion in 7.1 hat also massive – um nicht zu sagen erschütternde – Wirkungen auf das bisherige, rein effizienzorientierte Weltbild der Ökonominnen.

Allerdings muss man beim gegenwärtigen Stand der Forschung vorsichtig sein, die Revolution in der Ökonomik auszurufen. Möglicherweise werden die Ökonominnen gezwungen sein, ihre bisherige Wohlfahrtstheorie und damit viele der daraus abgeleiteten Politikempfehlungen zu revidieren oder zumindest zu modifizieren. Ob es dazu kommen wird, ist aber letztlich eine Frage, die sich nicht theoretisch klären lässt, sondern nur empirisch. Die angedeuteten Implikationen ergeben sich nämlich nur dann, wenn reale Menschen auch tatsächlich durch hinreichend starke Ungleichheitsaversion motiviert sind. Darüber hinaus muss dieses Verhalten auch systematisch beobachtbar und reproduzierbar

---

[27] Man zeigt leicht: $U_B(11,13) = 11 - \alpha_B(13 - 11) < 10 \iff \alpha_B > 0{,}5$.

sein.[28] Ob dies der Fall ist, kann zur Zeit nicht abschließend beurteilt werden. Weitere Forschung ist erforderlich, um zu klären, wie viel des beobachtbaren kooperativen Verhaltens in Freifahrerexperimenten tatsächlich durch Ungleichheitsaversion erklärt werden kann. Festzuhalten bleibt vorerst, dass Ungleichheitsaversion zumindest eine gewisse Rolle bei der Erklärung freiwilliger Kooperation in sozialen Dilemmata spielt.

7.5 Kooperationsversagen: Eine alternative Deutung

Fassen wir noch einmal kurz den bisherigen Stand der Diskussion zusammen: In Abschnitt 7.1 wurde argumentiert, dass das Kyoto-Protokoll als symbolische Politik interpretiert werden kann und sich damit – letzten Endes – in Übereinstimmung mit der Prognose der ökonomischen Standardtheorie befindet. Allerdings hat Abschnitt 7.2 deutlich gemacht, dass zumindest auf der Ebene individuellen Verhaltens in kontrollierten Laborexperimenten die Standardtheorie sehr deutlich versagt: Zwar gibt es Versuchspersonen, die sich strikt rational und egoistisch als Freifahrerin verhalten. Auf der anderen Seite aber gibt es einen nicht vernachlässigbaren Teil der Versuchspersonen, der sich in Freifahrerexperimenten persistent kooperativ verhält. In Abschnitt 7.4 haben wir schließlich einen theoretischen Ansatz kennengelernt, der in der Lage ist, den experimentellen Befund aus Abschnitt 7.2 zu erklären. Erforderlich ist lediglich die höchst plausible Annahme, dass Menschen auch durch Aversion gegen Ungleichheit motiviert sind. In diesem Abschnitt soll schließlich der Versuch unternommen werden, das Modell von Fehr und Schmidt (1999) fruchtbar zu machen für eine alternative Deutung der Probleme, mit denen sich die internationale Klimapolitik konfrontiert sieht.

Zwei Dinge sind hierzu erforderlich: Zum einen muss das Modell aus Abschnitt 7.4 dazu auf den Fall von mehr als zwei Spielerinnen verallgemeinert werden. Zum anderen – und zunächst wichtiger – müssen wir uns klar machen, warum ein Modell, das zunächst für die Beschreibung menschlichen Individualverhaltens entwickelt wurde, auf Staaten anwendbar sein sollte, die in der internationalen Klimapolitik um ein Klimaschutzabkommen ringen. Beginnen wir mit dem zweiten Punkt. Zum einen werden Verhandlungen natürlich von realen Menschen geführt und die können sehr wohl von Ungleichheitsaversion beeinflusst sein. Allerdings gilt es hier zu beachten, dass Diplomatinnen[29] auf Klima-

---

[28] Ob dies tatsächlich der Fall ist, kann bezweifelt werden. Brosig et al. (2007) haben Versuchspersonen wiederholt über einen längeren Zeitraum immer wieder ins Labor eingeladen und mit denselben Entscheidungsproblemen konfrontiert. Während Theorien, die auf Ungleichheitsaversion basieren, anfangs gut abschnitten, erklärte am Ende die Standardtheorie das Verhalten der Teilnehmenden am besten. Es stellt sich daher die Frage nach der Stabilität von Präferenzen, die Ungleichheitsaversion beinhalten.

[29] In einem Internetexperiment mit internationalen Klimaverhandlerinnen konnten Dannenberg et al. (2010) tatsächlich nachweisen, dass Ungleichheitsaversion eine Rolle spielt: Das arithmetische Mittel des Maßes für Aversion gegen vorteilhafte Ungleichheit liegt bei $\bar{\beta} = 0{,}56$, des Maßes für Aversion gegen unvorteilhafte Ungleichheit bei $\bar{\alpha} = 0{,}39$. Die Medianwerte sind $\beta_{[0,5]} = 0{,}53$ und $\alpha_{[0,5]} = 0$.

konferenzen nicht ihren persönlichen Präferenzen folgen (können), sondern in der Regel im Auftrag einer Regierung verhandeln und damit möglicherweise auch Positionen vertreten müssen, die nicht ihren persönlichen Präferenzen entsprechen. Aber auch wenn wir dies berücksichtigen, muss immer noch bedacht werden, dass Regierungen letztlich an die Präferenzen ihrer Wählerinnen rückgebunden sind. Wenn die nationale Medianwählerin durch Ungleichheitsaversion motiviert ist, dann sind Regierungen aufgrund des Wiederwahlinteresses gezwungen, dies in ihrer Positionsbildung zu berücksichtigen. In welchem Maße dies geschieht, hängt von verschiedenen Faktoren ab, u.a. davon, welchen Stellenwert das Thema Klimaschutz in der jeweiligen nationalen öffentlichen Meinung genießt. Es geht hier lediglich darum, grundsätzlich klar zu machen, dass Kanäle existieren, über die Fairnesspräferenzen letztlich Eingang in internationale Verhandlungen finden können. Wie stark dieser Einfluss ist, kann am Ende nur empirisch entschieden werden.

Wenden wir uns nun dem ersten Punkt zu, der Verallgemeinerung des Modells auf $N > 2$ Akteurinnen. Wir lassen zu, dass sich Länder hinsichtlich ihrer Anfangsausstattungen wie auch hinsichtlich der Grade ihrer Aversion gegen Ungleichheit unterscheiden können. Um die mathematische Komplexität des Modells in erträglichen Grenzen zu halten, gehen wir vom öffentlichen-Gut-Spiel aus Abschnitt 4.1.3 aus und unterstellen der Einfachheit halber im Folgenden identische MPCR.[30] Zur Erinnerung: Der MPCR misst das Verhältnis von Erlös zu Kosten aus der Investition einer zusätzlichen Einheit privaten Guts in das öffentliche Gut Klimaschutz.

Es sei $z = \{z_1, z_2, \ldots, z_N\}$ der Vektor der N Anfangsausstattungen und $q = \{q_1, q_2, \ldots, q_N\}$ der Vektor der Beiträge der N Akteurinnen zum öffentlichen Gut Klimaschutz. Durch z und q wird eine bestimmte Payoffordnung $\pi = \{\pi_1, \pi_2, \ldots, \pi_N\}$ generiert. Wir wählen die Bezeichnung so, dass Spielerin 1 die Akteurin mit dem höchsten Payoff ist, Spielerin 2 die Akteurin mit dem zweithöchsten Payoff usw. Es gilt dann offenbar: $\pi_1 > \pi_2 > \ldots > \pi_N$. Betrachtet sei dann eine beliebige Spielerin j innerhalb dieser Payoffordnung. Unter welchen Bedingungen wird j zum öffentlichen Gut beitragen? Wir unterstellen, dass j mit Präferenzen vom Fehr- und Schmidt-Typ ausgestattet ist, also avers ist gegen vorteilhafte und unvorteilhafte Ungleichheit. Im N-Spielerinnen-Fall sieht die Fehr-Schmidt-Nutzenfunktion wie folgt aus:

$$U_j(\pi_j, \pi_i) = \pi_j - \alpha_j \frac{1}{N-1} \sum_{j \neq i}^{N} max\{\pi_i - \pi_j, 0\} - \beta_j \frac{1}{N-1} \sum_{j \neq i}^{N} max\{\pi_j - \pi_i, 0\} \qquad (7.4).$$

Der zweite Summand in 7.4 gibt die durchschnittliche Payoffungleichheit gegenüber allen Spielerinnen an, die einen höheren absoluten Payoff als Spielerin j erzielen (wenn also $\pi_i > \pi_j$). Diese unvorteilhafte Ungleichheit wird, wie im Zwei-Spielerinnen-Fall auch, mit dem Gewicht α_j versehen. Entsprechend reflektiert der dritte Summand in 7.4 die durchschnittliche vorteilhafte Ungleichheit, die mit β_j gewichtet wird (wenn $\pi_j > \pi_i$). Gegeben die Nutzenfunktion 7.4 und die Payofffunktion des öffentlichen-Gut-Spiels aus Abschnitt 4.1.3 ergibt sich der Nutzen aus Beitragen zum öffentlichen Gut dann als:

---

30 Ein Modell mit vollständiger Heterogenität aller N Akteurinnen untersucht Vogt (2016).

$$U_j(q_j) = z_j - q_j + m\sum_{i=1}^{N}q_i - \alpha_j\frac{1}{N-1}\Big[\sum_{h:\pi_h>\pi_j}\big((z_h - q_h + m\sum_{i=1}^{N}q_i) -$$

$$(z_j - q_j + m\sum_{i=1}^{N}q_i)\big)\Big] - \beta_j\frac{1}{N-1}\Big[\sum_{l:\pi_l<\pi_j}\big((z_j - q_j + m\sum_{i=1}^{N}q_i) - (z_l - q_l + m\sum_{i=1}^{N}q_i)\big)\Big] \iff$$

$$U_j(q_j) = z_j - q_j + m\sum_{i=1}^{N}q_i - \alpha_j\frac{1}{N-1}\sum_{h:\pi_h>\pi_j}\big((z_h - q_h) - (z_j - q_j)\big)$$

$$- \beta_j\frac{1}{N-1}\Big[\sum_{l:\pi_l<\pi_j}\big((z_j - q_j) - (z_l - q_l)\big)\Big] \tag{7.5}.$$

Dabei bezeichnet h die Zahl aller Spielerinnen, die in der Payoffhierarchie über Spielerin j rangieren, also einen höheren Payoff als j erzielen.[31] Entsprechend ist l die Zahl der Spielerinnen, die in der Payoffordnung unter j stehen. Mit m sei der MPCR bezeichnet.

Wann wird Spielerin j sich entscheiden, einen Beitrag zum öffentlichen Gut zu leisten? Offensichtlich dann, wenn der Grenznutzen aus Beitragen positiv ist. Formal muss also gelten:

$$\frac{\partial U_j}{\partial q_j} = -1 + m - h\alpha_j\frac{1}{N-1} + (N-h-1)\beta_j\frac{1}{N-1} > 0 \iff$$

$$\beta_j > \frac{(1-m)(N-1)}{(N-h-1)} + \frac{h}{(N-h-1)}\alpha_j \equiv \beta_j^{krit} \tag{7.6}.$$

Wir erhalten also eine Bedingung, die strukturell identisch ist zu der, die wir schon aus Abschnitt 7.4 kennen. Beitragen lohnt sich aus Sicht der Spielerin j dann, wenn ihre Aversion gegen vorteilhafte Ungleichheit hinreichend stark ausgeprägt ist. Interessant ist aber nun zu schauen, von welchen Faktoren die Beitragsentscheidung beeinflusst wird. Dazu müssen wir die Determinanten des kritischen Werts β_j^{krit} etwas genauer unter die Lupe nehmen. Um die Interpretation aus Sicht der Klimapolitik zu erleichtern, bezeichnen wir im Folgenden die Akteurinnen als „Länder", welche die Möglichkeit haben, zum öffentlichen Gut Klimaschutz beizutragen.

Betrachten wir zunächst den Zusammenhang zwischen β_j^{krit} und α_j. Partielles Differenzieren des kritischen Werts nach α_j liefert sofort:[32]

$$\frac{\partial \beta_j^{krit}}{\partial \alpha_j} = \frac{h}{N-h-1} > 0 \,\forall\, h < N-1 \tag{7.7}.$$

---

[31] Dabei ist zu beachten, dass sich die Position einer Akteurin in der Payoffhierarchie endogen ergibt aus ihrer eigenen Beitragsentscheidung sowie den Beitragsentscheidungen aller übrigen Spielerinnen. Damit ist es möglich, dass die Position einer Akteurin in der Payoffordnung (die ex ante allein vom Vektor der Anfangsausstattungen z abhängt) infolge der Beitragsentscheidungen ex post eine andere ist.

[32] Dabei kann der Faktor $h/(N-h-1)$ als Gewichtungsfaktor wie folgt verstanden werden: Je mehr Akteurinnen in der Payoffhierarchie höher stehen (größeres h), desto stärker wird unvorteilhafte Ungleichheit gewichtet.

Nimmt also der Grad an Aversion gegen unvorteilhafte Ungleichheit zu, dann steigt auch der kritische Wert aus Bedingung 7.6 und es wird schwieriger, die Bedingung zu erfüllen. Ein zunehmender Grad an Aversion gegen unvorteilhafte Ungleichheit macht es ceteris-paribus also unwahrscheinlicher, dass Land j beiträgt. Man könnte spekulieren, dass in der internationalen Klimapolitik in erster Linie die Entwicklungs- und Schwellenländer durch relativ hohe Werte von α charakterisiert sind, was deren zögerliche Haltung bei der Übernahme eigener Minderungsziele erklären könnte.

Betrachten wir als nächstes den Zusammenhang zwischen β_j^{krit} und dem MPCR (also m). Partielles Ableiten liefert:

$$\frac{\partial \beta_j^{krit}}{\partial m} = -\frac{N-1}{N-h-1} < 0 \qquad (7.8).$$

Ein steigender MPCR (also eine Verbesserung des Nutzen-Kosten-Verhältnisses der Klimapolitik) macht Beitragen ceteris-paribus wahrscheinlicher, denn der kritische Wert β_j^{krit} nimmt dann ab. Dieses Ergebnis dürfte absolut plausibel sein. Man beachte, dass demzufolge unter der Annahme von Ungleichheitsaversion der MPCR die Beitragsentscheidung beeinflussen kann.[33] Dies war unter der Annahme von Standardpräferenzen schlicht unerklärlich. Unterschiede im MPCR könnten erklären, warum z.B. die USA einer substanziellen Klimapolitik nach wie vor skeptisch gegenüber stehen, während eine solche von der EU nachdrücklich gefordert wird. Die USA haben schon seit eh und je die Kosten von Emissionsreduktionen stark betont, während die EU eher die Nutzen einer ambitionierten Klimapolitik in den Vordergrund gestellt hat. Technisch gesprochen könnte man vermuten, dass die USA einen geringeren MPCR aufweisen als die EU.

Bleibt schließlich zu guter Letzt die Untersuchung des Zusammenhangs zwischen β_j^{krit} und h, der Anzahl der Länder, die in der Payoffhierarchie über Land j rangieren. Partielles Differenzieren liefert:

$$\frac{\partial \beta_j^{krit}}{\partial h} = \frac{(1-m)(N-1)}{(N-h-1)^2} + \frac{\alpha_j(N-h-1) + \alpha_j h}{(N-h-1)^2} > 0 \qquad (7.9).$$

Je größer also die Zahl der Länder, die in der Payoffhierarchie höher stehen, desto schwieriger ist es für Land j, die Bedingung für Beitragen zu erfüllen.

Fassen wir kurz die klimapolitischen Implikationen des Fehr-Schmidt-Modells zusammen. Von welchen Ländern wäre also zu erwarten, dass sie einen Anreiz haben, aktive Klimapolitik zu betreiben? Folgende Faktoren können identifiziert werden:

- Ceteris-paribus haben reichere Länder einen größeren Anreiz, Klimaschutz zu betreiben.

---

[33] Vgl. hierzu die Ausführungen in Abschnitt 7.2.2 zum Freifahrerexperiment von Isaac und Walker (1988).

- Ein höherer (wahrgenommener) MPCR macht Klimaschutz wahrscheinlicher. Die Länder, die also am meisten von Klimapolitik profitieren, haben den höchsten Anreiz, sich am Klimaschutz zu beteiligen.
- Je größer schließlich die Aversion gegen unvorteilhafte Ungleichheit (und möglicherweise ist die wiederum bei den armen Ländern sehr ausgeprägt), desto weniger lohnt sich aus der Perspektive dieser Länder Klimapolitik.

Damit eröffnet sich im Umkehrschluss eine alternative Deutung des bisherigen „Kooperationsversagens" in der internationalen Klimapolitik. Länder verhalten sich möglicherweise deshalb nicht kooperativ, weil:

- sie in der internationalen „Payoffhierarchie" zu weit unten stehen,
- sie sehr avers gegenüber unvorteilhafter Ungleichheit sind oder
- ihr (wahrgenommener) MPCR aus Klimapolitik zu gering ist.

Die Ausführungen in diesem Abschnitt erheben keinesfalls den Anspruch, der „Weisheit letzter Schluss" zu sein. Ob das bisherige Kooperationsversagen in der internationalen Klimapolitik eher durch die Standardtheorie (Freifahrerhypothese und symbolische Politik, vgl. Abschnitt 7.1) oder die in Abschnitt 7.4 identifizierten Faktoren zu erklären ist, lässt sich beim gegenwärtigen Stand der Forschung kaum sagen. Es ist nicht abschließend geklärt, ob Ungleichheitsaversion tatsächlich ein integraler und stabiler Bestandteil der menschlichen Motivationsstruktur ist, noch, in welcher Weise genau derartige Motive die Arena hoher internationaler Politik erklimmen – wir haben uns hier mit mageren, politökonomisch motivierten Andeutungen begnügt. Allerdings sollte zu denken geben, dass die realen Klimaverhandlungen ausgesprochen stark durch eine Gerechtigkeitsdebatte geprägt werden, was natürlich durch ein Motiv wie Ungleichheitsaversion in der Nutzenfunktion der Akteurinnen leicht rationalisiert werden könnte.[34] Aber auch hier ist Vorsicht geboten, denn der Schein könnte trügen: So haben Lange et al. (2010) gezeigt, dass die Gerechtigkeitskriterien, die in der klimapolitischen Debatte eine Rolle spielen, stark durch das ökonomische Eigeninteresse motiviert sind.

---

[34] Vgl. hierzu Lange et al. (2007).

7.6 Literatur

Achtnicht, M. (2012): German Car Buyers' Willingness to Pay to Reduce CO_2 Emissions, Climatic Change 113(3), 679-697.

Bierbrauer, F., G. Felbermayer, A. Ockenfels, K.M. Schmidt und J. Südekum (2021): A CO_2-border adjustment mechanism as a building block of a climate club, Kiel Policy Brief No. 151, Kiel Institute fo the World Economy (IfW), Kiel.

Blanco, M., D. Engelmann und H.-T. Normann (2011): A within-subject analysis of other-regarding preferences. Games and Economic Behavior, 72(2), 321–338.

Bolton, G.E. und A. Ockenfels (2000): ERC. A Theory of Equity, Reciprocity and Competition, American Economic Review 90, 166-193.

Böhringer, C. und C. Vogt (2004): Dismantling of a breakthrough: the Kyoto protocol as symbolic policy, European Journal of Political Economy 20, 597-617.

Böhringer, C. und C. Vogt (2003): Economic and environmental impacts of the Kyoto protocol, Canadian Journal of Economics 36, 475-494.

Brouwer R., L. Brander und P. Van Beukering (2008): "A convenient truth": air travel passengers willingness to pay to offset their CO_2 emissions, Climatic Change 90, 299-313.

Brosig, J., A. Ockenfels und J. Weimann (2003): The Effect of Communication Media on Cooperation, German Economic Review 4, 217-241.

Brosig, J., J. Weimann und C.-L. Yang (2004): Communication, Reputation, and Punishment in Sequential Bargaining Experiments, Journal of Theoretical and Institutional Economics 160, 576-606.

Brosig, J., J. Weimann und T. Riechmann (2007): Selfish in the end? An experimental investigation of the consistency and stability of individual behaviour, FEMM Working Paper Nr. 05/2007, Otto-von-Guericke-Universität Magdeburg.

Cox, J.C., V.L. Smith und J.M. Walker (1984): The Theory and Behavior of Multiple Unit Discriminative Auctions, Journal of Finance 39, 983-1010.

Dannenberg A., B. Sturm und C. Vogt (2010): Do Equity Preferences matter for Climate Negotiators? An Experimental Investigation, Environmental and Resource Economics 47, 91-109.

Endres, A., M. Finus und F. Lobigs (2000): Symbolische Umweltpolitik im Zeitalter der Globalisierung? – Zur Effektivität internationaler Umweltverträge aus ökonomischer Sicht, Perspektiven der Wirtschaftspolitik 1, 73-91.

Fehr, E. und S. Gächter (2000): Cooperation and Punishment in Public Goods Experiments, American Economic Review 90, 980-994.

Fehr, E. und K.M. Schmidt (1999): A Theory of Fairness, Competition, and Cooperation, Quarterly Journal of Economics 114, 817-868.

Finus, M. (2001): Game Theory and International Environmental Cooperation, Edward Elgar, Cheltenham et al.

Fischbacher, U. und S. Gächter (2010): Social Preferences, Beliefs and the Dynamics of Free Riding in Public Good Experiments, American Economic Review, 101(1), 541-556.

Güth, W., R. Schmittberger und B. Schwarze (1982): An Experimental Analysis of Ultimatum Bargaining, Journal of Economic Behavior and Organization 3, 367-388.

Isaac, R.M. und J.M. Walker (1988): Group Size Effects in Public Goods Provision: The Voluntary Contributions Mechanism, Quarterly Journal of Economics 103, 179-199.

Isaac, R.M., J.M. Walker und A.W. Williams (1994): Group Size and the Voluntary Provision of Public Goods: Experimental Evidence Utilizing Large Groups, Journal of Public Economics 54, 1-36.

Lange, A., A. Löschel, C. Vogt und A. Ziegler (2010): On the Self-Interested Use of Equity in International Climate Negotiations, European Economic Review 54, 359-375.

Lange, A., C. Vogt und A. Ziegler (2007): On the Importance of Equity in International Climate Negotiations: An empirical analysis, Energy Economics 29, 545-562.

Lange, A. und C. Vogt (2003): Cooperation in International Environmental Negotiations due to a Preference for Equity, Journal of Public Economics 87, 2049-2067.

Löschel, A., B. Sturm und C. Vogt (2013): The Demand for Climate Change mitigation – An Empirical Assessment for Germany, Economics Letters 118, 415-418.

Löschel, A., B. Sturm und R. Uehleke (2017): Revealed Preferences for Voluntary Climate Change Mitigation when the Purely Individual Perspective is Relaxed – Evidence from a Framed Field Experiment, Journal of Behavioural and Experimental Economics 67, 149-160.

MacKay, D.J.C., P. Cramton, A. Ockenfels und S. Stoft (2015): Price Carbon—I Will If You Will, Nature 526, 315-316.

Nordhaus, W. (2015): Climate Clubs. Overcoming Free-Riding in International Climate Policy, American Economic Review 105(4), 1339-1370.

Samuelson, P.A. und W.D. Nordhaus (1985): Principles of Economics, New York: McGraw-Hill, 12th ed.

Sauermann, H. und R. Selten (1959): Ein Oligopolexperiment, Zeitschrift für die gesamte Staatswissenschaft 115, 427-471.

Smith V.L. (1962): An experimental study of competitive market behavior, Journal of Political Economy 70, 111-137.

Stern N. (2006): Stern Review on the Economics of Climate Change, 30. Oktober 2006.

Sturm, B. und J. Weimann (2006): Experiments in Environmental Economics and some Close Relatives, Journal of Economic Surveys 20, 419-457.

S. 98 (1997): Senate Resolution 98 ("Byrd-Hagel"), http://thomas.loc.gov.

The Guardian (2015): James Hansen, Father of Climate Change Awareness, calls Paris Talks 'a Fraud', https://www.theguardian.com/environment/2015/dec/12/james-hansen-climate-change-paris-talks-fraud.

Tirole, J. (2015): Getting Climate Talks back on Track, TSE Debate, https://debate.tse-fr.eu/article/getting-climate-talks-back-track.

Uehleke, R. und B. Sturm (2017): The Influence of Collective Action on the Demand for Voluntary Climate Change Mitigation in Hypothetical and Real Situations, Environmental and Resource Economics 67, 429-454.

UNFCCC (2017): National greenhouse gas inventory data for the period 1990-2007, http://unfccc.int/ghg_data/items/3800.php.

UNFCCC (2022a): Nationally Determinded Contributions under the Paris Agreement. Synthesis Report by the Secretariat. FCCC/PA/CMA/2022/4.

UNFCCC (2022b): China's Achievements, New Goals and New Measures for Nationally Determined Contributions, Zugriff am 26.05.23.

UNFCCC (2020): Update of the NDC of the European Union and its Member States, https://unfccc.int/sites/default/files/NDC/2022-06/EU_NDC_Submission_December%202020.pdf

Vogt, C. (2016): Climate Coalition Formation when Players are Heterogeneous and Inequality Averse, Environmental and Resource Economics 65, 33-59.

Weimann, J. (2004): Wirtschaftspolitik. Allokation und kollektive Entscheidung. Berlin et al., Springer, 3. Auflage.

Zelmer, J. (2003): Linear Public Goods Experiments: A Meta-Analysis, Experimental Economics 6, 299-310.

Übungsaufgaben 8

Hinweis: Die Lösungen zu den Übungsaufgaben sind auf Nachfrage per E-Mail bei Bodo Sturm und Carla Vogt erhältlich.

Aufgabe 1: Wettbewerbsmarkt
In einem Wettbewerbsmarkt sei die Nachfragefunktion mit $Q^D(P) = 12 - P$ und die Angebotsfunktion mit $Q^S(P) = 2P$ gegeben.

a) Stellen Sie die inverse Nachfrage- und Angebotsfunktion graphisch dar und berechnen Sie die gleichgewichtige Marktallokation.
b) Berechnen Sie Konsumenten- und Produzentenrente sowie die soziale Wohlfahrt im Gleichgewicht.
c) Die Regierung setzt einen Mindestpreis $P_{min} = 6$, um die Anbieterinnen des Guts besser zu stellen als in der Marktlösung. Wie hoch ist das Überschussangebot? Stellen Sie die Situation graphisch dar. *Hinweis: Als Überschussangebot bezeichnet man die Menge, die bei einem gegebenen Preis mehr angeboten als nachgefragt wird.*
d) Welche Auswirkungen hat der Mindestpreis auf die Renten für beide Marktseiten? Berechnen Sie wie in b) die Renten und die soziale Wohlfahrt.
e) Was passiert, wenn die Regierung den Mindestpreis $P_{min} = 3$ setzt?

Aufgabe 2: Mengensteuer
Angenommen, in der Situation wie in Aufgabe 1a) führt der Staat eine Mengensteuer $t = 2$ ein, wobei die Angebotsseite die Steuer an den Fiskus abführen muss.

a) Berechnen Sie die neue Marktallokation, die Zusatzlast der Besteuerung und das Steuervolumen. Stellen Sie das Problem graphisch dar.
b) Welche der Marktseiten trägt mehr von der Steuerlast? Begründung. *Hinweis: Eine Möglichkeit, diese Frage zu beantworten, besteht darin zu ermitteln, welchen Betrag bzw. Anteil jede Marktseite aus ihrer Rente zum Steuervolumen beiträgt. Die Zusatzlast der Besteuerung ist der steuerbedingte Rückgang von Konsumenten- und Produzentenrente, der nicht Steuervolumen ist.*

Aufgabe 3: Stahlmarkt

Angenommen, die Produktion von Stahl verursacht private Grenzkosten $GK_{priv} = \frac{3}{2}Q$. Die externen Grenzkosten betragen $GK_{ext} = \frac{1}{2}Q$. Die Marktnachfrage nach Stahl sei $Q^D = 14 - P$.

a) Stellen Sie das Problem graphisch dar.
b) Welche Produktionsmenge wird die Industrie wählen ohne Berücksichtigung der externen Kosten? Wie hoch ist in diesem Fall die gesellschaftliche Wohlfahrt?
c) Um die externen Kosten zu internalisieren, wird eine Mengensteuer in Höhe von $t = 2{,}33$ erhoben. Das Steueraufkommen wird an die Konsumentinnen und Produzentinnen zurückgeschleust. Wie hoch ist nun die Produktionsmenge? Wie hoch ist in diesem Fall die gesellschaftliche Wohlfahrt?
d) Wie hoch ist der Netto-Wohlfahrtsgewinn durch die Steuer? *Hinweis: Um den Netto-Wohlfahrtsgewinn zu bestimmen, müssen Sie Renten, externe Kosten und ggf. Steuervolumen berechnen für den Fall mit und ohne Steuer.*

Aufgabe 4: Coase Theorem I

Herr Holz kann für seine Schreinerei eine Säge mit oder ohne Schalldämpfung mieten. Die Mietkosten für eine Säge mit Schalldämpfung sind dabei pro Woche um 100 € höher als im Fall ohne Schalldämpfung. Herr Ruhlieb wohnt neben der Schreinerei und ist lärmempfindlich. Er wäre bereit, pro Woche 90 € zu bezahlen, damit die Schreinerei mit einer schallgedämpften Säge ausgestattet wäre. Man müsste ihm andererseits mindestens 90€ bezahlen, damit es ihm egal wäre, neben der Schreinerei zu wohnen, wenn die Säge nicht schallgedämpft ist. Herr Ruhlieb und Herr Holz können zunächst kostenlos miteinander verhandeln.

a) Wird Herr Holz eine schallgedämpfte Säge mieten, wenn er über das Recht auf Lärmemissionen verfügt? Welche Verhandlungslösung wird sich ergeben? Was ändert sich, wenn Herr Holz nicht über das Recht auf Lärmemissionen verfügt, sondern Herr Ruhlieb über das Recht auf Stille verfügt?
b) Welche Anfangsverteilung der Eigentumsrechte würden Herr Holz und Herr Ruhlieb in a) vorziehen? Erläutern Sie Ihre Antwort.
c) Nehmen Sie nun an, dass die Verhandlungen nicht mehr kostenlos geführt werden können. Die Verhandlungskosten betragen 15€ pro Woche. Verändert sich Ihre Lösung aus a)? Erläuterung.

Aufgabe 5: Coase-Theorem II

Produziert Unternehmen A die Menge x eines Guts, so erzielt es einen Gewinn $A(x) = 80x - x^2$, während Unternehmen B hierdurch einen Schaden $S(x) = x^2$ erleidet. Unterstellen Sie, dass die Voraussetzungen des Coase-Theorems gelten und A das Recht besitzt, beliebige Mengen zu produzieren.

a) Auf welche Menge x^* werden sich A und B in einer Verhandlung einigen?
b) Unternehmen A wird die Menge x^* nur dann produzieren, wenn es eine Transferzahlung von B erhält. Berechnen Sie den Betrag, den B mindestens zahlen muss und den Betrag, den B höchstens zu zahlen bereit ist.

Aufgabe 6: Common Pool Resource
Jede Akteurin i, $i = 1, \ldots, N$, kann ihre Anfangsausstattung e_i in eine private Anlage mit konstantem Grenzertrag w und in eine Common Pool Resource (CPR) investieren. Der individuelle Ertrag aus der CPR ist gleich dem Durchschnittsertrag aus der CPR, $\frac{F(X)}{X}$, multipliziert mit der individuellen Investition in die CPR, x_i.
Es sei:

$$N = 8, e_i = 10, w = 5, F(X) = F\left(\sum_{i=1}^{N} x_i\right) = 23X - \tfrac{1}{4}X^2$$

Die individuelle Ertragsfunktion ist damit:

$$\pi_i^{ges} = \pi_i^{privat} + \pi_i^{CPR} = (e_i - x_i)5 + x_i \frac{F(X)}{X} = (10 - x_i)5 + \frac{x_i}{X}(23X - \tfrac{1}{4}X^2).$$

Angenommen sei, dass jede der identischen Akteurinnen π_i^{ges} maximiert.

a) Diskutieren Sie die zentralen Eigenschaften der Produktionsfunktion $F(X)$. Berechnen und skizzieren Sie Durchschnitts- und Grenzertrag.
b) Bestimmen Sie den individuellen Gesamtertrag im Optimum $\pi_i^{*ges} = \pi_i^{*privat} + \pi_i^{*CPR}$. Zeigen Sie, dass die Erhöhung der Investition in die CPR durch Nutzerin i ausgehend von x_i^* (der optimalen individuellen Investition) einen negativen externen Effekt generiert. Berechnen Sie den negativen externen Effekt für den Fall, dass Nutzerin i ausgehend von x_i^* ihre Investition um eine Einheit erhöht.
c) Zeigen Sie graphisch, dass im Optimum „Grenzertrag = Grenzkosten" für die Investition in die CPR gilt. *Hinweis: Die Grenzkosten einer Investition in die CPR sind der entgangene Grenzertrag aus der privaten Anlage.*
d) Bestimmen Sie den individuellen Gesamtertrag im Nash-Gleichgewicht $\pi_i^{NE,ges}$. Zeigen Sie, dass die Wahl von x_i^{NE} „beste Antwort" ist, unter der Annahme, dass alle anderen Akteurinnen $j \neq i$ die Aktion x_j^{NE} wählen. *Hinweis: Wählen Sie ein anderes Investitionsniveau als x_i^{NE} und berechnen Sie den Gesamtertrag für Akteurin i.*
e) Was passiert bei $N \to \infty$ (freier Marktzutritt)?

Aufgabe 7: Eigenschaften von Gütern
Diskutieren Sie die Eigenschaften folgender Güter aus ökonomischer Sicht: Öffentlich-rechtliches Fernsehen, Kabelfernsehen, Kinobesuch, Grundwasservorkommen in trockenen Gebieten, Informationen über Auswirkungen des Klimawandels in Deutschland.

Aufgabe 8: Styropor

Angenommen, Platten aus Styropor werden mit konstanten Grenzkosten von 4 € produziert. Die Marktnachfrage für dieses Produkt sei $Q^D = 22 - P$.

a) Welche Produktionsmenge wird die Industrie wählen? Wie hoch ist die Summe der Konsumenten- und Produzentenrente bei dieser Menge?
b) Diese Branche produziert nicht nur Styroporplatten, sondern verursacht auch Luftbelastungen. Die Kosten dieser Verschmutzung werden durch die Funktion der externen Grenzkosten $GK_{ext} = 0{,}2Q$ beschrieben. Wie viele Styroporplatten sollten vom Effizienzstandpunkt aus (d.h. vom Standpunkt der Gesellschaft aus) produziert werden?
c) Illustrieren Sie Ihre Antworten zu a) und b).
d) Berechnen Sie die Steuer t^*, welche den negativen externen Effekt in b) optimal internalisiert. Wie hoch ist das Steuervolumen? Wie hoch ist der Netto-Wohlfahrtsgewinn durch diese Steuer? *Hinweis: Um den Netto-Wohlfahrtsgewinn zu bestimmen, müssen Sie Renten, externe Kosten und ggf. Steuervolumen berechnen für den Fall mit und ohne Steuer.*

Aufgabe 9: Emissionen

Eine soziale Planerin steht vor folgendem Entscheidungsproblem: In der Ökonomie wird ein Schadstoff emittiert, die Menge der Emissionen sei E. Die Schadenskosten durch die Emissionen wurden monetarisiert und sind $SK(E) = \frac{1}{4}E^2$. Die Emissionen des Schadstoffs können vermieden werden, wobei Kosten der Vermeidung (Abatement, A) entstehen mit $VK(A) = \frac{1}{2}A^2$. Im Business-As-Usual (BAU) werden $E_{BAU} = 10$ emittiert, d.h., Vermeidung ist $A = 10 - E$.

a) Bestimmen Sie das soziale Optimum für die Emissionen, d.h. das Minimum der totalen Kosten (TK = VK + SK). Skizzieren Sie sowohl die Grenzkosten (GVK und GSK) als auch – in einer separaten Abbildung – SK, VK und TK.
b) Angenommen, die soziale Planerin legt eine Emissionsreduktion ggü. dem BAU um 50% fest. Berechnen Sie SK, VK und TK. Interpretieren Sie Ihr Ergebnis im Vergleich zu a).
c) Angenommen, die soziale Planerin hat perfekte Information über die Kosten. Welche Pigou-Steuer sollte sie wählen? Wie hoch sind die Emissionen in diesem Fall? Berechnen Sie SK, VK und TK.
d) Angenommen, die soziale Planerin hat perfekte Information über die Kosten und sie plant die Einrichtung eines Emissionshandelssystems. Welche Menge an Emissionen sollte sie wählen? Wie hoch wird der Zertifikatepreis in diesem Fall sein? Berechnen Sie SK, VK und TK.
e) Angenommen, die soziale Planerin hat unvollständige Informationen über die Kosten. Sie legt die Pigou-Steuer zu lax fest (-20% ggü. dem optimalen Niveau). Vergleichen Sie die Emissionen und Kosten mit der Situation, in der die Planerin die zulässige

Emissionsmenge um 20% zu hoch festlegt. Welches Instrument (Preis- oder Mengenlösung) ist zu präferieren?

f) Was können wir aus e) lernen über die optimale Instrumentenwahl im Klimaschutz?

Aufgabe 10: Optimale Emissionsmenge
Gegeben seien eine Schadensfunktion $S(E) = \frac{1}{2}cE^2$ mit $c > 0$ sowie eine Vermeidungskostenfunktion $VK(E) = \frac{1}{2}b[\overline{E} - E]^2$ mit $b > 0$, $E \leq \overline{E}$. Dabei bezeichnet E die Emissionsmenge eines Schadstoffs und $\overline{E}$ die maximal mögliche Emissionsmenge.

a) Bestimmen Sie die optimale Emissionsmenge (bzw. Vermeidungsmenge).
b) Zeigen Sie, dass (i) die optimale Emissionsmenge bei steigendem Grenzschaden abnehmen muss und (ii) bei steigenden Grenzvermeidungskosten zunimmt.

Aufgabe 11: Lineare Schadensfunktion
Gegeben sei eine lineare Schadensfunktion $S(E) = a + cE$ mit $c > 0$ sowie eine Vermeidungskostenfunktion $VK(E) = \frac{1}{2}b[\overline{E} - E]^2$ mit $b > 0$, $E \leq \overline{E}$.

a) Ermitteln Sie die optimale Emissionsmenge.
b) Existiert immer eine Lösung? Zeigen Sie, dass das Optimierungsproblem für $c > b\overline{E}$ keine Lösung hat. Stellen Sie den Fall grafisch dar und interpretieren Sie ihn.

Aufgabe 12: Emissionshandel
Es gibt drei Unternehmen (A, B und C) mit folgenden Vermeidungskosten (VK_i) in Abhängigkeit der Vermeidung (R_i) eines Schadstoffes:

$$VK_A(R_A) = 8(R_A)^2, VK_B(R_B) = 6(R_B)^2, VK_C(R_C) = 4(R_C)^2.$$

Ohne Eingriff der Umweltbehörde realisieren die Unternehmen eine maximale Emission von $E_i^{max} = 10$, d.h., für die Emission eines Unternehmens gilt $E_i = E_i^{max} - R_i = 10 - R_i$. Die Umweltbehörde legt die Gesamtemissionen mit $\overline{E} = 15$ fest und teilt diese Emissionsmenge zu gleichen Teilen auf die Unternehmen auf („Auflagenpolitik").

a) Bestimmen Sie die Vermeidungskosten für jedes Unternehmen und die gesamtwirtschaftlichen Vermeidungskosten.
Die Umweltbehörde führt verbriefte und handelbare Emissionsrechte ein (Annahme: Emissionsrechte sind beliebig teilbar). Dabei erhält jedes Unternehmen kostenlos eine Anfangsausstattung an Rechten in Höhe der bisherigen Emissionsmenge bei Auflagenpolitik. Der Handel der Emissionsrechte zwischen den drei Unternehmen ist ohne Einschränkungen und Kosten möglich.
b) Bestimmen Sie die Grenzvermeidungskosten jedes Unternehmens und die Gesamtnachfragefunktion nach Emissionsrechten (analytisch und graphisch, *Hinweis: Die*

Gesamtnachfrage nach Emissionen ergibt sich über die horizontale Aggregation von Emissionsmengen) und den sich einstellenden Preis für Emissionsrechte p_Z.

c) Bestimmen Sie die Kosteneinsparung für jedes Unternehmen im Vergleich zur Auflagenpolitik und die gesamtwirtschaftliche Kosteneinsparung im Vergleich zur Auflagenpolitik.
d) Erläutern Sie kurz die hinter dem Zertifikateansatz stehende Intuition. Inwiefern spielen die Unterschiede in den Grenzvermeidungskosten eine Rolle?
e) Nennen Sie wichtige Vereinfachungen, auf denen diese Übungsaufgabe basiert. Welche Bedeutung hat die Annahme des Preisnehmerverhaltens auf dem Markt für Emissionsrechte?

Aufgabe 13: Pigou-Steuer I
Die Produktion eines Guts verursacht private Kosten und darüber hinaus negative externe Effekte. Gegeben sei folgende Abbildung mit P = Preis, Q = Menge, D = inverse Nachfrage, GK_{soz} = soziale Grenzkosten, GK_{ext} = externe Grenzkosten, GK_{priv} = private Grenzkosten.

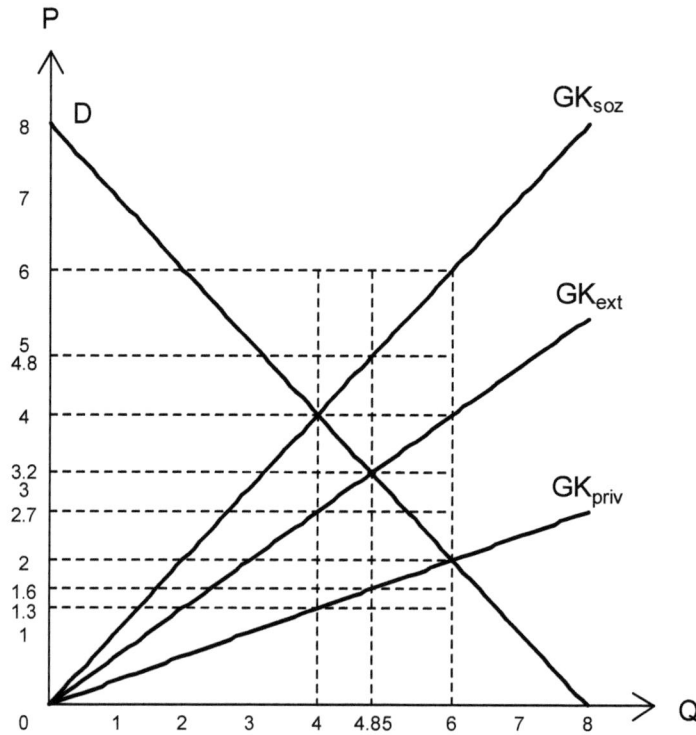

Berechnen Sie:

a) Die Wohlfahrt ohne Staatseingriff.
b) Den optimalen Pigou-Steuersatz und das Steueraufkommen.
c) Den Wohlfahrtsgewinn bei der Erhebung einer optimalen Pigou-Steuer und vollständiger Rückerstattung des Steueraufkommens an Konsumentinnen und Produzentinnen im Vergleich zu einer Situation ohne Staatseingriff.

Aufgabe 14: Pigou-Steuer II
Betrachten Sie Aufgabe 6 („Common Pool Resource"). Wie hoch muss eine Steuer t^* auf die Investition in die CPR sein, damit die effiziente Allokation erreicht wird?

Aufgabe 15: Klimaschutzgesetz
Die Bundesregierung hat 2023 Änderungen am Klimaschutzgesetz beschlossen. Der Gesetzentwurf sieht vor, bei unverändertem nationalen Emissionsziel von den bisher verpflichtenden jährlichen Sektorzielen für einzelne Wirtschaftsbereiche abzurücken. Stattdessen soll nur das Erreichen des nationalen Emissionsziels insgesamt betrachtet werden.

a) Bewerten Sie diese Entscheidung aus ökonomischer Sicht. Nutzen Sie eine Graphik für Ihre Antwort. Gehen Sie dabei von zwei Sektoren aus, die – bei gleichen Emissionen im Business-As-Usual – CO_2 mit unterschiedlichen Technologien und damit unterschiedlichen Grenzkosten vermeiden können. Das Sektorziel sei jeweils in beiden Sektoren die gleiche Emissionsvermeidung.
b) Erläutern Sie allgemein, was aus ökonomischer Sicht gefordert werden sollte, wenn ein Land – unabhängig vom Verhalten anderer Länder – die eigenen CO_2-Emissionen reduzieren möchte. Welche Instrumente bieten sich hierfür an?

Aufgabe 16: Kaya-Identität
Für Deutschland liegen folgende Daten vor:

Jahr	Bevölkerung (Mio.) *	Reales BIP ** (Mrd. €)	Energieeinsatz (PJ)	CO_2-Emissionen (mtCO$_2$) ***
1990	79,8	2.111,1	14,9	989,1
2000	82,3	2.555,6	14,4	839,2
2010	81,8	2.783,2	14,2	784,1
2020	83,2	3.121,8	11,9	594,9
2030	83,3			346,2
2040	81,0			118,7

Quelle: Destatis, UBA, AG Energiebilanzen. * mit Bevölkerungsvorausberechnung, ** Berechnet mit dem Kettenindex für das reale BIP (2015 = 100%), *** mit geplanten THG-Minderungen gemäß Bundes-Klimaschutzgesetz.

a) Berechnen Sie für die Phase von 1990 bis 2020 folgende prozentuale Veränderungen (mit 1990 = 100%): Bevölkerung, Pro-Kopf-BIP, Energieintensität der Produktion, CO_2-Intensität des Energieeinsatzes. Diskutieren Sie anhand der Kaya-Identität die Determinanten des Rückgangs der CO_2-Emissionen für die Phase von 1990 bis 2020.

b) Angenommen, das reale BIP wächst von 2020 bis 2040 mit der gleichen jährlichen Wachstumsrate wie von 1990 bis 2020 und die Energieintensität der Produktion bleibt auf dem Wert von 2020: Welchen Wert muss die CO_2-Intensität des Energieeinsatzes in 2040 annehmen? Wie hoch ist dann der Energieeinsatz in 2040?

c) Angenommen, das reale BIP entwickelt sich wie in b) und die Energieintensität der Produktion kann von 2020 zu 2040 um 20% reduziert werden: Welchen Wert muss die CO_2-Intensität des Energieeinsatzes in 2040 annehmen? Wie hoch ist dann der Energieeinsatz in 2040? Interpretieren Sie den Unterschied zu b).

d) Was versteht man unter „beyond Kaya"-Ansätzen und in wieweit sind diese relevant für Deutschland?

Aufgabe 17: Anpassung und Vermeidung

Unterstellen Sie die Existenz einer globalen politischen Entscheiderin im Klimaschutz. Die politische Entscheiderin hat folgende Informationen über die Kostenverläufe. Die Vermeidungskosten VK sind gegeben mit $VK(R) = R^2$, wobei R Vermeidung ist. Die Kosten der Anpassung AK sind gegeben mit $AK(A) = A^2$, wobei A Anpassung ist. Die Residualkosten des Klimawandels RK sind gegeben mit $RK(A, R) = (10 - R)(10 - A)$.

a) Berechnen Sie die optimale Vermeidung R^* und die optimale Anpassung A^* im Kostenminimum. Wie hoch sind die totalen Kosten im Optimum?

b) Angenommen, mit einer neuen Technologie lässt sich Vermeidung zu 50% der bisherigen Kosten erreichen. Wie verändern sich A^*, R^* und die totalen Kosten?

c) Angenommen, mit neuen Technologien wird Anpassung billiger: Die Kosten der Anpassung reduzieren sich um 20%. Wie verändern sich A^*, R^* und die totalen Kosten?

d) Angenommen, neue wissenschaftliche Erkenntnisse zeigen, dass die Residualkosten 50% höher sind als bislang angenommen. Wie verändern sich A^*, R^* und die totalen Kosten?

e) Welche Einsichten kann diese Art der Analyse bringen? Was sind ihre Grenzen? Gehen Sie dabei auch auf die Bedeutung der Annahmen hinsichtlich des Entscheidungsproblems ein.

f) Freiwillige Zusatzaufgabe: Versuchen Sie das Problem in a) mit einem 3-D-Plot näherungsweise graphisch zu lösen.

Aufgabe 18: Spieltheorie I

Gegeben sei folgende Auszahlungsmatrix (in Geldeinheiten) für ein statisches Zwei-Personen-Spiel (K: Kooperation, NK: Nicht-Kooperation):

		Spielerin 2	
Spielerin 1		K	NK
	K	2,3	0,4
	NK	5,1	1,2

Ermitteln Sie das Nash-Gleichgewicht/die Nash-Gleichgewichte in diesem Spiel. Begründen Sie, warum Ihr Ergebnis tatsächlich ein Nash-Gleichgewicht darstellt. Gehen Sie davon aus, dass das Spiel genau einmal gespielt wird (one-shot game).

Aufgabe 19: Spieltheorie II
Betrachten Sie erneut Aufgabe 18:

a) Was würde sich an Ihrem Ergebnis aus Aufgabe 18 ändern, wenn Sie zulassen, dass das Spiel endlich oft wiederholt wird?
b) Was würde sich an Ihrem Ergebnis aus Aufgabe 18 ändern, wenn Sie zulassen, dass das Spiel unendlich oft wiederholt wird?
c) Was würde sich an Ihrem Ergebnis ändern, wenn Sie Kommunikation zwischen den Spielerinnen zulassen?
d) Was würde sich an Ihrem Ergebnis aus Aufgabe 18 ändern, wenn Sie zulassen, dass die Spielerinnen bindende Verträge schließen können, d.h. eine Möglichkeit besteht, einen Vertragsbruch wirksam zu sanktionieren? Wie beurteilen Sie diese Möglichkeit im Hinblick auf die internationale Klimapolitik?
e) Was ändert sich möglicherweise an Ihrem Ergebnis aus Aufgabe 18, wenn Sie annehmen, dass beide Spielerinnen durch Ungleichheitsaversion motiviert sind? Gehen Sie davon aus, dass die Präferenzen beider Spielerinnen im Auszahlungsraum durch eine Fehr-Schmidt-Nutzenfunktion beschrieben werden können, d.h., nehmen Sie folgende Nutzenfunktion an:

$$U_i(\pi_i, \pi_j) = \pi_i - \alpha_i \max\{\pi_j - \pi_i, 0\} - \beta_i \max\{\pi_i - \pi_j, 0\}, \ i = 1,2$$

Zeigen Sie dann rechnerisch, dass einmütige Kooperation ein Nash-Gleichgewicht sein kann, falls $\beta_1 \geq \frac{3}{4} + \frac{1}{4}\alpha_1$ sowie $\beta_2 \geq \frac{1}{3}$.

Aufgabe 20: Spendenfinanzierung
Die $N = 200$ Bewohnerinnen eines Wohnheims planen eine Grillparty, an deren Ende ein Feuerwerk stehen soll. Das Feuerwerk soll aus Spenden der Studierenden finanziert werden. Die Nutzenfunktion einer repräsentativen Studierenden sei gegeben als: $U_i = -q_i^2 + \gamma \sum_{j=1}^{N} q_j$. q_i bezeichnet den individuellen Beitrag. Für den Produktivitätsparameter γ gelte $\gamma = 0{,}1$.

Bestimmen Sie allgemein und numerisch das Nash-Gleichgewicht in diesem Spiel. Bestimmen Sie außerdem allgemein und numerisch die kollektiv optimale Lösung. Liegt ein soziales Dilemma vor?

Stichwortverzeichnis

A

Aggregation 68ff.
Angebot 6
Angebot-Nachfrage-Modell 4
Angebotsfunktion 6
Anpassung 172ff.
Anpassungsfähigkeit 180
Antarktis 144, 155, 157
Arktis 151, 154, 163, 164
Auflagen 119ff., 140
Auktion 106
Ausschlusskriterium 55ff.

B

Banking 107, 111
Benzin 14, 35ff., 83, 93, 97, 124,
Border Tax Adjustments 118, 226
Borrowing 108, 111
Brennstoffsubstitution 170
Byrd-Hagel-Resolution 217

C

Carbon Capture and Storage 108, 109, 171
Club-Güter 56ff.
CO_2-Konzentration 163, 189, 191
Coase-Theorem 45ff.
Common Pool Resources 56, 63ff., 195

D

DICE 184 ff., 197, 206 ff., 226
Diesel 35ff., 84, 93, 122ff.
Diesel-Fahrverbot 122ff.
Diskontierung 185, 193 f.
Diskontrate 193, 207
Doppelte Dividende 84ff.
Durchschnittstemperatur 146

E

Effekte, externe 19ff
Effizienz 2, 8, 22
Effizienzziel 8
Eigentumsrechte 53ff. 108, 164, 256
Emissionshandel 95ff., 102ff., 136ff.
Emissionssteuer 72ff., 133ff.
Energieeffizienz 114ff., 166ff.
Energieintensität 165ff., 262
Energiesteuer 124ff.
Ernährungssicherheit 161
EU Burden Sharing Agreement 215
Externalitäten 20

F

first best 73ff., 80, 89, 127
Freifahrerexperiment 229 ff., 233
Freifahrerhypothese 230, 232, 256

G
Gerechtigkeit 177
Gesundheitskosten 30
Gletscher 153, 156
Gleichgewicht 6
Globalschadstoff 36, 102, 120, 165, 183, 196
Glühlampenverbot 114ff.
Grandfathering 96, 105
Grenzertrag 29, 63ff.
Grenzkosten 16ff., 22ff., 32, 39, 65ff., 72ff., 81
Grenznutzen 59ff., 181ff. 187ff., 195ff., 206ff., 243
Grenzschaden 47ff., 53, 73, 78, 100, 121, 127ff., 136ff., 146, 183ff
Grenzschadenskosten 79, 121
Grenzvermeidungskosten 49, 74, 182
Grönland 149, 157
Güter, öffentliche 55, 57ff.
Güter, private 55, 56ff.

H
Haftungsregel 49, 53ff.
Handelswege 163 f.
Hitzetote 162
Homo Öconomicus 242
hot air 217

I
Investition 60ff., 128ff., 185ff.

K
Kältetote 162
Kapitalrendite 185, 193, 207
Keeling-Kurve 148 f.
Klimaclub 226, 240
Klimarahmenkonvention 214 ff., 235
Klimaschaden 164, 176 ff., 180, 182 f.
Klimasensitivität 151
Klimawandel 146ff.
Knappheit 1ff., 193

Koalition 198 ff., 226, 244
Kohlenstoffsenken 216 ff.
Kommunikation 233 f.
Konsumentenrente 9
Kosteneffizienz 79ff., 100, 103ff., 113ff., 120ff.
Kosten-Nutzen-Analyse 3, 122, 124, 146, 180, 183
Krankheiten 34, 161
Kyoto-Protokoll 109, 112, 198, 213 ff., 218 ff., 232 ff., 236

L
Laborexperimente 227 ff., 232
Laissez-faire-Regel 45ff.
Landwirtschaft 147, 161, 163, 173 f., 177 ff.
Lärmkosten 30, 37 ff.
Leakage 103, 106, 117

M
Marktgleichgewicht 12
Marktversagen 19ff., 46ff., 71ff.
Maximumprinzip 2
Medianwählerin 222 f., 247
Meeresspiegel 155 ff., 160, 174
Meeresströmung 155, 157
Mineralölsteuer 14, 83, 124 f.
Minimumprinzip 2

N
Nachfrage 6
Nash-Gleichgewicht 196 f., 229 f., 240, 243 f.
Nichtrivalität 57ff., 164ff., 171ff.

O
Ökologische Steuerreform 82ff.
Ökosysteme 1, 160, 171

P
Paris-Abkommen 213 f., 223 ff., 235 f., 239 f.

Permafrostboden 154
Pigou-Steuer 72ff.
Pkw 30ff., 51, 123ff.
Preismechanismus 4
Produzentenrente 10

R
Ratcheting 5, 213, 224, 235 ff.
Rebound-Effekt 169 f.
Regulierungsüberlagerung 116
Rent-Seeking 105
Reproduzierbarkeit 227
Residualkosten 180 f.
Rivalität 55ff., 63ff., 69, 77, 214
Rückkopplung 151, 155, 158

S
Sanktionen 124, 224, 226, 233 f., 239
Schadenskosten 53, 73, 75, 80, 100 ff., 126, 128 f., 129, 134, 136 f., 139 f., 189
second best 79 f., 100, 127
Soziales Dilemma 195, 238
Spieltheorie 58, 230, 231, 237
Stabilität, externe 199 f.
Stabilität, interne 199 f.
Stern-Review 3, 193
Stilisierte Fakten 229
Strahlungsantrieb 147, 210 f.,
Strahlungsgleichgewicht 147
Strategie, dominante 60, 82, 165, 231 ff.,
Symbolische Politik 214, 223

T
Technologie 104, 109, 115, 122, 128ff.
Temperatur 147, 150 f., 155, 158, 160, 189, 211
Theorie 212ff., 222, 228ff.
Transaktionskosten 51ff., 71ff.
Transitionskoeffizient 210
Treibhauseffekt 103,146 f., 151, 153 ff., 221

U
Überschussangebot 7ff.
Überschussnachfrage 7ff.
Umweltgüter 25, 29, 56, 67, 72, 95, 145
Unfallkosten 30ff.
Ungleichheitsaversion 4, 213, 241, 243 ff., 249 f., 263
Unsicherheit 111, 127, 151, 193, 214

V
Verletzlichkeit 179
Vermeidungskosten 36, 43, 48 f., 53, 73, 75, 77 f., 80, 98 ff., 102, 109, 121, 126, 129, 131 f., 135 f., 138, 179, 184, 188 f., 208
Versorgungssicherheit 176

W
Wohlfahrt 9

Z
Zusatzlast 15

MIX
Papier aus verantwortungsvollen Quellen
Paper from responsible sources
FSC® C105338

If you have any concerns about our products,
you can contact us on
ProductSafety@springernature.com

In case Publisher is established outside the EU,
the EU authorized representative is:
**Springer Nature Customer Service Center GmbH
Europaplatz 3, 69115 Heidelberg, Germany**

Printed by Libri Plureos GmbH
in Hamburg, Germany